Kriminalisierung des ambulanten Gewerbes

INKLUSION/EXKLUSION

STUDIEN ZU FREMDHEIT UND ARMUT
VON DER ANTIKE BIS ZUR GEGENWART

Herausgegeben für den Sonderforschungsbereich 600
«Fremdheit und Armut»
von Andreas Gestrich, Lutz Raphael und Herbert Uerlings

BAND 19

PETER LANG
EDITION

Juliane Tatarinov

Kriminalisierung des ambulanten Gewerbes

Zigeuner- und Wandergewerbepolitik im späten Kaiserreich und in der Weimarer Republik

PETER LANG
EDITION

Bibliografische Information der Deutschen Nationalbibliothek
Die Deutsche Nationalbibliothek verzeichnet diese Publikation in der Deutschen Nationalbibliografie; detaillierte bibliografische Daten sind im Internet über http://dnb.d-nb.de abrufbar.

Zugl.: Trier, Univ., Diss., 2014

Titelbild:
Landeshauptarchiv Koblenz (LHKo/otto conrad)
„Zigeuner im Hunsrück", 1933.

Diese Arbeit entstand im DFG-geförderten Sonderforschungsbereich 600 „Fremdheit und Armut. Wandel von Inklusions- und Exklusionsformen von der Antike bis zur Gegenwart" und wurde mit von der Universität Trier zur Verfügung gestellten Mitteln gedruckt. Die vorliegende Studie wurde als Dissertation am Fachbereich III der Universität Trier unter dem Titel: „Kriminalisierung des ambulanten Gewerbes auf dem Land. Zigeuner- und Wandergewerbepolitik im späten Kaiserreich und der Weimarer Republik" eingereicht und von Herrn Prof. Dr. Lutz Raphael, Universität Trier, und Herrn Prof. Dr. Andreas Gestrich, Deutsches Historisches Institut London, begutachtet. Die mündliche Prüfung fand am 27. September 2014 statt.

D 385
ISSN 1860-899X
ISBN 978-3-631-66304-2 (Print)
E-ISBN 978-3-653-05537-5 (E-Book)
DOI 10.3726/978-3-653-05537-5

Peter Lang – Frankfurt am Main · Bern · Bruxelles ·
New York · Oxford · Warszawa · Wien

Diese Publikation wurde begutachtet.

www.peterlang.com

Inhalt

Einleitung

Beim Betrachten des bekannten Porträtwerks „Menschen des 20. Jahrhunderts“ von August Sander entsteht der Eindruck, Zigeuner[1] seien leicht erkennbar: Sie werden, wie auch Hausierer oder Korbflechter, kategorisch in abgrenzbare Typen unterteilt.[2] Es erscheint, als gäbe es klare Kriterien dafür, wer als welcher Typ anzusehen sei, denn der Künstler spielt mit der Darstellung von Stereotypen: Korbflechter werden im Familienverband am Lagerfeuer im Wald sitzend und mit einem Wohnwagen im Hintergrund abgebildet (Foto 1), Zigeuner dunkelhäutig, kinderreich mit Instrumenten in der Natur (Foto 2), der Hausierer hingegen allein mit kleinem Bauchladen (Foto 3).

Sander betont damit gemäß seinem Konzept gängige Klischees[3] statt diese zu differenzieren. Die von Sander selbst bezeichneten Porträts sollten typische Vertreter ihrer Zeit und ihres Standes darstellen und hatten trotz der Aufnahme in einem nur begrenzten geographischen Raum einen universellen repräsentativen Anspruch. Sander transportiert in seinem Werk, welche zeitgenössischen Wahrnehmungen von Gesellschaftstypen er als repräsentativ einstufte.[4] Die

---

1 Die für diese Arbeit verwendete Bezeichnung ‚Zigeuner‘ wird als historischer Begriff verstanden, der aus den hier zu untersuchenden Quellen stammt und dessen zeitgenössische Bedeutung und Verwendung selbst Gegenstand der Arbeit ist und somit stets hinterfragt werden soll. Auch wenn der Begriff ‚Zigeuner‘ historisch sehr belastet ist und unter diesem Etikett Menschen unrechtmäßig verfolgt und umgebracht wurden, soll im Folgenden zugunsten der besseren Lesbarkeit auf distanzierende Anführungszeichen verzichtet werden. Es gibt für den hier zu untersuchenden Zeitraum keinen alternativen Begriff für die Zielgruppe, die ins Visier der Behörden gelangte, da Eigenbezeichnungen der Betroffenen für den hier vorliegenden Zeitraum nicht mehr nachvollzogen werden können.

2 Vgl. Lange/Conrath-Scholl u.a., August Sander.

3 Zur Darstellung von Zigeunern als Verkörperung des Fremden, vgl. Maciejewski, Elemente des Antiziganismus, S. 19. Anton Holzer beobachtet in seiner Untersuchung von Zigeunerfotografien in der 2. Hälfte des 19. Jahrhunderts, dass der Blick des Betrachters „scheinbar ohne große Mühe die angeblichen Eigenheiten und Attribute der *Zigeuner* zu einem identifizierenden Bild zusammensetzt.“ Die Fotografie diene demnach der Fixierung dieses typologisierenden Blicks und hielte jene optischen Konstanten fest, die der Beobachter als typisch für das Zigeunertum ausmachte und füge gleichzeitig hinzu, was die kollektive Projektion sehen wollte, vgl. Holzer, Faszination und Abscheu.

4 Trauth, Armutszeugnisse, S. 153. Bereits die alleinige Zuordnung aller Typen, die Armut repräsentierten, zum Thema „Großstadt“ und das damit einhergehende Ausblenden ländlicher Armut zeigt, dass Sander nicht den Anspruch erhob, ein vollständiges Bild sozialer Problemlagen zu zeichnen. Ziel des erstmals 1927 in Köln ausgestellten und 1929 in München in einer Vorausschau von 60 Aufnahmen veröffentlichten Werkes war es vielmehr, einen Querschnitt der Gesellschaft zu seinen

Foto 1: August Sander: Wandernde Korbflechter, 1929

Foto 2: August Sander: Zigeuner an der Mosel, 1931

Foto 3: August Sander: Hausierer, 1930

Zuordnung in Mappen manifestierte nochmals diese Einordnung. Sander änderte seine Konzeption jedoch stetig. Sein Werk enthielt schließlich zwei Mappen unter dem Titel „Fahrendes Volk". Dabei unterschied er die Mappe „Jahrmarkt und Zirkus" von der Mappe namens „Zigeuner und Landstreicher". Den Hausierer nahm Sander in die Mappe „Menschen, die an meine Tür kamen" auf.[5]

Bei Zugrundelegung realer Lebenswelten und Alltagserfahrungen von Menschen hat eine solche künstliche Einteilung von Gesellschaftsgruppen in der Praxis keinen Bestand. Dennoch operieren und operierten Behörden mit derartigen Kategorien, als ob sie Realitäten widerzuspiegeln vermögen. Die behördliche Kategorie des Zigeuners wurde in verschiedenen Verwaltungskontexten genutzt, um rechtliche, soziale, kulturelle oder wirtschaftliche Teilhabe von Personen zu verhandeln bzw. zu versagen.

Diese behördliche Zigeunerkategorie bezeichnete keine homogene oder genau zu definierende ethnische Bevölkerungsgruppe, sondern wurde von außen auf eine Vielzahl von Menschen mit verschiedenen Lebensformen übergestülpt.[6] Daher ist auch das heute oft benutzte Begriffspaar ‚Sinti und Roma' nicht deckungsgleich mit für die Anfang des 20. Jahrhunderts in Deutschland als ‚Zigeuner' und ‚nach Zigeunerart umherziehend' verfolgten Personen zu bewerten.[7]

Diese Arbeit untersucht den Begriff ‚Zigeuner' und im Diskurs engverwandte Bezeichnungen wie ‚Hausierer', ‚nach Zigeunerart lebende Personen', ‚Wandergewerbetreibende' oder ‚Personen ohne festen Wohnsitz' etc., deren Anwendung den Ausschluss von Menschen aus dem ‚normalen' Sozialgefüge legitimierte. Die unterschiedliche Bedeutung und Auslegung dieser Zuschreibungen im zeitlichen Verlauf wie auch im Zuge von Aushandlungsprozessen verschiedenster historischer Akteure beeinflussten maßgeblich auf Exklusion ausgelegtes behördliches Handeln und damit Lebenswelten von Menschen, die diesen Zuschreibungen ausgesetzt waren. Es geht darum zu erschließen,

---

Lebzeiten aufzunehmen. Beginnend mit der „Stammmappe" – Bauernporträts aus dem Westerwald unterteilte Sander sein Werk in sieben Bereiche: „Der Bauer", „Der Handwerker", „Die Frau", „Die Stände", „Die Künstler", „Die Großstadt" und „Die letzten Menschen". Die über 600 für die Rekonstruktion des Mappenwerkes durch die Photographische Sammlung/SK Stiftung Kultur augewählten Fotografien entstanden zwischen 1892 und 1954, viele davon als Porträtaufnahmen in seinem Atelier in Köln.

5 Fahrende Kaufleute, Bettler und Hausierer finden sich in der Gruppe „Die Stände", in der Mappe „Der Kaufmann" und der Gruppe „Die Großstadt" in den Mappen „Typen und Gestalten der Großstadt" und „Menschen, die an meine Tür kamen". In letzterer findet sich der hier abgebildete „Hausierer". Dazu die freundlichen Informationen von Rajka Knipper, wissenschaftliche Mitarbeiterin und Registrarin der Photographischen Sammlung/SK Stiftung Kultur des August Sander Archivs in Köln im Juni 2015.

6 Lucassen, Zigeuner, S. 7.

7 Ebd., S. 8.

wie Begrifflichkeiten entstanden, wer sie verwendete, was sie bedeuteten, wie sie sich veränderten bzw. instrumentalisiert wurden und welche Auswirkungen die Zuschreibung für die Betroffenen hatte.

Bereits die zeitgenössische und auch nachträglich durch Archivare vorgenommene Bezeichnung des behördlichen Aktenmaterials spiegelt die Erfahrungswelt und den Kenntnisstand der jeweiligen Beamten oder Archivare wider. Lautet der Titel einer Archivakte „Bekämpfung des Zigeunerunwesens“, muss zunächst der zugrunde liegende Zuschreibungsprozess entschlüsselt und die selektive Sichtweise des vorhandenen Materials reflektiert werden, bevor behördliches Kommunizieren und Handeln bzw. biographische Ausschnitte der Klientel thematisiert werden können.

Inzwischen gibt es eine Vielzahl von Arbeiten und politischen Debatten, die die Schwierigkeiten ansprechen, zu erklären, wer eigentlich als Zigeuner bezeichnet wurde.[8] Weitaus weniger erforscht ist, wie Zuschreibungsprozesse stattfanden,[9] wodurch sie verursacht wurden. Keine Studie befasst sich damit, wie sich dies aus Sicht der Betroffenen widerspiegelte, wie sich die Zigeunerbezeichnung auf ihren Alltag auswirkte und ihre Lebenswelt beschnitt.

Der akteurszentrierte Ansatz auch aus Sicht der Betroffenen steht im Mittelpunkt dieser Arbeit, wobei der zentralen Frage nachgegangen werden sollte, welche politischen Prozesse, lokalen Voraussetzungen und Maßnahmen sich zu Exklusionsprozessen für den Einzelnen im Zuge einer sich radikalisierenden Zigeunerpolitik verdichteten. Dabei kann aufgezeigt werden, dass bereits vor 1933 mit einer spürbar einsetzenden Verhärtung seit 1925 der Grundstock der darauffolgenden nationalsozialistischen Zigeunerverfolgung gelegt wurde.[10] Mit Anstieg des sozialen Drucks gerieten die im Blick der Behörden stehenden Menschen in verschiedenste behördliche und politische Ausgrenzungsmechanismen, die schließlich stärker ineinander wirkten und sich diskursiv wie auch im praktischen Handeln überlagerten. Die Folge für die Betroffenen war die Aberkennung zentraler Rechte sowie die Einengung jeglicher individueller Freiräume, die ein selbstbestimmtes Leben zuließen.

Um die als Zigeuner gekennzeichneten Personen selbst als Akteure zu untersuchen, sollen Fragen nach dem lebensweltlichen Kontext der ambulanten Familien und ihrer Selbstrepräsentation vor den Behörden im Antragsverfahren für Wandergewerbescheine im Blickfeld der Analyse stehen. Welche Handlungsstrategien und Aushandlungsprozesse ließen sich erkennen? Gab es solche überhaupt?

---

8 ZIMMERMANN, Rassenutopie und Genozid; LUCASSEN, Zigeuner; Zeitungsartikel dazu z. B. JÄCKEL, Sinti, Roma oder Zigeuner, oder PIEGSA, Sprach-Debatte.

9 LUCASSEN, Zigeuner; FREUND, Der polizeilich-administrative Zigeunerbegriff.

10 Nationalistische Entwicklungen, wie etwa die Verabschiedung des neuen Staatsbürgergesetzes von 1913, stellten hingegen keine Zäsur da.

Verordnungen und Bestimmungen forderten von den Lokalbeamten in der alltäglichen Praxis seit der Jahrhundertwende, Menschen in Kategorien wie ‚Zigeuner' oder ‚nach Zigeunerart umherziehende Personen' einzuteilen. Sie verlangten die Einordnung nach Besitz bzw. Nichtbesitz eines Wandergewerbescheins, um ‚echte' oder nur nach ihrer Lebensart so zu bezeichnende Zigeuner zu benennen. Dies bereitete den Polizeibeamten große Schwierigkeiten. So galten für Menschen unter verschiedenen Kategorien, wie ‚Zigeuner', ‚Bettler', ‚Hausierer' oder ‚Landstreicher', die unterschiedlichsten Vorschriften, Zuständigkeiten und Handlungsanweisungen mit nur wenigen Hinweisen, wie die jeweilige Zielgruppe in der Praxis zu identifizieren und von anderen mobilen Gruppen zu unterscheiden sei.[11] Gleichzeitig wurden repressive Maßnahmen gegenüber all diesen Personengruppen zu Beginn des 20. Jahrhunderts oftmals mit den gleichen moralisierenden Argumentationsweisen begründet, welche das Umherziehen an sich als Gefahr für die öffentliche Sicherheit stilisierten. Das Wandergewerbe wurde stets als Deckmantel für Landstreicherei, Bettelei und eine sogenannte zigeunerische Lebensart angeführt und war in gesetzlicher, moralischer wie auch ökonomischer Hinsicht eng mit dem Zigeunervorwurf verbunden.

Die Debatten um die sogenannte ‚Zigeunerplage' und das ‚Wandergewerbescheinproblem' wurden mit der Reichsgründung von 1871 und der Verschärfung der Gewerbegesetzgebung in den 1880er und 1890er Jahren trotz propagierter Gewerbefreiheit auf normativer Ebene als zwei hochgradig konstruierte Problemfelder geführt und aus unterschiedlichen Interessen heraus zunehmend bekämpft. Beide Felder zogen politische Maßnahmen nach sich und begannen sich vor dem Ersten Weltkrieg argumentativ zu überlappen. Bald schon waren alle Personen, die ein Wandergewerbe betrieben, im Blick der Behörden und standen unter dem Generalverdacht der Unrechtschaffenheit.

Der Wechsel zur Demokratie 1918 milderte diese Entwicklung keineswegs. Mit dem Entstehen der gravierenden wirtschaftlichen Notlagen zur Zeit der Weimarer Republik entwickelte sich eine in der Praxis durchgeführte und im Laufe der 1920er Jahre stetig radikalisierende Verfolgung von Menschen, die ein ambulantes Gewerbe ausführten, wobei die forcierte Kategorisierung dieser Menschen als Zigeuner durch die Behörden zugrunde gelegt wurde. Diese Etikettierung hatte für die Betroffenen die soziale, rechtliche oder wirtschaftliche Ausgrenzung in fast allen Lebensbereichen zur Folge. Die große materielle Armut der meisten dieser Familien bedingte eine ohnehin schon beträchtliche Exklusion aus dem sozialen Gefüge. Die behördlich betriebene Devianzzuschreibung aufgrund eines angeblich unsteten,

11 Paragraph 361 des Reichsstrafgesetzbuchs behandelt etwa das Delikt „Bettelei und Landstreicherei", beinhaltet aber keine Definition, was darunter eigentlich zu verstehen sei, vgl. ALTHAMMER, Der Vagabund.

amoralischen Lebens als Umherziehende, die mit einer rechtlich fraglichen, aber rigoros vorgenommenen Abschiebepolitik gekoppelt wurde, forcierte diese Ausschlüsse nochmals.

Dieses Phänomen soll in den Gebirgsregionen Eifel und Hunsrück der preußischen südlichen Rheinprovinz auf lokaler Ebene untersucht werden, um die Auswirkungen dieser Politik auf die lokalen Beamten und betroffenen Menschen vor Ort zu ergründen. Diese Gegend war Anfang des 20. Jahrhunderts von Armut geprägt und das Wandergewerbe traditionell als Form des Lebensunterhalts ärmster Bevölkerungsschichten verankert. Formen mobiler Armut stellten hier eine alltägliche Erscheinung dar, weshalb diese Region besonders gut geeignet ist, um die behördliche Zuschreibungsproblematik aus sozioökonomischer Sicht der Betroffenen darzustellen.

Die Einflüsse der Armutspolitik Anfang des 20. Jahrhunderts im behördlichen Zuschreibungsprozess wurden bisher in den Studien zur Zigeunerverfolgung noch nicht berücksichtigt. Die Arbeit konnte sich diesbezüglich auf Vorarbeiten des DFG-geförderten Forschungsprojekts „Armut im ländlichen Raum“ zur südlichen Rheinprovinz stützen, in dem auch diese Studie entstanden ist. Bisherige Arbeiten des Projekts haben bereits offengelegt, dass in Bezug auf die Armenfürsorge innerbehördliche Konflikte entstanden und eine gegenüber den Antragstellern moralisierend abwertende und restriktive Vergabepraxis in der lokalen Armen- und Gesundheitsfürsorge stark zu Ungunsten der armen Bevölkerungsschichten praktiziert wurde.[12] Dieser stigmatisierende Blick der Verwalter übertrug sich auch auf Wandergewerbetreibende, deren Broterwerb nicht als vollwertige Erwerbsarbeit anerkannt wurde. Die handwerkliche Herstellung von Waren und deren Vertrieb im Umherziehen war in einem industriearmen und landwirtschaftlich wenig ertragreichen Gebiet jedoch eine der wenigen Möglichkeiten, einen Unterhalt zu bestreiten oder zumindest zur Existenzsicherung beizutragen.[13] Im Eifeler Landkreis Wittlich ließen sich in den Landratsakten für das Jahr 1925 etwa zwölf Korbmacher ausmachen, die durch das Betreiben des Wandergewerbes ihre Waren abzusetzen versuchten. Welche Erklärungsmuster lassen sich dafür finden, dass sie alle in den Polizeiakten des Landkreises zur Zigeunerbekämpfung auftauchten?

Der Fokus dieser Arbeit liegt zudem im Gegensatz zu den meist in Städten angesiedelten Untersuchungen zu diesem Thema auf dem ländlich-kleinstädtischen Raum. Ländliche Verwaltung, schwierige naturräumliche Voraussetzungen sowie wenig Beschäftigungsmöglichkeiten bedingten andere Dynamiken

---

12 Marx-Jaskulski, Armut und Fürsorge; Krieger, Arme und Ärzte; Stazic-Wendt, From Unemployment.

13 Pescosta, Die Tiroler Karrner; Meier/Wolfensberger, Heimatlose und Nicht-Sesshafte.

in der Zigeunerverfolgung als bereits schon teilweise für einzelne Städte untersuchte Prozesse.[14] Die ländlichen Unterschichten, etwa wohnungslose Familien, Unterstützungsempfänger oder Antragsteller für das Wandergewerbe, gerieten hier als Zielgruppe von Repressionen im Namen der ‚Zigeunerbekämpfung' in den Blick. Quellenbedingt trägt die Arbeit durchaus auch Züge einer klassischen Verfolgungsgeschichte. Doch gleichzeitig soll vor allem der Blickwinkel der Verfolgten als Akteure betrachtet werden.

Die Rolle der Polizei in der Zigeunerverfolgung in ländlichen und kleinstädtischen Gebieten der Weimarer Republik ist bisher nicht untersucht worden, ist aber die eigentliche Antriebskraft in der Verfolgung, so die Ausgangsthese der Arbeit. Die Auswahl einer spezifischen Armutsregion birgt die Chance, losgelöst von rein lokalgeschichtlichen Fragestellungen, das Ineinanderwirken von Verwaltungs- und Fürsorgepraktiken im ländlichen Raum in Auseinandersetzung mit zentralstaatlichen Steuerungsversuchen, welche die linksrheinische Behördenmentalität kennzeichneten, zu beobachten. Hinzu kamen stete Auseinandersetzungen der Behörden untereinander, die durch die nach dem Ersten Weltkrieg besatzungsbedingte Isolation noch verstärkt wurden.[15] Dabei haben zeitgeschichtliche Zäsuren weniger eine Rolle gespielt als kontinuierlich stattfindende inneradministrative Konflikte, um lokale, kleinräumliche Interessen zu verteidigen.[16]

Den zugrunde liegenden theoretischen Rahmen bildete das Konzept Inklusion/Exklusion,[17] das den akteurszentrierten Ansatz mit seinem Fokus auf Teilhabechancen und Kommunikationsprozesse des Individuums unterstützt.[18] Mit dem Begriffspaar Inklusion/Exklusion lassen sich Fragen nach sozio-ökonomischen Strukturen, normativen Argumentationsmustern sowie moralischen Kriterien vereinbaren.[19] Der Zigeunerbegriff fungierte in diesem

14 Fings/Sparing, Rassismus – Lager – Völkermord; Günther, Die preußische Zigeunerpolitik; Engbring-Romang, Fulda; Marnau/Linck, Flensburger „Zigeuner". Die Studie von Angelika Albrecht zu Bayern hat gerade die Besonderheiten des ländlichen Raums vernachlässigt, vgl. Albrecht, Zigeuner in Altbayern.

15 Vgl. Forschungsarbeiten zu Lokalgesellschaften im ländlichen Raum Raphael, Ländliche Gesellschaften; Brakensiek/Flügel, Regionalgeschichte in Europa.

16 Marx-Jaskulski, Armut und Fürsorge; Krieger, Arme und Ärzte; ein besonderes Beispiel außerdem der Ruhrkampf 1923, dazu Fischer, The Ruhr Crisis.

17 Grundlegend für diesen Ansatz sind die anwendungsbezogenen Studien des Stichweh'schen Konzepts, Stichweh, Inklusion/Exklusion, die vor allem im Sonderforschungsbereich 600 „Fremdheit und Armut" entwickelt worden sind, vgl. Hahn, Exklusion und die Konstruktion; außerdem Bohn, Inklusion, Exklusion und die Person; Bommes/Halfmann, Migration in nationalen Wohlfahrtsstaaten; Raphael, Inklusion/Exklusion; ders., Grenzen von Inklusion und Exklusion.

18 Raphael, Inklusion/Exklusion, S. 240.

19 Ebd., S. 237.

Kontext zum einen als Exklusionsinstrument im praktischen Handeln und zum anderen auch als Exklusionsargument im diskursiven Rahmen, der dieses Handeln legitimieren sollte. Es geht vor allem um die Frage, mit welchem Zigeunerbegriff die Behörden operierten und welche Konsequenzen die Zuschreibung ‚Zigeuner' für die Betroffenen, aber auch für die Verwalter hatte. Das Konzept Inklusion/Exklusion ermöglicht nicht nur, nach rechtlicher Ausgrenzung und Teilhabechancen der als Zigeuner bezeichneten Personen allgemein zu fragen, sondern erlaubt die Frage nach Abstufungen innerhalb der verfolgten Gruppe. Dabei sollen Exklusionseffekte in ihrer unterschiedlichen Intensität für eine Vielfalt von Lebensformen, die sich innerhalb verschiedenster Norm- und Moralvorstellungen durch ihre mobile, oftmals prekäre Lebensweise abgrenzten, beschrieben werden. Inklusion/Exklusion gibt zudem den Blick frei für Aushandlungsprozesse innerhalb der Verwaltung, in denen auch der Beamte als Individuum im Kommunikationsprozess betrachtet wird. Bei der Analyse von Kommunikationsmustern und Exklusionssemantiken fällt die Parallelität des Zigeunerterminus zum Begriff des Wandergewerbes auf, das seit den 1880er Jahren zunehmend als Bestandteil des wirtschaftlichen Gefüges in Frage gestellt wurde. Auch dieser Begriff wurde schließlich zur Legitimation exkludierender Maßnahmen an Menschen genutzt, die entweder zum gleichen Personenkreis zählten oder ähnliche Lebensumstände aufwiesen wie diejenigen, die unter den Zigeunerterminus gefasst wurden. Wie, wann und warum überlagerte sich der Diskurs um das Wandergewerbe so stark mit dem des Zigeuners und wie äußerte sich dies in der Praxis?

Die wirtschafts- und sicherheitspolizeilichen Facetten dieser Problemfelder können nur bedingt an nationalstaatlichen Zäsuren abgearbeitet werden. Der Untersuchungszeitraum des späten Kaiserreichs und der Weimarer Republik orientiert sich an der ersten maßgeblichen Verordnung gegen Zigeuner in Preußen 1906 und der Verschärfung der Gewerbegesetzgebung seit den 1890er Jahren. Diese Zäsuren wurden durch sozialwissenschaftliche und wirtschaftspolitische Debatten über den ‚Nutzen des Wandergewerbes' (vgl. Kapitel 2.4) sowie die Ausdifferenzierung der Polizei um die Jahrhundertwende mit ersten Ansätzen einer spezifisch auf Zigeuner spezialisierten Polizei begleitet bzw. vorbereitet. Vor dem Ersten Weltkrieg und vor allem nach Ende des Krieges wirkten sich diese normativen Entwicklungen zunehmend auf das Verwaltungshandeln der Lokalbeamten aus.

Das Ende des Untersuchungszeitraums mit dem Jahr 1933 und damit dem Ende der Weimarer Republik scheint aus verwaltungshistorischer Perspektive eher willkürlich gezogen. Doch diese politische Zäsur grenzt die Untersuchung von der bereits in Teilen gut bearbeiteten nationalsozialistischen Zigeunerverfolgung ab. Der aus verwaltungshistorischer Sicht klare Einschnitt der Zigeunerverfolgung von 1938 mit der Zentralisierung der Zigeunerpolitik durch die Angliederung der Zigeunerpolizeistelle München als „Reichszentrale zur

Bekämpfung des Zigeunerunwesens“ im Reichskriminalpolizeiamt (RKPA) wurde in diesen Arbeiten bereits angesprochen.[20] Ein Desiderat stellt hingegen die Zeit vor 1933 dar, vor allem die Zeit der Weimarer Republik.[21] Die Radikalisierung der preußischen Zigeunerpolitik seit 1925, die sich mit den Entwicklungen im späten Kaiserreich, dem Einbruch des Ersten Weltkriegs, der Errichtung der ersten Demokratie, der französischen, linksrheinischen Besatzung und den daraus resultierenden wirtschaftlichen Zwangslagen erklären lässt, wurde bisher noch nicht thematisiert.

Mit der Einführung der deutschen Staatsangehörigkeit 1871 sowie Umbrüchen in der Armenfürsorge und Verwaltung haben sich Bedingungen ergeben, die Exklusionsprozesse armer Bevölkerungsschichten extrem beschleunigt und begünstigt haben, was sich in der Ausformung von Zigeunerpolitik deutlich widerspiegelte. Nach der deutschen Nationalstaatsgründung 1871 tauchte der Zigeunerbegriff in der Polizeiverwaltung in verstärktem Maße auf, während er sonst kaum noch eine Rolle gespielt hatte.[22] Mit der Transformation der Außengrenzen deutscher Territorien zu innerstaatlichen Grenzen des Deutschen Reiches wurde der Umgang mit Zigeunern zum Problem: Da die meisten unter ihnen deutsche Staatsangehörige waren, war es aufgrund des Rechts auf Freizügigkeit nicht mehr legitim, sie, wie bisher geschehen, einfach zur nächstgelegenen Staatsgrenze abzuschieben. Gleichzeitig wurde der Zigeunerbegriff auch in der Gewerbeordnung immer präsenter. Diese befand sich zwar im zentralstaatlichen Kompetenzbereich, ließ jedoch Handlungsspielraum für die Bezirksregierungen in ihrer Umsetzung offen.

Gerade im deutschen Raum können derartige Entwicklungen aufgrund der zuvor bestehenden kleinstaatlichen Strukturen jedoch nicht vollständig aus einer rein normativen Perspektive erfasst werden. Während in Frankreich bereits seit 1912 ein landesweit geltendes Gesetz die Zigeunerfrage regelte,[23] fiel im Deutschen Reich die Sicherheitspolizei unter die Hoheit der einzelnen

---

20 Engbring-Romang, Die Verfolgung der Sinti und Roma; Fings/Sparing, Rassismus – Lager – Völkermord, S. 111; Lewy, „Rückkehr nicht erwünscht“, S. 97f.; Luchterhandt, Der Weg nach Birkenau, S. 110–112; von Lüpke-Schwarz, Die Duisburger Kriminalpolizei, S. 471; Schenk, Rassismus gegen Sinti und Roma, S. 250; Zimmermann, Rassenutopie und Genozid, S. 108. Auch in Bezug auf die Aktion „Arbeitsscheu Reich“ stellt das Jahr 1938 eine Zäsur dar, dazu grundlegend Ayass, „Asoziale“ im Nationalsozialismus, S. 138ff.

21 Zum Kaiserreich und der Weimarer Republik sind folgende Arbeiten erschienen: Strauss, Die Diskriminierung von Sinti und Roma; Bonillo, „Zigeunerpolitik“ im Deutschen Kaiserreich; Hehemann, Die „Bekämpfung des Zigeunerunwesens“; Albrecht, Zigeuner in Altbayern; Schenk, Rassismus gegen Sinti und Roma; Günther, Die preußische Zigeunerpolitik.

22 Vgl. dazu Beobachtungen von Lucassen, Zigeuner, S. 136f.

23 Asseo, La Perception des Tsiganes; Peschanski, Zigeuner in Frankreich.

Länder und die Armenfürsorge wurde lokal organisiert. Für jeden deutschen Staat galten unterschiedliche Bestimmungen. Die wenigen Forschungsarbeiten zu diesem Thema haben bisher ausgehend von einer bestimmten Landesgesetzgebung versucht, Rückschlüsse auf die umgesetzte Zigeunerpolitik im jeweiligen Staat zu ziehen[24] oder untersuchten jeweils einen einzelnen Ort, meistens eine größere Stadt.[25] Eine spezifisch regionalhistorische Untersuchung mit akteurszentriertem Ansatz gibt es nicht,[26] dafür bildeten die Arbeiten des DFG-Projekts „Armut im ländlichen Raum“[27] jedoch eine gute Ausgangsbasis für dieses Forschungsvorhaben.

Ausgehend von den klassischen Labelingtheorien, die den „Zuschreibungsprozess des Attributes der Devianz zu bestimmten Verhaltensweisen im Rahmen von Interaktionen“ untersuchen,[28] sollen der Kontakt und die Interaktionen der einzelnen Akteure untereinander analysiert werden.[29] Jedoch soll dies nicht nur auf Behörde und behördlich etikettierte Personen beschränkt bleiben, sondern auch Aushandlungsprozesse der Behörden und Dienststellen untereinander einbeziehen. Dies ist nur mit einem regional-, mikrogeschichtlichen Ansatz mit Rückbezug auf die Makroebene zu leisten[30] und umfasst die Kommunikation zwischen zentralisierten und lokalen Behördeninstanzen sowie die Berücksichtigung anderer zeitgenössischer Diskurse zur Kontextualisierung des Verwaltungshandelns. Zwar kann dabei keine Repräsentativität der Prozesse vorausgesetzt werden, aber der Ablauf verschiedener Verwaltungslogiken lässt sich so durchaus nachvollziehen.

---

24 Zu Bayern ALBRECHT, Zigeuner in Altbayern, und STRAUSS, Die Diskriminierung von Sinti und Roma; zu Bayern, Sachsen und Preußen BONILLO, „Zigeunerpolitik“ im Deutschen Kaiserreich, und HEHEMANN, Die „Bekämpfung des Zigeunerunwesens“; zu Hessen ENGBRING-ROMANG, Die Verfolgung der Sinti und Roma; zu Württemberg FRICKE, Zwischen Erziehung und Ausgrenzung.

25 Zu Köln und anderen Städten im Rheinland FINGS/OPFERMANN, Zigeunerverfolgung im Rheinland; FINGS/SPARING, Rassismus – Lager – Völkermord und DIES., Das Zigeunerlager; zu Hannover GÜNTHER, Die preußische Zigeunerpolitik; zu Fulda ENGBRING-ROMANG, Fulda; zu Berlin MISKOW, Jaija Sattler and the Gypsies, PIENTKA, Das Zwangslager; zu Freiburg VON DOBENECK, Florian: Sinti in Freiburg; zu Hamburg WÜNSCHE, Die nationalsozialistische Verfolgung; zu Flensburg MARNAU/LINCK, Die Flensburger „Zigeuner“; zu Hamm BRAND, Unsere Nachbarn.

26 In Österreich beschäftigt sich Marius Weigl in seinem Dissertationsprojekt mit der Lösung der Zigeunerfrage in Österreich-Ungarn während des Ersten Weltkriegs und untersucht hierfür Aushandlungsprozesse innerhalb der Verwaltung und deren Konflikte, die durch die widersprüchliche Gesetzgebung verursacht wurden.

27 BRANDES/KRIEGER u.a., „Armut im ländlichen Raum“.

28 LAMNEK, Theorien abweichenden Verhaltens, S. 223.

29 Einen solchen Ansatz verfolgte Wolf Gruner in seiner Arbeit zur Judenverfolgung im NS-Staat: GRUNER, Öffentliche Wohlfahrt und Judenverfolgung.

30 BRAKENSIEK/FLÜGEL, Regionalgeschichte in Europa.

Um mit dem vorhandenen Material Aussagen über die Lebenswelt der Menschen treffen zu können, sollen zunächst die vorhandenen quantitativen Daten der Polizeiakten zum Kontrollvorgang nach statistischen Gesichtspunkten ausgewertet werden. Dadurch lassen sich Kategorienbildung und statistische Größen hinterfragen. Anschließend geben einzelne Fallbeispiele Einblick in die Lebenswelt der polizeilich registrierten Personen.[31] Anhand von Schreiben an die Verwaltung kann aus strategischer Sicht der Antragsteller oder Beschwerdeführer ihre Selbstdarstellung in Kontakt mit den Behörden mithilfe semantischer Codierungen interpretiert werden. Aufgrund der zielführend angelegten Schriftstücke und der auch behördlich nur selektiv vorgenommenen Schilderung und Archivierung dieser Stellungnahmen sollen Argumentationsmuster und Strategien beleuchtet werden, die mit Devianzzuschreibung von Seiten der Behörden und deren Abwehr von Seiten der Antragsteller einhergehen.

Im Zentrum der deutschsprachigen Zigeunerforschung steht die Suche nach einem operablen Begriff für die als Zigeuner Verfolgten. Zu unterscheiden gilt es den Zigeunerbegriff höherer Verwaltungsebenen, der ursprünglich ‚Ausländer' meinte, und den der lokalen Ebenen, vor allem der Polizei. Leo Lucassen hatte Mitte der 1990er Jahre erstmals den Zigeunerbegriff als polizeilichen Ordnungsbegriff aufgrund frühneuzeitlicher Quellen auch mit Rückgriff auf Beobachtungen aus Deutschland und den Niederlanden eingeführt. Bewusst grenzte er sich von einer bis dato ethnisierenden Geschichtsschreibung über die Verfolgung der Zigeuner ab, die prinzipiell Objekt- und Subjektbegriffe gleichsetzte. Die nicht durch Quellen belegte These Wolfgang Wippermanns und Marion Bonillos, die Zigeuner seien als Sinti und Roma als einheitlich ethnische Gruppe zu verstehen, die unter der rigiden Minderheitenpolitik des Kaiserreichs zu leiden gehabt habe, isoliert sich von der gängigen Forschungsmeinung.[32] Die Auffassung von Zigeunern als ethnische Minderheit im Kaiserreich kann möglicherweise mit dem Wiederaufleben des Zigeunerdiskurses in den 1880er Jahren, als auch Polen, Dänen und Juden zunehmend als ‚nichtdeutsche' Minderheiten wahrgenommen wurden, begründet werden.[33] Hinzu kamen die in den anthropologischen und polizeilichen Diskursen hervorgehobenen und besprochenen ‚rassischen' Merkmale, die sich zum Teil durchaus in den Verordnungen zur Zigeunerverfolgung finden ließen, wie noch gezeigt werden soll. Jedoch spielten sie in der Verfolgungspraxis eine untergeordnete Rolle. Stattdessen stellte sich die nichtsesshafte Lebensweise

31 Strauss/Hildenbrand, Grundlagen qualitativer Sozialforschung; Strübing, Grounded Theory.

32 Vgl. Bonillo, „Zigeunerpolitik" im Deutschen Kaiserreich, S. 28; Wippermann, Das „ius sanguinis"; Zimmermann, Rassenutopie und Genozid; Lucassen, Zigeuner; Fings/Sparing, Rassismus – Lager – Völkermord.

33 Hroch, Minderheiten als Problem; Jaworski, Nationalstaat.

der Zigeuner und der anderen ambulanten Gruppen als einer der Hauptfaktoren für das Misstrauen der Behörden dar und die Polizeiführer distanzierten sich in den 1910er Jahren schließlich ganz von einem ethnischen Zigeunerbegriff, der als nicht umsetzbar abgetan wurde. Kriterien wie das Umherziehen im Familienverband, der Besitz eines Wohnwagens oder die Ausübung eines Wandergewerbes, nicht aber bestimmte äußerliche Merkmale, waren maßgeblich für die Zuschreibung von Devianz und Kriminalität von Seiten der Polizei.[34] Dementsprechend wurde die Forschung zu nationalen Minderheiten im Kaiserreich durchaus wahrgenommen, jedoch nicht als weiterführend für diese Arbeit herangezogen.[35]

Forscher zur nationalsozialistischen Zigeunerpolitik taten sich bisher mit dem polizeilichen Ordnungsbegriff Lucassens schwer, konnten aber die Einbeziehung der ihnen wichtigen Ebene des rassistischen Verständnisses des Zigeunerbegriffs noch nicht zufriedenstellend lösen. Michael Zimmermann versuchte, einen Kompromiss in der Begriffsdebatte durch die Entwicklung eines doppelten Zigeunerbegriffs sowohl im Sinne einer soziographischen als auch kulturalistischen bzw. biologischen Definition herzustellen.[36] Letzteres lässt sich vor allem vom rassenanthropologischen Verständnis von Zigeunern von Seiten der Aufklärer[37] und von der seit Mitte des 19. Jahrhunderts in juristischen und polizeilichen Kreisen zunehmend kriminalbiologisch geführten Debatte herleiten. Aber auch diese Ebene blendete Lucassen nicht völlig aus seinem Zigeunerverständnis aus, was er mit dem Terminus ‚Ordnungsbegriff' implizierte. Aber es muss gefragt werden, inwiefern solche Expertendiskurse tatsächlich das Handeln auf lokaler Ebene beeinflusst haben und wie dieser Einfluss messbar ist. Es ist durchaus anzuzweifeln, dass derartige intellektuelle Repräsentationen von Zigeunern eine einschlägige Wirkung auf das Alltagshandeln der ‚kleinen Beamten' hatten.

Die Gleichsetzung der verfolgten Gruppe mit dem Begriffspaar ‚Sinti und Roma' in Anlehnung an die Selbstrepräsentation von Sinti- und Romaverbänden in der Nachkriegszeit, wie sie etwa Udo Engbring-Romang auch für den hier vorliegenden Zeitraum vornimmt,[38] ist problematisch und würde diejenigen Personen ausschließen, die unter der Kategorie ‚nach Zigeunerart umherziehend' ebenfalls lebenseinschränkenden Maßnahmen von Seiten der Behörden unterlagen. Die Anpassung der Begrifflichkeiten resultierte aus der

---

34 In Anlehnung an Lucassen, Zigeuner.

35 Gosewinkel, Die Nationalisierung der Staatsangehörigkeit; Hroch, Minderheiten als Problem; Jaworski, Nationalstaat; Trevisiol, Die Einbürgerungspraxis; Wippermann, Das „ius sanguinis".

36 Zimmermann, Rassenutopie und Genozid, S. 61ff.

37 Vgl. Kugler, Kunst-Zigeuner.

38 Engbring-Romang, Die Verfolgung der Sinti und Roma, S. 89.

Gewichtung des Völkermords als zentrales Thema in der Forschungsdebatte zur nationalsozialistischen Verfolgung.[39] Dabei wurde in den 1990er Jahren vor allem die Frage kontrovers diskutiert, ob es sich bei dem Massenmord an den Zigeunern im ‚Dritten Reich' wie bei den Juden um einen Genozid gehandelt habe.[40] Diese Problematik erschloss sich vor allem aus der BRD-Nachkriegspolitik gegen als Zigeuner Verfolgte, die die ‚Gleichwertigkeit' ihrer Verfolgung nachweisen sollten, um Anspruch auf Entschädigung geltend machen zu können, was ihnen oftmals nicht gelang.[41]

Die Entwicklung der behördeninternen Bezeichnungen und die damit verbundene rechtliche Aushandlung von Inklusions- und Exklusionsprozessen war im Untersuchungszeitraum europaweit eng mit dem Prozess der Staatenbildung und der daraus hervorgegangenen Definition von Staatsbürgerschaft und staatlichen Kontrollversuchen, Migrationsbewegungen zu steuern, verbunden. Während die osteuropäische Forschung zur Zigeunerverfolgung infolge eines ethnisch ausgerichteten Zigeunerbegriffs nach Inklusionsangeboten einzelner Länder für diese Minderheit fragt,[42] beschäftigen sich einige westeuropäische Studien mit der soziographischen Dimension dieses Themenfeldes.[43]

---

39 ZIMMERMANN, Ausgrenzung, Ermordung, Ausgrenzung; BAUER, Es galt nicht der Befehl für beide; LEWY, „Rückkehr nicht erwünscht"; ROSE/WEISS, Sinti und Roma im „Dritten Reich"; MARGALIT, Gilad: The Representation of the Nazi Persecution. Ferner sollen an dieser Stelle auch die Veröffentlichungen BENZ, Sinti und Roma, und WIPPERMANN, „Wie die Zigeuner", sowie DERS., Geschichte der Sinti und Roma, Erwähnung finden. Wippermann und Benz verfolgen den Ansatz der ‚vergleichenden Vorurteilsforschung', wobei sie jedoch die infragestehenden Zuschreibungen selbst produzieren in Form von pauschalen Vergleichen und vereinfachenden Thesen, die eher in eigenen Vermutungen als in überzeugender Quellenarbeit begründet sind. Siehe dazu insbesondere DERS., „Wie die Juden"? Grundlegend zur Entstehung des Zigeunerkonstrukts, dessen Funktionen für die deutsche Mehrheitsgesellschaft über Jahrhunderte sowie dessen Gemeinsamkeiten und Abgrenzungen zum Diskurs über Juden als ‚Grenzfigur' ist die Habilitationsschrift von PATRUT, Phantasma Nation.

40 Die Forschungsdebatte wird zusammengefasst von ZIMMERMANN, Rassenutopie und Genozid, S. 37f.

41 MARGALIT, Die Nachkriegsdeutschen; LUCHTERHANDT, Der Weg nach Birkenau, S. 319. Einige Fallbeispiele in KÖRBER, Die Wiedergutmachung.

42 ACHIM, The Roma in Romanian History; BARANY, The East European Gypsies; BARTOLOMEJ, Die Geschichte der Roma in Böhmen; BESSONOV, Zigeuner in Russland; CROWE, A History of the Gypsies of Eastern Europe; MARUSHIAKOVA/POPOV: Gypsies (Roma) in Bulgaria; DIES., Zigeunerpolitik und Zigeunerforschung in Bulgarien; MIRGA, The Effects of State Assimilation; SZABÓ, Die Roma in Ungarn.

43 ASSEO, Les Tsiganes; CHARNON-DEUTSCH, The Spanish Gypsy; MAYALL, English Gypsies; MEIER, Zigeunerpolitik und Zigeunerdiskurs; REYNIERS, Pauvreté et Exclusion; SIGONA, Locating "the Gypsy Problem".

Der auch für diese Arbeit grundlegende soziographische, regionalhistorische Ansatz wird nur in wenigen Studien konsequent verfolgt. Maßgeblich in der Nutzung differenzierter Begrifflichkeiten und der Darstellung von Interaktion zwischen Lokalverwaltung und Staat ist vor allem Thomas D. Meiers und Rolf Wolfensbergers Arbeit zur Schweiz im 19. Jahrhundert.[44] Die Zuschreibungsmacht der Behörden erklärte auch Aoife Bhreatnach für den irischen Freistaat (1922–1970)[45] und Florian Freund im österreichischen Fall, vor allem interessant nach Anschluss des Burgenlandes 1921.[46] Ebenfalls weiterführend ist Annemarie Cottaars Studie zu den niederländischen ‚woonwagenbewoner' mit Blick auf die niederländischen Provinzen Ijselmeer und Den Haag.[47]

Inwieweit die Zuschreibung der Behelfskategorie ‚nach Zigeunerart umherziehende Personen' von Seiten deutscher Behörden an deviant eingestufte Personengruppen eine Besonderheit darstellt, wurde unter diesem Gesichtspunkt bisher noch nicht herausgearbeitet.[48]

Der Zusammenhang zwischen Zigeunerpolitik und ambulanter Lebensweise wurde bisher vor allem durch die Frühneuzeitforschung geleistet.[49] Für die Zuschreibungsprozesse im 20. Jahrhundert, wo die Etikettierung als Zigeuner extreme Auswirkungen auf die Betroffenen hatte, wurde der soziographische Ansatz fast gänzlich vernachlässigt. Eine Ausnahme stellt die Arbeit von Angelika Albrecht zu Altbayern dar, allerdings vernachlässigt sie in ihrer Studie den Aspekt der Armengesetzgebung und die damit verbundenen gravierenden Auswirkungen auf lokale Zigeunerpolitik gänzlich.[50]

Gleichzeitig wurden in der Armutsforschung weder die Gruppe der ambulanten Händler und Gewerbetreibenden noch die Wandergewerbescheinanträge als inoffizielles Mittel der Fürsorge in Betracht gezogen.[51] Klassische Felder der Armenfürsorge wie Armen- und Arbeitslosenunterstützung sowie Krankenfürsorge auf dem Land mit Blick auf die lokale Praxis und die verschiedenen Akteursebenen wurden nicht zuletzt durch die Arbeit unseres Forschungsprojekts „Armut im ländlichen Raum" zunehmend besser untersucht.[52]

---

44 Meier/Wolfensberger, Heimatlose und Nicht-Sesshafte.

45 Bhreatnach, Becoming Conspicuous.

46 Freund, Der polizeilich-administrative Zigeunerbegriff; ders., Zigeunerpolitik in Österreich.

47 Cottaar, Dutch Travellers; Cottaar/Lucassen/Willems, Mensen van der reis; dies., Justice or Injustice.

48 Dies kann auch hier nicht in vergleichender Perspektive geleistet werden.

49 Meier/Wolfensberger, Heimatlose und Nicht-Sesshafte; Fricke, Zigeuner im Zeitalter; Lucassen, Zigeuner; Ammerer, Heimat Straße.

50 Albrecht, Zigeuner in Altbayern.

51 Ausnahmen sind Ammerer, Heimat Straße, und Wadauer, Betteln und Hausieren.

52 Auswahl der Arbeiten des Projekts: Brandes/Marx-Jaskulski, Armut und ländliche Gesellschaften; Krieger, Arme und Ärzte; Stazic, Arbeitslosigkeit und

Auch zur Ausgrenzung mobiler Unterschichten im Zeichen des Wandels des Arbeitsverständnisses und der Überlastung des Sozialstaats entstehen aus diesem Forschungskontext noch zwei weitere Monographien.[53] Die verschiedenen Ausformungen des Wandergewerbes aus der Perspektive der Arbeitsmarktforschung, ausgehend vom breiten Diskursfeld Arbeit,[54] wurden in dem EU-geförderten Wiener Projekt "Production of Work" untersucht. Hier behandelte Sigrid Wadauer das Wandergewerbe erstmalig als Zwischenform anerkannter Erwerbsarbeit und Armenfürsorge.[55] Das Wandergewerbe als Form der Beschäftigung von Bettlern und Vaganten wurde bisher noch nicht weiter in den Blick genommen.[56] Doch die in jüngsten Forschungsarbeiten herausgearbeiteten behördlichen Argumentationsweisen und Rhetoriken zur Legitimierung von Exklusion von Bettlern und Vaganten sind für die hier vorliegenden Fragestellungen sehr dienlich.[57]

In der deutschsprachigen Migrationsforschung wird das Wandergewerbe in der Regel nicht berücksichtigt.[58] Stattdessen wurden vor allem die Binnenwanderung vom Land zur Stadt, die Auswanderung nach Nordamerika und später in die Kolonien sowie die Immigration von Fremdarbeitern diskutiert.[59] Lediglich die Niederländer verbanden das Thema Migration und ambulante Lebensweise.[60] Dabei eignet sich das Wandergewerbe als Erscheinung geradezu ideal, auch wenn es sich zumeist um sehr kleinräumige Wanderungen handelt, um den Problemkontext des ‚Social Citizenship', die Zuschreibung von Devianz- und Moralvorstellung sowie Inklusions- und Exklusionsprozesse

Arbeitslosenunterstützung. Außerdem zur Armenfürsorge im ländlichen Raum vgl. Wollasch, Wohlfahrt und Region; Frie, Wohlfahrtsstaat und Provinz; als Überblick zur Entwicklung der Armenfürsorge maßgeblich Sachsse/Tennstedt, Geschichte der Armenfürsorge. Aus verwaltungshistorischer Sicht neuerdings auch Luttenberg, Verwaltung für den Sozialstaat.

53 Althammer, Vagabunden; Stazic-Wendt, Der „unechte Erwerbslose".

54 Buchner, Arbeitsmärkte ordnen.

55 Wadauer, Ökonomie und Notbehelfe; Dies., Asking for the Privilege.

56 Vgl. Muensterberg, Bibliographie des Armenwesens.

57 Althammer, Einleitung; Dies., Bettler in rheinischen Städten. Vgl. auch Wadauer, Betteln – Arbeit – Arbeitsscheu.

58 Eine Ausnahme bildet der Sammelband Oberpenning/Steidl, Kleinräumige Wanderungen. In Frankreich wurden Wanderungsbewegungen der Landbevölkerung in französischen agrarischen Regionen untersucht Rosental, Les Sentiers Invisibles. Oliver Trevisiol erwähnte immerhin das Problem in seiner Arbeit über das Einbürgerungsverfahren im Deutschen Reich, auch wenn er es nicht weiter ausführt Trevisiol, Die Einbürgerungspraxis, S. 122.

59 Mergel, Das Kaiserreich als Migrationsgesellschaft; Oltmer, Migration und Politik; Ders., Deutsche Migrationsverhältnisse; Bade, Europa in Bewegung; Gestrich/Krauss, Zurückbleiben; Steidl/Ehmer u.a., European Mobility.

60 Lucassen, Eternal Vagrants.

nachzuzeichnen, die in den 1990er Jahren im soziologisch orientierten Zweig der Migrationsforschung besonders fokussiert wurden.[61]

Einige Arbeiten zum ländlichen Raum beschäftigen sich intensiv mit dörflichen Strukturen und deren Wandel durch Industrialisierung, Agrarreformen und staatliche Strukturpolitik.[62] Das Wandergewerbe als Gewerbeform im Dorf wird dabei jedoch nicht beleuchtet, stattdessen ist oftmals die Rede von Tagelohnarbeiten und saisonaler Abwanderung in die Industriegebiete.[63] Erst durch die zunehmende Auseinandersetzung mit ländlichen Unterschichten und den durch Olwen Hufton geprägten Begriff ‚Economy of Makeshifts', worunter sie die wirtschaftlichen Notbehelfe der Armen in Zeiten ungeregelter Versorgung subsumiert, tritt das Wandergewerbe sporadisch in Erscheinung.[64] Dieser Ansatz, vor allem in der deutschsprachigen Frühneuzeitforschung maßgeblich durch die Arbeit von Gerhard Ammerer, versteht sich als Loslösung von der stark verwaltungsgeprägten Perspektive in den Studien zur Sozialdisziplinierung.[65] Mit Hilfe von Verhörprotokollen und Armenbriefen wurde so auch die ‚Agency' der Armen, die sonst kaum schriftliche Dokumente hinterlassen haben, untersucht. Dabei wird in der Regel eine eingehende Reflexion des historischen Gehalts der strategisch angelegten Schriftstücke geleistet.[66] In

61 Vgl. Reidegeld, Armenpflege und Migration; Bommes/Halfmann, Migration in nationalen Wohlfahrtsstaaten; Eder, Migration ein soziales Problem.

62 Bauer, Ländliche Gesellschaft; Dörner/Franz/Mayr, Lokale Gesellschaften; Franz/Grewe/Knauff, Landgemeinden im Übergang; Henkel, Der ländliche Raum; Kaschuba/Lipp, Dörfliches Überleben; Mooser, Ländliche Klassengesellschaft; Zimmermann, Dorf und Stadt.

63 Bauer, Ländliche Gesellschaft; Grosskop, Krämer und Hausierer, geht leider trotz der ausgewiesenen Leitfrage des Sammelbandes nicht auf den Strukturwandel ein, stattdessen rezitiert Großkop den Beitrag Wilhelm Roths aus dem Jahr 1899, den er im Rahmen der Enquête des Vereins für Socialpolitik verfasst hatte Roth, Der Hausierhandel Urberachs.

64 Zum Begriff ‚Economy of Makeshift' vgl. Hufton, The Poor, sowie Sokoll, Household and Family. Erst in neueren Arbeiten zur Armutspolitik wird das Wandergewerbe als Überlebensstrategie der Bedürftigen erwähnt Lerche, Alltag und Lebenswelt; Marx-Jaskulski, Armut und Fürsorge; Wadauer, Ökonomie und Notbehelfe.

65 Vgl. Ammerer, Heimat Straße. Einen Überblick über die wichtigsten Werke zum Konzept der ‚Sozialdisziplinierung' findet sich bei Breuer, Sozialdisziplinierung. Außerdem sei die Auseinandersetzung zum Konzept zwischen Dinges, Frühneuzeitliche Armenfürsorge, und Jütte, Prolegomena zu einer Sozialgeschichte, genannt, sowie der sozial- und alltagsgeschichtliche Ansatz mit Rückbezug zur Normsetzung auf Makroebene im Tagungsband Schmidt/Aspelmeier, Norm und Praxis.

66 Dazu maßgeblich die Forschungen zur englischen Armenfürsorge King/Tomkins, The Poor in England; Sokoll, Negotiating a Living, und dem Sammelband auf europäischer Ebene Gestrich/Hurren/King, Poverty and Sickness. Arbeiten zur Frühen Neuzeit sind Ammerer, Heimat Straße, und Meier/Wolfensberger, Heimatlose und Nicht-Sesshafte.

der deutschen Forschung, vor allem im Bereich der Ethnologie und Anthropologie, haben sich die Begriffe ‚Ökonomie des Notbehelfs' und ‚Kreativität des Notbehelfs' etabliert.[67]

Das Wandergewerbe ist als Form des Notbehelfs aus Sicht der Armenforschung nicht einfach zu fassen und vielleicht deshalb in dieser Form auch noch nicht untersucht worden. Es handelte sich häufig nicht nur um ortsarme und landarme Bevölkerungsschichten, die sich durch die lokal organisierten oder Arbeitshäusern zugeordneten Quellenbestände der Armenfürsorge aufspüren lassen. Polizeibestände wurden hinsichtlich dieser Fragestellung noch nicht ausgewertet, lediglich einige Forschungsarbeiten zur Frühen Neuzeit betrachten diese Quellengattungen in Kombination.[68]

Im Fokus dieser Arbeit stehen die Wahrnehmung und Kriminalisierung des Wandergewerbes als Berufszweig aus sicherheitspolizeilicher Sicht sowie die Auswirkungen dieser Prozesse auf diejenigen, die es betrieben. Dies geschieht, in Anlehnung an die soziographische Forschung zu Zigeunern und die frühneuzeitliche Devianzforschung,[69] ohne dabei die akteurszentrierte Perspektive aus dem Blick lassen zu wollen.

Der hier verwendete Begriff des Wandergewerbes enthält zwei Facetten. Es handelt sich einerseits um behördliche sowie politische Repräsentation des Wandergewerbes und andererseits um dessen ökonomische Dimension. Letztere umfasste Formen ländlicher Subsistenzwirtschaft, die zum einen traditionell schon lange bestanden haben und zum anderen als Ausgleich individueller prekärer Lebenslagen zu Beginn des 20. Jahrhunderts entstanden sind. Dabei handelte es sich in der Regel um kleine handwerkliche Gewerbe, die zusätzliches Einkommen zur Armenunterstützung oder einem nicht genug Ertrag abwerfenden Landwirtschaftsbetrieb versprachen.

Zwar wird in der Forschungsdebatte um die Protoindustrialisierung des 18. und 19. Jahrhunderts das Heimgewerbe auf dem Land untersucht, doch ruht hier der Fokus auf den Gebieten mit vorwiegender Textil- und Eisenproduktion, die sich schließlich zu Industrien entwickeln konnten. Landstriche

67 Vgl. dazu Lerche, Alltag und Lebenswelt, S. 184. Studien mit einem ethnologischen Ansatz sind Schindler, Jenseits des Zwanges; Warneken, Die Ethnographie popularer Kulturen; Kaschuba/Lipp, Dörfliches Überleben.

68 Ammerer, Heimat Straße; Meier/Wolfensberger, Heimatlose und Nicht-Sesshafte.

69 Vgl. Ammerer, Heimat Straße; Dinges, Normsetzung als Praxis; Härter, Kriminalisierung, Verfolgung und Überlebenspraxis; Sack/König, Kriminalsoziologie; Schwerhoff, Institutionelle Ordnungen; Würgler, Diffamierung und Kriminalisierung. Interessant ist auch der akteurszentrierte Ansatz in der Polizeiforschung, vgl. Lüdtke, Einleitung.

wie Eifel und Hunsrück, die auch noch zum Ende des 19. und zu Beginn des 20. Jahrhunderts überwiegend agrarisch geprägt waren, fallen nicht darunter.[70]

Zudem grenzt sich das hier angelegte Forschungsdesign von den zahlreichen volkskundlichen Studien zum Wandergewerbe ab, die sich häufig in einer zumeist rein deskriptiven Darstellung mit einem bestimmten Ort oder einer Region beschäftigen.[71] Die in diesen Arbeiten angelegten Kriterien des Selbsthausierens und Fremdhausierens[72] oder die Aufsplittung in einzelne Erscheinungsformen wie Schaustellergruppen, Handelsreisende und Vertreter sind für die hier ausgeführten Fragestellungen wenig zweckmäßig.[73] Wenn diese Kategorien zugrundegelegt würden, handelte es sich bei der hier betrachteten Gruppe ausschließlich um Selbsthausierer. Schausteller, Handelsreisende und Vertreter spielten hingegen in den Polizeidiskursen nur eine marginale Rolle; sie fielen nur selten unter das Zigeunerstigma. Die erstmals durch den Verein für Socialpolitik grundlegend wissenschaftlich erarbeiteten lokal bzw. regional angelegten Studien „Zur Lage des Hausiergewerbes“ im Rahmen einer deutschlandweit durchgeführten Enquete ist dementsprechend auch eher aus sozialwissenschaftlicher Perspektive zum Diskurs um das Wandergewerbe Ende des 19. Jahrhunderts interessant.[74]

Das nach geographischen und wirtschaftlichen Gesichtspunkten ausgewählte Untersuchungsgebiet der Eifel und des Hunsrücks umfasste auf administrativer Ebene die beiden preußischen Regierungsbezirke Trier und Koblenz. Die Arbeit basiert daher auf Quellen unterschiedlicher Provenienz für diese beiden Bezirke.

Grundlegend zur Bearbeitung der Fragestellungen zur polizeilichen Verfolgungspraxis sowie nach Zuschreibungsprozessen sind die Polizeiakten zur

---

70 Die Protoindustrialisierungsdebatte findet sich sehr gut zusammengefasst bei Bauer, Ländliche Gesellschaft, dazu auch grundlegend Mooser, Ländliche Klassengesellschaft.

71 Vgl. eine Auswahl: Büchner, Tiroler Wanderhändler; Bumiller, Auf der Reise; Demetz, Hausierhandel, Hausindustrie und Kunstgewerbe; Ginzler, Die „Musfallskrämer“; Glass, Von Haus zu Haus; Hartke, Die geographischen Funktionen; Heinritz, Die „Baiersdorfer“ Krenhausierer; Höher, Heimat und Fremde; Jäger, Kleinhäusler und Schellenschmiede; Kerkhoff-Hader, Lebens- und Arbeitsformen der Töpfer; Küpker, Weber, Hausierer, Hollandgänger; Pescosta, Die Tiroler Karrner; Seebach, Wandergewerbe.

72 Hinrichsen/Hirschbiegel, Hausierer und Schausteller. Die Autorinnen orientieren sich an Definitionen von Langenmayr, Das Hausiergewerbe, aus dem Jahr 1924.

73 Zu Schaustellergruppen Hinrichsen/Hirschbiegel, Hausierer und Schausteller; zur Entwicklung der Warenhäuser Oberpenning, Migration und Fernhandel, sowie Niermann, Gewerbe im Umherziehen.

74 Verein für Socialpolitik, Untersuchungen über die Lage des Hausiergewerbes.

‚Bekämpfung des Zigeunerunwesens'. Diese setzen sich aus Überlieferungen der verschiedenen Instanzen auf Regierungs-, Landrats- und Bürgermeistereiebene zusammen, wobei die Landratsakten fast alle zu den Kriegsverlusten zählen. Nur der Landkreis Wittlich verfügt noch über einen zufriedenstellend zusammenhängenden Bestand.[75] Die Auswahl dieses Landkreises für die empirische Untersuchung ist dieser Zwangslage geschuldet. Es handelt sich hierbei um Landjägerberichte, die ihrem vorgesetzten Landrat Bericht darüber erstatten, welche Zigeunerfamilien wann und wo aufgegriffen, welche Maßnahmen gemäß den Zigeunerverordnungen getroffen wurden und welche Schwierigkeiten dabei aufgetreten sind. Die seit der 1906 vom preußischen Innenministerium erlassenen „Anweisung zur Bekämpfung des Zigeunerunwesens" obligatorisch auf Bezirksebene eingehenden Polizeiberichte sind für die Regierungsbezirke Trier und Koblenz erhalten.[76] Gleichzeitig beinhalten diese die innerbehördliche Korrespondenz zwischen den Landkreisen, dem Regierungspräsidenten sowie dem Innenministerium. Vor allem Zuständigkeiten, Grundsatzfragen zu Erlassen und Kostenstreitigkeiten werden hier thematisiert.

Die normativen Rahmenbedingungen lassen sich den Beständen des preußischen Innenministeriums und des Reiches,[77] in Kopie den Generalia der Bürgermeistereibestände und den Ministerialblättern entnehmen sowie den Neuauflagen der Reichsgewerbeordnung seit 1869 samt ihren Ausführungsbestimmungen.[78] Hinzu kommen Polizeiverordnungen, Publikationen der Polizei für den internen Gebrauch[79] sowie zeitgenössische juristische Texte zu Zigeunergesetzen.[80] Die Auswertung der Reichstagsprotokolle und der Hausiererzeitschriften als einziges Sprachrohr des ambulanten Gewerbes für

---

75 LHAK Best. 498.

76 Vgl. LHAK Best. 441 und Best. 442.

77 BA Berlin, Best. R1501 und GStAPK Berlin, Best. I. HA Rep. 77.

78 Gewerbeordnung für den Norddeutschen Bund vom 21.06.1869; Die Gewerbe-Ordnung für das Deutsche Reich vom 1. Juli 1883 Die Gewerbeordnung für das Deutsche Reich vom 6. August 1896; Die Gewerbe-Ordnung für das Deutsche Reich und Preußen. Berlin 1904, vgl. dazu TATARINOV, Reichsgewerbeordnung, 1904; Gewerbeordnung für das Deutsche Reich vom 1. April 1912; Gewerbeordnung für das Deutsche Reich. Berlin 1915; Die Gewerbe-Ordnung für das Deutsche Reich und Preußen. Berlin 1922; Die Reichsgewerbeordnung. Berlin 1927; Die Reichsgewerbeordnung. Berlin 1930.

79 DILLMANN, Zigeuner-Buch; AICHELE, Die Zigeunerfrage (1922), aufbereitet in TATARINOV, Nr. 203: Aichele über die Zigeunerfrage; DORSCH, Die Bekämpfung der Zigeuner; LUTZ, Das Zigeunerproblem; MEYER, Neue Wege zur Bekämpfung; MERZ, Zigeunerbekämpfung.

80 HÖHNE, Die Vereinbarkeit der deutschen Zigeunergesetze; REICH, Das bayerische Zigeuner- und Arbeitsscheuengesetz; KARANIKAS, Das bayerische Zigeuner- und Arbeitsscheuengesetz.

den deutschen Raum sind grundlegend, um die Debatten zum ‚Nutzen bzw. Unnutzen des Wandergewerbes' und dessen zunehmender, von politischer Seite forcierten Eindämmung nachzuvollziehen. Die sozialwissenschaftlichen Debatten des Vereins für Socialpolitik[81] und die Kategorisierungen in der Reichsstatistik[82] sind hierfür ebenfalls maßgeblich. Zeitungsartikel aus der Tagespresse sind für die Fragestellung nur vereinzelt interessant, z. B. im Hinblick auf die Politisierung der Hausiererdörfer im Landkreis Wittlich. Einen groben, wenn auch selektiven Einblick in die Berichterstattung bieten die Polizeiakten selbst, wo eine Vielzahl von Artikeln aus der Tagespresse gesammelt wurde.[83] Diese wurden ergänzend herangezogen.

Strukturen des Polizeiwesens lassen sich aufgrund der fehlenden Sekundärliteratur in erster Linie in den Akten der Landjägerei und in den Verwaltungsberichten der Landräte erschließen. Die Fragen nach den Zuschreibungskategorien wurden mithilfe statistischer Auswertung der polizeilichen Registraturen für den Landkreis Wittlich vorgenommen. Die auf Bürgermeistereiebene überlieferten, ebenfalls quantitativ angelegten Wandergewerbelisten beinhalteten Gewerbearten, Steuersätze und Besitzverhältnisse der Antragsteller, spiegelten jedoch nicht den Zuschreibungsprozess wider, im Gegenteil, dieser wurde sogar explizit vermieden (vgl. Kapitel 1.3). Diese Listen waren vor allem hinsichtlich der Fragestellung interessant, welche Funktion das Wandergewerbe in der ländlichen Verwaltung spielte. Die Wandergewerbeverfahren wurden zentral durch das Reich verwaltet, sodass hier die höheren Verwaltungsebenen, also die Bezirksausschüsse Trier und Koblenz sowie das Oberpräsidium der Rheinprovinz mit Sitz in Koblenz in den Blick genommen wurden.

Den ergiebigsten Quellenbestand diesbezüglich stellen die Beschwerdeschreiben von Wandergewerbetreibenden an den Oberpräsidenten der Rheinprovinz dar. Die Fälle wurden chronologisch über einen Zeitraum von vierzig Jahren (1887–1927)[84] in insgesamt 20 Bänden auf jeweils 500 bis 1000 Seiten für die ganze Rheinprovinz gesammelt. Die Antragsteller waren in ihrem Bemühen um einen Wandergewerbeschein, der sie zum Hausier- oder Wanderhandel

81 STIEDA, Die Lage des Hausiergewerbes; SOMBART, Die Entwicklungstendenzen; VEREIN FÜR SOCIALPOLITIK, Untersuchungen über die Lage des Hausiergewerbes; DERS., Hausindustrie und Heimarbeit.

82 Vgl. Statistisches Jahrbuch für den Freistaat Preußen (1903–1934) und Statistisches Jahrbuch für das Deutsche Reich (1882–1936).

83 GStA PK Berlin, I. HA Rep. 77, Ministerium des Inneren, Tit. 423, Nr. 53 I. HA Rep. 120; GStA PK Berlin, I. HA Rep. 120, Preußisches Ministerium für Handel und Gewerbe, BB III.1, Nr. 1 adh., Zeitungsausschnitte über die Beschränkung des Hausierhandels 1891–1899.

84 Die Bände für die Jahre 1887 bis 1912 sowie 1925 und 1926 liegen vor. LHAK Best. 403.

legitimierte, vom Bezirksausschuss abgelehnt worden und machten von ihrem Beschwerderecht beim Oberpräsidenten der Rheinprovinz Gebrauch. Hierfür mussten die Bezirksausschüsse oftmals zu den einzelnen Fällen individuell Stellung nehmen. Aufgrund des großen Umfangs dieses Bestands wurden hier nur Fälle zu den Regierungsbezirken Trier und Koblenz herausgegriffen, um die Selbstdarstellung von Wandergewerbetreibenden gegenüber den Behörden argumentativ zu analysieren. Die Schreiben sind aufgrund ihres strategisch ausgerichteten Charakters von großem Wert, die Selbstdarstellung der Schreiber in Anlehnung an die Forschung zu den Armenbriefen zu analysieren.[85] Sie ermöglichen Einblicke in Familienkonstellationen, individuelle Nöte und Arbeitsverläufe. Diese Fälle wurden mit den Wandergewerbeakten der Bürgermeistereien abgeglichen und ergänzt, um das Wandergewerbeverfahren mithilfe von Fallbeispielen in den Blick zu nehmen. Die Akten der Bezirksausschüsse,[86] die diesbezüglich ebenso essentiell wären, sind komplett verloren. Zur Erschließung sozioökonomischer Bedingungen des Untersuchungsgebietes wurden zudem Kreistagsprotokolle, Verwaltungsberichte und Akten zur Strukturpolitik in der Eifel aus dem Kreisarchiv Wittlich sowie Ortschroniken und Fotografien ergänzend herangezogen.

Das erste Kapitel behandelt zunächst die Problemlagen der Untersuchungsregion aus regionalhistorischer Perspektive. Welche geographischen und sozioökonomischen Bedingungen prägten das Leben der Menschen in Eifel und Hunsrück? Welche Funktionen hatte das Wandergewerbe im dörflichen Gefüge? Für die Überleitung zu den Konfliktlinien der ländlichen Verwaltung wird ebenfalls mit dem Blick ‚von unten' auf die vorherrschenden Strukturen und Verwaltungswege geschaut und die alltäglichen Probleme der Landjäger und Bürgermeister erläutert, die die ‚von oben' forcierte Wandergewerbe- und Zigeunerpolitik im Alltag durchzusetzen hatten.

Das zweite Kapitel beschäftigt sich aus nationalhistorischer Perspektive mit normativen Diskursen und politischem Handeln. Wie entstand die auf Repression angelegte Zigeuner- und Wandergewerbepolitik? Welche Diskurse prägten das Bild des Zigeuners? Welche politischen und wirtschaftlichen Faktoren spielten eine Rolle? Wie äußerte sich dies in den Verordnungen und Gesetzestexten? Welche Interessengruppen existierten und welche Zielsetzungen

---

85 Vgl. Argumentation KRIEGER, Arme und Ärzte; BRÄUER, Persönliche Bittschriften; SOKOLL, Essex Pauper Letters.

86 Die Mehrheit der Bezirksausschussbestände für diesen Zeitraum sind leider vernichtet, der einzige, der deutschlandweit gefunden werden konnte, ist der zum Bezirk Sigmaringen StA Sigmaringen, Best. Ho 247 T1, Nr. 368f., Verwaltungsstreitsachen wegen Nichtertheilung von Wandergewerbescheinen, 1897–1929. In dieser Akte wird jedoch im Gegensatz zu den preußischen Regierungsbezirken Trier und Koblenz nicht mit dem Begriff ‚Zigeuner' operiert.

verfolgten sie? Für dieses Kapitel wurden Reichstagsdebatten, Verordnungen, Gesetzestexte, ‚Expertenliteratur', Zeitschriftenartikel, wissenschaftliche Vorträge und Abhandlungen argumentativ analysiert, um Aushandlungsprozesse auf politischer Ebene darzustellen.

Kapitel drei beschäftigt sich mithilfe der systematischen und qualitativen Auswertung der vorhandenen Polizei- und Bürgermeistereiakten mit Zigeuner- und Wandergewerbepolitik auf regionaler Ebene. Wie wurden Verordnungen und Richtlinien in der Praxis umgesetzt? Welche Akteure waren beteiligt? Welche Interessen verfolgten sie und welche inneradministrativen Konfliktlinien und Aushandlungsprozesse entstanden daraus? Wie gestaltete sich der Handlungsspielraum der einzelnen Beamten? Gab es Unterschiede in der Durchsetzung in den verschiedenen Regierungsbezirken? Welche Auswirkungen auf die nationalsozialistische Zigeunerpolitik hatten die durchgesetzten Maßnahmen?

Kapitel vier thematisiert schließlich den lebensweltlichen Kontext der betroffenen Personen mithilfe des Materials, das zum einen empirisch und zum anderen argumentativ ausgewertet wurde, und der Daten, die von den Behörden über sie angelegt und gesammelt wurden. Es wird gefragt, wie die Zielgruppe von Zigeuner- und Wandergewerbepolitik überhaupt wahrgenommen wurde. Wer wurde registriert? Welche Auswirkungen hatte dies für die Betroffenen und wie repräsentierten sie sich selbst im Kontakt mit der Verwaltung? Gab es Aushandlungsprozesse oder gar Protest? Welche Möglichkeiten bestanden, eigene Interessen, Rechte und Bedürfnisse durchzusetzen?

1. Wandergewerbe und ländliche Armut

1.1 Geographische und sozioökonomische Rahmenbedingungen im Untersuchungsgebiet

Die Regierungsbezirke Trier und Koblenz galten im Kaiserreich und in der Weimarer Republik als das „Armenhaus Preußens".[87] Die ländliche Bevölkerung der südlichen Rheinprovinz musste aufgrund großer Armut und fehlender Beschäftigungsmöglichkeiten häufig auf Hausier- und Heimgewerbe im Zuge von Substistenzwirtschaft zurückgreifen, um ihren Lebensunterhalt bestreiten zu können. Der seit den 1880er Jahren von Behörden und Politikern oft bemühte Vorwurf der ‚Arbeitsscheu' und Landstreicherei gegenüber Wandergewerbetreibenden hatte mit den wirtschaftlichen Realitäten, wie sie etwa im Untersuchungsgebiet vorherrschten, wenig zu tun.

Geographisch gesehen lag die Ursache für die wirtschaftlichen Probleme des Bezirks in den schlechten naturräumlichen Bedingungen. Die kargen und rauen Gebirgszüge von Eifel und Hunsrück, die von der Mosel durchschnitten werden, dominieren in weiten Teilen das Landschaftsbild der Region und lassen keine intensive landwirtschaftliche Nutzung zu. Lediglich Milchviehhaltung und Holzwirtschaft war auf den Höhenzügen möglich.[88] Die Steillagen und die dünne Bodendecke auf dem felsigen Untergrund an den Ufern der Mosel eigneten sich ausschließlich für den Weinbau. Die Wittlicher Senke im Süden der Eifel bot mit ihren guten Böden immerhin die Möglichkeit zum Anbau von Tabak, Getreide, Obst und Gemüse.[89]

Starke Winde, Spätfröste und hohe Niederschlagsmengen prägen die grenznahen Mittelgebirge mit den damals vorherrschenden kleinbäuerlichen Strukturen. Die Bevölkerung der Eifel und des Hunsrück stand in dem Ruf einem tief religiös verwurzelten Fortschrittsskeptizismus und bemerkenswerten Traditionsbewusstsein anzuhängen, das den preußischen Modernisierungsbestrebungen beharrlichen Widerstand entgegengebracht habe.[90]

Das Wirtschaftsleben war geprägt von der Grünlandwirtschaft, der Milchviehhaltung und den wenig ertragreichen, sehr kleinen Ackerflächen. Die

87 LANGNER, Gewerbe und Industrie, S. 279.

88 SCHARTZ/SCHMELZER, Die Landwirtschaft, S. 257.

89 HESSE/WISNIEWSKI, Wittlich-Land, S. 441.

90 DOERING-MANTEUFFEL, Die Eifel, S. 13, sowie BAUER, Ländliche Gesellschaft, S. 260.

Parzellen waren weit verstreut und der Einsatz moderner Maschinen lohnte sich nur selten, was den Ertrag konstant gering hielt.

Der Hunsrück im Regierungsbezirk Koblenz hatte geographisch gesehen etwas bessere Voraussetzungen. So sind die Niederschlagsmengen mit einem jährlichen Durchschnitt von 700–1000 mm/m² nicht mehr ganz so hoch wie in der nordwestlich gelegenen Eifel und auch die Anbindung an Rhein und Nahe, die Pfalz und das Saarland vermitteln nicht mehr das extreme Gefühl der Abgeschiedenheit. Doch war das Klima auch hier äußerst unbeständig: Heiße trockene Sommer gefährdeten die Futterbestände und nasse Jahre wiederum die Getreideernte.[91] Auch die Bodenbeschaffenheit war einer produktiven Landwirtschaft nicht zuträglich. Es dominieren in weiten Teilen Quarzitrücken, Schieferhochflächen und tiefe Taleinschnitte, die nur zum Grünfutteranbau genutzt werden konnten. Lediglich die Simmerner Mulde und der innere Hunsrück boten aufgrund ihrer lehmig tonigen Verwitterungsböden Möglichkeiten zur agrarischen Bewirtschaftung. Dünger zur Verbesserung der Bodenqualität konnte erst seit den 1890er Jahren nach Vollendung der Hunsrückbahn eingefahren werden. In den Gebirgszügen dominierte weitestgehend die Realteilung.[92] Klimatisch bedingt wurde auf den kleinen Parzellen vor allem Grünlandwirtschaft und in einigen Teilen Waldwirtschaft betrieben. Korbflechten sowie Draht- und Besenbinden waren traditionelle Nebeneinkünfte.

Die Entstehung des Hausierhandels in bestimmten Dörfern und Regionen als dominierender Wirtschaftsfaktor war eng mit ertragsarmen Bodenverhältnissen, oft in Gebirgen, zu kleinen landwirtschaftlich nutzbaren Acker- und Weideflächen, durch Realteilung, und einer im Verhältnis dazu großen Bevölkerungszahl sowie fehlenden Beschäftigungsmöglichkeiten in Industrie und Gewerbe verbunden.[93] Diese Bedingungen trafen auch für andere europäische

---

91 Bauer, Ländliche Gesellschaft, S. 46.

92 Ebd., S. 55–94.

93 Vgl. Glass, Von Haus zu Haus, S. 141. Bade, Europa in Bewegung, S. 43. Vor allem Tirol ist bekannt für sein traditionell lang verwurzeltes Wanderhändlertum. Sogenannte Kleinhäusler und Landlose zogen als Korbflechter und Hausierer im Sommer durch die Lande und kehrten im Winter zurück in ihre Heimatgemeinden, wo sie nach österreichischem Heimatrecht Armenunterstützung bezogen. Auch hier war durch die Realerbteilung der Boden knapp und die Ländereien zersplittert, vgl. Pescosta, Die Tiroler Karrner, S. 57–59. Im schwedischen Westgötland sind Bodenbeschaffenheit und Witterung ebenfalls so ungünstig, dass die agrarischen Erträge die ansässige Bevölkerung nicht versorgen konnten. Hinzu kamen die langen und kalten Winter, die praktisch nur noch Heimarbeit zuließen. Neben Holzarbeiten und Kleinschmiedearbeiten hatte sich dort die Weberei durchgesetzt, vgl. von Geijerstam, Über den Hausierhandel, S. 1–3.

Landstriche zu.[94] Die Händler stammten in der Regel aus der ländlichen Unterschicht und hatten wenig oder gar kein Land.[95]

Die Moseldörfer waren trotz klimatisch bedingter hoher Anbaurisiken fast ausschließlich von Winzern besiedelt. Die meisten Winzer besaßen noch ein kleines Ackergelände, dennoch gab es Phasen, in denen viele nicht in der Lage waren, sich selbst zu versorgen.[96] Die wenigen agrarischen Nutzungsmöglichkeiten in den verschiedenen Landstrichen waren zum einen extrem unzuverlässig und oftmals unzureichend und zum anderen sehr einseitig und nicht substituierbar.

Die Ursachen für die oftmals als ‚Rückständigkeit' bezeichneten schlechten wirtschaftlichen Bedingungen der südlichen Rheinprovinz lagen neben der Unwirtschaftlichkeit der überaus kleinen Parzellen, die die Flächenstruktur prägten, und den ungünstigen geographischen Voraussetzungen in der Grenzlage und den damit begründeten schlechten Verkehrsanbindungen.[97] Die Erschließung durch die Eisenbahn verlief durch fehlende Kreditorganisation sehr schleppend. Seit den 1890er Jahren wurde sie jedoch flächendeckend vorangetrieben. Die Mosel war als Schifffahrtsstraße nur bedingt geeignet, der Wasserstand oft zu niedrig. Kurvenreiche, enge Gebirgsstraßen erschwerten die Zufahrt zu den weit verstreuten Dörfern in den Höhenlagen.

Reichsweit war der industrielle Sektor zwar in einem anhaltenden Wachstum begriffen,[98] doch das hatte auf das Untersuchungsgebiet kaum Auswirkungen. Verstärkte industrielle Aktivität fand sich allenfalls im Saargebiet, wo intensiver Bergbau betrieben wurde, in einer ansonsten agrarisch geprägten Landschaft. Im Jahre 1907 lag der Anteil der Beschäftigten in der Forst- und Landwirtschaft im Landkreis Wittlich etwa bei knapp 70 Prozent im Vergleich

94 Im Rahmen der Enquête des Vereins für Socialpolitik zum Hausierhandel wurden die Gebirgsgegenden Italiens, vgl. Rabbeno/Conigliani, Über das Hausiergewerbe in Italien, oder auch die ehemals habsburgischen Gegenden Nordböhmens, der Slowakei und der Gottschee beschrieben, vgl. Schwiedland, Einleitung, S. LIV; Tauss, Krain, S. 100–104; Weil, Prag und Umgegend, S. 144–154; Habermann, Nordwestliches Böhmen, S. 192; Kostka, Nordböhmen, S. 234.

95 Reininghaus, Wanderhandel, S. 35. Laurence Fontaine beobachtete das komplexe Sozial- und Wirtschaftsgefüge einiger alpiner Dörfer im Frankreich und Italien der Frühen Neuzeit: Fontaine, History of Pedlars, Kapitel 6.

96 Conrad, Die Winzerunruhen, S. 10f.

97 Die Straßen in der Eifel waren bis weit ins 20. Jahrhundert nicht genügend ausgebaut und die inneren Eifelgebiete von den Industriezentren am Rhein abgeschnitten. Die Eifelbahn von Köln nach Trier wurde 1871 fertiggestellt und stellte die einzige Verbindung zu den größeren Städten dar. Erst um 1900 fand der Ausbau der Strecke zwischen Trier und Koblenz entlang der Mosel statt. Vgl. Doering-Manteuffel, Die Eifel, S. 94–101.

98 Pohl, Wirtschaft und Gesellschaft, S. 22f.

zu ca. 21 Prozent in der gesamten Rheinprovinz.[99] Die Mehrheit der Bevölkerung, vor allem in den unwirtlichen und abgeschiedenen Gebirgslagen, lebte in „Dauernot und Dauerarmut“,[100] und das, obwohl gerade die Rheinprovinz mit ihren schnell wachsenden Wirtschaftszentren an Ruhr und Saar als die ‚Vorzeigeprovinz‘ Preußens galt.[101] Diese Industriezentren fungierten lediglich als Zuzugsgebiete für die Landbevölkerung. Hunsrücker Landwirte verdingten sich als Industrie- und Hüttenarbeiter an der unteren Saar und nahmen nicht selten zwei bis drei Stunden Wegstrecke auf sich, um aus den Dörfern in die Fabriken zu pendeln. Aus den Eifelkreisen wanderten die Pendler in die rheinischen Industriezentren oder ins Aachener Kohlerevier. Allerdings litt unter der Pendelarbeit und den aufzubringenden Auswärtskosten der landwirtschaftliche Kleinbetrieb erheblich.[102]

Nach dem Ersten Weltkrieg verschärfte sich die Situation zunehmend. Mit der Abtrennung des Saargebiets aufgrund der Bestimmungen im Versailler Vertrag 1919 verlor die Region ihr größtes Industriezentrum. Zusammen mit Luxemburg und den angrenzenden französischen Gebieten bildete das Saargebiet den größten Absatzmarkt für Produkte aus den landwirtschaftlich geprägten Gegenden, der nun durch Zollschranken blockiert wurde. Erschwerend kam die Verlegung der Zolllinie im Zuge der Sanktionsmaßnahmen 1921 an die östliche Grenze des besetzten Rheinlands hinzu,[103] wodurch der linksrheinische Wirtschaftsraum auch vom Rest Deutschlands abgetrennt wurde. Damit wurden traditionelle Wirtschaftsbeziehungen zerstört, was alle wichtigen Branchen des Trierer und Koblenzer Bezirks wie den Weinhandel, die Holz- und Tabakverarbeitung, den Maschinenbau oder die chemische Industrie in eine tiefe Krise stürzte.[104]

Die Nachkriegsentwicklungen verkraftete die ohnehin sehr schwache Wirtschaft in Hunsrück und Eifel nur sehr schlecht. Der damalige Regierungspräsident von Trier, Dr. Konrad Saassen, wurde nicht müde, auf die „Grenzlandnot im Regierungsbezirk Trier“ hinzuweisen.[105] Die fast zwölfjährige Besatzung, die 1930 nach der Räumung der dritten Besatzungszone beendet worden war, hatte seinem Wirtschaftsbericht von 1931 nach Betriebsstilllegungen, Verkehrsbeschränkungen und Beschlagnahmungen von Geld und Rohstoffen

99 Hesse/Wisniewski, Wittlich-Land, S. 430.
100 Doering-Manteuffel, Die Eifel, S. 155.
101 Fischer, Industrialisierung, S. 236.
102 Wacker, Das Land, S. 291. Dazu auch sehr anschaulich Rech, Zurückbleiben. Nach dem Roman von Viebig, Das Weiberdorf.
103 Romeyk/Bär, Verwaltungs- und Behördengeschichte, S. 97f.
104 Langner, Gewerbe und Industrie, S. 284.
105 Saassen, Grenzlandnot.

zur Folge.[106] Bereits unmittelbar nach dem Krieg kam es zu Nahrungsmittelengpässen und Kohlenmangel.[107] Auch nach der Überwindung der Inflation von 1923, als deutschlandweit eine ökonomische Konsolidierung[108] beobachtet werden konnte, erholte sich die hiesige Wirtschaft nicht.[109] Im Gegenteil: Seit 1925 kam es zu einer ‚Rationalisierungskrise', basierend auf permanentem Auftragsmangel und zunehmendem Druck der ausländischen und inländischen Konkurrenz.[110] Insbesondere Kleinunternehmer waren betroffen, die durch die Inflation 1923 auf keinerlei finanzielle Rücklagen mehr zurückgreifen konnten.[111] Der Zusammenfall der Zollbeschränkungen mit zwei kurz aufeinander folgenden Missernten in den Jahren 1923 und 1925 trieb vor allem die Winzer an der Mittelmosel in größte Not. Nach einem Hochwasser eskalierte die Situation im Februar 1926 mit dem sogenannten Sturm der Winzer auf das Bernkasteler Finanzamt.[112] Gleichzeitig erreichte die Arbeitslosigkeit in Trier ihren Höhepunkt.[113]

Auch in Koblenz kam es in den zwanziger Jahren zu keiner konjunkturellen Erholung. Die einseitige Wirtschaftsausrichtung als reine Garnisonsstadt, die nach dem Ersten Weltkrieg keine Bedeutung als solche mehr besaß, gekoppelt mit besatzungsbedingten Nöten, Ruhrkampf, Inflation und Personalabbau, verursachten immerwährend hohe Arbeitslosenzahlen.[114] Dies betraf auch traditionelle Außenstellen der Koblenzer Garnison, wie etwa Simmern.[115]

Vor allem durch den Ersten Weltkrieg und die Besatzung kam es im Untersuchungsgebiet zu einer gravierenden Wohnungsnot. Nicht nur, dass tausende Wohnungen fehlten, viele der vorhandenen waren aufgrund von Kriegsschäden und mangelhafter Renovierungsarbeiten in einem erbärmlichen Zustand.[116] In Trier wurden zudem 598 Wohnungen durch die französische Besatzungsbehörde okkupiert,[117] und auch in Koblenz war bald jede zehnte Wohnung beschlagnahmt.[118] Der Koblenzer Oberbürgermeister Karl Russell

106 Ebd., S. 6.
107 Schaaf, Die Zeit der Weimarer Republik, S. 73.
108 Petzina, Soziale und wirtschaftliche Entwicklung, S. 42.
109 Schaaf, Die Zeit der Weimarer Republik, S. 80.
110 Stazic, Arbeitslosigkeit und Arbeitslosenunterstützung, S. 18.
111 Dies betraf auch die Winzer an der Mittelmosel, vgl. Marx-Jaskulski, Armut und Fürsorge, S. 356.
112 Ebd., S. 353–356. Zu den Winzerunruhen, vgl. Blaich, Der „Winzersturm von Bernkastel".
113 Stazic, Arbeitslosigkeit und Arbeitslosenunterstützung, S. 18.
114 Golecki, Vom Ersten Weltkrieg, S. 163.
115 Wagner, Simmern, S. 87.
116 Stazic, Arbeitslosigkeit und Arbeitslosenunterstützung, S. 128.
117 Schwan, Die Wohnungsnot, S. 305.
118 Batori, Geschichte der Stadt Koblenz, S. 142.

erklärte 1919 in einer Besprechung der Vertreter der rheinischen Städte, dass die Wohnungsnot unerträglich und das Zusammenwohnen deutscher und fremder Familien untragbar seien. Teilweise seien auch die Wohnungen mit den gesamten Möbeln und Einrichtungsgegenständen, Wäsche, Tafelgeschirr, Silber usw. in Anspruch genommen.[119] Neubautätigkeiten deckten bis zum Ende der Weimarer Republik das Wohnungsdefizit nicht ab. Der Trierer Regierungsbezirk etwa blieb weit hinter der Neubautätigkeit der übrigen Regierungsbezirke in der Rheinprovinz zurück.[120] Noch im Jahr 1929 waren in Trier 2307 Wohnungssuchende registriert, davon allein 1404 Familien mit Kindern.[121] Diese hatten besonders schlechte Aussichten auf eine Wohnung, da das Verarmungsrisiko von Familien noch um ein Vielfaches größer war als das von alleinstehenden Mietern.[122]

Die Wohnungsnot in Koblenz erreichte 1924/1925 ihren Höhepunkt, als immer mehr Wohnungen beschlagnahmt wurden, ohne einen nötigen Ausgleich zu schaffen. Zu diesem Zeitpunkt waren 3500 bis 4000 Koblenzer auf der Suche nach einer geeigneten Unterkunft.[123]

Die Wohnungsnot war jedoch kein ausschließlich städtisches Phänomen.[124] Die Wohnverhältnisse auf dem Land stellten sich kaum besser dar als in der Stadt, vor allem aufgrund der hohen Wohndichte und der schlechteren Ausstattung der Wohnungen.[125] Auf dem Land befanden sich die Wohnungen oder Häuser allenfalls öfter im eigenen Besitz, wodurch seltener Miete gezahlt werden musste.[126] Der Bericht der Besichtigungsfahrten des Berliner Vereins für Wohnungsreform in die Eifel und das Moselgebiet am 14. und 15. Januar 1929 lieferte ein erschreckendes Bild vom Wohnungselend der Menschen in den Dörfern:

> „Wir fahren jetzt zu den Manderner Hütten. Eine Gruppe von baufälligen Häuschen. An der Straße zunächst Ruinen. Reste von vier Wänden, teilweise nur noch in Brusthöhe. Man sieht die Grundfläche, etwa 7,50 Quadratmeter, die sich die ehemaligen Bewohner teilen mussten. Wir sehen in den – wahrscheinlich noch auf unabsehbare Zeit hin bewohnten – Hütten, was sich über solch einer Grundfläche aufbaut, wie die Menschen darin wohnen: kochen, essen, schlafen, lieben und sich vermehren. […] In der ersten Hütte wohnt ein Maurer

119 Vgl. Zitat in ebd., S. 142.
120 Saassen, Grenzlandnot, S. 55.
121 Stazic, Arbeitslosigkeit und Arbeitslosenunterstützung, S. 128.
122 Ebd., S. 129.
123 Batori, Geschichte der Stadt Koblenz, S. 156.
124 Vgl. die Studie von Elisabeth Gransche und Franz Rothenbacher zu den Unterschieden von städtischem Wohnen und dem auf dem Land Gransche/Rothenbacher, Wohnbedingungen.
125 Ebd., S. 88.
126 Ebd., S. 93.

> mit Frau und drei Kindern, einem Sohn von 20 und zwei Töchtern von 10 und 14 Jahren. [...] Die Hütte hat einen einzigen Raum zu ebener Erde. Sie ist nicht unterkellert, und die Nässe steigt aus der feuchten Erde. Ein kleiner eiserner Ofen, Bett, Tisch und zwei Stühle stehen in der Stube. [...] Im Bett, über dem ein Buntdruck, Das heilige Abendmahl, an der nassen Wand hängt, schläft die Mutter mit den beiden Töchtern."[127]

Der preußische Staat versuchte seit den 1880er Jahren die regionalen Notlagen mit der Bereitstellung staatlicher Mittel abzufedern. In Form des ‚Eifelfonds' wurden jährlich 300.000 Mark als eine Art ‚Entwicklungshilfe' in Form von Flurbereinigung, Aufforstung, Bodenmelioration und Entwicklung der Viehzucht für die Notgebiete investiert.[128] 1901 wurde diese Maßnahme in Form des ‚Westfonds' auf die gesamte Rheinprovinz ausgeweitet.[129] Auch auf lokaler Ebene gab es einige engagierte Initiativen. Mittels einer Kommission versuchte der Bitburger Stadtrat 1884 die Korbflechterei als lukrative Nebentätigkeit für die ärmeren Bevölkerungsschichten zu etablieren. Dafür mietete er einen Lagerraum, ließ Weiden anpflanzen, beschäftigte einen Korbflechtmeister in Bitburg, der unentgeltlich Hilfestellung gab, und förderte die Gründung einer Flechtschule für die Eifel. All diese Maßnahmen brachten jedoch nicht den gewünschten Erfolg, und das Bitburger Land entwickelte sich im Zuge fortschreitender Industrialisierung immer stärker zum Abwanderungsgebiet.[130]

Die staatlich geförderte Errichtung von Kreditinstituten sollten kleine Geldanleihen und die Gründung von Genossenschaften effektivere Absatzmöglichkeiten für die landwirtschaftlich erzeugten Produkte ermöglichen.[131] Daneben setzte der preußische Staat auf Stiftungen und die Gründung von Vereinen zur Förderung der regionalen Wirtschaft. 1911 wurde etwa der „Verein zur industriellen Entwicklung der Südeifel e.V." mit namhafter politischer Unterstützung wie dem Oberpräsidenten der Rheinprovinz als Ehrenmitglied gegründet.[132] Der Verein engagierte sich, Betriebe im Bereich der Holz-, Metall-, Flachs- und Drahtwarenverarbeitung sowie die Produktion von Korbflechter- und Stickereiwaren auszubauen, was auch viele weibliche Arbeitsplätze schuf.[133] Bereits nach dem Ersten Weltkrieg endete jedoch die

---

127 Schwan, Wohnungsnot, S. 87–88. Vgl. aufbereitete Quellenauszüge als Unterrichtsmaterial in Tatarinov, Wohnungselend erkennen.

128 Doering-Manteuffel, Die Eifel, S. 186; Graafen, Die Aus- und Abwanderung, S. 17; Marx-Jaskulski, Armut und Fürsorge, S. 59.

129 Ebd.

130 Hainz/Pauly u.a., Geschichte von Bitburg, S. 567.

131 Ebd., S. 569f.

132 KA Wittlich, 2.0.364. Dazu auch Dreesen, Industrialisierung.

133 Wacker, Das Land, S. 292–296; Hainz/Pauly u.a., Geschichte von Bitburg, S. 567f.

Arbeit des Vereins. Damit konnten die schwierigen Nachkriegsentwicklungen erst recht nicht mehr aufgefangen werden.

Rückblickend bewirkten die staatlichen und lokalen Initiativen nur kleine Erfolge,[134] die ungünstige Flächenaufteilung wurde auch in den 1920er Jahren nicht beseitigt und alternative Beschäftigungsmöglichkeiten zum wenig ertragreichen Landwirtschaftsbetrieb und der Heimindustrie wurden nicht geschaffen. Die Mehrheit der Landwirtschaftsbetriebe, die aufgrund der problematischen Folgen der Realteilung nicht mehr als zwei Hektar Land bewirtschafteten, konnten durch die staatlichen Fördermaßnahmen nicht profitieren, stattdessen wuchs das Sozialgefälle in der Landbevölkerung.[135]

Als Alternative blieb vielen Landbewohnern nur die saisonale Arbeitsmigration in die Industriezentren an Rhein, Ruhr und Saar. Diese Pendelei beschrieb Clara Viebig eindrucksvoll in ihrem Roman „Das Weiberdorf".[136] Die arbeitsfähigen Männer arbeiteten das ganze Jahr über in den Industrierevieren um Aachen und im Ruhrgebiet und kehrten nur zwei Mal im Jahr zu Peter und Paul im Juni sowie an Weihnachten für jeweils eine Woche in das Dorf Eisenschmitt in der Eifel zurück. Dieser Teil von Migrationsgeschichte aus der Perspektive der Zurückgebliebenen wurde bisher kaum untersucht.[137] Die Frauen verrichteten alle landwirtschaftlichen Arbeiten der Männer und tätigten Verkäufe und Rechtsgeschäfte zunehmend selbständig.[138]

Die Möglichkeiten der ländlichen Ökonomie, wie Heimindustrie, Wandergewerbe, Tagelohnarbeiten oder saisonale Arbeitsmigration, reichten jedoch oftmals nicht zur Daseinssicherung aus. Auswanderung und Verschuldung der ländlichen Unterschichten waren häufige Erscheinungen.

Sabine Doering-Manteuffel spricht von einem Massenexodus, der in der zweiten Hälfte des 19. Jahrhunderts bis zum Ersten Weltkrieg anhielt. In der Zeit von 1840 bis 1910 seien insgesamt 160.000 Menschen aus der Eifel ausgewandert. Bis 1870 gingen die Auswandererströme überwiegend nach Übersee, insbesondere nach Nordamerika. Nach 1870 schienen die rheinpreußischen Montanzentren und der saarländische Bergbau lukrativere

---

134 So bemühte sich z. B. die Gemeinde Binsfeld um eine Strumpf- und Trikotwarenfabrik, was jedoch aufgrund der teuren Stoffpreise nach dem Krieg nicht realisiert werden konnte, stattdessen schlug der Verein zur industriellen Entwicklung der Südeifel vor, künstliche Blumen und Kränze für Braut- und Kommunionsmode herzustellen. Vgl. KA Wittlich, 2.0.364, Landrat Wittlich an Bgm. Binsfeld, 03.09.1920, S. 91–92.

135 Wacker, Das Land, S. 291.

136 Viebig, Das Weiberdorf.

137 Eine Ausnahme ist der Sammelband von Gestrich/Krauss, Zurückbleiben, hierin der Aufsatz zur Situation in der Eifel von Rech, Zurückbleiben.

138 Ebd., S. 130.

Lebensbedingungen zu versprechen.[139] Hauptgründe für die Auswanderung sahen die Regierungsbeamten in den Missernten, den wenigen Erwerbsmöglichkeiten, dem rauen Klima, den hohen Holzpreisen und Gemeindeabgaben sowie den Schwierigkeiten, ländliche Produkte auf den Markt zu bringen.[140]

Neben der Auswanderung und der Arbeitsmigration spielte die Verschuldung bei den Klein- und Kleinstbauern eine entscheidende Rolle im wirtschaftlichen Daseinskampf. Laut eines Berichts des Vorsitzenden des Vereins für Socialpolitik, Gustav Schmoller, von 1883 sei der Trend zur Verschuldung der Höfe in Preußen seit den 1870er Jahren enorm gewachsen, da die Ausbildung der Kreditwirtschaft in „zunächst ungesunder Form" vonstatten ginge.[141] Vor allem für die Rheinprovinz mit ihrer weitgehenden Zersplitterung der Parzellen durch die Naturalteilung sowie dem armen Boden und einer „lang einher gebrachten agrarischen Not" habe das Elend und die Verschuldung in einem Maße zugenommen, wo „eine ordentliche Landwirtschaft, ein normaler Betrieb aufhören".[142] Nach Schmollers Einschätzung war der Höhepunkt dieser Entwicklung in der Eifel zu finden, neben Hypothekenschulden standen Hand- und andere persönliche Schulden. Für die Kreise Wittlich und Bernkastel berechnete das Hypothekenamt für die Jahre 1881/82 einen Schuldenstand von 2,2 Millionen Mark. In manchen Gegenden der Eifel und des Hunsrücks ließ die Überschuldung nach, dies bewertete Schmoller jedoch noch weit negativer, indem er hervorhob, „viele dieser Parzellenbesitzer [waren] zu arm, um sich verschulden zu können."[143] In der Bemühung der Bauern, ihre finanziellen Problemlagen zu verheimlichen, waren sie den Geldvermittlern völlig ausgeliefert. Auf dem Land etablierte sich der Winkelkredit als äußerst gängige Wucherform, da die Vermittler fast immer zugleich als Vieh- und Getreidehändler fungierten und Hausiergeschäfte und Güterhandel betrieben.[144]

In weiten Teilen der Eifel und des Hunsrücks war der Austausch handwerklich-bäuerlicher Arbeitsleistungen und Produkte, der nur zum Teil auf Geldzahlung basierte, im lokalen Rahmen üblich. Auch Gegenleistungen und Naturalentlohnung waren keine Seltenheit.[145] In manchen Gegenden kamen Viktualienhändler mit Hundekarren in die Dörfer, um landwirtschaftliche Produkte aufzukaufen und sie auf den städtischen Wochenmärkten zu verkaufen.

---

139 Doering-Manteuffel, Die Eifel, S. 201–206.
140 Hesse/Wisniewski, Wittlich-Land, S. 401.
141 Schmoller, Die neuesten Publikationen, S. 244; Fontaine, History of Pedlars, Kapitel 6.
142 Ebd., S. 246.
143 Ebd., S. 248.
144 Ebd., S. 249. Vgl. auch Naggar, Jewish Pedlars.
145 Kaschuba/Lipp, Dörfliches Überleben, S. 25.

Moderne Geschäftsentwicklungen erreichten die abgelegenen Gegenden nur sehr langsam.[146]

Die Versorgungslage auf dem Land war geprägt von einem hohen Grad an handwerklicher Selbstversorgung in den Familien. Nur das Lebensnotwendigste wurde gekauft, Kleider, Nahrung und Arbeitsgeräte nach Möglichkeit selbst gefertigt. Bevor etwas neu angeschafft wurde, versuchte man, die alten Sachen zu reparieren, wobei in der Regel die meisten Landbewohner Reparaturfertigkeiten und Improvisationskunst beherrschten. Handwerker zeichneten sich eher dadurch aus, dass sie besonders effizient und günstig arbeiteten, was in Eigenherstellung einfach zu lange gedauert hätte.[147]

Der Hausierhandel spielte somit zur Versorgung wie auch als Einkommensquelle eine wichtige Rolle für die ländliche Bevölkerung. Eine Winzerin schreibt in ihren Lebenserinnerungen:

> „Da es früher aus finanziellen Gründen nicht möglich war, oft in die Stadt zu fahren, hatte das Gewerbe des fahrenden Händlers und auch des Hausierers auf dem Lande eine besondere Bedeutung. Diese Leute kamen überwiegend aus der Eifel und vom Hunsrück in unsere Moseldörfer. […] Die Birkenbesen waren sehr gefragt, weil es keine anderen Straßenbesen gab. Infolge der landwirtschaftlichen Arbeiten gab es viel zu kehren auf der Straße, in der Scheune und im Stall. Deshalb waren die Leute froh über das Besenangebot direkt vor der Haustüre.“[148]

Weiter schreibt sie über eine Händlerin aus Speicher, die mit einem Handkarren voller Tonwaren regelmäßig ins Dorf kam:

> „Ab und zu brauchten die Leute einen neuen Viezkrug, einen Steintopf für die Milch oder sogar einen größeren Steintopf für das Sauerkraut. Weil kein Verkehrsmittel von hier aus in die Eifel führte, war man über das Angebot sehr froh.“[149]

Für den Korbmacher sammelten die Winzer grüne Weiden, die man beim Binden in den Weinbergen nicht gebrauchen konnte. Meist handelte es sich bei dem Korbmacher selbst um einen Landwirt, der im Winter in die Nachbardörfer fuhr, um in den Häusern die gesammelten Weiden zu Körben verschiedener Größen zu verarbeiten. Intensive Geschäftsbeziehungen und routinierte persönliche Kontakte entwickelten sich zu verschiedenen Handwerkern.

Das wirtschaftliche Gefüge im Dorf erscheint in den Ausführungen der Winzerin neben all den mitschwingenden Idealisierungen als altbewährtes, aber anpassungsfähiges System der Daseinssicherung. Im Bestreben, trotz karger materieller Möglichkeiten die wichtigsten Bedürfnisse abzudecken,

---

146 DOERING-MANTEUFFEL, Die Eifel, S. 106. REININGHAUS, Wanderhandel, S. 39.
147 SCHINDLER, Jenseits des Zwanges.
148 JAKOBY, Leben im Moseldorf, S. 290f.
149 Ebd., S. 291.

entwickelte sich eine Ökonomie des Notbehelfs als eigenständig kulturelle Leistung der ländlichen Unterschichten. Allein das Improvisieren und Reparieren der wenigen Alltagsgüter steht stellvertretend für dieses kulturelle Kapital.[150]

Zwar definiert Norbert Schindler die Notbehelfswirtschaft als eine kombinierte Ökonomie, die aus der Zusammenführung verschiedener Erwerbsquellen bestehe, die zusammengenommen das Überleben sicherten und im hohen Ausmaß substituierbar seien, was eine hohe Anpassungsfähigkeit berge.[151] Doch darf diese Sichtweise nicht allzu idealisierend angenommen werden, denn viele Strategien brachten nicht den gewünschten Erfolg. Gerade die Verfasser der Armenbriefe, die von der englischen Forschung ausführlich in ihren Untersuchungen zur ‚Economy of Makeshifts' betrachtet wurden,[152] haben zumindest im preußischen Kontext in der Regel all diese Auffangnetze bereits zur Erschöpfung ausgereizt und wandten sich aufgrund der zutiefst stigmatisierenden Wirkung der Armenhilfe oftmals als letzte Option zur Daseinssicherung an das Armenamt.[153]

Zwar hatte das Wandergewerbe im gesamten ökonomischen Gefüge weitere Funktionen als der reine Notbehelf und kann somit als eine selbstgewählte Erwerbsstrategie des jeweiligen Gewerbetreibenden verstanden werden,[154] doch ist die Auswahl der Erwerbsmöglichkeiten in manchen armen und gebirgigen Gegenden äußerst begrenzt, sodass von einer freien Entscheidung in der Erwerbslaufbahn kaum die Rede sein kann.

Einige Dörfer entwickelten hoch spezialisierte Hausierzweige.[155] Aus Landscheid, Niederkail, Burg und Binsfeld zogen die sogenannten Hoalegäns mit ein- oder zweispännigen Pferdefuhrwerken durch das Rheinland und Westfalen, um vor allem Haushaltswaren zu verkaufen. Ihre Wurzeln reichten bis weit ins 16. Jahrhundert zurück.[156] Der Vertrieb von Tongeschirr, das in den Töpferdörfern Binsfeld, Bruch, Niersbach, Speicher und Herforst gefertigt worden war, war neben einer kärglichen Landwirtschaft die einzige Möglichkeit der Bewohner, ein ausreichendes Einkommen zu erlangen. 35 Prozent der dortigen Bevölkerung betrieben einen Hausierhandel. Dabei entwickelte sich

---

150 Schindler, Jenseits des Zwanges.

151 Ebd.

152 King/Tomkins, The Poor in England. In Anlehnung an Olwen Huftons Studie aus den 1970er Jahren zu den französischen Armen im ausgehenden 18. Jahrhundert, wo der Begriff ‚Economy of makeshifts' erstmals geprägt wurde: Hufton, The Poor.

153 Vgl. Marx-Jaskulski, Armut und Fürsorge, S. 377–378.

154 Wadauer, Betteln und Hausieren, S. 203.

155 Ginzler, Die „Musfallskrämer"; Langner, Gewerbe und Industrie.

156 Oster, Die Welt auf vier Rädern; Kerkhoff-Hader, „Hoalegäns" Händler; Langner, Gewerbe und Industrie, S. 282.

eine Dorfgesellschaft, die sich diesen Reisen angepasst hatte, indem die zurückgebliebenen Kleinbauern (etwa 53 Prozent) sich um die kleine Landwirtschaft und die schulpflichtigen Kinder der abwesenden Hausierer kümmerten.[157] Nach dem Niedergang des Töpferwesens im 19. Jahrhundert wurden die Töpferwaren durch Emaille- und Zinkhaushaltswaren ersetzt.[158] Ausgefahren wurde von März bis Oktober, wie der jährliche Zug der Vögel, weshalb sie im Volksmund ‚Hoalegäns' genannt wurden, übersetzt ‚Hagelgänse' (damit sind Kraniche gemeint). Die Wohlhabenderen hatten Pferdefuhrwerke, aber es gab auch Händler mit hölzernen Tragen oder Körben. Eine Erfolgsgeschichte wie die der Tödden aus dem Münsterland, die schließlich große Verlagshäuser gründeten,[159] entwickelte sich daraus nicht. Ähnlich wie beim Neuenhauser Töpfergewerbe in Württemberg handelte es sich im Binsfelder Fall um den naturräumlich günstigsten Handwerkszweig mit dem geringsten Investitionsbedarf. Dabei kam es jedoch schnell zu einer Überproduktion der hergestellten Produkte, wodurch große Absatzgebiete notwendig wurden, um alle davon ernähren zu können.[160] Auch das Drahtwarengewerbe aus Neroth im Kreis Daun ist so bekannt geworden. Die meiste Zeit im Jahr – immer zwischen Feldbestellung, Heuernte und Herbstsaat – zogen die Männer los, um Ratten- und Mäusefallen zu verkaufen.[161] Dabei gelangten sie tief in deutsche Provinzen. Weltkrieg und Inflationszeit hat den Wandergeschäften ein Ende gesetzt und ließ sie anschließend nur in geringem Maße noch einmal aufkommen.[162]

Weitere Spezialisierungen einzelner Dörfer auf einzelne Produkte, die oftmals im Hausierbetrieb verkauft wurden, waren etwa die Hunsrücker Nagelschmiede, die Simmerner Siebmacher, die Speicherer Töpferei oder die Dauner Drahtflechtindustrie.[163] In Kreuznach etablierten sich immerhin einige kleine Hausindustrien wie eine Glasfabrik, eine Tabakfabrik und einige Lederfabriken.[164]

Die nichtbäuerliche Bevölkerung, also Dorfmitglieder, die nicht gespannfähig waren und nur wenig oder gar kein Land besaßen, hatten in der Regel kaum Möglichkeiten, ihre Lage zu verbessern, indem sie sich Land zupachteten. Aufgrund der kleinen Ackerflächen im Realteilungsgebiet hatte sich eine

---

157 LHAK Best. 498, Nr. 226, Wittlicher Tageblatt vom 27.02.1929, Jg. 88, Nr. 49 „Große politische Versammlung in Niederkail" zur Entwicklung des ambulanten Gewerbes durch die Zentrumspartei, darin: Vortrag des Bügermeisters Arend, Bürgermeisterei Binsfeld am 24.02.1929.

158 Hesse/Wisniewski, Wittlich-Land, S. 224.

159 Oberpenning, Migration und Fernhandel.

160 Glass, Von Haus zu Haus, S. 141. Bade, Europa in Bewegung, S. 45.

161 Doering-Manteuffel, Die Eifel, S. 186–192.

162 Ebd., S. 191.

163 Vgl. Hohn, Hausindustrie und Heimarbeit.

164 Ebd., S. 63–76.

Mentalität unter den mittleren und größeren Landwirten herausgebildet, stetig Land aufzukaufen bzw. anzuheiraten als Statussymbol für Fleiß und Besitz, sodass Pachtoptionen für andere kaum bestanden. Auswege für die ärmeren Schichten waren daher das Pachten von Gemeindeland, um den Eigenbedarf der Familie an Agrarprodukten zu decken, die Tagelöhnerei oder die Anstellung als Gesinde bei einer Bauernfamilie.[165] Diese Tätigkeiten versprachen aufgrund der schwierigen Finanzlage der Landwirte oder der wetterbedingten Ernteausfälle wenig Ertrag, keinesfalls jedoch soziale Absicherungen in Form von Sozialversicherungen wie die der Industriearbeiter.

Das Wandergewerbe hatte demnach als Erwerbsform aufgrund fehlender Beschäftigungsmöglichkeiten, ungünstigen naturräumlichen Bedingungen und unzureichenden strukturpolitischen Maßnahmen eine wichtige Funktion für die Sicherung des Lebensunterhalts ganz unterschiedlicher armer Bevölkerungsschichten. Dabei entstanden mannigfache Formen des Heim- und Wandergewerbes, die traditionell tief im ländlichen Wirtschaftsgefüge verankert waren. Die Stigmatisierung des Wandergewerbes, wie sie seit 1880er Jahren verstärkt einsetzte, hatte somit eine ausgrenzende Wirkung für ganz breite und in ihrer Lebensweise divergierende Schichten der armen Bevölkerung, wie noch zu zeigen sein wird.

1.2 Akteure und Kommunikationswege ländlicher Verwaltung

Neben den sozioökonomischen Rahmenbedingungen generierten auch Struktur und Abläufe der Verwaltung eine für arme Bevölkerungsschichten exkludierende Zigeuner- und Wandergewerbepolitik. Dabei kristallisierte sich für die lokalen Behörden der südlichen Rheinprovinz ein großer Handlungsspielraum heraus. Gleichzeitig konstituierten Besatzung und eine sich daraus entwickelnde linksrheinische Behördenmentalität weitere Faktoren, die es bei der Durchsetzung von Maßnahmen gegen Zigeuner und Wandergewerbetreibende zu berücksichtigen gilt.

Durch die Festlegung der ersten Gemeindeordnung in der Rheinprovinz 1845 mit dem Kerngedanken, eine rechtliche Gleichstellung zwischen Stadt und Land zu erreichen, wurden die durch die französische Herrschaft geprägten Rechtsnormen an die preußischen Bestimmungen angepasst. Dennoch konnte die Rheinprovinz eine Sonderstellung in Preußen behaupten, da sie sich durch eine verhältnismäßig große kommunale Selbstverwaltung hervorhob.[166]

Als Vertreter der preußischen Staatsregierung im Rheinland fungierte der Oberpräsident. Im Laufe des Untersuchungszeitraums kam es jedoch zu einer

165 Bauer, Ländliche Gesellschaft, S. 106 und 123.
166 Henning, Aspekte preußischer Wirtschaftspolitik, S. 360.

Verschiebung seines Kompetenzbereichs hin zur Mittelinstanz, die bereits durch die Bezirksregierungen abgedeckt wurde.[167] In der Zigeunerpolitik trat er daher als Akteur wenig in Erscheinung.

Die preußische Rheinprovinz umfasste fünf Regierungsbezirke, Koblenz, Düsseldorf, Köln, Trier und Aachen, welche formell gleichrangig waren. Dennoch war Trier mit seiner geringen Einwohnerzahl ein eher schwacher Bezirk, was sich in der Personalausstattung von 13 Regierungsassessoren – im Vergleich zu 32 in Düsseldorf – sowie in der sukzessiven Einschränkung des Handlungsspielraums zugunsten der Koblenzer Regierung zeigte.[168]

Aus verwaltungstechnischer Perspektive war Trier von jeher einer der schwierigsten Bezirke Preußens aufgrund des ständigen Bedarfs an Staatshilfen in den Notstandsgebieten der Eifel.[169] Nach dem Ersten Weltkrieg gestaltete sich die Regierungsarbeit noch schwieriger, da Trier durch die neuen Zolllinien zum wirtschaftlichen Grenzbezirk wurde und seine industrialisierten Gebiete einbüßte. Zentrale Aufgabe der Verwaltung war es daher, die Rückgliederung des verlorenen Saargebiets nach den im Versailler Vertrag festgeschriebenen 15 Jahren vorzubereiten.[170]

Der Regierungsbezirk Koblenz stellte sich zwar in wirtschaftlicher Hinsicht etwas besser dar als der Nachbarbezirk Trier, doch war fast das gesamte Wirtschaftsleben auf die dort stationierten Garnisonen zugeschnitten. Der Wegfall der Garnison nach dem Ersten Weltkrieg bedeutete somit einen tiefen Einschnitt in die wirtschaftliche Entwicklung und Einbußen in nahezu allen Wirtschaftszweigen, wie etwa dem Handwerk, dem Einzelhandel oder der Gastronomie. Der jährliche Einnahmeausfall belief sich auf ca. fünf Millionen Reichsmark, was sich auch nach 1933 durch die weitergehende Entmilitarisierung des Rheinlandes fortsetzte.[171] Im Jahr 1923 kam es in Folge der in Aachen proklamierten ‚Rheinischen Republik' am 21.10.1923 zu separatistischen Bewegungen, die zeitweise die Koblenzer und Trierer Verwaltung im Oktober und November 1923 lokal außer Kraft setzten, wie etwa im Oktober 1923 in Koblenz, Simmern oder Wittlich.[172]

---

167 Dieser strukturelle Konflikt wurde erst durch die preußische Verwaltungsreform von 1933 gelöst. Der Oberpräsident übernahm wieder die ursprüngliche Aufgabe des ständigen Kommissars der Staatsregierung. Zusätzlich wurden Provinzialschulkollegien und Landeskulturämter in das Oberpräsidium eingegliedert. ROMEYK/BÄR, Verwaltungs- und Behördengeschichte, S. 156–158.

168 Ebd., S. 190 und 197f.

169 Ebd., S. 197.

170 Ebd.

171 Ebd., S. 195.

172 Vgl. zu den Ereignissen in Koblenz und Simmern WAGNER, Simmern, S. 91. Zu den Ereignissen in Wittlich und Osann, vgl. HESSE/WISNIEWSKI, Wittlich-Land, S. 462–467.

Der Koblenzer Bezirk gliederte sich in zehn linksrheinische[173] und drei rechtsrheinische[174] Landkreise (vgl. Karte 4). Der Landkreis Wetzlar war räumlich nicht angeschlossen und lag mitten in hessischem Gebiet. Erst 1932 wurde er an die Provinz Hessen-Nassau angegliedert.[175]

Der Regierungsbezirk Trier setzte sich vor dem Ersten Weltkrieg aus zwölf Landkreisen[176] sowie den zwei Stadtkreisen Saarbrücken und Trier zusammen (vgl. Karte 1). Nach 1919 wurden die Kreise des Saargebiets – Merzig, Ottweiler, der Land- und Stadtkreis Saarbrücken, Saarlouis sowie St. Wendel – ausgegliedert. Lediglich die Restkreise Merzig-Wadern und St. Wendel-Baumholder verblieben im Regierungsbezirk Trier.

Jedem der Landkreise stand ein Landrat vor, der von den Regierungen eingesetzt wurde und die Nähe zur Bevölkerung und den lokalen Behörden aufrechterhalten sollte.[177] Dies wurde durch regelmäßige Besuche in den Gemeinden und Rundschreiben an die Bürgermeister mit Verwaltungsaufgaben und Anweisungen realisiert. Die Bürgermeister wiederum waren dazu verpflichtet, dem Landrat durch Berichtsroutinen über ihre Handlungen Rechenschaft abzulegen und Besonderheiten des Gemeindelebens zu schildern.[178] Eine Besonderheit ländlicher Verwaltung war die zentrale Rolle der Bürgermeister, die in der Regel mehrere Verwaltungsaufgaben, die in den Städten durch verschiedene Behörden und Personen versehen wurden, in Personalunion ausübten. So übernahm der Bürgermeister in der Regel den Vorsitz im Armenrat und war für die Bearbeitung der Anträge auf Armenfürsorge zuständig. Gleichzeitig fungierte er zusammen mit dem Ortspolizeidiener als Ortspolizeibehörde und nahm in dieser Eigenschaft Anträge zur Ausübung verschiedener Gewerbe entgegen, etwa für Wandergewerbetreibende oder Zwischenhändler und Handlungsreisende.[179]

Die Wandergewerbescheinanträge leitete der Ortsbürgermeister mit einer begründeten Empfehlung zur Bewilligung oder Ablehnung weiter an den

---

173 Adenau, Ahrweiler, St. Goar, Koblenz-Land, Cochem, Kreuznach, Mayen, Meisenheim, Simmern und Zell.

174 Altenkirchen, Neuwied und Wetzlar.

175 SCHÜTZ/HUBATSCH, Rheinland, S. 95.

176 Diese waren Bernkastel, Bitburg, Daun, Merzig, Ottweiler, Prüm, Saarbrücken-Land, Saarburg, Saarlouis, St. Wendel, Trier-Land und Wittlich.

177 MAYR, Zwischen Dorf und Staat, S. 175; FUNK, Polizei und Rechtsstaat, S. 29.

178 MAYR, Zwischen Dorf und Staat, S. 180. Christine Mayr konzentriert sich in ihrer Studie auf die Unterschiede preußischer, luxemburgischer und französischer Landbürgermeistereien. Die Strukturen der Bürgermeistereien unter armenrechtlichen Aspekten werden ausführlich beleuchtet von MARX-JASKULSKI, Armut und Fürsorge.

179 HOFFMANN, Gewerbe-Ordnung 1904, Paragraph 56 und 44.

zuständigen Bezirksausschuss auf Regierungsebene.[180] Der Schein galt für ein Kalenderjahr und bis auf einzelne Ausnahmen im ganzen Deutschen Reich.[181] Beschlusskraft hatte jedoch ausschließlich der Bezirksausschuss. Die Zustellung des getroffenen Beschlusses in Form eines Ablehnungsbescheides oder des Wandergewerbescheins oblag wiederum der Ortspolizeibehörde in Person des Bürgermeisters.

Nach Versagung eines Wandergewerbescheins bzw. einer Ausdehnung des Gewerbebezirks blieb je nach Ablehnungsgrund den Antragstellern die Klage vor dem zuständigen Oberverwaltungsgericht oder eine Beschwerde beim Oberpräsidenten der Rheinprovinz in Koblenz. Dabei bearbeitete der Oberpräsident der Rheinprovinz in seiner Funktion als eine allgemeine Behördenaufsicht[182] nur die Ablehnungen, die aufgrund einer durch die Bezirksausschüsse konstatierten Überzahl von Scheinen in einem Gewerbe erfolgt waren oder die das ‚Lustbarkeitsgewerbe', also in der Regel Schausteller, Musiker und Zirkusleute, betrafen. Andere Ablehnungsgründe wurden im Verwaltungsgerichtsverfahren oder durch eine mündliche Verhandlung vor dem Bezirksausschuss geprüft.

Der Bezirksausschuss, der über die Erteilung von Wandergewerbescheinen entschied, wirkte auf Regierungsebene und setzte sich aus dem Regierungspräsidenten und zwei Regierungsbeamten sowie vier gewählten ehrenamtlichen Mitgliedern des Provinzialausschusses zusammen. Mit Inkrafttreten der Verwaltungsreform von 1883 fungierte er gleichzeitig als Verwaltungsgericht, das auch in zweiter Instanz die Beschwerden der Antragsteller bearbeitete.[183]

Im Bereich der polizeilichen „Bekämpfung des Zigeunerunwesens", wie die Akten der Sicherheitspolizei der einzelnen Landkreise und Bürgermeistereien in der Regel betitelt waren, ist die Unterscheidung zwischen Ortspolizeibehörden und der Gendarmerie bzw. der Landjägerei von Bedeutung. Erstere setzten sich aus dem Gemeindevorsteher und dem ihm unterstehenden Polizeidiener

---

180 Seit der Verwaltungsreform von 1883 war der Bezirksausschuss unter Vorsitz des Regierungspräsidenten und weiteren sechs Mitgliedern für die Bewilligung der Wandergewerbeanträge zuständig.

181 Für Musikaufführungen, Schaustellungen, theatralische Vorstellungen oder sonstige Lustbarkeiten musste jedoch die Ausdehnung der Gültigkeit auf jeden Verwaltungsbezirk einzeln beantragt werden, das gleiche galt für die Erteilung von Wandergewerbescheinen an Ausländer. Vgl. Hoffmann, Gewerbe-Ordnung 1904, Paragraph 60.

182 Im Zuge der Gneist'schen Verwaltungsreform 1883 wurde die Trennung der Personalunion zwischen Oberpräsident und Regierungspräsident der Provinzhauptstadt (in diesem Fall Koblenz) durchgesetzt und der Provinzialrat als Beschlussorgan des Oberpräsidenten eingeführt. Vgl. Knaut, Geschichte der Verwaltungsorganisation, S. 36.

183 Ebd., S. 35.

oder Polizeisergeanten zusammen.[184] Bürgermeister und Polizeidiener waren ermächtigt, Zigeuner aufzugreifen und Landjägerbeamten auszuliefern.

In den Akten lassen sich allerdings äußerst selten abschiebende Handlungen von Ortspolizeiorganen nachweisen. Im Fall einer sechsköpfigen Zigeunerfamilie im Kreis Saarburg erfolgte die Abschiebung 1926 eigenhändig durch den Bürgermeister von Perl,[185] und im Streitfall um die Abschiebung von Obdachlosen zwischen Rachtig, Wehlen und Ürzig im Landkreis Wittlich lässt sich ein Eingreifen der Polizeidiener bei den Abschiebungen bezeugen.[186] Hierbei handelte es sich jedoch um Einzelfälle, denn ungleich häufiger traten die Gendarmen bzw. Landjäger gegen Zigeuner in Erscheinung. Die Gendarmerie war für die ländlichen Regionen maßgebend und wurde 1920 in Landjägerei umbenannt.[187] Die preußische Gendarmerie ist die älteste Form einer Polizeiorganisation in Deutschland und war bis 1919 durch einen stark militärischen Charakter mit einer ausgeprägt hierarchischen Struktur gekennzeichnet. Sie bestand bereits seit 1820 ununterbrochen in dieser Gestalt[188] und fungierte als Exekutive des Landrats sowie zur Einhaltung von Sicherheit und Ordnung auf dem Land.[189] Nach dem Krieg verlor die Gendarmerie bzw. Landjägerei ihre militärische Struktur. Die Landjäger wurden unmittelbare Staatsbeamte unter der Dienstaufsicht des preußischen Innenministers.[190] Dennoch blieb eine militärische Laufbahn der Polizeikräfte die Regel und auch die Ausbildung der Polizisten war immer noch sehr militärisch geprägt.[191]

Seit 1926 war die Landjägerei auf Kreisebene in Landjägereiposten, Landjägereiämter und Landjägerabteilungen eingeteilt.[192] Am Beispiel des Landkreises Wittlich in der Südeifel kann diese Neuordnung seit Beginn des Jahres 1927 beobachtet werden. Vor der Reform existierten in Wittlich die zentrale Landjägerabteilung des Kreises und neun Landjägereiämter.[193] Seit 1927 verfügte der Landkreis neben der Landjägerabteilung in Wittlich-Stadt lediglich über vier weitere Landjägereiämter in Salmrohr, Eisenschmitt, Wengerohr

---

184 Rüfner, Die Entwicklung der Verwaltung, S. 706.

185 LHAK Best. 442, Nr. 10992, Bericht des Reg.-Präs. Trier an den Preuß. Min. d. Innern Berlin, Trier 14.06.1926.

186 LHAK Best. 655, 123, Nr. 924, Polizei-Sergeant Zeltingen an den Bgm. Zeltingen, 18.12.1912.

187 Romeyk/Bär, Verwaltungs- und Behördengeschichte, S. 260.

188 Götz, Polizei und Polizeirecht, S. 407f.

189 Albrecht, Zigeuner in Altbayern, S. 246.

190 Götz, Polizei und Polizeirecht, S. 408.

191 Bessel, Militarisierung und Modernisierung, S. 324.

192 Romeyk/Bär, Verwaltungs- und Behördengeschichte, S. 260.

193 Bis 1926 waren in folgenden Orten Landjägereiämter stationiert: Bausendorf, Binsfeld, Erlenbach, Hasborn, Hetzerath, Manderscheid, Osann, Wengerohr und Wittlich.

und Manderscheid (die beiden letzteren sind erst seit 1929 belegt) sowie über acht Landjägerposten,[194] die flächendeckend im Kreis verteilt waren. Die Ortschaften Großlittgen, Monzel und Oberkail kamen dadurch als Landjägerstützpunkte neu hinzu.

Auch in dem im Regierungsbezirk Koblenz gelegenen Landkreis Simmern machte sich die Neuordnung bemerkbar. Verfügte der Kreis zunächst über fünf Landjägereibezirke, wurden Mitte der 20er Jahre die Landjäger aus Kastellaun und Rheinböllen ausgewiesen sowie Simmern und Kirchberg doppelt besetzt, wobei sich die Zuständigkeitsbereiche zur Optimierung der Zusammenarbeit überlappten. Im Jahr 1927 waren in dem 570 km^2 großen Hunsrückkreis ein Oberlandjägermeister, drei Landjägermeister und acht Oberlandjäger stationiert. Der Moselkreis Cochem erhielt bereits 1924 drei neue Landjägerstellen in Ulmen, Ediger und Müllenbach.[195]

Im Regierungsbezirk Trier taten in den Jahren 1928/1929 105 Landjäger und 86 Polizeibeamte ihren Dienst. Nach Beendigung der französischen Besatzung 1930 wurde die Zahl der Landjäger auf insgesamt 125 aufgestockt, während die der Polizeibeamten auf 79 reduziert wurde. Die meisten Beamten waren mit insgesamt 39 (später 41) im Trierer Landkreis stationiert. Der Restkreis Wadern verfügte mit lediglich acht (1930 neun) über die wenigsten Beamten. Auffallend hoch ist die Zahl der Landjäger von insgesamt vierzehn im flächenmäßig kleinen Restkreis St. Wendel-Baumholder, was aus der exponierten Grenzlage zu Birkenfeld, dem Saargebiet und der Pfalz resultierte. Auch die bevölkerungsarmen, jedoch sehr großflächigen Landkreise Prüm und Bitburg verfügten über eine größere Anzahl von Landjägern. In Prüm fällt zusätzlich der hohe Anteil von Polizeibeamten auf,[196] womöglich aufgrund der Grenzlage.

---

194 Folgende Ortschaften fungierten seit 1927 als Landjägerposten: Bausendorf, Binsfeld, Großlittgen, Hasborn, Hetzerath, Monzel, Oberkail und Manderscheid (bis 1928).

195 LHAK Best. 441, Nr. 25557 und Nr. 25558.

196 LHAK Best. 459, Nr. 350, Landratsamt Bitburg, Gewerbepolizei. Aufsicht über die Gewerbetreibenden 1924–1935, sowie LHAK Best. 655, 252, Nr. 1338, Bürgermeisterei Neuerburg (Lk. Bitburg), Gewerbe- und Gewerbesteuer. Zuwiderhandlungen, Spez., 1906–1947.

Abbildung 1: Anzahl der Landjäger und Polizeibeamten in den Trierer Landkreisen 1928/29 und 1930/31

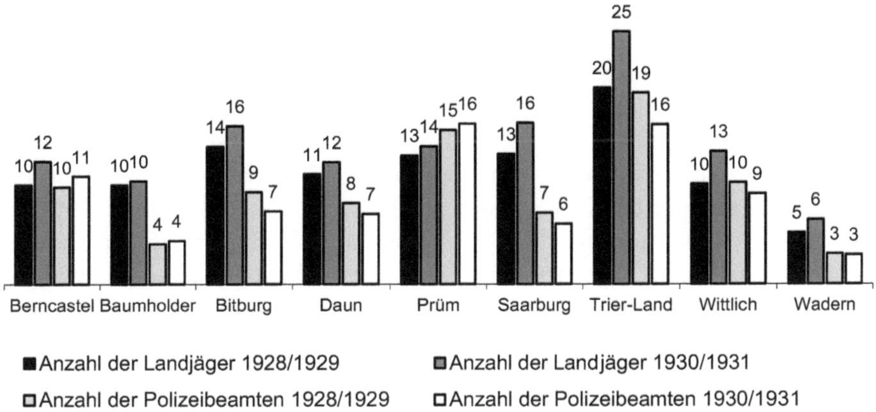

Quelle: LHAK Best. 459, Nr. 350, und Best. 655,252, Nr. 1338. Eigene Auswertung

Gerade in solch weitläufigen und unwegsamen Gebieten wie in der Eifel war ein Fortbewegungsmittel für die Landjäger unerlässlich. Während der Binsfelder Oberlandjäger etwa zu Pferd patrouillierte, waren die Ulmener Oberlandjäger mit Fahrrädern unterwegs. Außerdem stand in fast allen Landjägereiämtern ein Telefon zur Verfügung, das in dringenden Fällen genutzt werden konnte und bei der Organisation von Abschiebetransporten oftmals zum Einsatz kam. Fotoapparate für die Anfertigung von Passfotos waren jedoch Mangelware, obwohl sie aufgrund intensiver Bestrebungen zur systematischen Erfassung polizeilich verfolgter Personen durch höhere Verwaltungsinstanzen benötigt wurden.

Weltkrieg und Besatzung verursachten Brüche innerhalb der Verwaltungsstruktur. Während des Ersten Weltkriegs ging die Vollziehungsgewalt an die stellvertretenden Generalkommandos des Armeekorpses in den Militärbezirken, die sich stark mit der Bezirkseinteilung überschnitten. Für die Rheinprovinz waren die Kriegsamtsstellen in Düsseldorf, Münster, Koblenz und Saarbrücken zuständig.[197]

Nach dem Krieg gestaltete sich das Verhältnis zu den Besatzern, insbesondere nach dem Einmarsch der Franzosen ins Ruhrgebiet 1923, äußerst problematisch, wenn nicht gar feindselig. Die Genehmigung der französischen Kreisdelegierten musste in zahlreichen Verwaltungsbereichen berücksichtigt werden, gerade in Bezug auf die Polizeigewalt. Die Reichs- sowie die preußische Staatsregierung riefen 1923 schließlich zum Boykott im Zuge des Ruhrkampfes auf und wiesen ihre Beamten an, nur noch ihren eigenen

197 Romeyk/Bär, Verwaltungs- und Behördengeschichte, S. 76.

Anordnungen Folge zu leisten.[198] Beamte, die sich dieser Linie nicht anschlossen, wurden aus dem Dienst entfernt. Auch der Wittlicher Landrat Dr. Karl Simons musste seinen Posten räumen. In einem Aktenvermerk wird ihm „eine außerordentlich schwächliche, unklare, ja sogar den Besatzungsbehörden direkt gefügige Haltung“ angelastet.[199] Auch der seit 1922 amtierende Trierer Regierungspräsident Saassen wurde „vorübergehend in andere Aufgaben eingewiesen“ und kehrte erst im Herbst 1924 zurück in sein Amt.[200]

Das Verhältnis zwischen Besatzung und preußischen Behörden blieb bis zum Ende gespannt und äußerte sich in einer verstärkten Kontrolle der Polizei durch die Besatzungsmacht. Dabei mussten sich die preußischen Landjäger vor allem in der Zigeuner- und Wandergewerbeüberwachung bewähren (vgl. Kapitel 3.1.2 und 3.1.3). Auch die Überschneidung von Fürsorge- und Polizeibezirken sowie die Personalunion der Landbürgermeister und des Regierungspräsidenten in Kompetenzen sowohl der Fürsorge, der Wandergewerbescheinvergabe als auch hinsichtlich der Umsetzung von Zigeunerverordnungen schufen nicht nur auf Diskursebene die Voraussetzungen für eine Überlagerung von Zigeuner- und Wandergewerbepolitik, sondern auch ganz konkret in der Verwaltungspraxis.

1.3 Das Wandergewerbe als Form der Armenfürsorge

Die öffentliche Fürsorge war zur Abfederung von Notlagen für die armen Bevölkerungsschichten oftmals unzureichend. Das Wandergewerbe fungierte als Auffangbecken, um Unterstützungsfälle zu vermeiden oder die Nöte der Betroffenen durch irgendeine Art der Beschäftigung einzudämmen.

Zwar gab es in Deutschland kein Gesetz wie etwa in Österreich, das seit 1922 den Nachweis einer Notlage für die Ausstellung einer Hausierlizenz verlangte,[201] jedoch gingen Bestrebungen des preußischen Innenministeriums, unter der Leitung Friedrich von Moltkes, vor dem Krieg in eine ähnliche Richtung. In einem Rundschreiben hieß es:

> „Im allgemeinen sozialpolitischen Interesse muß es erwünscht erscheinen, daß bei Prüfung der Anträge auf Erteilung u. Ausdehnung von Wandergewerbescheinen zum Musikmachen u. zum Darbieten von ähnlichen, eines höheren Kunstinteresses entbehrenden Lustbarkeiten [...] nach Möglichkeit den persönlichen Verhältnissen der Nachsuchenden in der Richtung Rechnung getragen wird, daß – unter sonst gleichliegenden Verhältnissen – vorzugsweise u. in erster Linie solche

198 Ebd., S. 89; Ausführlich zum Ruhrkampf vgl. Fischer, The Ruhr Crisis.
199 Zitiert nach Romeyk/Bär, Verwaltungs- und Behördengeschichte, S. 101.
200 Ebd., S. 205.
201 Keller, Behördliche Einschränkungen, S. 35; Wadauer, Betteln und Hausieren, S. 186f.

> Antragssteller berücksichtigt werden, die sich infolge verminderter Arbeits- und Erwerbsfähigkeit, körperlicher Gebrechen usw. in einer wirtschaftlichen Notlage befinden und nur noch durch den Betrieb eines der in Rede stehenden Gewerbe ihren u. ihrer Familie Unterhalt selbst zu verdienen in der Lage sind.“[202]

Nach dem Krieg wurde dieser Kurs jedoch schnell korrigiert, um das Wandergewerbe mithilfe von Steueranhebungen seiner Funktion als Auffangbecken der Armenfürsorge zu entheben. Diese Maßnahme ließ sich auch in den Regierungsbezirken Trier und Koblenz nach dem Ersten Weltkrieg beobachten.

Seit 1918 kam es zur sukzessiven Erhöhung der einzelnen Sätze zur Wandergewerbesteuer, zum einen um die Inflation auszugleichen und zum anderen um das Wandergewerbe doch von der Armenfürsorge abzugrenzen. Der damalige Koblenzer Regierungspräsident, Albert von Gröning, begründete dies so:

> „Die erhebliche Zunahme der Anträge auf Erteilung von Wandergewerbescheinen für das Jahr 1920 läßt eine Erhöhung des Steuersatzes um mindestens 50% zweckmäßig und erwünscht erscheinen. Diese Erhöhung ist auch vom Standpunkt der Gewerbetreibenden aus unbedenklich, da sich ihr Verdienst durch die wirtschaftlichen Verhältnisse bedeutend erhöht hat. Auch die zunehmende Geldentwertung rechtfertigt die Erhöhung. Diese dürfte das einzige Mittel sein, die große Zahl der Wandergewerbescheine zu vermindern. Die bisherigen Sätze bezw. die Steuerfreiheit sind nur noch für Schwer-Kriegsbeschädigte und besonders bedürftige Leute, bei denen kein Anlage- und Betriebskapital vorhanden ist, und in Fällen, in denen der Ertrag aus dem Wandergewerbe voraussichtlich sehr gering bleibt, in Ansatz zu bringen.“[203]

Resultat der höheren Steuersätze war die Zunahme der Anträge auf Steuerreduzierung. Auch diese durften bei „offenkundiger Bedürftigkeit“ nicht unter 0,50 RM fallen.[204]

Die Anstrengung der Ortsvorsteher und Bürgermeister verlagerte sich daher darauf, nicht nur die Wandergewerbeanträge an sich zu befürworten und zu unterstützen, sondern auch die Reduzierung oder die Erlassung der Gewerbesteuer zu erreichen. So reichte der Bürgermeister von Kastellaun im Koblenzer Landkreis Simmern in einem Zeitraum von 1926–1931 für nahezu alle ‚seiner‘ Wandergewerbetreibenden einen Antrag zur Reduzierung der

---

202 LHAK Best. 403, Nr. 13109, Rundschreiben des Preuß. Min. d. Innern Berlin, betreffend der Richtlinien zur Wandergewerbescheinvergabe, gez. Ernst Holtz (Unterstaatssekretär), Berlin 01.11.1908, S. 415.

203 LHAK Best. 665,200, Nr. 1010, Reg.-Präs. Koblenz an den Landrat in Zell, Koblenz 15.11.1920.

204 LHAK Best. 655,200, Nr. 1010, Reg.-Präs. Koblenz an die Landräte des Regierungsbezirks Koblenz und die Polizeiverwaltung der Stadt Koblenz, Koblenz 03.09.1924.

Wandergewerbesteuer beim Simmerner Landrat nach. Die Begründung, dass das Einkommen aus der Landwirtschaft und der Umfang des Gewerbebetriebes sehr gering seien, war stets gleichbleibend. Von „Schuldenlast“ und „sehr bedürftigen“ oder „nicht günstigen Verhältnissen“ war die Rede, so etwa bei dem Straßenmusiker und Strick- und Wollwarenhändler Johann B.:

> „Die Verhältnisse im vorliegenden Falle sind als nicht besonders gut zu bezeichnen und fällt es Antragsteller schwer, seine Familie durchzubringen, da er von dem Ertrage der Landwirtschaft seine 6 köpfige Familie nicht ernähren kann. Infolgedessen sah sich B. veranlasst, auf einem anderen Wege zu dem Unterhalt für seine Familie beizutragen und dem Wandergewerbe nachzugehen. Mit Rücksicht auf die ärmlichen Verhältnisse und darauf, dass B. das Gewerbe in diesem Jahre zum ersten Male betreibt, befürworte ich die Herabsetzung des Steuerbetrages auf den von mir bei Stellung des Antrages vorgeschlagenen Satz von 15,00 R.M.“[205]

Trotz zumeist erfolgter Bewilligung der beantragten Steuerreduzierung wurden zahlreiche Scheine nicht eingelöst. So waren Mitte des Jahres 1927 in Kastellaun immer noch acht der genehmigten dreizehn Scheine noch nicht ausgehändigt, weil sich die Händler die Gebühr nicht leisten konnten.[206]

Abbildung 2: Zahl der Wandergewerbescheine in Kastellaun 1926–1931

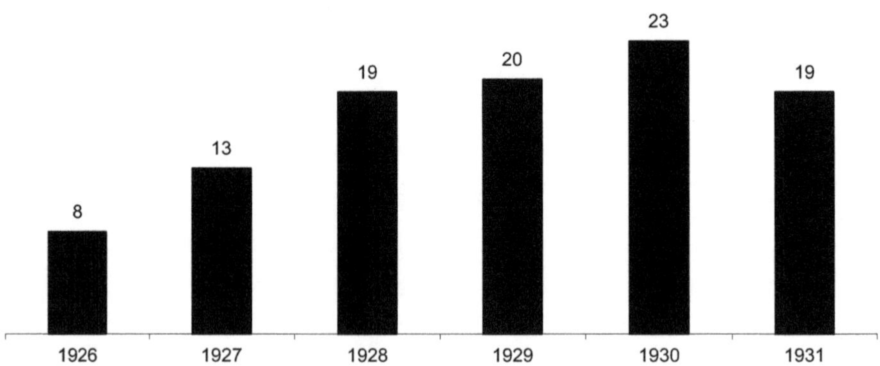

Quelle: LHAK Best 655,14, Nr. 4504. Eigene Auswertung.

205 Aufgrund datenrechtlicher Bestimmungen sind die Nachnamen der Personen in allen Fallbeispielen zur Wahrung ihrer Anonymität abgekürzt. LHAK Best. 655,14, Nr. 4504, Bgm. Kastellaun an den Landrat Simmern, Kastellaun 14.02.1926.

206 LHAK Best 655,14, Nr. 4504, Bürgermeisterei Kastellaun, Ausstellung von Wandergewerbescheinen sowie Überwachung und Besteuerung des Wandergewerbes, 1925–1937.

Die Zahl der ausgestellten Wandergewerbescheine in Kastellaun stieg von 1926 bis 1930 um das Dreifache (vgl. Abbildung 2), die Zahl der Steuerbefreiungen nahm hingegen ab. Vor allem ehemalige Landwirte und Arbeitslosenunterstützungsempfänger lösten die traditionelle Klientel der Hausierer ab, die in den meisten Fällen in die Armenfürsorge ‚abrutschten'.[207]

Im Jahre 1924 erteilte der preußische Finanzminister den Gewerbetreibenden in den besetzten Gebieten die Erlaubnis, die Steuer in Raten zu bezahlen.[208] Der Regierungspräsident in Trier veranlasste daraufhin sogar die Aufschiebung der Zahlungsfrist für die Ratenzahlungen.[209] Doch bereits ein halbes Jahr später kamen die ersten Mahnungen des Bezirksausschusses an die Landräte, auf die pünktliche Zahlung der Wandergewerbesteuer zu bestehen und bei verspäteten Eingängen Anzeige zu erstatten.[210]

1926 wurde die Genehmigung des Finanzministers zur Ratenzahlung gänzlich wieder aufgehoben, mit dem Hinweis, dass wenn selbstständig Ratenzahlungen vereinbart würden, die entsprechende behördliche Stelle dafür zu haften habe.[211] Im September 1927 bestand der Bezirksausschuss in Koblenz darauf, die Steuersätze bis zur Leistungsgrenze der Gewerbetreibenden zu erhöhen, um eine klare Abgrenzung zur Fürsorge zu gewährleisten:

> „Trotz der gegenteiligen Versicherung mancher Dienststellen lässt sich die Vermutung nicht abweisen, dass durch besonderes Entgegenkommen bei der Vorlage der Wandergewerbescheine eine scheinbare Erleichterung auf dem Gebiete der Wohlfahrtslasten angestrebt wird. Dies ist, worauf mehrfach hingewiesen wurde, unzulässig. Ebenso besteht in einer ganzen Reihe von Fällen der dringende Verdacht, dass ein Wandergewerbeschein nur beantragt wird, um als Deckmantel für Landstreicherei und Bettelei zu dienen. Auch in dieser Hinsicht ist die schärfere Prüfung der Anträge, als das bisher der Fall war, geboten. Es geht insbesondere nicht an, dass an sich erwerbsfähige Personen oder solche, die nur unwesentlich in der Erwerbsfähigkeit gemindert sind, jahraus jahrein steuerfreie Wandergewerbescheine erbitten. Wird das Wandergewerbe wirklich ernstlich betrieben und, ist es nicht nur ein Vorwand zum Betteln und Schlimmeren, so

---

207 Eine ähnliche Beobachtung machte auch Marx-Jaskulski, Armut und Fürsorge, S. 274, für den Moselort Lieser.

208 StAT Best. Tb15, Nr. 689, Preuß. Finanzminister, gez. Henatsch, an den Reg.-Präs. Trier, Berlin 25.01.1924.

209 StAT Best. Tb15, Nr. 689, Reg.-Präs. Trier an die Landräte des Bezirks, die Oberbürgermeister und die Regierungshauptkasse, Trier 21.02.1925.

210 LHAK Best. 498, Nr. 237, Bezirksausschuss Trier an die Landräte, Kreisverwalter und Oberbürgermeister des Bezirks, Trier 07.09.1925.

211 StAT Best. Tb 15, Nr. 689, Reg.-Präs. Trier an die Landräte des Bezirks, Trier 01.02.1926.

müssen diese Personen in der Lage sein, wenigstens den Mindeststeuersatz zu entrichten."[212]

Mithilfe der Steuergesetzgebung wurde das Wandergewerbe sukzessive eingedämmt. In Preußen galt das Prinzip des Mittelsatzes: Die Gewerbesteuern gruppierten sich für den Betrieb im Umherziehen um einen Mittelsatz von 48 Mk. und waren an den Umfang des Betriebes angepasst. Sie wurden stufenweise auf 72 Mk., 96 Mk. und 144 Mk. erhöht oder auf 36, 24, 18, 12 und 6 Mk. abgesenkt.[213] Nahm vor dem Ersten Weltkrieg der Gewerbebetrieb mit geringem bzw. geringstem Steuersatz im Regierungsbezirk Trier stetig zu, pendelten sich die Steuersätze nach der Inflation 1923 aufgrund der dem Wandergewerbe zum Nachteil ausgelegten Steuerpolitik um den Mittelwert (Steuersätze 24–48 Mk.) ein (vgl. Abbildung 3).[214]

Abbildung 3: Verteilung der Steuersätze für den Betrieb im Umherziehen

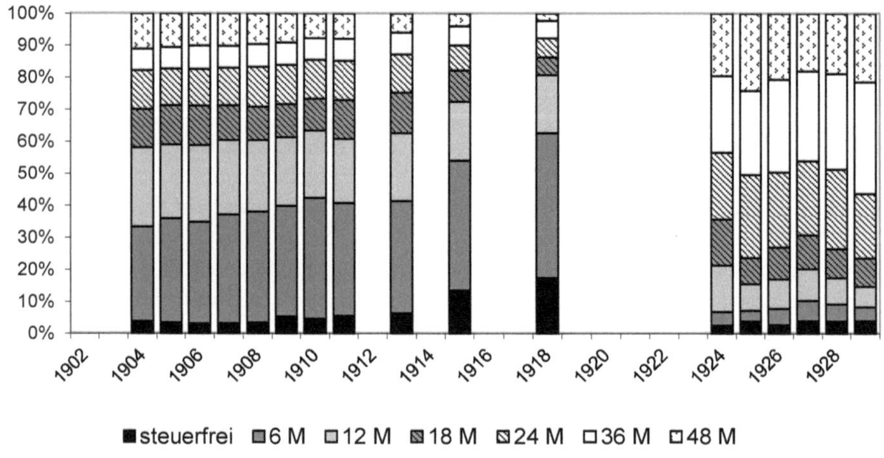

Quelle: Statistisches Jahrbuch für den Freistaat Preußen. Eigene Auswertung.

Diese Tendenz des preußischen statistischen Landesamts konnte für einzelne Orte in den Regierungsbezirken Trier und Koblenz auf der Grundlage von

212 LHAK Best. 655,200, Nr. 1010, Bezirksausschuss Koblenz an die Landräte des Bezirks und die Polizeiverwaltung Koblenz, Koblenz 03.09.1927.

213 ENDRUCKS, Die Besteuerung des Wandergewerbes, S. 80.

214 Vgl. Statistisches Jahrbuch für den Freistaat Preußen, hrsg. vom Preußischen Statistischen Landesamt. Die Jahrgänge 1903–1931 wurden hierfür jeweils einzeln ausgewertet.

Bürgermeistereiakten zur Ausstellung von Wandergewerbescheinen und zur Besteuerung des Wandergewerbes bestätigt werden.[215]

Ausschlaggebend für die Vergabe von Wandergewerbescheinen vor dem Krieg war die Prüfung der Bedürftigkeit der Antragsteller wie im klassischen Unterstützungsverfahren, dabei wurde die materielle Hilfsbedürftigkeit zugrunde gelegt und geprüft, ob der oder die Gewerbetreibende einer Unterstützung „würdig" sei.[216] Sogar die Reichsstatistik führte 1910 die neue Kategorie der „Steuerfreiheit wegen Armut" in den Katalog der Steuersätze im Hausierbetrieb ein.[217] In den Nachweisen über die Wandergewerbesteuer wurden in erster Linie ortsarme Hausierer erfasst, vor allem Kranke und hilfsbedürftige Hinterbliebene wie Witwen,[218] denen zumeist auch der geringste Steuersatz genehmigt wurde. Nach dem Krieg lässt sich die Veränderung der Klientel beobachten. Frauen bekamen nur noch selten Wandergewerbescheine ausgestellt, und in Zeiten hoher Arbeitslosigkeit ließ sich der Anstieg von hausierenden Erwerbslosen, hauptsächlich Männern, verzeichnen. Erstanträge wurden zwar besonders gründlich geprüft, aber mit dem Eintreten wirtschaftlicher Notlagen Ende der 20er Jahre wieder vermehrt genehmigt. Die Steuersätze waren jedoch auch bei den Klein- und Kleinstbetrieben deutlich höher als in den Vorkriegsjahren.

Der Ermessensspielraum der Bezirksausschüsse zeigte sich in der Erfassung der ausgestellten Wandergewerbescheine durch das preußische Statistische Landesamt (vgl. Abbildung 4).[219]

---

215 Eine genaue Aufstellung der Steuersätze von Wandergewerbetreibenden vor dem Ersten Weltkrieg und nach der Inflation erstellte Katrin Marx-Jaskulski für den Moselort Lieser auf Grundlage von LHAK Best. 655,213, Nr. 174, vgl. die ungekürzte Version der Dissertationsschrift Marx, Katrin: Armut und Armenfürsorge, Anhang S. 414. Ähnliche Beobachtungen konnten im Rahmen eigener Auswertungen für die Orte Kastellaun und Zeltingen gemacht werden. Vgl. LHAK Best. 655,14, Nr. 4504, Bürgermeisterei Kastellaun: Ausstellung von Wandergewerbescheinen sowie Überwachung und Besteuerung des Wandergewerbes, 1925–1937, und LHAK Best. 655,123, Nr. 1013, Bürgermeisterei Zeltingen-Rachtig: Wandergewerbe (Steuerfestsetzungen, Anlagen zu Anträgen auf Wandergewerbescheinen, Kontraventionen), 1920–1928.

216 Marx-Jaskulski, Armut und Fürsorge, Kapitel 1.3 und 2.3; Endrucks, Die Besteuerung des Wandergewerbes, S. 37.

217 Vgl. Statistisches Jahrbuch für den Freistaat Preußen, hrsg. vom Preußischen Statistischen Landesamt, Jg. 1910, Wandergewerbesteuer in den Regierungsbezirken Preußens, S. 496.

218 Marx-Jaskulski, Armut und Fürsorge, S. 270–272.

219 Genauere Analysen der Vergabepraxis der Bezirksausschüsse sind aufgrund der fehlenden Bestände leider nicht möglich.

Abbildung 4: Ausgestellte Wandergewerbescheine in den Regierungsbezirken Trier und Koblenz

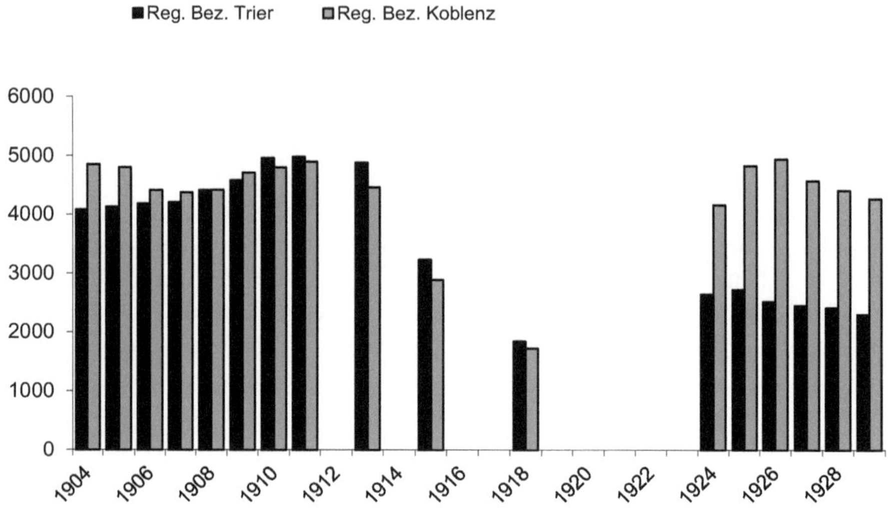

Quelle: Statistisches Jahrbuch für den Freistaat Preußen. Eigene Auswertung.

Auffällig hierbei ist der starke Einbruch bei der Anzahl der im Regierungsbezirk Trier ausgestellten Wandergewerbescheine im Vergleich zu Koblenz in der zweiten Hälfte der zwanziger Jahre, obwohl der Trierer Bezirk wirtschaftlich noch schlechter aufgestellt war als sein östlicher Nachbar. Dies war der strengen und harten Auslegung aller gesetzlichen Ermessensspielräume der Trierer Behörde geschuldet, wie noch gezeigt werden soll (vgl. Kapitel 4.2.4). Diese umfassten zum Beispiel die zunehmende Ablehnung von Begleitern oder die fast gänzliche Abweisung aller Antragssteller unter 25 Jahren bzw. derjenigen mit Vorstrafen.

Befürwortete der Trierer Bezirksausschuss vor dem Krieg noch Gesuche aufgrund von Erkrankung und Arbeitsunfähigkeit, argumentierte der Vorsitzende 1927 leidenschaftlich gegen ein solches Vorgehen:

> „Das Wandergewerbe ist […] keine allgemeine Zuflucht für Erwerbsbeschränkte oder Fürsorgebedürftige. Wenn die Voraussetzungen dafür gegeben sind, müssen Fürsorgebedürftige von den Fürsorgeverbänden unterstützt werden. Das Wandergewerbe ist nicht dazu bestimmt, die Fürsorgeverbände zu entlasten."[220]

Für Musikaufführungen bedurfte es keines Wandergewerbescheins, wenn sie nur punktuell für eine Veranstaltung angemeldet wurden, sodass auch diese

220 LHAK Best. 403, Nr. 13110, Vorsitzender des Bezirksausschusses Trier an den Oberpräs. Koblenz, Trier 06.12.1927, S. 1077.

Möglichkeit von den Gemeinden genutzt wurde, dem härter werdenden Antragsverfahren auszuweichen. Über diese Praxis beklagte sich Mitte der zwanziger Jahre der Bitburger Landrat:

> „Ich glaube bestimmt annehmen zu dürfen, dass trotz aller Belehrungen immer wieder Gemeindevorsteher sich finden werden, die Erlaubnis zu Musikaufführungen erteilen. Dies ist aber hauptsächlich darauf zurückzuführen, dass die Gemeindevorsteher befürchten, bei einer ablehnenden Bescheidung würden die Antragsteller der örtlichen Armenfürsorge zur Last fallen.“[221]

Das Wandergewerbe war in der Praxis der klassischen Armenfürsorge durchaus noch zur Zeit der Weimarer Republik als legitimes Mittel des Zuverdiensts erkennbar und wurde von den Ortsbehörden klar zur Abfederung von Fürsorgeleistungen gefördert. Von den 164 in der Bürgermeisterei Lieser im Landkreis Bernkastel von 1906 bis 1933 als Wandergewerbetreibende angeführten Personen waren mindestens 41 auch auf Armenunterstützung angewiesen.[222] Mitte der zwanziger Jahre wurde diese Praxis zunehmend kritisiert und die Vergabe von steuerfreien Scheinen strenger gehandhabt. Ermessensspielräume wurden zu Ungunsten der Antragsteller ausgenutzt. Dennoch verlor das Wandergewerbe seine Funktion als inoffizielles Mittel der Armenfürsorge nicht. Die zunehmenden wirtschaftlichen Zwangslagen Ende der zwanziger Jahre trieb viele Erwerbslose im völlig überlasteten Fürsorgesystem der Weimarer Republik zumindest temporär ins Hausiergewerbe.[223] Zwar wurde auch diese Entwicklung behördenintern kritisiert, dies änderte jedoch nichts an der Praxis, wie der Koblenzer Bezirksausschuss in einem Briefwechsel mit dem Landrat in St. Goar selbst konstatierte:

> „[…] Schon mit Rücksicht darauf, dass aus allgemeinen wirtschaftlichen Gründen die Zunahme der Anträge auf Erteilung eines Wandergewerbescheines als unerfreulich zu bezeichnen ist, ist bei der Prüfung der Gesuche der strengste Maßstab angelegt worden. Die Erteilung ist in aller Regel auch dort versagt worden, wo sie nach den Bestimmungen der Gewerbeordnung lediglich versagt werden <u>kann</u>. Davon hat das Kollegium nur in den Fällen dringender Notlage Ausnahmen gemacht.“[224]

Für die Wahrnehmung von Wandergewerbetreibenden waren also auf lokaler Ebene armenrechtliche Interessen maßgeblich. Die von höheren Verwaltungsinstanzen forcierte Einschränkung des Hausiergewerbes durch Anhebung der

---

221 LHAK Best. 350, Nr. 459, Landrat Bitburg an den Reg.-Präs. Trier, Bitburg 22.06.1925.

222 Marx-Jaskulski, Armut und Fürsorge, S. 264.

223 Dazu ausführlich Stazic-Wendt, Der „unechte Erwerbslose“.

224 Unterstreichung im Original LHAK Best. 441, Nr. 27990, Bezirksausschuss Koblenz an den Landrat St. Goar, Koblenz 29.04.1925.

Wandergewerbesteuer wurde zusätzlich verstärkt durch die Stigmatisierung des Wandergewerbes im Zuge der Zigeunergesetzgebung, die ebenfalls auf lokaler Ebene umgesetzt werden sollte. Dadurch gerieten unter dem Zigeunerbegriff arme, ambulante Gewerbetreibende nach dem Ersten Weltkrieg verstärkt in den Blick der Polizei, wie im Folgenden gezeigt werden soll.

1.4 Identifikation von Zigeunern vor Ort: Aushandlungsprozesse der Behörden

Der Unterstützung von Wandergewerbescheinanträgen zur Einsparung der Armenfürsorge durch die Ortsbürgermeister stand die polizeiliche Praxis gegenüber, Wandergewerbetreibende als Zigeuner kenntlich zu machen. Die Landjäger beschwerten sich durchgehend über das Auftreten von Zigeunern mit Wandergewerbescheinen und erklärten regelmäßig, sie hätten keine Handhabe, die Bestimmungen zur ‚Zigeunerbekämpfung' durchzusetzen,[225] wenn ein ordnungsgemäßer Wandergewerbeschein vorhanden sei. Damit gemeint war in der Regel die Abschiebung.

Das Problem war jedoch viel grundlegender. Es war nämlich nicht geklärt, auf welche Personen die Bestimmungen anzuwenden waren. Im Juni 1925 verschickte der Bürgermeister des Dörfchens Brück im Landkreis Adenau drei Anfragen an benachbarte Verwaltungsbehörden, ob es sich bei zwei Geigenhändlern aus Stotzheim sowie einem aufgegriffenen Korbmacher aus Düsseldorf eigentlich um Zigeuner handele. Diese machten ihm eher den Anschein, „nach Zigeunerart durch die Welt" zu ziehen, statt „tatsächlich ein Gewerbe" zu betreiben.[226] Mit dieser Unsicherheit war der Brücker Bürgermeister nicht allein. Die lokalen Akten zur ‚Zigeunerbekämpfung' waren gespickt mit Korrespondenz darüber, wer eigentlich als Zigeuner anzusehen sei.

Grundlegend für die Definitionsprobleme waren die in der Gewerbeordnung von 1904 offen gelassenen Ausführungsbestimmungen:

> „Desgleichen ist die Erteilung von Wandergewerbescheinen an inländische Zigeuner nach Möglichkeit zu beschränken. Wenn in einzelnen Fällen in Ermangelung gesetzlicher Versagungsgründe dem Antrag eines inländischen Zigeuners stattgegeben werden muß, so ist seine Zigeunereigenschaft in dem Wandergewerbeschein ausdrücklich zu vermerken oder falls diese Eigenschaft nicht mit

---

225 LHAK Best. 498, Nr. 169, Bgm. Hetzerath an den Landrat Wittlich, Hetzerath 21.04.1922.

226 LHAK Best. 441, Nr. 27990, Bgm. Brück (Lk. Adenau) an die Polizeiverwaltung Düsseldorf, die Bgm. Kuchenheim und die Polizeiverwaltung in Krefeld, Brück 25.06.1925.

> Sicherheit festgestellt ist, der Zusatz aufzunehmen: ‚Zieht nach Zigeunerart im Land umher'."[227]

Der Zusatz ‚zieht nach Zigeunerart im Land umher' schuf die Möglichkeit, eine Etikettierung an Personen vorzunehmen, die lediglich aus Sicht des einzelnen Beamten eine deviante Lebensweise aufwiesen, ohne dass spezifische Kriterien für eine klar zuzuordnende Zigeunereigenschaft vom Gesetzgeber vorgelegt worden wären.

Auch die zwei Jahre später erlassene preußische Anweisung ließ den Ermessensspielraum für den einzelnen Beamten völlig offen, hierin hieß es:

> „Die Polizeibehörden haben dabei ihr Augenmerk nicht nur auf die Zigeunerbanden, sondern auch auf diejenigen einzelnen Personen zu richten, welche nach ihrer äußeren Erscheinung, Lebensweise und Beschäftigungsart (Kesselflicker, Händler mit Blech- und Drahtwaren, Pferdehändler, Gaukler usw.) als Zigeuner anzusprechen sind."[228]

Beim Aufgreifen einer Zigeunergruppe im Trierer Landkreis Saarlouis etwa bemühte sich der Landrat um Absicherung seiner Auffassung beim Trierer Regierungspräsidenten,[229] doch dieser erklärte ihm lediglich:

> „Die Frage, ob die letztlich im dortigen Kreise betroffene Bärenführerbande als ‚Zigeuner' im Sinne der Anweisung vom 17. Februar 1907 anzusehen seien, muß der dortigen Entscheidung überlassen werden. Da aber die Anweisung durch Vermeidung einer engbegrenzten Definition des Begriffes ‚Zigeuner' den Polizeibehörden weiten Spielraum läßt, so ist es nicht ohne Weiteres ersichtlich, welche Banden gegen die Anordnung der Vorschriften [verstoßen]."[230]

Die Entscheidung wurde demnach ganz bewusst von den Vorgesetzten auf die ausführenden Beamten abgewälzt. Gleichzeitig wurde jedoch der Druck intensiviert, Zigeuner aufzugreifen und zu melden. Bereits seit 1907 wurden die Landräte angehalten, monatlich Berichte über das Aufgreifen von Zigeunern einzureichen. Schwierigkeiten bei der Definition der Zielgruppe Zigeuner wurden wiederkehrend thematisiert. So berichtete etwa der Wittlicher Landrat 1918:

---

227 Hoffmann, Gewerbe-Ordnung 1904, Anhang B. Ausführungsanweisung, Ziffer 67, S. 465.

228 Preuß. Min. d. Innern, von Bethmann Hollweg: Anweisung zur Bekämpfung des Zigeunerunwesens vom 17.2.1906. Gedruckt und gebunden in: LHAK Best. 403, Nr. 6801, S. 67–72, Absatz B. Ziffer 13. Im Folgenden mit Kurztitel „Preuß. Min. d. Innern, Anweisung 1906" belegt.

229 LHAK Best. 442, Nr. 10992, Landrat Saarlouis an den Reg.-Präs. Trier, Saarlouis 20.12.1906.

230 LHAK Best. 442, Nr. 10992, Reg.-Präs. Trier an den Landrat Saarlouis, Trier 19.01.1907. Ende des letzten Satzes unleserlich.

„Seit einiger Zeit haben sich hier im Kreise in verschiedenen Orten, namentlich aber in Wittlich Familien niedergelassen, die ihrem Aussehen nach als Zigeuner anzusehen sind. Die Leute sind größtenteils Reichsländer und von Beruf Hausierer und Korbmacher. Einer regelmäßigen Beschäftigung gehen die Leute nicht nach, sondern suchen sich durch Betteln, das unter dem Vorwand des Hausierens geschieht, zu ernähren."[231]

War einmal die Einstufung als Zigeuner erfolgt, war das Etikett nicht mehr abzustreifen. Obwohl sich der Wittlicher Landrat zunächst nicht sicher gewesen war, wurden die Leute in den folgenden Briefwechseln nur noch als Zigeuner bezeichnet.

Häufig kam es zu Konflikten bei Verletzung der Berichtspflicht (vgl. Kapitel 3.1.2). Die entsprechend gemahnten Beamten rechtfertigten sich in der Regel mit dem Hinweis auf ihre Unsicherheit bei der Erkennung der Zielgruppe. So erklärte etwa der Bürgermeister aus Sobernheim:

„[...] mit dem Berichte zurückzureichen, dass eine Meldung nicht erforderlich gehalten wurde, weil die betreffenden Personen nach ihrem ganzen Aussehen und ihrer Kleidung keinen Eindruck wie Zigeuner machten. Nach den in ihrem Besitze befindlichen Personalausweisen und sonstigen Papieren hatten sie im einzelnen ihren festen Wohnsitz [...]. Es reisen ausser Zigeunern auch andere das Schirmflicker-, Korbmacher-, Siebmacher-Gewerbe im Umherziehen betreibende Familien in ihren Wohnwagen umher, ohne dass sie ohne Weiteres als Zigeunerbanden angesehen werden können und um solche Familien handelte es sich vorliegend."[232]

Das Aussehen wurde als Erkennungsmerkmal nur selten angesprochen und wenn, dann zeichneten sich diese Bemerkungen wie im angeführten Fall durch Pauschalisierungen aus.[233] Selbst als der Koblenzer Regierungspräsident 1926 zum wiederholten Male auf die „Bekämpfung des inländischen Zigeunertums" bestand, mit dem Hinweis „künftig die Frage der Zigeunereigenschaft lediglich nach den äußerlich erkennbaren Merkmalen zu beurteilen", vermied er es, diese zu konkretisieren.[234] Häufiger waren die Beschreibungen auf das Gruppenerscheinungsbild und deren Auftreten etwa mit Fuhrwerken und Tanzbären ausgerichtet.

---

231 LHAK Best. 498, Nr. 472, Landrat Wittlich an den Reg.-Präs. Trier, Wittlich 12.08.1918.

232 LHAK Best. 441, Nr. 27989, Bgm. Sobernheim an den Reg.-Präs. Koblenz, Sobernheim 13.10.1925.

233 LHAK Best. 498, Nr. 472, Landrat Wittlich an den Reg.-Präs. Trier, Wittlich 12.08.1918.

234 LHAK Best. 441, Nr. 27990, Reg.-Präs. Koblenz an die Polizeiverwaltung Koblenz, Koblenz 24.03.1926.

Am häufigsten wurde die Zigeunereigenschaft von den Beamten, wie im oben genannten Zitat, anhand bestimmter Berufsgruppen verhandelt, etwa „die sogenannten Korbmacher, die aber nicht weniger betreiben wie gerade das Korbmachungsgewerbe",[235] Kesselflicker, Schirmflicker, Hausierhändler oder wandernde Musiker. In Dudweiler etwa wurden einige Elsässer aufgegriffen und als Zigeuner erkannt, da sie „keine ständige Beschäftigung" hatten, „beim Hausierhandel betroffen" wurden und Musik betrieben, „wie es Zigeuner vielfach tun".[236] Die gleiche Beschreibung konnte jedoch auch dafür genutzt werden, die Zigeunereigenschaft bestimmter Gruppen zu widerlegen, wie der Koblenzer Landrat bei einer Gruppe von Draht- und Korbwarenhändlern konstatierte, die seiner Ansicht nach nur „nach Zigeunerart" im Pferdewohnwagen umherzögen. Daher handele es sich „nicht um Zigeuner sondern inländische Gewerbetreibende".[237] Ähnlich beurteilte der Bürgermeister aus Langenlonsheim die Problemlage:

> „[...] Der Bürgermeister stellte sich auf den Standpunkt, dass die Mitglieder der Bande nicht als Zigeuner, sondern als Gewerbetreibende anzusehen seien, die in der Ausübung ihres Gewerbes nicht behindert werden dürfen. Es fand daher auch nicht ihre ständige Überwachung und Begleitung durch Polizeibeamte statt. Mit Wandergewerbescheinen versehene Zigeuner werden also den übrigen Wandergewerbetreibenden völlig gleichgestellt. [...]"[238]

Ende der 1920er Jahre erfolgte der Versuch des Koblenzer Regierungspräsidenten, die Zuordnung über die Berufe genauer festzulegen. So sollten demnach inländische Pferdehändler mit Wandergewerbescheinen nicht als Zigeuner behandelt werden, gleichzeitig wäre aber nicht ausgeschlossen, „dass auch Zigeuner sich im Besitze von Wandergewerbescheinen" befänden.[239]

Der Besitz oder Nichtbesitz des Wandergewerbescheins war also auch kein stichhaltiges Kriterium für die Identifikation der Zielgruppe. Stattdessen wurde die Ausstellung der Wandergewerbescheine an Zigeuner problematisiert, vor allem im Trierer Bezirk: keine der involvierten Dienststellen wollte ihre Verantwortlichkeit hierfür einräumen. So stand etwa der Bezirksausschuss, der die Wandergewerbescheine zentral auf Regierungsebene bewilligen musste,

---

235 LHAK Best. 655, 170, Nr. 62, Bgm. Binsfeld an den Landrat in Wittlich, Binsfeld 13.02.1913.

236 LHAK Best. 442, Nr. 10992, Landrat Saarbrücken-Land an den Reg.-Präs. Trier, Saarbrücken 25.04.1925.

237 LHAK Best. 441, Nr. 27990, Landrat Koblenz an den Reg.-Präs. Koblenz, Koblenz 26.03.1927.

238 LHAK Best. 441, Nr. 27990, Landrat Kreuznach an den Reg.-Präs. Koblenz, Kreuznach 24.07.1925.

239 LHAK Best. 441, Nr. 2991, Reg.-Präs. Koblenz an den Landrat Koblenz, Koblenz 23.11.1928.

unter Rechtfertigungsdruck, dass die Ausstellung der Wandergewerbescheine ein ‚hartes' Durchgreifen von Seiten der Polizei gegen die verdächtigen Personen verhindern würde:

> „Die anscheinend ohne genügende Beachtung der geltenden Vorschriften erteilten Wandergewerbescheine geben diesen Menschen das Recht, im Lande umherzuziehen. Bei dem rastlosen Hin- und Herwandern der Zigeuner ist es den Sicherheitsbeamten nicht möglich, festzustellen, ob diese ihr Gewerbe tatsächlich ausüben, und ihre Straftaten zu verfolgen."[240]

Der Bezirksausschuss seinerseits wies wiederum die Schuld den örtlichen Behörden zu, welche die festen Wohnsitze der Antragsteller nicht richtig prüften,[241] und implizierte damit, dass die Lokalbehörden gern Zuständigkeiten für potentielle Fürsorgefälle mit der schnellen Befürwortung der Wandergewerbeanträge umgingen.

Der Trierer Bezirksausschuss erließ seit 1924 regelmäßig Verfügungen, schärfere Kontrollen des Hausierhandels und die gründliche Recherche zu Einkommens-, Wohn- und Familienverhältnissen der Antragssteller, wie sie bei der öffentlichen Armenfürsorge üblich war, von Seiten der Ortsbehörden zu realisieren.[242]

Der Besitz des Wandergewerbescheines schützte nicht vor der Einstufung als Zigeuner. Erfolgte sie, war es ohne weiteres möglich, den Besitzern die Scheine abzunehmen. Bei einem Zigeunertransport im Januar 1926 wurden durch den Landrat in Cochem, Karl Müller, sechzehn abgelaufene Wandergewerbescheine für das Jahr 1925 einbehalten, um sicherzugehen, dass sich die entsprechenden Personen damit nicht weiter ausweisen würden. Die als inländische Zigeuner eingestuften Personen verkauften und reparierten Schirme, Geigen sowie Körbe und handelten mit Alltagsartikeln.[243] Der Cochemer Landrat wirkte darauf hin, dass diejenigen, die in seinem Landkreis gemeldet

---

240 LHAK Best. 441, Nr. 27990, Landrat St. Goar an den Reg.-Präs. Koblenz, St. Goar 04.04.1925.

241 LHAK Best. 441, Nr. 27990, Bezirksausschuss Koblenz an den Reg.-Präs. Koblenz, Koblenz 29.04.1925.

242 LHAK Best. 498, Nr. 237, Bezirksausschuss Trier, gez. Saassen, Rundverfügung an alle Landräte, Bürgermeister und den Bürgermeister der Stadt Trier, Trier 09.09.1927. Saassen betont hier nochmals, die Zigeunerplage sei nur mit gründlicher Recherche zum Wohnsitz der Gewerbetreibenden zu bekämpfen. Einige Tage später bestand Regierungsrat Bergenthal auf Pünktlichkeit und die genaue Angabe der Steuern bei Weiterleitung der Anträge, vgl. LHAK Best. 498, Nr. 237, Bezirksausschuss Trier, i.V. Bergenthal, Rundverfügung an alle Landräte, Bürgermeister und den Bürgermeister der Stadt Trier, Trier 14.09.1927.

243 Diese wurden genau festgelegt: „Nähgarn, Nadeln, leinenen und ledernen Schuhriemen, Muster, Ofenschwärze, Gummiband, Seife, Bleistiften, Schreibpapier, Schreibfedern, Kartoffelmessern, Haarpomade, Hemdenknöpfen, und leinerne

waren, keine weiteren Wandergewerbescheine mehr ausgestellt bekommen würden.

Vor dem Krieg kam es zu Versuchen, die Kennzeichnung von Zigeunern mithilfe des Scheins vorzunehmen, was sich jedoch nie praktisch durchsetzen ließ. So wurde im Jahre 1904 der bereits seit der Verfügung des preußischen Innenministers vom 8.12.1892[244] in der Gewerbeordnung verwendete Passus, bei inländischen Zigeunern habe die Prüfung der persönlichen Verhältnisse besonders gründlich zu erfolgen, in den Ausführungsbestimmungen in einem eigens aufgeführten Punkt konkretisiert. Die hierin festgelegte Bestimmung, dass die „Zigeunereigenschaft in dem Wandergewerbeschein ausdrücklich zu vermerken" sei,[245] fand allerdings weder in eingezogenen Wandergewerbescheinen jemals Anwendung, noch berichtete irgendein Polizeibeamter bei einer Kontrolle von solch einem Eintrag. Der Koblenzer Landrat äußerte diesbezüglich Kritik am vorgegebenen Verfahren:

> „Nach reiflicher Überlegung bin ich nun zu der Überzeugung gekommen, dass auf diesem Wege ein nennenswerter Erfolg nicht erreicht werden wird. Ich setze als bekannt voraus, dass man es bei den Zigeunern mit einer gerissenen und wohlorganisierten Bande zu tun hat, die sehr bald den Zweck dieser Eintragung erfasst haben wird. Die Folge davon wird sein, dass allen Zigeunern, die mit einem solchen Vermerk bedacht wurden, am Jahresschlusse der alte Wandergewerbeschein ‚verloren' gegangen sein und der Zweck somit nicht erreicht wird. Es sei an dieser Stelle bemerkt, dass ein Zwang, den alten Schein bei der Beantragung eines neuen vorzulegen, nicht besteht."[246]

Der Koblenzer Regierungspräsident verwies daraufhin auf die bestehenden Bestimmungen, nach denen

> „die Polizeibehörden dazu angehalten sind, die Personendaten und die Angaben des WGS festzustellen. Diese Mitteilungen werden dann an die zuständigen Bezirksausschüsse weitergegeben. Diese Bestimmungen würden nur leider viel zu wenig beachtet."[247]

Der fehlende Erfolg dieser Maßnahme war also weniger der vom Koblenzer Landrat konstatierten ‚Gerissenheit der Zigeuner' als der mangelnden Initiative der ausstellenden Behörden geschuldet. Mit dem Eintrag Zigeuner

Taschentücher". Vgl. LHAK Best. 441, Nr. 27989, Landrat Cochem an den Reg.-Präs. Koblenz, Cochem 15.01.1926.

244 LHAK Best. 655, 47, Nr. 1068, Verfügung des preuß. Min. d. Innern an den Reg.-Präs. Koblenz, Berlin 08.12.1892.

245 Hoffmann, Gewerbe-Ordnung 1904, Paragraph 67, S. 465.

246 Unterstreichungen im Original LHAK Best. 441, Nr. 27989, Landrat Koblenz an den Reg.-Präs. Koblenz, Koblenz 25.08.1925.

247 LHAK Best. 441, Nr. 27989, Reg.-Präs. Koblenz an den Landrat Koblenz, Koblenz 11.09.1925.

oder ‚nach Zigeunerart umherziehend' würde sich die entsprechende Behörde angreifbar machen und großem Rechtfertigungsdruck aussetzen.

Der Koblenzer Bezirksausschuss verfolgte im Vergleich zum Trierer Kollegium eine pragmatischere Taktik, sich gegen Angriffe in der Vergabepolitik zu schützen. In einem Schreiben von 1927 gab der Vorsitzende offen zu, dass Wandergewerbescheine an inländische Zigeuner genehmigt würden. Dabei legte er einen weitgefassten Zigeunerbegriff zugrunde, der vereinzelt fahrende Künstler umfasste, um das Problem an sich kleinzureden:

> „Der Bezirksausschuss ist der Auffassung, daß inländischen Zigeunern tunlichst kein Wandergewerbeschein zu erteilen ist, wobei aber das Kollegium in Fällen, in denen die Antragsteller das Gewerbe bereits seit vielen Jahren betreiben, zu einer milderen Beurteilung neigt, vorausgesetzt, daß keine besonderen abweisenden Umstände vorliegen. Dabei ist auch zu berücksichtigen, daß u. U. die in Betracht kommenden Darbietungen einem gewissen Bedürfnis, namentlich der ländlichen Bevölkerung entsprechen. […]. Hierüber wird eine Kontrolle geführt, die sich bei der verhältnismäßig geringen Anzahl der Fälle sehr leicht durchführen lässt."[248]

Die gängige Praxis der Bezirksausschüsse in der Scheinvergabe lässt sich jedoch aufgrund des Verlusts der Aktenbestände mit dem noch verbliebenen Quellenmaterial nicht mehr rekonstruieren. Lediglich für den Trierer Vorort Euren sind spezifische Ablehnungsgründe für einige der Wandergewerbeanträge wegen übler Nachrede, des Fehlens eines festen Wohnsitzes, des ungenügenden Unterhalts für die Kinder und der Übertretung der Gewerbeordnung, womit in der Regel das Hausieren ohne Schein gemeint war, nachweisbar.[249] Der Begriff ‚Zigeuner' wurde jedoch in diesem Zusammenhang nicht verwendet.

Die Mehrzahl der von der Polizei kontrollierten Personen konnte sich in irgendeiner Form ausweisen, was der Polizei keine uneingeschränkte Verfügungsgewalt überließ. Das brachte die Beamten häufig in Konflikt. Der Saarburger Landrat rechtfertigte sich sogar für die Ausstellung von Reisepässen an Zigeuner, die normalerweise jedem Reichsbürger zustanden, mit dem Argument:

> „[…] Die beiden Antragssteller hatten in Wochern im hiesigen Kreise schon längere Zeit einen festen Wohnsitz gehabt und fielen im Umherziehen der Bevölkerung nicht zur Last. Es lag somit für mich kein Anlaß vor, die betr. Personen etwa als inländische Zigeuner zu behandeln. […]"[250]

---

248 LHAK Best. 441, Nr. 27990, Bezirksausschuss Koblenz an den Reg.-Präs. Koblenz, Koblenz 20.5.1927.

249 StAT Best. Tb15, Nr. 689. Zu den Verhältnissen in den Eurener Baracken und behördlicher Stigmatisierung der Bewohner ausführlich Stazic-Wendt, The 'New Morocco' Settlement.

250 LHAK Best. 442, Nr. 10992, Landrat Saarburg an den Reg.-Präs. Trier, Saarburg 12.06.1907.

Der Bitburger Landrat betonte in seinem Schreiben nach Trier, „daß es sich bei den Banden zumeist nicht um richtige Zigeuner, sondern um arbeitsscheue Deutsche“ handele.[251] Um die Abschiebungen gegen vornehmlich deutsche Staatsangehörige zu legitimieren, wurde der Zigeunerverdacht mit moralischen Abwertungen der aufgegriffenen Personen untermauert. Attribute wie ‚arbeitsscheu‘, ‚lästig‘ und eine konstatierte „Sucht, geregelter Arbeit aus dem Weg zu gehen“, sollten den Zigeunercharakter der aufgegriffenen Personen belegen.

Von rechtlicher Seite kam es wie in diesem Fall immer wieder zu Diskussionen, ob es sich bei den aufgegriffenen Personen um Deutsche oder Ausländer handelte, vor allem vor dem Hintergrund, dass die Abschiebung von Ausländern deutlich unproblematischer war.

So behandelte etwa ein Gendarm aus Schweich die siebenköpfige Familie von Peter P., die ohne Papiere unterwegs war, als ausländische Zigeuner und schob sie in den Landkreis Wittlich ab, aus dem sie gerade gekommen waren. Dort wurden sie jedoch als inländische Zigeuner bezeichnet und somit wieder zurück nach Schweich gebracht.[252]

Die als Zigeuner identifizierten Personen wurden zudem häufig mit der Unterstellung konfrontiert, die mitgeführten Papiere gefälscht zu haben. In Weiskirchen, Restkreis Merzig-Wadern, wurden die Wandergewerbetreibenden Karl K. und Anna M. als inländische Zigeuner im Besitz von Scheinen aus Koblenz von einem Landjäger aufgegriffen. Dieser konstatierte, dass beide „als umherziehende Zigeuner jahrelang bekannt“ seien und „nur vom Betteln“ lebten.[253] Auf Anfrage beim Bezirksausschuss in Koblenz sollten „diese beiden Wandergewerbescheine […] jedoch nicht ausgestellt worden sein.“[254] Der Koblenzer Regierungspräsident schloss direkt darauf, dass „es sich um Fälschungen handeln [muss], die sehr fein und von einer gut ausgeschriebenen Hand ausgefertigt sind und die von einer bestimmten Stelle ausgehen.“[255] Erst nachdem die beiden Wandergewerbetreibenden festgehalten und verhört worden waren, fiel den Beamten auf, dass es sich um eine Verwechslung handelte, die Scheine in Trier ausgestellt worden waren und dieselbe Nummer trugen

251 LHAK Best. 442, Nr. 10992, Landrat Bitburg an Reg.-Präs. Trier, Bitburg 12.11.1921.

252 LHAK Best. 442, Nr. 10992, Bericht des Gendarmerie Wachtmeisters Schweich an den Landrat Trier, Schweich 01.02.1913.

253 LHAK Best. 442, Nr. 10992, Mitteilung über einen mit einem Wandergewerbeschein angetroffenen inländischen Zigeuner. Formular ohne Verfasser, Adressat und ohne Datum.

254 LHAK Best. 442, Nr. 10992, Landjägeramt Weiskirchen an die Kreisverwaltung in Wadern, Weiskirchen 22.04.1926.

255 LHAK Best. 442, Nr. 10992, Reg.-Präs. Koblenz [ohne Adressat], Koblenz 23.03.1926.

wie die fraglichen Koblenzer Scheine.[256] Die Betroffenen konnten sich also trotz ordnungsgemäßen Antrags, der Zahlung der Wandergewerbesteuer und der Mitführung eines rechtmäßigen Scheins nicht vom Betrugsverdacht und der Zuschreibung der Zigeunereigenschaft befreien.

In einigen Fällen war eine Legitimation durch einen Schein gar nicht vonnöten. Für den Vertrieb selbst gewonnener und unverarbeiteter Erzeugnisse der Land- und Forstwirtschaft, wie etwa Obst und Gemüse, Geflügel oder Honig sowie Jagd- und Fischereiprodukte war der Erwerb eines Wandergewerbescheines nicht nötig, wenn der Handel nur im eigenen Ort und dessen Umgebung (bis zu fünfzehn Kilometer) stattfand.[257] Die lokalen Behörden stellten jedoch immer wieder Belege aus, die vom Landrat oder den Bezirksausschüssen nicht geprüft worden waren, um etwa Wartezeiten auf einen Wandergewerbeschein zu überbrücken oder einzelne, zeitlich begrenzte Vorführungen oder Verkaufsaktionen von armen und als bedürftig angesehenen Personen zu legitimieren. Damit überschritten sie jedoch ihren Zuständigkeitsbereich.

So verbat sich etwa der Koblenzer Regierungspräsident mehrfach die „Ausstellung von Kunstscheinen, die von herumziehenden Schaustellern und Artisten zur Vermeidung der nach Paragraph 55 der Reichsgewerbeordnung erforderlichen Wandergewerbescheine häufig beantragt“ würden.[258] Fünf Jahre später nahm er die Gemeinden diesbezüglich nochmals ins Gebet:

> „Es handelt sich in der Regel um angeblich Erwerbslose, die sich auf diese Art unter Darbietung von Gesangsvorträgen mit und ohne Musikbegleitung Mittel zur Bestreitung des Lebensunterhaltes beschaffen wollen. [...] Ich nehme daher Veranlassung, auf die Beachtung der das Wandergewerbe betr. Bestimmungen hinzuweisen, insbesondere auch darauf, dass die Erteilung von Ausweisen darüber, dass die betr. Personen in bedürftigen Verhältnissen und der Mildtätigkeit empfohlen werde, unzulässig ist. Liegt in solchen Fällen tatsächlich Bedürftigkeit vor, so muss es Sache der öffentlichen Fürsorge sein, Abhilfe zu schaffen.“[259]

Die in den Akten auftauchenden, kontrollierten Personen trugen oftmals auch andere Legitimationspapiere oder sogenannte Interimsbescheinigungen mit sich, etwa über den Antrag und Anzahlung eines Wandergewerbescheines.[260] Die Ausstellung solcher Zwischenlegitimationen wurde bereits 1906 in der „Anweisung zur Bekämpfung des Zigeunerunwesens“ in ganz Preußen

---

256 LHAK Best. 442, Nr. 10992, Landjägeramt Weiskirchen an die Kreisverwaltung in Wadern, Weiskirchen 22.04.1926.

257 Hoffmann, Gewerbe-Ordnung 1904, Paragraph 59.

258 LHAK Best. 655, 200, Nr. 1010, Reg.-Präs. Koblenz an den Landrat Zell, Koblenz 22.11.1921.

259 LHAK Best. 655, 200, Nr. 1010, Reg.-Präs. Koblenz an die Landräte des Bezirks und die Polizeiverwaltung Koblenz, Koblenz 14.07.1926.

260 LHAK Best. 498, Nr. 472, und Best. 498, Nr. 169.

verboten,[261] dennoch sah sich der Trierer Bezirksausschuss 1925 nochmals veranlasst, auf das Verbot hinzuweisen.[262]

So wurden etwa die Bürgermeistereien Kelberg und Lutzerath vom Wittlicher Landrat beschuldigt, zu schnell derartige Bescheinigungen auszustellen.[263] Im Antwortschreiben aus Kelberg hieß es dazu:

> „Das hiesige Amt hat in 3 Fällen eine solche Bescheinigung ausgestellt. Es handelt sich um Leute, die für 1924 einen Wandergewerbeschein besessen haben. Wenn man berücksichtigt, daß diese Bescheinigung nur belegt, daß die betr. Leute für 1925 hier einen Wandergewerbeschein beantragt haben, dieser Schein aber keineswegs zur Ausübung des Wandergewerbes berechtigt, so vermag ich nicht einzusehen, inwiefern dadurch eine Schwierigkeit in der Unterdrückung des Zigeunerunwesens entstehen kann. Ich habe Anweisung gegeben, daß für die Folge derartige Bescheinigungen nicht mehr ausgestellt werden."[264]

Derartige Interimsbescheinigungen sollten vor allem der Bedürftigkeit der Scheinträger Ausdruck verleihen und der Gemeinde in den Armenkassen Entlastung bringen.

Der Konflikt wurde auch argumentativ zwischen Land- und Stadtbehörden geführt, obwohl die Verfahrensweisen sich kaum unterschieden und die gleiche Behörde auf Regierungsebene, in Form des Bezirksausschusses, für die Bewilligung zuständig war. Dennoch versuchten sich einige Landkreise zu entlasten mit der Klage, es seien vor allem die Städte, die durch eine zu schnelle Befürwortung und Ausstellung von Wandergewerbescheinen die Abschiebung von Ortsarmen vornähmen. So erklärten etwa die Landräte aus Wittlich[265] und Bitburg:

> „Daß die Einschränkung der Erteilung von Wandergewerbescheinen bisher noch nicht in dem wünschenswerten Umfang erfolgt ist, liegt wohl daran, daß insbesondere größere Städte die Erteilung von Wandergewerbescheinen an derartige Leute eifrig befürworten, da sie damit Arbeitslose und Wohnungssuchende los werden, ohne Rücksicht darauf, daß das flache Land darunter zu leiden hat."[266]

---

261 Preuß. Min. d. Innern, Anweisung 1906, Ziffer 8.

262 StAT Best. Tb15, Nr. 689, Vorsitzender des Bezirksausschusses Trier Rundverfügung, Trier 07.01.1925.

263 LHAK Best. 498, Nr. 472, Landrat Wittlich an den Landrat Cochem, Wittlich 16.01.1925.

264 Unterstreichung im Original LHAK Best. 498, Nr. 472, Bgm. Kelberg an den Landrat Cochem, Kelberg 28.01.1925.

265 LHAK Best. 498, Nr. 169, Landrat Wittlich an den Reg.-Präs. Trier, Wittlich 02.05.1922.

266 LHAK Best. 442, Nr. 10992, Landrat Bitburg an den Reg.-Präs. Trier, Bitburg, 12.11.1921.

Solcherlei Beschuldigungen ließen sich auch im umgekehrten Fall gegenüber den Landgemeinden in großer Zahl finden.

In den 1920er Jahren wurde das konstatierte Bedrohungspotential für die öffentliche Sicherheit durch umherziehende Wandergewerbetreibende zur Legitimierung der steten Verschärfung der Richtlinien gegen diese genutzt. So zeichnete der Landrat aus St. Goar 1925 ein wahres Schreckensbild:

> „Das bandenmässige Umherziehen von Zigeunern wächst immer mehr zu einer schlimmen Landplage aus. [...] Dieses Gesindel plündert und stiehlt, und die Polizeibehörden verfügen nicht über die nötigen Machtmittel, die Bevölkerung zu schützen und wirksam gegen die Zigeuner vorzugehen. [...] Die Zigeuner treiben ihr Unwesen mithilfe der ihnen erteilten Wandergewerbescheine. [...] [Sie] betreiben den Hausiererhandel mit Leinen und Kurzwaren und haben die Möglichkeit, auf diesem Wege von Haus zu Haus Diebstähle und Betrügereien auszuführen. Die Bevölkerung führt über das gemeingefährliche Treiben und das brutale Auftreten der Zigeuner immer lauter Beschwerde. [...] Die Zigeuner und die nach Zigeunerart umherziehenden Menschen sind im wesentlichen nichts anderes als konzessionierte Bettler und Landstreicher. [...]“[267]

Das ‚Umherziehen‘ wurde in der Behördenkorrespondenz immer wieder als Erkennungskriterium zur Identifikation der Zielgruppe benutzt. Die zur Beschreibung der Gruppen verwandten Nomen wie ‚Horden‘, ‚Banden‘, ‚Landplage‘, ‚Bettler‘, ‚Schmuggler‘ oder ‚Spione‘ sollten die angebliche Bedrohung, die von den Menschen ausging, untermauern. Der Spionagevorwurf war vor allem während des Ersten Weltkriegs in der behördlichen Korrespondenz präsent. So beschuldigte der Landrat in Bernkastel eine Bärenführerbande, sich unauffällig an Kriegsgefangene heranzuschleichen. Sie habe in der Eifel vielen Gefangenen zur Flucht verholfen und es sei zu vermuten, dass es sich um russische Agenten handele, die mit falschen Pässen und viel Geld versehen seien, so seine Spekulation.[268] Der Hinweis, dass eine Person „im Sommer nach Zigeunerart“ umherziehe und keinen festen Wohnsitz habe, genügte in vielen Fällen um die Zigeunerzuordnung vorzunehmen.[269] Das gleiche Argument wurde jedoch meist im Zuge von Streitigkeiten um Zuständigkeiten und Zahlungsverpflichtungen wiederum auch dafür benutzt, die Zigeunereigenschaft in Frage zu stellen. So argumentierte der Trierer Bezirksausschuss,

267 LHAK Best. 441, Nr. 27990, Landrat St. Goar an den Reg.-Präs. Koblenz, St. Goar 04.04.1925.

268 LHAK Best. 655, 123, Nr. 924, Landrat Bernkastel an den Reg.-Präs. Trier, Bernkastel-Kues 14.08.1916.

269 So z. B. geschehen beim Geigenhändler Ignatz M. aus Krefeld, vgl. LHAK Best. 441, Nr. 27990, Polizeiverwaltung Krefeld an den Bgm. Brück, Krefeld 30.06.1925.

als die Trierer Polizei versuchte, einige Familien am Stadtrand auf Grundlage des Zigeunervorwurfs abzuschieben:

> „Es handelt sich nicht um inländische Zigeuner sondern um Personen, die durch Wohnungsnot obdachlos geworden waren. [...] Infolge der Wohnungsnot sind zahlreiche Personen dazu übergegangen, einen Wohnwagen zu beziehen, wenn sie infolge Baufälligkeit ihrer bisherigen Wohnung oder aus sonstigen Gründen ausziehen mußten und keine andere Wohnung fanden. [...]“[270]

War das ‚Umherziehen‘ stigmatisiert, so hieß der Versuch, sich von Seiten der Betroffenen in einer Gemeinde anzusiedeln, nicht gleichzeitig, sich des Zigeuneretiketts zu entledigen. Wie bereits schon in Wittlich 1918 über Niederlassungen von Zigeunern geklagt wurde,[271] berichtete der Landrat aus dem Restkreis Baumholder 1922, dass „ein gewisses Streben aller sogenannter Zigeuner auf[fällt], sich sesshaft zu machen.“

Um bei dieser unübersichtlichen Beweislage eine konkrete Definition zu vermeiden, wurden von Seiten der Lokalbeamten immer wieder neue Begrifflichkeiten angeführt, die eine konkrete Zuschreibung umgehen sollten, etwa „Zigeuner aller Art“,[272] „Nomadenfamilien“[273] oder „Halbzigeunerfamilien inländischen Ursprungs, die mit Wandergewerbescheinen versehen sind“.[274]

Es ist also nicht möglich, aus dem Schriftverkehr der Verwaltung stichhaltige Kriterien herauszufiltern, an denen ein Zigeuner als solcher von den Behörden erkannt wurde. Zum einen lag dies an den uneindeutigen Bestimmungen, die es den Beamten vor Ort schwer machten, sich daran zu orientieren. Zum anderen wussten einige Amtsträger dieses Definitionsdefizit sehr gut für eigene Belange und Entscheidungen auszunutzen, und argumentierten geschickt mit dem in den Verordnungen angeführten Vokabular in ihrem Interesse. Hinweise auf Gewerbeformen, Lebensweisen oder verschiedene Ausweise wurden einerseits als Beleg, andererseits als Zweifel an der Zigeunereigenschaft herangezogen.

Die Bezeichnung ‚Zigeuner‘ wurde zunächst in der Behördenkorrespondenz nicht auf Wandergewertreibende wie Schausteller, arme Hausierer, wohlhabende Emaillehändler usw. angewendet. Es lässt sich jedoch beobachten,

270 LHAK Best. 442, Nr. 10992, Schreiben des Vorsitzenden des Bezirksausschusses an den Reg.-Präs. Trier, Trier 27.02.1926.

271 LHAK Best. 498, Nr. 472, Bgm. Wittlich-Stadt an den Landrat Wittlich, Wittlich 14.05.1918.

272 LHAK Best. 498, Nr. 472, Preußischer Landgemeindeverband West an den Kreisverband Wittlich, verhandelt in Manderscheid 18.07.1925.

273 LHAK Best. 441, Nr. 24292, Landrat Neuwied an den Reg.-Präs. Koblenz, Neuwied, 09.07.1910.

274 LHAK Best. 442, Nr. 10992, Landrat Merzig an den Reg.-Präs. Trier, Merzig 19.07.1910.

dass die Bestimmungen zur Erfassung von Zigeunern zunehmend restriktiv ausgelegt wurden, um bei Vorgesetzten und Nachbarbehörden nicht als pflichtvernachlässigend aufzufallen. Dabei diente im sehr oft auftretenden Zweifelsfall der Zusatz ‚zieht nach Zigeunerart umher'. Unter diesem Begriff wurden im Zuge der Erfassung auch ambulant lebende Personen registriert, die zunächst nicht als Zigeuner galten, da das Wandergewerbe als Erwerbsform bereits als ‚zigeunerartig' klassifiziert wurde. Dieser innerbehördliche Definitionseffekt resultierte aus fehlenden Zuschreibungskriterien in den Verordnungen, der gegenseitigen Überwachung der Behörden und dem Bestreben der Einzelbehörde, Aufwand und Kosten zu sparen.

Auffällig ist, dass der Aspekt des ‚zigeunerhaften' Aussehens in der Verwaltungskorrespondenz nicht thematisiert wurde, was die soziale Dimension betont, die die Polizisten zunächst mit der Problemstellung verbanden. Althergebrachte Stereotype, wie sie in zeitgenössischen Wissenschafts-, Verwaltungs-, Rechts und Wirtschaftsdiskursen bedient wurden, bestimmten die polizeiliche Wahrnehmung vor Ort nicht offenkundig. Allerdings spielten diese Diskurse eine große Rolle bei der Genese der Verordnungen, welche die Polizei im Alltag anzuwenden hatten. Diese Diskursmuster sollen im Folgenden analysiert werden, bevor konkrete Handlungsmuster zur Zigeunerpolitik und deren Auswirkungen auf die Betroffenen dargestellt werden.

2. Diskurse und Maßnahmen: Zigeuner- und Wandergewerbepolitik zu Beginn des 20. Jahrhunderts

Zu Beginn des 20. Jahrhunderts entstand aus normativer Sicht eine auf Repression angelegte Zigeuner- und Wandergewerbepolitik, die durch eine Vielzahl von Verordnungen umgesetzt wurde. Dieses Kapitel fragt, wie es zu der großen Anzahl von Richtlinien gegen Zigeuner gekommen ist und welche Prozesse und Diskurse das polizeiliche Handeln geprägt haben. Es lassen sich vier maßgebliche Felder identifizierten, die das Verwaltungshandeln vor Ort beeinflusst haben. Diese umfassen zum einen den rassenanthropologischen und kriminalbiologischen Wissenschaftsdiskurs über die angeblich charakteristischen Eigenschaften von Zigeunern. Zum anderen spielt die Interessenspolitik von Reich und Ländern hinsichtlich der Ausgestaltung und Zuständigkeit der Polizei eine große Rolle. Weiterhin verstärkten Einflüsse der Armenpolitik althergebrachte Verhaltensmuster des polizeilichen Handelns und schließlich müssen die Faktoren der Gewerbepolitik mit dem Ziel, das Wandergewerbe zugunsten nicht-mobiler Geschäftsmodelle zu unterbinden, genauer betrachtet werden.

2.1 Zigeunerpolitik im Zeichen des anthropologischen und kriminalbiologischen Zigeunerdiskurses

In den preußischen Verordnungen zur ‚Bekämpfung des Zigeunerunwesens' Anfang des 20. Jahrhunderts wurden Zigeuner als von Natur aus kriminell und andersartig in ihrer Lebensweise charakterisiert. So hieß es in der maßgeblichen preußischen „Anweisung zur Bekämpfung des Zigeunerunwesens" von 1906:

> „Bei inländischen, d.h. solchen Zigeunern, welche nachweisbar die Staatsangehörigkeit in einem deutschen Bundesstaate besitzen, ist anzustreben, daß sie möglichst an einem bestimmten Wohnorte seßhaft werden und nicht im Umherziehen der Bevölkerung zur Last fallen."[275]

Das Umherziehen wurde als vermeintliches Charakteristikum der Zigeuner benannt, das sich nur durch Anstrengungen des Staates unterdrücken lasse. Gleichzeitig impliziert der Abschnitt, dass Zigeuner kein integrativer Bestandteil der deutschen Bevölkerung seien, der sie durch ihr Umherziehen zur Last fielen. Die Bevölkerung wurde dementsprechend als sesshaft aufgefasst und

---

275 Preuß. Min. d. Innern, Anweisung 1906, Absatz B, Ziffer 6.

die Nichtsesshaftigkeit undifferenziert als Ausschlusskriterium angeführt. Um das Umherziehen zu unterbinden, sollte laut Anweisung weiterhin die Fürsorgeerziehung für verwahrloste Zigeunerkinder beantragt werden mit der Erklärung:

> „Die Verhältnisse, unter denen die Zigeunerkinder im allgemeinen aufwachsen, haben häufig ihre sittliche Verwahrlosung zur folge und geben die Veranlassung, sie gemäß § 1 des Gesetzes vom 2. Juli 1900 der Fürsorgeerziehung zu überweisen. Die schulpflichtigen Kinder entbehren vielfach des gesetzlichen Volksschulunterrichts, die noch nicht schulpflichtigen befinden sich oft in einem Zustande körperlicher Verwahrlosung, welcher das Einschreiten des Vormundschaftsgerichts erheischt.“[276]

Der Text zeigt, dass Verstöße gegen die Sittlichkeit, gegen das Hygieneverständnis und mangelnde Bildung als gegeben angesehen wurden. Darüber hinaus wurde den Eltern eine adäquate Erziehung ihrer eigenen Kinder abgesprochen und eine ‚Verwahrlosung‘[277] vorausgesetzt. Auch das Vorurteil der Kriminalität dominiert den Duktus der Verordnung:

> „c) Gegen alle Straftaten umherziehender Zigeuner ist mit besonderem Nachdruck einzuschreiten.
> d) Während des Umherziehens sind die Zigeunerbanden dauernd polizeilich zu beobachten.“[278]

Hierbei wurde grundsätzlich davon ausgegangen, dass Straftaten bei allen Zigeunern anzunehmen seien, sie müssten nur aufgespürt werden:

> „Zuvörderst ist allemal zu prüfen, ob nicht ein Fall der Landstreicherei (§361, 3 des Reichsstrafgesetzbuches) vorliegt. Der Verdacht der Landstreicherei ist begründet bei allen Personen, welche sich nach ihrem Auftreten und Verhalten zwecklos im Lande umhertreiben, weder genügende Unterhaltungsmittel haben, noch den Nachweis erbringen können, daß sie sich ernsthaft aber vergeblich um die Erlangung eines redlichen Erwerbes bemüht haben, und welche sich über ihre Person nicht genügend ausweisen können.“[279]

Derartige Formulierungen und Grundannahmen, die wie selbstverständlich in der preußischen Zigeunerverordnung auftraten, waren auf den rassenanthropologischen und kriminalbiologischen Diskurs sogenannter ‚Zigeunerexperten‘ seit der ‚Aufklärung‘ zurückzuführen. Auch der erzieherische Anspruch, der im Text der Anweisung zum Ausdruck kommt, die Zigeuner „an einem bestimmten Wohnort sesshaft werden“ zu lassen, oder auch die Kinder nach

---

276 Ebd., Absatz B. II, Ziffer 11.

277 Zum Begriff ‚Verwahrlosung‘ in den zeitgenössischen Debatten, vgl. Blum-Geenen, Fürsorgeerziehung.

278 Preuß. Min. d. Innern, Anweisung 1906, Absatz B. II.

279 Ebd., Ziffer 13.

Ermessen der lokalen Polizei ohne richterlichen Beschluss vorläufig von ihren Eltern zu trennen und unterzubringen,[280] sprach Zigeunern jegliche Gleichberechtigung und Mündigkeit ab. Der Staat griff als intervenierende Kraft unmittelbar in private Bereiche der Lebensführung ein, ohne dass an dieser Vorgehensweise der geringste Zweifel geäußert wurde. Woher kam dieses Selbstverständnis?

Anthropologische ‚Expertenschriften' und Lexikonartikel waren zunächst geprägt vom Erziehungsgedanken gegenüber Zigeunern, die als ‚andersartig' und ‚exotisch' und vor allem ‚minderwertig' und ‚primitiv' wahrgenommen wurden. Um ihre Herkunft rankten sich zahlreiche Mythen,[281] ihre Lebensführung wurde zugleich in der Romantik als frei und ungebunden verklärt.[282]

Der Göttinger Historiker Heinrich Moritz Gottlieb Grellmann publizierte 1783 sein über ein Jahrhundert unangefochtenes ‚Standardwerk' über die Zigeuner.[283] In seiner Arbeit kennzeichnete er Zigeuner als „Halbmenschen",[284] die über eine „orientalische Denkart"[285] verfügten. Er zielte auf eine vollständige Assimilation, statt der bisher praktizierten Vertreibungspolitik.[286] Seit der Spätaufklärung vollzog sich ein Wandel im Diskurs über die Zigeuner vom sozialen Konzept des umherziehenden Vaganten und ‚Jauner' der Frühen Neuzeit hin zu einem ethnisch geprägten Fremdbild.[287] Ziel des aufklärerischen Programms war es, die ‚Natur' des Menschen wissenschaftlich zu erklären, wobei hierarchische Begriffe und Kategorien wie ‚Gattung', ‚Klasse' und ‚Rasse' verwendet wurden, um Abweichungen von der Norm

---

280 Ebd., Ziffer 11: „Die Gemeinde- und Ortspolizeibehörden haben nach dieser Richtung hin die minderjährigen Kinder der in ihrem Bezirke wohnenden oder aufhaltsamen Zigeuner besonders sorgfältig zu überwachen und, sofern die Voraussetzungen der Fürsorgeerziehung vorliegen, dem Landrat als der nach § 4 des Gesetzes zuständigen Antragsbehörde ungesäumt zu berichten. Bei Gefahr in Verzuge sind die Kinder dem Vormundschaftsgerichte mit dem Ersuchen unmittelbar vorzuführen, ihre vorläufige Unterbringung gemäß § 5 a.a.O. anzuordnen."

281 Die deutschen Gelehrten Rüdiger (1782) und Grellmann (1783) sowie der Engländer Marsden (1785) beschäftigten sich mit der Verwandtschaft des Romanes und dem Hindostanischen, vgl. KUGLER, Kunst-Zigeuner, S. 43; MACIEJEWSKI, Elemente des Antiziganismus, S. 14f.

282 Zum Beispiel Lenau in seinen Zigeuner-Gedichten, BRANDT, Lenau, S. 12–14, 15–19 und S. 44.

283 GRELLMANN, Die Zigeuner. Zu Grellmann grundlegend BREGER, Heinrich Moritz Gottlieb Grellmann, und KUGLER, Kunst-Zigeuner, S. 58–89. Vgl. aufbereitete Quellenauszüge in TATARINOV, Nr. 073: Grellmann.

284 GRELLMANN, Die Zigeuner, S. 194.

285 Ebd., S. 5.

286 Ebd., S. 183 und 178ff.

287 KUGLER, Kunst-Zigeuner, S. 43.

bewerten zu können.[288] Wie Stefani Kugler gezeigt hat, waren neben Grellmanns Werk die Arbeiten des Sprachforschers Johann Christian Christoph Rüdiger „Von der Sprache und Herkunft der Zigeuner aus Indien“ (1782) und von Johann Erich Biester „Ueber die Zigeuner; besonders im Königreich Preußen“ (1793) zentral für Zigeunerbeschreibungen des 19. Jahrhunderts. Dabei arbeitete sie heraus, dass Zigeuner von diesen erstmals als Volk aufgefasst wurden, das sich auf einer unteren Entwicklungsstufe befände, und die Nichtsesshaftigkeit als ein „von Natur aus“ zu begreifendes Nomadentum zu verstehen sei.[289] Jeglicher zivilisatorischer Geist wurde ihnen durch die Gelehrten aberkannt.[290]

Grellmann plädierte in seinem Werk für Zwangsmaßnahmen zur Umerziehung von Zigeunern, um aus ihnen „brauchbare“ Bürger zu machen.[291] Diesen Erziehungsgedanken, den Grellmann besonders geprägt hatte, versuchten Missionare in einem Siedlungsprojekt in Friedrichslohra bei Nordhausen, wo sich in den 1820er Jahren Zigeuner ansässig gemacht hatten, ab 1830 praktisch umzusetzen. In anonymen Reiseberichten war zuvor vom Heidentum und der Sittenlosigkeit der in Friedrichslohra lebenden Zigeuner berichtet worden.[292] Der „Evangelische Missions-Hilfs-Verein“ fühlte sich daraufhin berufen, die dortigen Zigeuner im christlichen Sinne zu erziehen. Doch bereits 1837 scheiterte das Projekt am Widerstand der Siedlerfamilien. Dieser war dadurch hervorgerufen worden, dass die Missionare den Familien die Gewerbescheine entzogen hatten, die sie als Lebensgrundlage brauchten. Vor allem aber verfolgten sie die Politik, die Kinder von den Eltern zu trennen, um deren ‚bessere‘ Erziehung durchzusetzen.[293] Im zeitgenössischen Diskurs wurde der Widerstand der Familien als Beweis für die Unverbesserlichkeit der Zigeuner gewertet.[294] Eine führende Rolle in dieser Debatte spielte der Schulmeister Theodor Tetzner mit seiner Arbeit „Geschichte der Zigeuner“ von 1835,[295]

---

288 Ebd., dazu auch PATRUT, „Zigeuner“ als Grenzfigur.

289 KUGLER, Kunst-Zigeuner, S. 57.

290 Ebd., S. 110.

291 GRELLMANN, Die Zigeuner, S. 187. Grellmann erwägte, ob man nicht „diese Menschen zu Sclaven oder Züchtlichen machen, und allerley Arbeit durch sie verrichten lassen“ könne (S. 184). Er verwarf diesen Gedanken jedoch anschließend überwiegend aus Kostengründen: „Müßten nicht manche Regierungen ganze Städte erbauen, blos um die vielen Tausende dieser Elenden einzukerkern? Und was für Kosten und Unbequemlichkeit würde die Aufsicht über dieselben verursachen“ (S. 184f.).

292 Vgl. DANCKWORTT, Franz Mettbach, S. 284.

293 Ebd., S. 287–289.

294 BONILLO, „Zigeunerpolitik“ im Deutschen Kaiserreich, S. 49.

295 TETZNER, Geschichte der Zigeuner.

ebenso wie der preußische Major Carl von Heister 1842 in seinem Bemühen, Grellmanns Arbeit zu aktualisieren.[296]

Insbesondere in deutschen Lexika wurde die rassenanthropologische Sichtweise auf die Zigeuner weiter verbreitet und damit als allgemeingültiges Wissen verfestigt.[297] Zur Repräsentation von Zigeunern in Lexika sind bereits zahlreiche Arbeiten erschienen, vor allem unter dem Aspekt der Stereotypenforschung.[298] Neben anthropologischen Beschreibungen wurden zunehmend auch die angeblich angeborenen, kriminellen Eigenschaften in den Lexika betont, wie beispielsweise im Artikel von August Kaiser im Bilder-Conversations-Lexikon von 1841:

> „Sie [die Zigeuner] sind oft Tänzerinnen, schlagen das Tamburin, singen und treiben im Alter das Wahrsagen, Kartenschlagen und der Art Betrügereien mehr. Das Ansehen der Männer ist meist abstoßend und in ihren Zügen spricht sich eine gewisse Scheu, außerdem Leichtsinn und eine Liebe zur Trägheit und Ungebundenheit aus, welche mit dem Hange zu Betrug und Dieberei ihrem Charakter hauptsächlich eigen sind."[299]

Auch in den Polizeiblättern des 19. Jahrhunderts wurde das angeblich verbrecherische Wesen des Zigeuners thematisiert. In der einflussreichen Veröffentlichung des Fürstlich Reuß-Plauenschen Kriminalrats und Vorstands des Kriminalgerichts zu Lobenstein, Richard Liebich, flossen theoretische und praktische Überlegungen in eins.[300] Zunächst wiederholte Liebich die stereotypen

---

296 Heister, Ethnographische und geschichtliche Notizen.

297 Dies ist der Fall in den Artikeln über Zigeuner in zahlreichen Lexika des 18. und 19. Jahrhunderts, wie „Zedlers Universal-Lexikon aller Wissenschaften und Künste" von 1749, „Brockhaus' Allgemeine deutsche Real-Encyclopädie" von 1830, das „Staats-Lexikon" von 1842, das „Neue Konversationslexikon" in der Ausgabe von 1867 sowie „Meyers Konversationslexikon" von 1890. Zitiert nach Bonillo, „Zigeunerpolitik" im Deutschen Kaiserreich, S. 52, und Hund, Das Zigeuner-Gen, S. 23 und 29.

298 Kallenberg, Von „liederlichen Land-Läuffern"; Hund, Das Zigeuner-Gen; Lucassen/Willems, The Church of Knowledge; Luchterhandt, Der Weg nach Birkenau; Ders., Stereotyp und Sonderrecht; Martins-Heuss, Zur mythischen Figur; Aparno/Casimir, A Stereotyped Minority. Zur Stereotypenbildung in narrativen Texten Bogdal, Europa erfindet die Zigeuner. Auch Wörterbucheinträge und Presseartikel wurden von Germanisten auf klischeehafte Repräsentationen hin analysiert, z. B. Birken-Silverman, Ethnische Vorurteile.

299 Vgl. als Beispiel den Lexikonartikel von August Kaiser im „Bilder-Conversations-Lexikon" aus dem Jahr 1841, aufbereitet in Tatarinov, Nr. 113: Der kriminelle Zigeuner.

300 Liebich, Die Zigeuner. Vgl. Auszüge in Tatarinov, Nr. 129: Zigeuner als geborene Verbrecher.

Denkbilder zum Aussehen und Wesen der Zigeuner früherer Autoren, indem er Zigeuner als ethnisch minderwertig darstellte:

> „Die bei allen rohen Völkern beobachtete Erscheinung, daß die äußere Gestalt und Gesichtsbildung größere Gleichförmigkeit zeigt, als es bei cultivirten Nationen der Fall ist, und daß bei ihnen besondere Aufmerksamkeit und eine gewisse Uebung erfordert wird, um die Person, das Individuum, zu unterscheiden, wiederholt sich auch bei den Zigeunern."[301]

Schließlich erläuterte er diesbezüglich praktische Probleme in der Polizeiarbeit, die daraus erwüchsen, wie etwa bei der Ausstellung von Pässen:

> „Wenn die Reiselegitimationen hauptsächlich dazu dienen sollen, die Identität des Inhabers zweifellos festzustellen, so hat die Polizeibehörde allen Grund, die Pässe der Zigeuner mit ganz besonderer Aufmerksamkeit und Genauigkeit zu untersuchen und zu prüfen; denn nicht selten sind die Pässe erschlichen, und der Fall ist gar nicht ungewöhnlich, daß der Producent eines Passes eine ganz andere Person ist als die in demselben bezeichnete und genannte."[302]

In seinem Passus über die angeborenen kriminellen und schmarotzenden Eigenschaften von Zigeunern erklärte er vor allem die Bettelei als Haupterwerbszweig, der „leicht in das dem offenen Raube nahestehende Verbrechen der Erpressung"[303] überginge. Überhaupt haftet, Liebichs Ausführungen zufolge, den Zigeunern ein „nicht minder specifische[r], jedem Criminalisten und Polizeibeamten bekannte[r] Geruch der Armuth" an.[304]

In der preußischen Anweisung von 1906, vierzig Jahre später, lassen sich die von Liebich genannten Aspekte hinsichtlich der Prädestination für das Verbrechen wiederfinden. So sollten Pässe auf Echtheit geprüft werden und unter den ‚vorzugsweise' gegen Zigeuner in Betracht kommenden Strafbestimmungen wurden Bettelei und Diebstahl sowie Fälschung von Papieren aufgelistet.[305]

---

301 Liebich, Die Zigeuner, S. 20.

302 Ebd., S. 104.

303 Ebd., S. 78.

304 Ebd., S. 22.

305 Preuß. Min. d. Innern, Anweisung 1906, Absatz B. I. a) „Bei der Ausstellung von Ausweispapieren ist mit besonderer Vorsicht zu verfahren."; Abs. 10: „Von den Zigeunern vorgelegte Papiere sind auf ihre Echtheit und die Bedeutung des Inhalts genau zu prüfen, auch ist streng darauf zu halten, daß abgelaufene Scheine abgeliefert werden" und Anlage A. Zusammenstellung der vorzugsweise in Betracht kommenden Strafbestimmungen: „§§ 242, 370,5 St.G.B. (Diebstahl, Entwendung von Nahrungsmitteln von unbedeutendem Werte zum alsbaldigen Genusse). […] § 361,4 St.G.B. (Bettelei. Das Anbieten minderwertiger Erzeugnisse oder Leistungen zum offenbaren Zwecke der Erlangung von Almosen schließt den Tatbestand des Bettelns nicht aus)."

Liebich widmete außerdem der physischen Erscheinung von Zigeunern, die er u.a. mit der Physiognomie von Schafen verglich, ein ganzes Kapitel.[306] Dies stand in der Tradition von phrenologischen Studien, die von Franz Joseph Gall und Johann Casper Lavaters Ende des 18. Jahrhunderts betrieben wurden.

Im Zuge der Entstehung der Kriminologie als Disziplin und eines kriminologischen Determinismus,[307] der maßgeblich durch Cesare Lombroso beeinflusst wurde, wurde die These weiterentwickelt, dass Kriminelle und Nichtkriminelle aufgrund physischer Merkmale grundlegend zu unterscheiden seien.[308] Doch fanden diese Thesen unter Kriminologen und Polizeibeamten hinsichtlich der Zigeuner kaum Anwendung in der Praxis. Dieser Aspekt wurde zunehmend wieder vernachlässigt, selbst als mit der alltäglichen Nutzung der Fotografie ein Instrument für den Erkennungsdienst bereitstand, das die Möglichkeit für weitere Forschungen bot.[309]

Seit Beginn des 20. Jahrhunderts widmeten sich vor allem Fachpublikationen aus den Reihen der Polizei dem kriminalbiologischen Ansatz. So befasste sich der österreichische Kriminalist Hans Gross, Gründer des ab 1899 in Leipzig herausgegebenen „Archiv für Kriminalanthropologie und Kriminalistik", in seinem „Handbuch für Untersuchungsrichter" mit den „Wesensmerkmalen" und „spezifischen Verhaltensweisen" der Zigeuner vor Gericht.[310] Der Kriminalist Hermann Aichele beschrieb in seinen Publikationen ebenso ‚zigeunerspezifische' Delikte wie Betrug, Bettelei und Diebstahl und plädierte für eine kriminalpräventive ‚Zigeunerbekämpfung' unter bayerischer Führung.[311]

Auch das nach der Jahrhundertwende 1905 veröffentlichte ‚Zigeunerbuch' von Alfred Dillmann,[312] dem Leiter der 1899 in München gegründeten Zigeunerzentrale,[313] bekräftigte das Bild des Zigeuners als Verbrecher. Dillmann veröffentlichte 3350 Einträge und 34 Abbildungen von erfassten

---

306 LIEBICH, Die Zigeuner, S. 20.

307 LUCASSEN, Zigeuner, S. 27.

308 BECKER, Vom „Haltlosen" zur „Bestie".

309 JÄGER, Polizeibilder, S. 475.

310 GROSS, Handbuch für Untersuchungsrichter. Dazu SCHENK, Rassismus gegen Sinti und Roma, S. 295f. sowie LUCASSEN, Zigeuner, S. 185f.

311 AICHELE, Die Zigeunerfrage (1911). Später DERS., Die Zigeunerfrage (1922). Vgl. aufbereitete Quellenauszüge in TATARINOV, Nr. 203: Aichele.

312 DILLMANN, Das Zigeuner-Buch, Auszüge daraus in TATARINOV, Nr. 179: Alfred Dillmanns Zigeuner-Buch.

313 Es handelt sich um die „Zigeunerpolizeistelle der Münchner Polizeidirektion". Die Funktion als reichsweite Zentrale zur Erfassung aller Zigeuner war lediglich angestrebtes Ziel der Behörde, das erst 1938 unter den Nationalsozialisten offiziell erreicht werden sollte. Dazu LUCHTERHANDT, Der Weg nach Birkenau, S. 31. Gründungsgeschichte und Aufgabenbereich der Zentrale erforschte STRAUSS, Die Diskriminierung von Sinti und Roma.

Personen, die in die Kategorien ‚Zigeuner' und ‚nach Zigeunerart umherziehende Person' eingeteilt worden waren. Daten wie Namen, Berufe, Herkunft, Staatsangehörigkeit und Geburtsdaten der Betroffenen wurden in dem mit 7000 Stück aufgelegten Buch verzeichnet. Jeder Polizeibeamte in Bayern erhielt ein Exemplar und bald schon wurden auch Polizeistationen in Preußen, Baden, Württemberg, Sachsen, Hessen, Österreich-Ungarn, Elsass-Lothringen, Luxemburg und der Schweiz mit eigenen Exemplaren versehen.[314] Auch die Beamten in der südlichen Rheinprovinz nutzten das ‚Zigeunerbuch' zur Identifizierung von Personen als Zigeuner.[315] Die Fahndungsfotos einzelner Personen am Ende des Buches verstärkten den Eindruck eines langen Steckbriefes ähnlich den Gaunerlisten des 18. Jahrhunderts,[316] ohne dass jedoch eine Straftat bei den gelisteten Personen vorlag.

Indem das ‚Zigeunerbuch' die Einteilung der erfassten Personen in die Kategorien ‚nach Zigeunerart im Land umherziehende Personen' und ‚Zigeuner' aus der Reichsgewerbeordnung und ihren Ausführungsbestimmungen von 1904 im polizeilichen Kontext etablierte,[317] legte es einen Grundstein für die sich daraufhin durchsetzende Unterscheidung zwischen ‚echten' und ‚nur' ‚nach Zigeunerart lebenden' Personen. Diese Unterscheidung wurde jedoch erst Mitte der 1930er Jahre durch Robert Ritter in seiner rassischen Interpretation in den praktischen Polizeidienst überführt, wie im Folgenden noch gezeigt werden soll. Vor und nach dem Ersten Weltkrieg ging es jedoch unter zeitgenössischen Juristen und Beamten hierbei zunächst um die Schwierigkeit, wer nach dieser Definition als Zigeuner anzusehen sei und damit diskriminierenden Maßnahmen unterlag, was vor allem die Aberkennung staatsbürgerlicher Rechte umfasste.[318]

---

314 Dies., Die Zigeunerverfolgung in Bayern. Das ‚Zigeunerbuch' wird von Strauß in ihrer Magisterarbeit einer detaillierten Analyse unterzogen. Es diente auch als Grundlage der soziographischen Untersuchung von Albrecht, Zigeuner in Altbayern.

315 LHAK, Best. 442, Nr. 10992, Bericht Landrat St. Wendel an den Reg.-Präs. Trier, St. Wendel 23.05.1908, dass ein Zigeunertrupp u.a. mit der Familie des Steinschlägers und Erdarbeiters Anton W. aus Bayern, der auch im ‚Zigeunerbuch' verzeichnet sei, aufgegriffen wurde.

316 Blauert/Wiebel, Gauner- und Diebeslisten.

317 Martin Luchterhand fand die Verwendung der Bezeichnung ‚nach Zigeunerart umherziehend' im preußischen Raum (Stadt Merzig im Landesarchiv des Saarlandes in Saarbrücken) bereits für 1902, sobald die „‚Eigenschaft' [als Zigeuner] nicht zweifelsfrei feststünde", vgl. Luchterhandt, Der Weg nach Birkenau, S. 23.

318 Das Problem wurde während der Zigeunerkonferenz von 1911 offensichtlich, in der hauptsächlich über eine einheitliche Definition von Zigeunern diskutiert wurde, vgl. BA Berlin Best. 1501, Nr. 113701, Niederschrift über die Besprechung im Königlich Bayerischen Staatsministeriums des Innern am

Eine Wende im Diskurs brachte das bayerische „Zigeuner- und Arbeitsscheuengesetz“ vom 16. Juli 1926. Die immer schon in den Texten der Aufklärer und Kriminalisten vertretene Auffassung der angeborenen Arbeitsscheu der Zigeuner trat nun explizit in den Vordergrund und wurde zur Legitimation eines Sonderrechts herangezogen.[319] Zwar galt das Gesetz zunächst nur für Bayern, doch kann es als Wegbereiter der nationalsozialistischen Zigeuner- und Asozialenpolitik aufgefasst werden.[320]

Wie in den Verordnungen zuvor wurde im bayerischen Gesetz die ‚unlautere‘ zigeunerhafte Lebensweise am Fehlen eines festen Wohnsitzes festgemacht.[321] Auch die Gefährdung der öffentlichen Sicherheit durch das Reisen in ‚Horden‘[322] und die nachteiligen Auswirkungen, die das ‚Wanderleben‘ auf die Erziehung der Kinder habe,[323] waren in den bisherigen Zigeunerverordnungen zu finden.[324]

Neu am bayerischen Gesetz war Artikel 9, der den Arbeitszwang für Zigeuner und Landfahrer vorsah:

> „Art. 9 Zigeuner und Landfahrer im Alter von mehr als 16 Jahren, die den Nachweis einer geregelten Arbeit nicht zu erbringen vermögen, können durch die zuständige Polizeibehörde aus Gründen der öffentlichen Sicherheit bis zur Dauer von zwei Jahren in einer Arbeitsanstalt untergebracht werden.“[325]

In seinem Gesetzeskommentar von 1927 schrieb Regierungsrat Hermann Reich dazu:

> „Die Zigeuner und Landfahrer sind von Natur aus gegen jede Arbeit und vertragen insbesondere keine Beschränkung ihrer persönlichen Freiheit. Es trifft sie daher nichts schwerer, als eine Freiheitsentziehung, die mit Arbeitszwang verbunden ist.“[326]

---

18. und 19. Dezember 1911, betreffend die Bekämpfung der Zigeunerplage, Abschrift des Protokolls, Bl. 274–306.

319 Auch hierzu ließen sich bei allen vorgenannten Autoren zahlreiche Textbeispiele finden. Vgl. Tatarinov, Nr. 073: Grellmann; Dies., Nr. 113: Der kriminelle Zigeuner; Dies., Nr. 129: Zigeuner als geborene Verbrecher; Dies., Nr. 203: Aichele.

320 Eine genaue Analyse der Einflüsse des bayerischen „Zigeuner- und Arbeitsscheuengesetzes“ auf die nationalsozialistische Zigeunerpolitik bis 1938 steht noch aus.

321 Reich, Zigeuner- und Arbeitsscheuengesetz, S. 2; vgl. Auszüge in Tatarinov, Nr. 222: Zum bayerischen Zigeuner- und Arbeitsscheuengesetz.

322 Reich, Zigeuner- und Arbeitsscheuengesetz, S. 5 und 11.

323 Ebd., S. 7.

324 Ebd., S. 35–48.

325 Ebd., S. 15.

326 Ebd., S. 19.

Den damit verbundenen Verstoß gegen das Gleichheitsprinzip erklärte Reich weiter im Text:

„[...], da sich die Zigeuner und Landfahrer als eine besonders charakteristische Art der ‚Arbeitsscheuen' sich wegen ihrer gemeinschädlichen Lebensweise von vornherein eine strenge Behandlung gefallen lassen müssen. Die Voraussetzungen sind: 1. die Zigeuner- oder Landfahrereigenschaft, 2. ein Alter von mehr als 16 Jahren, 3. die Unfähigkeit zum Nachweise einer geregelten Arbeit, 4. eine Gefährdung der öffentlich Sicherheit."[327]

Reich sah nicht mehr die Verfolgung begangener Straftaten als Hauptaufgabe der Polizei an, sondern „die planmäßige Bekämpfung des Verbrechertums",[328] was durch die bloße Zigeuner- oder Landfahrereigenschaft und die damit implizierte Kriminalität und Arbeitsscheu legitim sei. Dabei vermied Reich die Definition dieser Begriffe gänzlich. In den Ausführungsbestimmungen des Gesetzes vom 16. Juli 1926 hieß es dazu:

„Der Begriff Zigeuner ist allgemein bekannt und bedarf keiner näheren Erläuterung. Die Rassenkunde gibt darüber Aufschluß, wer als Zigeuner anzusehen ist. Unter ‚Landfahrern' sind diejenigen Personen zu verstehen, die zwar nach ihrer Rassen- und Stammeszugehörigkeit nicht zu den Zigeunern zählen, aber nach ihrem ganzen Auftreten und Gebaren, nach ihrer Beschäftigung und ihrer nomadisierenden Lebensweise den Zigeunern gleichzustellen sind."[329]

Dieser unspezifische Verweis auf die Rassezugehörigkeit und auf all diejenigen, die dieser vermeintlichen Rasse zwar nicht angehörten, aber ähnelten, blieb im folgenden Text weiterhin unerklärt. Nach wie vor dominierten bekannte Zuschreibungsmuster über Lebensweise und angeborene Verhaltensweisen. Lediglich der Begriff der ‚Rasse' tauchte hier erstmals als Definitionskriterium in einer Ausführungsbestimmung auf, ohne weiter spezifiziert zu sein.

Durch das Gesetz gewann die Verbindung von Zigeunern mit der moralischen Kategorie der Arbeitsscheu mehr Bedeutung. Reich erklärte den Zusammenhang in seinem Kommentar:

„Neben dem Zigeunertum, das sich auf den Landstraßen umhertreibt und auf dem flachen Lande die Rechtssicherheit gefährdet, macht sich namentlich in den Großstädten ein sicherheitsgefährdendes Gesindel breit, das zwar nicht dem unsteten Wanderleben huldigt, aber mit dem Zigeuner die gleiche Abneigung gegen jede ehrliche Arbeit gemeinsam hat."[330]

Reich unterschied hier lediglich die angeblichen Arbeitsscheuen auf dem Land von denen in der Stadt. Beide Typen von Arbeitsscheuen würden sich

327 Ebd., S. 19–20.
328 Ebd., Vorwort des Bearbeiters.
329 Ebd., S. 1.
330 Ebd., S. 24.

hauptsächlich auf illegale Weise ernähren und damit die öffentliche Sicherheit gefährden, was Zwangsmaßnahmen gegen sie legitimiere.[331]

Der Weimarer Jurist Werner K. Höhne problematisierte die Vereinbarkeit des bayerischen Gesetzes und zahlreicher weiterer Zigeunerverordnungen mit der Reichsverfassung 1929 in seiner Dissertation.[332] Er kam zu dem Schluss, dass Teile des Verordnungskonvoluts nicht verfassungskonform seien. Er distanzierte sich in Teilen von der Darstellung der Zigeuner in den Verordnungen:

> „Die in diesem Paragraphen besprochenen Vorschriften umgeben die Zigeuner mit einem dichten Netz von besonderen Maßregeln der Vorsicht und Ermittlungstätigkeit, das geeignet ist, die Zigeuner auch außerhalb der Kreise der Behörden selbst als schlechtweg schädliche Menschen, vor denen man sich in Acht zu nehmen hat und die zu beobachten und fernzuhalten löblich ist, hinzustellen. Das bedeutet, über die Anweisung an die Unterbehörden hinaus, eine Bloßstellung und Herabsetzung in den Augen der anderen Bewohner des Reichs, die soweit geht, daß man darin einen Eingriff in die Persönlichkeitsrechte der Ehre und Freiheit sehen kann."[333]

Höhne sprach hier erstmals von Persönlichkeitsrechten von Zigeunern und betrachtete sie in diesem Abschnitt als Teil der Bevölkerung und nicht als separate Volksgruppe. Er deklarierte die Verordnungen und das bayerische Gesetz als einen Verstoß gegen das Gleichheitsprinzip nach Artikel 109 der Reichsverfassung, nicht jedoch gegen Artikel 114, dem der persönlichen Freiheit.[334] Diese Positionierung soll jedoch nicht darüber hinwegtäuschen, dass auch Höhnes Werk ein undifferenziertes und alten Klischees verhaftetes Zigeunerverständnis innewohnte. Die Verwendung von Phrasen, wie etwa der „Bekämpfung des Zigeunerunwesens durch die Behörden", war undifferenziert und wurde von ihm nicht hinterfragt. Auch von den „völlig ungeordneten Familienverhältnissen", dem „niedrigen Bildungsgrad" der Zigeuner und der „gewohnheitsmäßigen Verschleierung ihrer Identität" ist im Text die Rede.[335] Prinzipiell erachtete Höhne die „Sonderbehandlung"[336] der Zigeuner als legitim, wie im Falle des im bayerischen „Zigeuner- und Arbeitsscheuengesetz" (1926) verordneten Arbeitszwangs, der seiner Einschätzung nach „als sicherheitspolizeiliche Maßnahme" zu bewerten sei.[337] Er geht hier zwar nicht

331 Ebd., S. 24.
332 Höhne, Die Vereinbarkeit der deutschen Zigeunergesetze. Vgl. Auszüge in Tatarinov, Nr. 233: Juristen.
333 Höhne, Die Vereinbarkeit der deutschen Zigeunergesetze, S. 94.
334 Ebd., S. 94–95.
335 Ebd., S. 24.
336 Ebd., S. 7.
337 Ebd., S. 77.

explizit von einer ethnischen Definition aus, jedoch stellt er die angebliche Prädestination der Zigeuner für kriminelles Verhalten nicht in Frage.

Andere Weimarer Juristen ging Höhnes Kritik nicht weit genug. Hans von Hentig hatte schon drei Jahre zuvor, nach Erscheinen des Gesetzestextes, darauf verwiesen, dass das bayerische „Zigeuner- und Arbeitsscheuengesetz" verfassungswidrig sei.[338] Von Hentig kritisierte das Unterlaufen der Freizügigkeit und die im Gesetz verwendeten Begrifflichkeiten. Sie seien unklar definiert und würden mehr Menschen einbeziehen, als zunächst zu vermuten wäre. Die Definition der Zielgruppe unterliege allein den Gendarmen. Zudem fehlten die rechtlichen Voraussetzungen für die Unterbringung von Landfahrern in einer ‚Arbeitsanstalt'. Allein schon die Begrifflichkeit sei fragwürdig, da das Strafgesetzbuch nur von ‚Arbeitshäusern' spreche.[339]

Der in Leipzig ausgebildete Jurist, Dimitrios Karanikas, schloss sich von Hentigs Kritik in seiner Dissertation zum bayerischen Gesetz an und kritisierte vor allem die „maßlose Ausdehnung der Polizeibefugnisse"[340] und den damit verbundenen „Schaden der persönlichen Freiheit des einzelnen",[341] womit er den Gleichheitsgedanken auch für Zigeuner verteidigte. Die Einweisung in ein Arbeitshaus wäre dem Strafgesetzbuch nach kein verwaltender, sondern ein richtender Akt.[342] Er bezeichnete die nicht durch einen Richter abgesicherte Beraubung der Freiheit nach alleinigem Ermessen der Polizei als „eines Rechtsstaates nicht würdig"[343] und einen „Eingriff der Verwaltung in die Hoheitssphäre der Justiz".[344] Auch Karanikas ging nicht vom Rassebegriff des Zigeuners aus. Er kritisierte diesbezüglich unspezifische Andeutungen im Gesetz und wies auf die damit verbundenen Gefahren hin:

> „Wenn auch praktisch ein solcher Missbrauch der Rassenzugehörigkeit der Zigeuner nicht zu erwarten sein wird, so sollte doch dieses rechtliche Nichtübereinstimmen mit Art. 109 Abs. 3 RVerf. vermieden werden, da die Rassefrage im politischen Leben zunehmend an Bedeutung gewinnt und als ein Kampfmittel gebraucht wird."[345]

Die Juristen verwandten erstmals deutlich weniger klischeehafte Zuschreibungen als noch in den anthropologischen und kriminalistischen Texten vorherrschten. Durch die Auseinandersetzung mit dem Reichsrecht generierten sie erstmals ein Unrechtbewusstsein für die Maßnahmen gegen die als Zigeuner

---

338 Von Hentig, Rechtliche Bedenken.
339 Ebd., S. 156.
340 Karanikas, Zigeuner- und Arbeitsscheuengesetz, S. 73.
341 Ebd., S. 70.
342 Ebd., S. 73.
343 Ebd., S. 76.
344 Ebd., S. 94.
345 Ebd., S. 90.

bezeichneten Personen und distanzierten sich von einer offenen Rassezuschreibung. Aber auch hier wurde vor allem die Überdehnung des Begriffs kritisiert, welche die unklare Definition in den Verordnungen mit sich brachte. Die diskriminierenden Maßnahmen im Sinne einer kriminalpräventiven Haltung standen weniger zur Diskussion. Eine angeblich kriminelle Veranlagung von Zigeunern wurde somit nicht in Frage gestellt. Solange die Polizei nicht in die Hoheitssphäre der Justiz vordrang, erschienen Überwachung und Einschränkung der Freizügigkeit durchaus als legitim oder notwendig, auch wenn dieses Vorgehen durch keinerlei juristisch nachvollziehbare Kriterien untermauert war.

Der Pädagoge Paul Weitershagen konstatierte in einem Bericht vor dem Kölner Hilfsschulverband über seine Arbeit in einer gesonderten Zigeunerklasse an einer Kölner Schule 1928 immerhin, dass die Kinder nicht nur ein „Produkt [ihrer] Erbmasse", sondern auch ihrer Umgebung seien. Ein „Einfügen in den Kulturwillen unseres Volkes" sei durchaus auch mit „stete[r] religiöse[r] und ethische[r] Einwirkung, besonders durch Güte und verstehende Nachsicht" möglich, nicht jedoch „mit den unpassenden Mitteln und den kleinlichen Verordnungen einer unverständigen Polizeibürokratie."[346] Weitershagen blieb jedoch weitgehend allein mit dieser Einschätzung.[347] Allerdings steht auch diese Aussage, die sich von dem durch offene Repression gekennzeichneten Zeitgeist zunächst positiv abhebt, in der Tradition der Bevormundung, die nicht in Erwägung zieht, dass es sich um gleichwertige Menschen handeln könnte.

Der rassenanthropologische Diskurs erfuhr mit den Untersuchungen des Rassenforschers Robert Ritter ab 1937 eine Wende. Ziel der von Robert Ritter in der „Rassenhygienischen und bevölkerungsbiologischen Forschungsstelle" durchgeführten „erkennungsdienstlichen, anthropometrischen und genealogischen Untersuchungen" war die Entwicklung einer rassenhygienisch fundierten Definition von Zigeunern mit Hilfe von Körpervermessungen und äußerlicher Beschreibung tausender Personen.[348] Das Dekret Heinrich Himmlers vom 8. Dezember 1938 forderte die „Regelung der Zigeunerfrage aus dem Wesen dieser Rasse heraus" und sollte im Institut umgesetzt werden. Durch die räumliche Ankoppelung des Instituts an das Reichskriminalpolizeiamt sollte das rassenhygienisch propagierte Bild des Zigeuners auch in der polizeilichen Praxis unter rassistischen Gesichtspunkten verinnerlicht werden.[349] Der Erlass des Dekrets durch Himmler macht bereits deutlich, dass sich eine

346 Weitershagen, Meine Zigeunerklasse, S. 298f. Vgl. aufbereitete Auszüge in Tatarinov, Nr. 245: Paul Weitershagens Zigeunerklasse.

347 Zimmermann, Rassenutopie und Genozid, S. 58.

348 Vgl. Fings, „Rasse: Zigeuner"; Fings/Sparing, Rassismus – Lager – Völkermord, S. 128–151; Zimmermann, Rassenutopie und Genozid, S. 125–155.

349 Lucassen, Zigeuner, S. 203.

praxistaugliche rassische Definition im bisherigen Diskurs noch nicht etabliert hatte. Ritter betrachtete die Verschwommenheit des Begriffs, die durch das bayerische „Zigeuner- und Arbeitscheuengesetz" eher noch verstärkt worden war, als Grundproblem in der ‚Zigeunerbekämpfung':

> „Dieser Eindruck hat es mit sich gebracht, daß das Wort Zigeuner im Volksmund wie in der Polizeisprache schließlich ganz unabhängig von der rassischen Herkunft auf j e d e n Umherziehenden angewandt wurde, der mehr oder minder verwahrlost ein scheinbar wildromantisches und sorgloses Leben führte, d.h. also ein ‚Zigeunerleben'."[350]

Mit Hilfe genealogischer Untersuchungen stellte Ritter die ‚Vermischungsthese' auf, da es ihm nicht möglich war, eine allgemeingültige physiognomische Beschreibung zu erarbeiten. Da laut seinen Untersuchungen 90 Prozent der Zigeuner ‚Mischlinge' seien, sollten diese im Sinne der Rassenhygiene kontrolliert werden, was zunächst Sterilisationen umfasste.[351] Er machte das Wesen der Rasse zunächst am „fremdrassigen Eindruck", der Herkunft und an der Sprache der unterschiedlichen ‚Zigeunerstämme' aus.[352] Dabei unterschied er zwischen dem Romanischen der ‚stammechten Zigeuner' und dem Rotwelsch der Jenischen.

Schon seit 1933 wurden rassenhygienisch motivierte Auslöschungskonzepte mit polizeilichem Handeln kombiniert unter dem Aspekt der Kriminalitätsprävention. Selbst nach dem Zweiten Weltkrieg fanden derartige Überlegungen weiterhin Anerkennung. Der Landauer Obermedizinalrat Hermann Arnold verfasste in den sechziger Jahren rassenanthropologische Untersuchungen zu Zigeunern und galt noch in den siebziger Jahren als ‚Zigeunerexperte'.[353] Bis in die 1980er Jahre war Arnold kompromissloser Anhänger derartiger Konzepte.[354]

Mit der Aufarbeitung der nationalsozialistischen Vergangenheit rückte die Frage nach der rassistischen Verfolgung der Zigeuner aus dem Wesen der Rasse heraus zunehmend in das öffentliche Interesse. Insbesondere die Bürgerrechtler

---

350 Sperrdruck im Original RITTER, Zigeuner und Landfahrer, S. 71.

351 LUCASSEN, Zigeuner, S. 202, und FINGS, „Rasse: Zigeuner", S. 275f.

352 RITTER, Zigeuner und Landfahrer, S. 73.

353 ARNOLD, Die Zigeuner, vor allem S. 71 und 244. Besondere Aufmerksamkeit schenkte Arnold Hausierergemeinden an der Mosel und im Hunsrück, welche er genealogischen und rassenanthropologischen Untersuchungen unterzog, DERS., Soziale Isolate.

354 Auch in den Folgejahren hält Arnold an dem Gedanken weiter fest. Noch in den achtziger Jahren verteidigte er seine rassenhygienischen Thesen, DERS., Medizin und Ethik.

Tilman Zülch, Vorsitzender der „Gesellschaft für bedrohte Völker“,[355] Grattan Puxon und Donald Kenrick[356] beschäftigten sich erstmals mit dem Thema Genozid und entwickelten neue Begrifflichkeiten wie ‚Antiziganismus‘ und die Bezeichnung ‚Roma und Sinti‘. Der DDR-Schriftsteller Reimar Gilsenbach kritisierte den innewohnenden Rassismus in der Vertuschungspolitik hinsichtlich der Verbrechen an den Zigeunern im Nationalsozialismus:

> „Wenn eine ethnisch-soziale Minderheit, die von den Nazis neben den Juden als zweite ‚außereuropäische Fremdrasse‘ verfolgt und ins Gas geschickt worden ist, unter den Opfern des Rassismus unbewußt vergessen oder bewußt totgeschwiegen wird – drückt sich darin nicht versteckter oder sogar offener Rassismus aus?“[357]

Doch sollen die Ansätze der Bürgerrechtler zur Aufklärung der Verbrechen nicht über den noch immer von Stereotypen und Klischees dominierten Forschungsdiskurs der achtziger Jahre hinwegtäuschen, der unter Historikern vorherrschend war. Die Giessener Schule 1981–1983 vertrat weiterhin die These vom „Eigensinn der zigeunerischen Lebensweise“ und die Vorstellung von der Andersartigkeit und Fremdheit der Zigeuner.[358] Im Rahmen dieses Projekts gründete Joachim Hohmann die Reihe „Studien zur Tsiganologie und Folkloristik“, die in den 1990er Jahren unter dem Titel „Sinti- und Romastudien“ von Wolfgang Wippermann herausgegeben wurde.[359] Hohmanns ideengeschichtlicher Ansatz[360] wird inzwischen stark kritisiert.[361] Indem er institutionelle Zusammenhänge völlig außer Acht ließ und seine Thesen durch keinerlei aussagekräftiges Quellenmaterial stützte, fasste er im Wesentlichen althergebrachte, rassenanthropologische Klischees zusammen.[362]

---

355 Zülch, In Auschwitz vergast. Er untersuchte insbesondere die Frage nach der fortdauernden Diskriminierung der ‚Zigeuner‘ in Deutschland, vor allem nach 1945.

356 Kenrick/Puxon/Zülch, Die Zigeuner, S. 17.

357 Gilsenbach, Die Verfolgung der Sinti, S. 11.

358 Zimmermann, Rassenutopie und Genozid, S. 32.

359 2003 erschien der letzte Band.

360 Hohmann, Geschichte der Zigeunerverfolgung.

361 Fings/Sparing, Rassismus – Lager – Völkermord, S. 12; Zimmermann, Rassenutopie und Genozid, S. 35; Engbring-Romang, Die Verfolgung der Sinti und Roma, S. 14.

362 Weiterhin in dieser Tradition verhaftet ist die heutige Antiziganismusforschung. So versucht etwa Alexandra Bartels in einem inhaltlich wenig neue Erkenntnisse bereithaltenden Aufsatz, den Begriff ‚Zigeuner‘ einfach nicht zu nennen, um selbst nicht der Diskriminierung überführt zu werden. Alternativen erarbeitet sie jedoch nicht. Stattdessen benutzt sie äußerst fragwürdige Formulierungen wie „das ‚Zigeuner‘-Wort“ oder „der oben genannte Begriff“, vgl. Bartels, Antiziganismus benennen.

Der deutsche Zigeunerdiskurs hatte sich von den rassenanthropologischen Betrachtungen Ende des 18. Jahrhunderts und den kriminalbiologischen Überlegungen im 19. Jahrhundert bis zu rassenhygienischen Maßnahmen in den 1930er Jahren entwickelt. Das Verständnis von Fremdheit und Andersartigkeit der Zigeuner aus dem Wesen der Rasse heraus hielt sich bis weit in die 1980er Jahre und wurde auch in der historischen Auseinandersetzung mit der Zigeunerverfolgung lange nicht in Frage gestellt.

Für die Polizeiverordnungen des späten Kaiserreichs und der Weimarer Republik spielte zunächst der kriminalpräventive Gedanke die grundlegende Rolle. Die Vorannahme, Zigeuner wären von Natur aus im Sinne kleinerer Diebstähle, Betrügereien und Fälschungen verbrecherisch veranlagt, war dabei ausschlaggebend. Zwar wurde diese Prädestination rassenanthropologisch begründet, jedoch war in den Verordnungen auch der soziographische Aspekt des Umherziehens als Gefahr für die öffentliche Sicherheit ein entscheidender Faktor. Während äußere Merkmale zu Beginn des 20. Jahrhunderts keine Rolle im Diskurs spielten (sie wurden erst wieder mit den rassenbiologischen Vermessungen Robert Ritters ab 1937 fokussiert), wurden zunehmend Kriterien einer zigeunerischen Lebensweise stark gemacht. Schließlich trat der Vorwurf der Arbeitsscheu in der zweiten Hälfte der 1920er Jahre in den Vordergrund.

2.2 Zigeunerpolitik von Reich und Ländern: Eine Domäne der Polizei

Im polizeilichen Diskurs spielten rassenanthropologische Gedanken durchaus eine Rolle, sie können jedoch nicht als alleinige Antriebskraft der Polizei in der Zigeunerverfolgung identifiziert werden. Die Verordnungsflut gegen Zigeuner Anfang des 20. Jahrhunderts hatte ihren Ursprung im Fehlen einer reichseinheitlichen Zigeunerpolitik, die stattdessen im alleinigen Verantwortungsbereich der Länder als polizeiliche Domäne lag. Zudem spielten Veränderungen in den Polizeistrukturen, die Ausweitung von polizeilichen Ermessensspielräumen sowie das gleichzeitige Beharren auf alten Verhaltensmustern eine ausschlaggebende Rolle.

Das Reich verfolgte hinsichtlich der Zigeunerpolitik keinen zielgerichteten einheitlichen Kurs, sondern überließ den Ländern, die über die Polizeihoheit verfügten, gänzlich das Feld. Dabei bildete in Preußen die „Anweisung zur Bekämpfung des Zigeunerwesens“[363], die am 17. Februar 1906 durch den preußischen Innenminister, Theobald von Bethmann-Hollweg, erlassen worden war, die rechtliche Grundlage für die preußische Zigeunerpolitik über das Ende der Weimarer Republik hinaus. Sie stellte die Zusammenfassung

363 Preuß. Min. d. Innern, Anweisung 1906, vgl. Tatarinov, Nr. 180: Anweisung.

und Wiederholung aller seit der Reichsgründung ergangenen Vorschriften bezüglich der Zigeuner dar.[364]

Der Text der Verordnung gliederte sich in zwei Teile. Der erste kurze Abschnitt befasste sich mit den Bestimmungen für ausländische Zigeuner, die auf eine schnelle Abschiebung über die Reichsgrenzen abzielten. Der zweite, ungleich längere Part erläuterte das Vorgehen gegenüber inländischen Zigeunern, wobei der kriminalpräventive Charakter der Anweisung ins Auge fällt. Unter ‚Vorbeugende Maßnahmen' wurden etwa die genaue Prüfung der Personalien bei der Ausstellung von Papieren oder die zu beantragende Fürsorgeerziehung für verwahrloste Zigeunerkinder gefasst. ‚Unterdrückende Maßnahmen' umfassten beispielsweise die strenge Verfolgung von Straftaten, von denen die bei Zigeunern am wahrscheinlichsten anzunehmenden Tatbestände als Anhang aufgelistet worden waren. Ziel war es, die Zigeuner durch andauernde polizeiliche Kontrolle ständig zu beobachten. Besonderer Wert wurde außerdem darauf gelegt, dass alle Versagungsgründe für die Ausstellung eines Wandergewerbescheins vor Genehmigung des Antrags gründlich geprüft wurden.[365] Die Ausstellung von Zwischenlegitimationen, also von den Bürgermeistern oft ausgestellte schriftliche Nachweise, dass ein Wandergewerbeschein beantragt worden war, wurde untersagt.

Nur halbherzig versuchte Preußen, eine reichsweit einheitliche Regelung auf Grundlage der 1906 erlassenen eigenen „Anweisung zur Bekämpfung des Zigeunerunwesens" durchzusetzen. Bayern blockierte den preußischen Vorschlag aufgrund seines eigenen Führungsanspruchs in dieser Frage. Im Antwortschreiben des Bayerischen Ministers an die preußische Regierung hieß es dazu:

> „Das K. Staatsministerium des Innern glaubt daher dieser Anregung nur unter der Voraussetzung zustimmen zu können, daß durch eine Vereinbarung im Bundesrat ein gleichmäßiges Vorgehen sämtlicher Bundesstaaten verbürgt und ein Nachrichtenaustausch im Sinne des bayerisch-württembergischen Übereinkommens vom Jahr 1903 eingeführt wird."[366]

Die Reichsregierung und das preußische Innenministerium lehnten jedoch den bayerischen Vorschlag mit der Begründung ab, „die Herstellung eines

---

364 LUCHTERHANDT, Der Weg nach Birkenau, S. 22, Anmerkung 37.

365 Preuß. Min. d. Innern, Anweisung 1906.

366 BA Berlin Best. 1501, Nr. 113700, Königlich Bayerisches Staatsministerium des Königlichen Hauses und des Äußern an den preußischen Legationsrat Freiherr von Werthern, München 05.08.1906, fol. 65f. In diesem Sinne äußerte sich auch das Großherzogtum Baden, BA Berlin Best. 1501, Nr. 113700, fol. 131–133, Großh. Badisches Ministerium des Großherzoglichen Hauses und der auswärtigen Angelegenheiten an das Reichsamt des Innern in Berlin, Karlsruhe 19.02.1908.

Reichszigeunerbuchs [stehe] nicht im Verhältnis zu dem Umfange der Zigeunerplage",[367] stattdessen wären die preußischen Vorgaben in der 1906 erlassenen Anweisung ausreichend für ein reichsweites Vorgehen,[368] auch wenn der in den Polizeiberichten suggerierte ‚Erfolg' der Anweisung nach Einschätzung des Regierungsrats Lenz vom preußischen Innenministerium tatsächlich fraglich schien:

> „Die strenge und scharfe Kontrolle verursache den Kommunalverbänden, welche die Kosten der örtlichen Polizeiverwaltung zu tragen haben, erhebliche Kosten. Vielleicht werde mit Rücksicht auf die starke Belastung der Polizeikasse ein Zustand eintreten – oder sei bereits, ohne daß es bislang in der Zentralinstanz bekannt geworden sei, eingetreten –, wo die Polizeibehörden in ihrem Eifer erlahmen."[369]

Mögliche Nachlässigkeiten in den Zigeunerkontrollen schien Lenz also durchaus in Kauf nehmen zu können. Als schließlich der preußische Vorschlag, den Handlungsraum der Polizeibeamten auch außerhalb der eigenen Landesgrenzen auszuweiten, vom Reichsjustizamt als rechtlich nicht tragbar abgelehnt wurde,[370] verfolgte man die Angelegenheit erst einmal nicht weiter. Andere Länder wie Oldenburg, Anhalt, Lippe, Schaumburg-Lippe und Sachsen übernahmen den Verordnungskanon von Preußen auch ohne Zutun der Reichsregierung.[371]

Auch die Klagen einzelner Abgeordneter zur ‚Zigeunerplage' in den Reichstagsdebatten (1905–1909) stießen von Seiten der Reichsregierung nur auf

---

367 BA Berlin Best. 1501, Nr. 113700, fol. 189–201, hier fol. 199, Aussage des Vorsitzenden Direktor Just vom Reichsamt des Innern, Ergebnisprotokoll der im Reichsamt des Innern abgehaltenen kommissarischen Besprechung über die Bekämpfung des Zigeunerunwesens, Berlin 21.05.1909, eigene Seitenzählung des Besprechungsprotokolls S. 1–24, hier S. 19.

368 BA Berlin Best. 1501, Nr. 113700, fol. 189–201, fol. 199v, Aussage des Geheimen Regierungsrats Lenz, Ergebnisprotokoll der im Reichsamt des Innern abgehaltenen kommissarischen Besprechung über die Bekämpfung des Zigeunerunwesens, Berlin 21.05.1909, eigene Seitenzählung des Besprechungsprotokolls S. 1–24, hier S. 20.

369 BA Berlin Best. 1501, Nr. 113700, fol. 189–201, hier fol. 193v und 194r, Aussage des Geheimen Regierunsrats Lenz, Ergebnisprotokoll der im Reichsamt des Innern abgehaltenen kommissarischen Besprechung über die Bekämpfung des Zigeunerunwesens, Berlin 21.05.1909, eigene Seitenzählung des Besprechungsprotokolls S. 1–24, hier S. 8f.

370 BA Berlin Best. 1501, Nr. 113700, fol. 268, Geheimer Regierungsrat Joël, Reichsjustizamt, an Geheimen Regierungsrat Glasser, Reichsamt des Innern, Berlin 18.12.1909.

371 ENGBRING-ROMANG, Die Verfolgung der Sinti und Roma, S. 65; LUCHTERHANDT, Der Weg nach Birkenau, S. 33.

wenig Interesse.[372] Stattdessen betonte der Staatssekretär für Auswärtiges, Freiherr von Schoen:

> „[...] daß in erster Linie diese Zigeunerplage die inneren Behörden, die Polizeibehörden angeht. Dabei kommt nicht in Betracht, welcher Herkunft diese Zigeuner sind; es ist ganz gleich, ob sie Inländer oder Ausländer sind. In Verhandlungen mit dem Auslande werden wir in dieser Frage nicht weit kommen. Das Ausland wird immer wieder sagen: wozu habt ihr eure Polizei, schafft sie euch vom Halse! Ich werde aber Veranlassung nehmen, die inneren Behörden darauf aufmerksam zu machen."[373]

Die Zigeunerfrage wurde im Parlament nur selten aufgegriffen und die Fraktionen diskutierten diesbezüglich nicht sehr kontrovers. Allenfalls als ‚lästig' wurden sie von konservativen Abgeordneten und denen der Wirtschaftsfraktionen in ihren Beschwerden über die angebliche Zigeunerplage charakterisiert. Regierungsvertreter wichen mit vagen Zugeständnissen aus. In der Reichstagssitzung vom 24. Februar 1910 konstatierte der Staatssekretär des Innern, Hans von Delbrück, dass es keine reichsweiten Ausnahmegesetze gegenüber Zigeuner geben würde.[374] Lediglich eine Resolution Stresemanns (damals noch als Nationalliberaler, ab 1918 DVP) gegen das bandenweise Umherziehen von Zigeunern wurde mehrheitlich verabschiedet.[375] Daraufhin stellte von Dallwitz als preußischer Innenminister den zuständigen Polizeibehörden am 20. März 1912 anheim, eine derartige Verordnung zu erlassen.[376]

Forderungen wie die des schlesischen konservativen Abgeordneten von Ratibor nach Umerziehung, Kindswegnahmen und Abschiebung von Zigeunern

372 BA Berlin Best. 1501, Nr. 113699, fol. 153, Aussage des Abgeordneten Erzbergers (Zentrum), Auszug Reichstagsprotokoll der 150. Sitzung, 27.02.1905, eigene Seitenzählung des Dokuments S. 4841. BA Berlin Best. 1501, Nr. 113700, fol. 151r und v, Aussage des Geheimrats Freiherr von Schoen, Staatssekretär des Auswärtigen Amtes, Reichstagsprotokoll der 238. Sitzung, 31.03.1909, eigene Seitenzählung des Dokuments S. 7891f.

373 BA Berlin Best. 1501, Nr. 113700, fol. 151v, Aussage des Geheimrats Freiherr v. Schoen, Staatssekretär des Auswärtigen Amtes, Reichstagsprotokoll der 238. Sitzung, 31.03.1909, eigene Seitenzählung des Dokuments S. 7892.

374 BA Berlin, Best. 1501, Nr. 113701, S. 8, Aussage des Staatssekretärs des Innern, 43. Reichstagssitzung vom 24.02.1910, eigene Seitenzählung des Dokuments S. 1520.

375 BA Berlin, Best. 1501, Nr. 113701, S. 7 und 42. Aussage des Reichstagsabgeordneten Stresemann (DVP), 42. Reichstagssitzung vom 23.02.1910, eigene Seitenzählung des Dokuments S. 1464.

376 BA Berlin Best. 1501, Nr. 101320, fol. 79–80, Preußischer Minister des Innern, von Dallwitz, Berlin an sämtliche Oberpräsidenten, Berlin 20.03.1912. Vgl. Tatarinov, Nr. 191: Polizeiverordnungen.

auf deutsche Südseeinseln[377] wurden nicht weiter diskutiert, die Sozialdemokraten bezeichneten sie als menschenunwürdig.[378] So erklärte der Abgeordnete Friedrich Brühne aus Hessen Nassau, dass es weiser wäre, die Ursachen der Zigeunerfrage zu ergründen.[379]

Immer wieder wurde das Zigeunerproblem stattdessen mit der Ausgabe von Wandergewerbescheinen verknüpft. Nach Ausführungen des Abgeordneten von Carmer reichten die gesetzlichen Bestimmungen zur Einschränkung des Wandergewerbes nicht aus und die Ausgabe von Wandergewerbescheinen an inländische Zigeuner müsse versagt werden, wenn sie vorbestraft seien, keinen festen Wohnsitz innehätten oder ihre Kinder verwahrlost seien.[380] In diesem Sinne wurde die Debatte auch 1912 weitergeführt.[381] Der Zentrumsabgeordnete Diez erklärte, dass die Regelungen der preußischen Anweisung sich als unzureichend erwiesen hätten, und man stattdessen das Umherziehen ganz verbieten, alle Wandergewerbescheine und Pässe einziehen, und die Fürsorgeerziehung der Zigeunerkinder stärker durchsetzen müsse. Staatssekretär von Delbrück erwiderte hierauf, dass die durch die Initiative Bayerns angestrebte Zusammenarbeit aller deutschen Polizeibehörden mittels eines gemeinsamen Nachrichtendiensts in Betracht gezogen werde. Allerdings diente ihm diese Ankündigung offensichtlich als rhetorische Ausweichstrategie, um sich auf keine konkreteren Maßnahmen festlegen zu müssen. Den Ländern wurden somit vom Reich keinerlei Vorgaben gemacht, sie konnten stattdessen innerhalb ihrer Polizeigewalt frei walten. Im Gegenteil, die Zuständigkeit hinsichtlich der Zigeunerfrage wurde von Seiten der Staatssekretäre explizit auf die Polizei abgewälzt.

Auch international verfolgte das Reich keine forcierte Zigeunerpolitik, sondern versuchte sich eher internationaler Zusammenarbeit zu entziehen, wohl

---

377 BA Berlin, Best. 1501, Nr. 113701, fol. 10–13, 46. Aussage des Reichstagsabgeordneten Frank von Ratibor (Deutsche Reichspartei), 46. Reichstagssitzung vom 02.03.1910, eigene Seitenzählung des Dokuments S. 1647–1650.

378 BA Berlin, Best. 1501, Nr. 113701, fol. 10–11v, Aussage des Reichstagsabgeordneten Brühne (Sozialdemokraten), 46. Reichstagssitzung vom 02.03.1910, eigene Seitenzählung des Dokuments S. 1650–1652.

379 BA Berlin, Best. 1501, Nr. 113701, fol. 11v–12, hier fol. 11v, Aussage des Reichstagsabgeordneten Brühne (Sozialdemokraten), 46. Reichstagssitzung vom 02.03.1910, eigene Seitenzählung des Dokuments S. 1650–1652, hier S. 1650.

380 BA Berlin Best. 1501, Nr. 113701, fol. 12v–13r, Aussage des Reichstagsabgeordneten Karl von Carmer, Zieserwitz (Konservativ), 46. Reichstagssitzung vom 02.03.1910, eigene Seitenzählung des Dokuments S. 1652–1653.

381 Verhandlungen des Reichstags, XIII. Legislaturperiode, I. Session. Bd. 284: Stenographische Berichte. Berlin 1912: 29. Sitzung vom 18. März 1912. Auszug S. 766–769, vgl. Tatarinov, Nr. 190: Reichstagsdebatte.

mit dem Wissen, dass jedwede Veränderung des ‚status quo' eher zu mehr Problemen geführt hätte. Zigeuner wurden in diesem Kontext hauptsächlich als Ausländer aufgefasst, für deren Abschiebungen genügend rechtliche Handhabe zur Verfügung stand.

Auf die 1902 eingegangene Anfrage der französischen Behörden, die Abschiebungen ausländischer Zigeunergruppen zwischen Frankreich und Deutschland zu regeln,[382] meldete der Kaiserliche Statthalter in Elsass-Lothringen zwar durchaus ein Bedürfnis zur Regelung dieser Frage an, mochte sich allerdings ungern die Möglichkeit der Abschiebung lästiger Gruppen nehmen lassen:

> „[…] die den Bezirkspräsidenten zustehende Befugnis, lästige Ausländer jederzeit auszuweisen, bietet eine ausreichende Handhabe, um den namentlich der ländlichen Bevölkerung sehr unbequemen Zigeunern, die zeitweise eine wahre Landplage bilden, den Aufenthalt im Lande zu verbieten."[383]

Auch Vertreter des Auswärtigen Amts hielten eine Regelung diesbezüglich für nicht angezeigt, da damit zu rechnen sei, dass Frankreich russische, ungarische, bosnische Zigeuner nach Deutschland abschieben würde. Frankreich ließe sich demnach kaum dazu verpflichten, die Kosten des Transports und des möglichen Rücktransports zu tragen. Wie der elsass-lothringische Statthalter hielten sie in einer kommissarischen Besprechung 1909 am Prinzip der schnellen Abschiebung unliebsamer Personen fest, ohne sich diesbezüglich vor anderen Staaten rechtfertigen zu wollen:

> „Der Vorsitzende hielt es gleichfalls für nicht erwünscht, durch internationale Vereinbarungen Deutschland in feste Normen zwingen zu lassen, wo Deutschland zur Zeit anscheinend bessere Routine als andere Staaten besitze, Ausländer, die ihm nicht behagten, los zu werden."[384]

Der Vorschlag der Schweiz vom 2. Juli 1909, zusammen mit Österreich-Ungarn, Frankreich und Italien eine internationale Konferenz zur Regelung der Zigeunerfrage abzuhalten, wurde dementsprechend abgelehnt.[385]

---

382 BA Berlin Best. 1501, Nr. 113699, fol. 251–252. Schreiben des französischen Botschafters Berlin an den Staatssekretär Richthofen, Berlin 20.02.1902.

383 BA Berlin Best. 1501, Nr. 113699, fol. 253–254. Schreiben des Kaiserlichen Statthalters in Elsass-Lothringen, gez. v. Hohenlohe, an den Reichskanzler in Berlin, Straßburg 13.05.1902.

384 BA Berlin Best. 1501, Nr. 113700, fol. 189–202, hier fol. 201r, Aussage des Vorsitzenden Direktor Just, Reichsamt des Innern, Ergebnis der im Reichsamt des Innern abgehaltenen kommissarischen Besprechung über die Bekämpfung des Zigeunerunwesens, Berlin 21.05.1909, eigene Seitenzählung des Dokuments S. 1–24, hier S. 23.

385 BA Berlin Best. 1501, Nr. 113700, fol. 247–255, Schreiben des Schweizerischen Bundesrats an die Schweizerischen Gesandtschaften in Berlin, Paris, Rom und Wien

Stattdessen wurde auf bestehende Übernahmeabkommen mit den Nachbarstaaten zurückgegriffen. In den vertraglichen Vereinbarungen mit Russland, der Schweiz, den Niederlanden und Ungarn waren die Grenzposten sowie geeignete Orte zur Übergabe von Abzuschiebenden festgelegt worden.[386]

Während Preußen wenig Interesse an einer zentralisierten Zigeunerpolitik hatte, versuchten sich hingegen die Bayern auf diesem Feld zu etablieren. Sie wollten die Lücke einer reichsweiten einheitlichen Zigeunerpolitik mit der Errichtung der Münchner Zigeunerzentrale und der Durchsetzung ihres Führungsanspruchs mithilfe modernster Methoden schließen.

Modernisierungs- und Differenzierungsprozesse in der Polizeistruktur seit Ende des 19. Jahrhunderts sollten helfen, die Polizei „zu einer leistungsfähigen Sicherheitsbehörde auszubauen".[387] Das beinhaltete die Spezialisierung von Institutionen und Schaffung neuer Kompetenzbereiche.[388] Diesbezüglich war die Einrichtung der Zigeunerzentrale in München 1899 zur Überwachung von Zigeunern richtungweisend.[389] Es wurde ein alphabetisches Karteisystem angelegt, welches Daten wie Namen, Staatsangehörigkeit und Berufe der Zigeuner umfasste. Seit 1901 bestand außerdem ein Strafregister für Zigeuner.[390]

Die junge Behörde musste ihr Bestehen durch Fahndungserfolge legitimieren, was durch eine flächendeckende Kontrolle und Registrierung von Zigeunern gewährleistet werden sollte. Dies geschah unabhängig davon, ob eine Straftat oder auch nur ein Verstoß gegen die öffentliche Ordnung vorlag. Als rechtlich verfolgbare Straftaten galten diesbezüglich Bettelei, Landstreicherei oder etwa Diebstahl. Der polizeiliche Zugriff war jedoch um ein Vielfaches

---

mit der Bitte, die Regierungen vertraulich bzgl. einer internationalen Konferenz zur ‚Zigeunerfrage' anzufragen mit entsprechendem Programmentwurf.
Die anderen Staaten hatten wenig Interesse daran. Italien negierte das Problem gänzlich, da es dort angeblich keine Zigeuner gebe, und Österreich wollte sich nur anschließen, wenn Vereinbarungen auch mit osteuropäischen Staaten getroffen würden, vgl. BA Berlin Best. 1501, Nr. 113701, fol. 16–18, Mémoire über die Stellungsnahme der k.k. Regierung zur Proposition der schweizerischen Regierung, betr. einer internationalen Konferenz zur Regelung der Zigeunerfrage, ohne Datum, ohne Verfasser (Abschrift), eigene Seitenzählung des Dokuments S. 1–6.

386 BA Berlin Best. 1501, Nr. 113700, fol. 189–202, hier fol. 196v, Aussage des Geheimen Regierungsrats Hackelöer, Reichsamt des Innern, Ergebnis der im Reichsamt des Innern abgehaltenen kommissarischen Besprechung über die Bekämpfung des Zigeunerunwesens, Berlin 21.05.1909, eigene Seitenzählung des Dokuments 1–24, hier S. 13–15.

387 Jessen, Polizei, Wohlfahrt, S. 175. Dazu auch ders., Polizei im Kaiserreich.

388 Strauss, Die Diskriminierung von Sinti und Roma.

389 Ebd., S. 15.

390 Ebd., S. 16.

größer.[391] Bereits 1911 wurde in Bayern mit Fingerabdruckaufnahmen von Zigeunern begonnen.[392] Außerdem wurden die lokalen Behörden von Beginn an aufgefordert, beim Auftreten von Zigeunern der Münchner Zentrale sofort telefonisch oder telegraphisch alle relevanten Informationen zuzutragen.[393] Die grundlegende Zielsetzung dahinter war die flächendeckende Überwachung der Zielpersonen und der reichsweite Ausbau der Erfassung vor dem Hintergrund, die Kosten gleichmäßig auf alle deutschen Staaten verteilen zu können.[394]

Im Jahre 1911 beriefen Münchner Polizeivertreter eine länderübergreifende Konferenz ein.[395] Die Konferenz brachte jedoch keine einheitliche Zigeunerverordnung, wie es das erklärte Ziel gewesen war. Bei Bedarf sollten lediglich die Maßnahmen der Nachbarländer durchgeführt werden. Resultat war die Intensivierung einzelstaatlicher Maßnahmen, da jedes Land die Bestimmungen, vor allem in Hinblick auf Abschiebungen, verschärfte, um nicht selbst Zigeuner der angrenzenden Länder untergeschoben zu bekommen.[396] Das führte zu einer Vielzahl von länderspezifischen Sondermaßnahmen, die oft zu regionalen Dauerkonflikten führten, wie etwa der Streit des preußischen Regierungsbezirks Wiesbaden mit dem Volksstaat Hessen wegen regelmäßiger gegenseitiger Ab- und Zuschiebungen von Zigeunern.[397]

Dennoch kristallisierte sich ein länderübergreifendes Verordnungsarsenal heraus,[398] das durch eine gegenseitige Übernahme von Regelungen zustande kam. So wurden in allen deutschen Staaten Verordnungen erlassen, die das Reisen in sogenannten ‚Horden' untersagten, um die Zersplitterung der

391 Funk, Polizei und Rechtsstaat, S. 280.

392 Strauss, Die Diskriminierung von Sinti und Roma, S. 16.

393 Lucassen, Zigeuner, S. 181.

394 Ebd., S. 190.

395 BA Berlin Best. 1501, Nr. 113701, fol. 274–298, Niederschrift über die Besprechung im Königlich Bayerischen Staatsministerium des Innen am 18. und 19.12.1911, betr. die Zigeunerplage, gesandt von Kgl. Bayerischen Gesandtschaft (v. Letuire) an Auswärtiges Amt, Berlin am 26.05.1912, Seitenzählung des Dokuments S. 1–24.

396 Luchterhandt, Der Weg nach Birkenau, S. 32f.

397 Engbring-Romang, Die Verfolgung der Sinti und Roma, S. 113f.

398 Vgl. Luchterhandt, Der Weg nach Birkenau, S. 22. Dazu v. a. zu Sachsen, Bayern und Preußen Höhne, Die Vereinbarkeit der deutschen Zigeunergesetze; Hehemann, Die „Bekämpfung des Zigeunerunwesens"; Bonillo, „Zigeunerpolitik" im Deutschen Kaiserreich. Speziell mit den bayerischen Verordnungen beschäftigten sich: Strauss, Die Zigeunerverfolgung in Bayern, und Albrecht, Zigeuner in Altbayern. Den hessischen Fall untersuchte Engbring-Romang, Die Verfolgung der Sinti und Roma. Badener und Württemberger Erlasse analysierten Schenk, Rassismus gegen Sinti und Roma, und Fricke, Zwischen Erziehung und Ausgrenzung.

Zigeunergruppen zu erreichen.[399] Die Einschätzung, wie viele Personen eine ‚Horde' bildeten, unterschied sich wiederum von Land zu Land. In Bayern wurden bereits zwei nicht verwandte erwachsene Personen, die zusammen reisten, als ‚Horde' bezeichnet.[400] Bald war es Zigeunern außerdem überall untersagt, ohne ausdrückliche Erlaubnis auf öffentlichen Straßen, Wegen und Plätzen zu lagern.[401] In Württemberg wurde bandenmäßiges Umherziehen von Zigeunern per Landespolizeiverordnung unter Strafe gestellt.[402] Neben solchen ‚Hordenverboten' wurden weiterhin in allen Teilen des Reiches Anmeldezwänge,[403] Lagerplatzzuweisungen und Überwachung angeordnet. Außerdem sollten sich Zigeuner gesondert ausweisen, was die Kennzeichnung der mitgeführten Wandergewerbescheine mit einem speziellen Zigeunervermerk[404] sowie die Eintragung mitgeführter Personen, Tiere, Wagen[405] oder Waffen[406] umfasste. Zudem erfolgte seit Beginn des 20. Jahrhunderts eine umfassende Registrierung[407] durch Fingerabdrucknahmen,[408] Fotos

399 1912 in Hessen, vgl. Engbring-Romang, Die Verfolgung der Sinti und Roma, S. 67; 1905 in Württemberg, vgl. Luchterhandt, Der Weg nach Birkenau, S. 23, und Fricke, Zwischen Erziehung und Ausgrenzung, S. 132; 1912 in Preußen, vgl. Fings/Sparing, Rassismus – Lager – Völkermord, S. 37, und 1908 in Baden, vgl. Hehemann, Die „Bekämpfung des Zigeunerunwesens", S. 271. 1926 schließlich auch in Thüringen, dazu Schenk, Rassismus gegen Sinti und Roma, S. 224.

400 Hehemann, Die „Bekämpfung des Zigeunerunwesens", S. 271.

401 Seit 1905 in Hessen, siehe Luchterhandt, Der Weg nach Birkenau, S. 24.

402 BA Berlin Best. 1501, Nr. 113700, fol. 189–202, hier fol. 194v. Ergebnis der im Reichsamt des Innern abgehaltenen kommissarischen Besprechung über die Bekämpfung des Zigeunerunwesens, Berlin 21.05.1909, Seitenzählung des Dokuments S. 1–24, hier S. 10.

403 Zum Beispiel seit 1908 in Baden, siehe Schenk, Rassismus gegen Sinti und Roma, S. 223.

404 Seit 1902 in Württemberg, siehe Fricke, Zwischen Erziehung und Ausgrenzung, S. 137.

405 Einen entsprechenden Erlass gab es in Württemberg seit 1905, siehe ebd., S. 137f.

406 Preuß. Min. d. Innern, von Dallwitz: Verfügung betr. Erteilung von Wandergewerbescheinen an Zigeuner, vom 04.02.1911. In: Ministerial-Blatt für die Preußische innere Verwaltung (1911), S. 98, vgl. Tatarinov, Nr. 187: Dallwitz. Im Folgenden mit Kurztitel „Preuß. Min. d. Innern, Wandergewerbescheine 1911" belegt.

407 Dies wird deutlich durch eine Vielzahl von Namenslisten von kontrollierten Personen. Für den Regierungsbezirk Wiesbaden siehe Engbring-Romang, Die Verfolgung der Sinti und Roma, S. 68; für den Regierungsbezirk Trier u.a. LHAK Best. 442, Nr. 10992, und Best. 498, Nr. 472.

408 Bereits seit 1911 in Bayern angeordnet, siehe Höhne, Die Vereinbarkeit der deutschen Zigeunergesetze, S. 140.

oder, wie im bayerischen Fall, eine Mitteilungspflicht an Standesämter.[409] Letztlich wurden Strafen auferlegt, die ausschließlich mit der nichtsesshaften Lebensweise gerechtfertigt wurden. Diese beinhalteten Abschiebungen, Fürsorgeerziehung der Kinder[410] sowie Geld- und Gefängnisstrafen. Verweigerungen von Wandergewerbescheinen folgten im Zuge einer reichsweiten Empfehlung in Sachsen 1886, in Württemberg 1903 und in Preußen 1904.

Die einzelnen Verordnungen von Land zu Land wurden jedoch nicht nur zu eigenen Gunsten ausgelegt, sondern widersprachen sich zudem in der Auffassung, welche Personen überhaupt als Zielgruppe aufzufassen seien. Die Formulierung ‚Zigeuner und nach Zigeunerart umherziehende Personen', die im Münchner ‚Zigeunerbuch' von 1905 verwendet wurde, setzte sich aufgrund ihrer Unschärfe zunehmend in allen Teilen des Reiches durch. Die Bezeichnung ermöglichte die Zuordnung nach freiem Ermessen des zu kontrollierenden Polizisten und gewährte somit den größtmöglichen Handlungsspielraum. Für die Polizeikonferenz von 1911 versuchten die Münchner Vertreter, eine allgemeingültige Zigeunerdefinition auszuarbeiten und kamen zu folgendem Ergebnis:

> „§1. Begriff Zigeuner. Als Zigeuner sind ohne Rücksicht auf Rassen- oder Stammeszugehörigkeit alle die Personen zu erachten, die ohne Beruf oder zum Zwecke gewerblicher, schaustellerischer oder gauklerischer Leistungen oder zum Zwecke des Handels gewohnheitsmäßig ohne festen Wohnsitz und zwar in der Regel horden- oder bandenweise umherziehen.[…] Zwischen den Zeilen läßt sich allerdings herauslesen, daß für die Zigeunereigenschaft nicht die Rassen- und Stammeszugehörigkeit, sondern das gesamte Auftreten und Gebaren, die Lebensweise der betreffenden Personen maßgebend sein soll. Dies ergibt sich schon daraus, daß die badischen, bayerischen, elsaß-lothringischen, hessischen und preußischen Vorschriften den Zigeunern die nach Zigeunerart umherziehenden Personen ausdrücklich gleichstellen und daß auch in Sachsen und Württemberg nach diesem Grundsatz verfahren wird."[411]

---

409 In Bayern sollten die Standesämter ab 1913 jede Geburt, jede Hochzeit und jeden Todesfall der ‚Zigeunerzentrale' mitteilen. Vgl. Schenk, Rassismus gegen Sinti und Roma, S. 228.

410 Das Gesetz zur Unterbringung verwahrloster Kinder vom 13. März 1887 wurde insbesondere auf die Zigeunerkinder bezogen und deren Zwangserziehung mehrmals empfohlen. Hehemann, Die „Bekämpfung des Zigeunerunwesens", S. 253. Für Wiesbaden konnten einzelne Fälle von Zwangserziehung an Zigeunerkindern nachgewiesen werden, dazu Engbring-Romang, Die Verfolgung der Sinti und Roma, S. 69. Von 1899 bis 1905 kamen 32 Kinder von Zigeunern in Württemberg in Zwangserziehung, siehe Fricke, Zwischen Erziehung und Ausgrenzung, S. 133f. Ansonsten wurden diese Maßnahmen eher vermieden.

411 Königliche Polizeidirektion München, Denkschrift über die Bekämpfung der Zigeunerplage. 1912, S. 7. Diese Definition bezog sich auf die Zusammenführung aller Definitionen in den jeweiligen Verordnungen der anwesenden Staaten auf

In ihren Ausführungen distanzierten sich die Polizeivertreter ausdrücklich von einer rein rassischen Definition der Zielgruppe und nutzten die im Alltag durchgesetzte soziographische Auffassung der Lebensweise als Basis für ein gemeinschaftliches Vorgehen. Gleichzeitig gelang es wiederum nicht, diese soziographischen Kriterien zu spezifizieren. Der Erste Weltkrieg unterbrach die Verhandlungen der Polizeivertreter über ein einheitliches Vorgehen.

Während des Kriegs kam es zur radikalisierten Auslegung der Bestimmungen. Die Vollzugsgewalt wurde an die stellvertretenden Generalkommandos der Militärbezirke übertragen, welche die mobilen Gruppen verdächtigten, feindliche Spione zu sein, sowie Kriegsdienstverweigerer und Fahnenflüchtige zu verstecken.[412] Diese Verdächtigungen wurden vor allem am Umherziehen festgemacht und stellten für die Militärinstanzen ausreichend Legitimation für radikale Maßnahmen dar, die sie in den Kriegsjahren durchführten. So wurde in Baden das Reisen im Wohnwagen 1915 verboten und man verhängte nächtliche Ausgangssperren. Das Polizeipräsidium in Berlin führte im Jahre 1916 Fingerabdrucknahmen und Inhaftierungen zur Identitätsfeststellung von Zigeunern durch. In Schleswig wurden im gleichen Jahr Zwangsrekrutierungen unter Zigeunern vorgenommen. Das Generalkommando in München verhängte Arbeitszwangsmaßnahmen und richtete Sammellager ein.[413] Das preußische Kriegsministerium stellte 1917 das Umherziehen von Zigeunern unter eine bis zu einjährige Haftstrafe[414] und erließ ein Verbot, nach dem es Zigeunern untersagt war, sich in der Nähe von militärischen Stützpunkten aufzuhalten. Bereits 1916 wurde in Preußen die Ausgabe von Staatsangehörigkeitsausweisen an Zigeuner verboten, weil sie die Ausweise angeblich „zu unlauteren Zwecken“ missbrauchten.[415]

---

der Polizeikonferenz: „Baden: Anw. Vom 25. Januar 1908 A Ziffer 1, B Ziffer 1 Abs. 2. Bayern: I.M.E. vom 9. Oktober 1886. Elsaß-Lothringen: I.M.B. vom 5. Mai 1900 Ziffer II. Hessen: I.M.B. vom 22. Juli 1886 Ziffer 1 u. 21. Januar 1905 Ziffer 6. Preußen: Anw. Vom 17. Februar 1906 Ziffer 13.“

412 LHAK Best. 655, 123, Nr. 924, Abschrift des Stellvertretenden Generalkommandos des VIII. Armeekorps in Koblenz, 22.08.1916. Dazu auch Bonillo, „Zigeunerpolitik“ im Deutschen Kaiserreich, S. 220f.

413 Vorstehende Bestimmungen basieren auf Quellenfunden von Luchterhandt, Der Weg nach Birkenau, S. 24. Zu den bayerischen Arbeitslagern auch Strauss, Die Diskriminierung von Sinti und Roma, S. 18.

414 LHAK Best. 498 Nr. 472, Abschrift des Stellvertretenden Generalkommandos des VIII. Armeekorps in Koblenz, Koblenz 06.02.1917; vgl. auch Bonillo, „Zigeunerpolitik“ im Deutschen Kaiserreich, S. 221; Fings/Sparing, Rassismus – Lager – Völkermord, S. 38; hierzu auch Tatarinov, Nr. 197: Zigeuner während des Ersten Weltkriegs.

415 Bonillo, „Zigeunerpolitik“ im Deutschen Kaiserreich, S. 219.

Nach dem Krieg hatten diese Maßnahmen keine Gültigkeit mehr. Jedoch auch nach Gründung der Republik wurde das Verordnungsarsenal der Vorkriegsjahre weitergeführt und systematisch verschärft. Während vor dem Krieg die Kennzeichnung der Zigeuner im Vordergrund gestanden hatte, richtete sich das Hauptaugenmerk nach dem Krieg auf die Erhebung der Daten von Zigeunern und die stete Perfektionierung der Überwachung, wiederum vor allem auf Bestrebungen Bayerns hin.[416] Im Polizeidiskurs wurde die flächendeckende Überwachung schließlich als das einzig mögliche Vorgehen gegen Zigeuner deklariert, das der rechtliche Rahmen zuließ und weiterführend sei. Die Debatte wurde von süddeutschen Polizeivertretern dominiert. So erklärte Heinrich Meyer aus Bayern im Münchner Polizeibeamten-Blatt von 1921, dass die mangelnde Bekämpfung des Zigeunerunwesens aufgrund fehlender Kontrollberichte und der Umstrukturierung der Gendarmerie auf Einzelposten zurückzuführen sei. Dadurch sei zwar eine dichtere Belegung im ländlichen Raum gewährleistet, jedoch wäre zu wenig Personal beim Eingreifen vorhanden, was Zigeuner auszunutzen wüssten. Er bezeichnete den Wandergewerbeschein als „behördlichen Talisman"[417], gegen den der einzelne Beamte nichts auszurichten vermöge. Was bleibe, sei lediglich eine Erweiterung des Zigeunerbuchs auf ‚nach Zigeunerart umherziehende Personen', die er als Hauptproblem empfand:

> „Es handelt sich um die große Sippe der nach Zigeunerart umherziehenden Scheerenschleifer, Siebmacher, Schirmflicker, Kasperltheaterbesitzer usw., die, wenn wir offen sein wollen, infolge ihrer weit größeren Verbreitung eine nicht minder erhebliche Belästigung bei der Bevölkerung als die Zigeuner selbst bilden."[418]

Als Gegenmaßnahme schlug er die vermehrte Registrierung aller Personen durch Fingerabdrücke vor. Was mit diesen Daten geschehen sollte, ließ Meyer jedoch unerwähnt.[419]

Auch der Stuttgarter Kriminalist Hermann Aichele sah im deutschen Zigeuner „im wesentlich[en] ein[en] soziale[n] Schmarotzer", dem man nicht durch Sesshaftmachung Herr werden könne. Er war folgender Auffassung:

> „Von einer Ansiedlung kann ernsthaft nur dann gesprochen werden, wenn der Zigeuner nicht mehr Zigeuner ist".[420]

---

416 LUCHTERHANDT, Der Weg nach Birkenau, S. 27; ENGBRING-ROMANG, Die Verfolgung der Sinti und Roma, S. 91.

417 MEYER, Neue Wege zur Bekämpfung, S. 259.

418 Ebd., S. 269.

419 Ebd.

420 AICHELE, Die Zigeunerfrage (1922).

Auch er setzte sich dafür ein, den Erkennungsdienst auszubauen, und erprobte, Verwaltungsmaßnahmen einheitlich durchzuführen. Ausnahmegesetzte lehnte er hingegen ab, mit der Begründung, dass der Großteil der in Deutschland lebenden Zigeuner als Landfahrer, die ein Wandergewerbe betrieben, anzusprechen sei.[421]

Der Württembergische Polizist Lutz sprach in seinem Artikel im Deutschen Polizei-Archiv von einer „Vermischung, die zwischen echten Zigeunern und Einheimischen schon vor langer Zeit stattgefunden“ habe, und wie sich die Zigeuner „sehr oft freilich unter dem Deckmantel irgendeines Hausiergewerbes“ auf unrechtmäßige Weise durchs Leben schlügen.[422] Lutz plädierte zunächst für die strenge Überprüfung von Wandergewerbescheinen und stärkere Nutzung der Möglichkeit, Zigeuner aufgrund von Landstreicherei ins Arbeitshaus zu verweisen.[423]

Diese Maßnahmen wurden mit der Verabschiedung des bayerischen „Zigeuner- und Arbeitsscheuengesetzes“ von 1926 durchaus erleichtert, das die persönliche Freiheit und das in der Verfassung verankerte Gleichheitsprinzip mit der Zigeunerzuschreibung unterwanderte. Zwei Jahre später wurde auch in Hessen der „Entwurf eines Gesetzes zur Bekämpfung der Zigeuner und Landfahrer“ vorgelegt, der sich an das bayerische Gesetz anlehnte.[424] Beide Gesetze spielten jedoch für die reichsweite Zigeunerpolitik erst einmal keine entscheidende Rolle. Stattdessen setzte Bayern das flächendeckende Fingerabdruckverfahren für Zigeuner unter seiner Führung durch.

Diesbezüglich erklärte der Polizeidirektor von Merz in einem Beitrag zum 25-jährigen Jubiläum der Münchner Zigeunerpolizeistelle das bayerische Vorgehen als das „einzig mögliche und richtige“.[425] Ziel sei nicht, „das Zigeunertum mit Stumpf und Stiel auszurotten“, sondern es zurückzudämmen und zu kontrollieren.[426] Dabei sah er im Vorgehen gegen reichsangehörige Zigeuner den Schwerpunkt der Polizeiarbeit. Weiterhin wollte er den Ausbau der Münchner ‚Zigeunerfahndungskartei‘ vorantreiben, aber dies nun in Zusammenarbeit mit anderen Landeskriminalnachrichtendiensten.[427] Dabei

---

421 Aichele, Die Zigeunerfrage (1922).

422 Lutz, Das Zigeunerproblem, S. 66.

423 Ders., Das Zigeunerproblem. Fortsetzung. Zum Schluss seiner Erörterung forderte Lutz jedoch die Zwangsansiedlung von Zigeunern in Ostpreußen und die Erziehung der Kinder in Anstalten in Form von Ausnahmegesetzen. Derartige Positionen isolierten sich von den pragmatischeren Ansätzen vieler Kriminalräte, von denen sie zumeist als nicht durchsetzbar abgetan wurden. Vgl. ders., Das Zigeunerproblem. Schluß, S. 192.

424 Engbring-Romang, Die Verfolgung der Sinti und Roma, S. 83.

425 Merz, Zigeunerbekämpfung, S. 196.

426 Ebd., S. 197.

427 Ebd., S. 200.

sollte die Länderhoheit, vor allem aber aus seiner Sicht die Vormachtstellung Bayerns, nicht angetastet werden:

> „Eine reichsgesetzliche Regelung der Zigeuner- und Landfahrerplage erscheint nicht notwendig. [...] Im übrigen aber rechtfertigt es die Verschiedenheit der Verhältnisse in den einzelnen Ländern im Hinblick darauf, daß die Zigeunerbekämpfung doch im wesentlichen Aufgabe der vollziehenden Gewalt ist, und damit an die Art und Weise heranrührt, wie die Polizeihoheit in dem einzelnen Lande ausgeübt werden will, die Aufstellung der polizeilichen Bestimmungen und Verordnungen selbst in der Hauptsache den Landesregierungen wie bisher zu überlassen."[428]

Hierauf tagte auf Vorschlag der Münchner im Oktober 1926 die „Deutsche Kriminalpolizeiliche Kommission" in Berlin, um einheitliche Grundsätze für alle deutschen Staaten in der Verfolgung zu vereinbaren.[429]

Diskutiert wurde der Wandel der Zigeunerbekämpfung von einer sicherheitspolizeilichen Domäne zur kriminalpolizeilichen Angelegenheit im Sinne einer vorbeugenden Verbrechensbekämpfung. Merz, der die Vorreiterrolle der süddeutschen Staaten in der Daktyloskopie legitimieren wollte, um sein langfristiges Ziel einer gesamtdeutschen Registrierung zu erreichen, äußerte sich dazu:

> „Und auch die Volksmeinung neigt offenbar dieser Auffassung zu; charakteristisch dafür scheint die verschiedentlich zum Ausdruck gekommene Anschauung zu sein, daß die Materie Zigeunerwesen auf der Polizeiausstellung in Berlin vielleicht noch besser im kriminalistischen Teil der Ausstellung als unter der Rubrik ‚Verwaltungspolizei' unterzubringen gewesen wäre."[430]

Merz spielte hierbei auf die große Berliner Polizeiausstellung an, die das Bild einer modernen Polizei in der Öffentlichkeit generieren sollte.[431] Die immer noch vorherrschende Militärlastigkeit und behördliche Willkür der Polizei wurde in den 1920er Jahren öffentlich stark angeprangert.[432] Vor allem die Organisation der Gendarmerie bzw. Landjägerei war durch einen militärischen Charakter geprägt, was auch das Misstrauen der Besatzungsbehörden hervorbrachte.[433] In der Polizeiausstellung sollten die Arbeitsbereiche der

---

428 Ebd., S. 199.

429 Ders., Der kriminalpolizeiliche Charakter, S. 3.

430 Ebd., S. 7. Dafür wurde landesweit im Vorfeld Material für die sogenannte ‚Materie Zigeunerwesen' gesammelt. In Altenkirchen überlegte man, eine alte ‚Zigeunereiche', wo die Zigeuner immer rasteten, zu fällen und sie in Berlin aufzustellen. Vgl. LHAK Best. 441, Nr. 27991, Landrat Altenkirchen an Reg.-Präs. Koblenz, Altenkirchen 26.05.1926.

431 Bessel, Militarisierung und Modernisierung.

432 Lüdtke, Einleitung, S. 14; Bessel, Militarisierung und Modernisierung.

433 Zur Militärlastigkeit der Polizei vgl. Knatz, Polizei.

Polizei öffentlichkeitswirksam inszeniert werden.[434] Dabei stand die Präsentation neuer Methoden im polizeilichen Arbeiten wie die Anthropometrie, die Erschließung der sozialen Identität durch gezielte Erfassung körperlicher Merkmale, oder der Daktyloskopie, die Erfassung der Papillarlinien der Fingerkuppen, im Vordergrund.[435]

Mit der Ankündigung Preußens einige Monate nach der Tagung der „Deutschen Kriminalpolizeilichen Kommission" in Berlin, ein preußenweites Fingerabdruckverfahren durchzuführen,[436] erreichte München endlich das lang ersehnte Ziel einer reichsweiten Erfassung. Auf Anordnung des preußischen Innenministers sollten im Zeitraum vom 23. bis 26. November 1927 von „allen nicht sesshaften Zigeunern und nach Zigeunerart umherziehenden Personen", die älter als sechs Jahre waren, Fingerabdrücke zur Feststellung ihrer Identität genommen werden.[437] Für diese Aktion wurden insgesamt 17.000 Fingerabdruckbögen verteilt.[438] Nach Möglichkeit sollten außerdem drei Fotos von den Betroffenen angefertigt werden.

Jeweils ein Exemplar der angefertigten Fingerabdruckbögen war für die neu errichtete „Auskunftsstelle über Zigeuner" beim preußischen Landeskriminalamt in Berlin bestimmt und ein weiteres ging an die „Zigeunerpolizeistelle bei der Polizeidirektion in München". Damit hatte Bayern seine Vormachtstellung in der Zigeunerpolitik offiziell gegenüber Preußen durchgesetzt. Zigeuner bekamen in fast allen Teilen des Reiches einen Sonderausweis mit Passfoto und Fingerabdrücken ausgestellt, den sie von nun an ständig mit sich führen mussten.[439]

---

434 Ziel war es, „der Allgemeinheit ein abgeschlossenes und vollständiges Bild von den mannigfachen Aufgaben und der vielfältigen Tätigkeit, den verschiedenartigen Uniformen und der technischen Ausrüstung der modernen Polizei, von der engen Zusammenhang und dem ständigen Zusammenwirken der verschiedenen Polizeidienstzweige" zu präsentieren. vgl. Abegg, Aufbau und Gliederung, S. 3.

435 Vgl. Becker, Vom „Haltlosen" zur „Bestie"; Brons, Im Labyrinth; vgl. zur zugrundeliegenden Tendenz Raphael, Die Verwissenschaftlichung. Zur Frage der Verwissenschaftlichung in der Kriminologie, vgl. Schauz/Freitag, Verbrecher im Visier, S. 23. Zur Praxis der Polizeibehörden vgl. Wagner, Volksgemeinschaft ohne Verbrecher; Sparing, Verwaltungspolizei und Verfolgung. Eine Untersuchung hierzu zum ländlichen Raum steht noch aus.

436 Merz, Der kriminalpolizeiliche Charakter.

437 Preuß. Min. d. Innern, Grzesinski: Runderlass betr. Fingerabdruckverfahren bei Zigeunern, vom 03.11.1927. In: Ministerial-Blatt für die Preußische innere Verwaltung (1927), S. 1045–1048. Im Folgenden mit Kurztitel „Preuß. Min. d. Innern, Fingerabdruckverfahren 1927" belegt. Vgl. dazu auch Tatarinov, Nr. 227: Fingerabdruckverfahren.

438 Engbring-Romang, Die Verfolgung der Sinti und Roma, S. 93.

439 Fings/Sparing, Rassismus – Lager – Völkermord, S. 41.

Mehr als insgesamt 8000 Personen wurden so in ganz Preußen erfasst. Auch wenn die meisten restriktiven Maßnahmen in Preußen etwas später eingeführt worden waren als in den süddeutschen Ländern, wurde auch hier gegen Ende der Weimarer Republik eine nahezu vollständige Überwachung der Zigeuner erreicht. Hessen schloss sich 1927 dem preußischen Verfahren an.[440] Das schon seit 1911 in Bayern eingeführte Fingerabdruckverfahren wurde Ende der 1920er Jahre schließlich in den meisten deutschen Staaten praktiziert.[441] Die Münchner Zentrale hatte 1926 bereits 14.000 Personalakten von Zigeunern angelegt.[442] Gemäß der föderalen Polizeistruktur des Reiches wurden auch bald in anderen Ländern Nachrichtendienste eingerichtet, vor allem in Mittel- und Süddeutschland. In Sachsen war die Polizeidirektion Dresden zuständig, in Baden sammelte die Landespolizeistelle Karlsruhe bis 1935 5.000–6.000 Personenakten[443] und in Hessen übernahm Darmstadt die landesweite Erfassung der Zigeuner.[444]

Die Münchner Zigeunerzentrale baute ihren Einflussbereich seit 1926 entschieden aus und erreichte inoffiziell die reichsweite Zuständigkeit. Sie sammelte Daten von fast allen deutschen Staaten sowie Österreich-Ungarn in ihrer Kartei. Mit der Erhebung Himmlers als Reichsführer SS zum „Chef der deutschen Polizei im Reichsministerium des Innern“ 1936 wurde die bis dato vorhandene Autonomie der Länderpolizeien aufgehoben und ein zentraler Behörden- und Beamtenapparat zur Zigeunerverfolgung errichtet. Im Jahre 1938 erfolgte die Eingliederung der Münchner Zigeunerbehörde als „Reichszentrale zur Bekämpfung des Zigeunerunwesens“ in das Berliner Reichskriminalpolizeiamt, womit die bereits im Kaiserreich angestrebte Zentralisierung unter bayerischer Führung schließlich offiziell erreicht wurde.[445]

An den Schwierigkeiten in der polizeilichen Praxis änderte sich auch zum Ende der Weimarer Republik durch die reichsweite Erfassung aller Zigeuner nicht viel, wie die „Sammlung von Vorschriften für den Handgebrauch des Polizeibeamten“ durch den württembergischen Landjäger Dorsch aus dem Jahre 1931 deutlich macht. Die Notwendigkeit dieser Sammlung von 110 Vorschriften und Dienstanweisungen, die beim Aufgreifen von Zigeunern in Frage kämen, erklärte Dorsch so:

---

440 ENGBRING-ROMANG, Die Verfolgung der Sinti und Roma, S. 82.

441 In Württemberg 1920, vgl. FRICKE, Zwischen Erziehung und Ausgrenzung, S. 140; in Sachsen 1925, vgl. HÖHNE, Die Vereinbarkeit der deutschen Zigeunergesetze, S. 165.

442 FINGS/SPARING, Rassismus – Lager – Völkermord, S. 40.

443 SCHENK, Rassismus gegen Sinti und Roma, S. 348f.

444 ENGBRING-ROMANG, Die Verfolgung der Sinti und Roma, S. 117 und 121.

445 ZIMMERMANN, Ausgrenzung, Ermordung, Ausgrenzung, S. 354.

„Erfahrungsgemäß sind es nicht selten entlegene Örtlichkeiten, in denen insbesondere der Landjäger bei seiner Streife auf Zigeuner stößt; er empfindet dann das Bedürfnis, schon zur Feststellung der für eine etwaige Abrügung strafbarer Handlungen zuständigen Behörde (Fluchtverdacht!), insbesondere auch zur Festellung der in Frage kommenden strafbaren Handlungen sich schnellstens über die bestehenden, in einer ganzen Reihe von Gesetzen und Verordnungen verstreuten Rechtsätze unterrichten zu können."[446]

Die Verordnungslage war nach wie vor uneinheitlich und unübersichtlich, Definitionen und Verwaltungswege unzureichend für die ausführenden Beamten erklärt. Ausdifferenzierungsprozesse in der föderal organisierten Polizeiverwaltung und das bayerische Streben nach einem reichsweiten Führungsanspruch in der Zigeunerüberwachung waren Antriebskräfte in der reichsweiten Erfassung von Zigeunern in den 1920er Jahren und bildeten damit eine Basis für eine zentralisierte Zigeunerverfolgung im Nationalsozialismus. Zigeunerpolitik wurde im deutschen Kontext also weniger durch reichspolitisches Handeln als durch die Ausgestaltung von Polizeistrukturen konstituiert. Parlament und Reichsregierung dementierten zwar den Handlungsbedarf in der Zigeunerfrage aufgrund der zahlreichen Klagen nicht, doch traten sie nicht als aktive Akteure in Erscheinung. Stattdessen lag die Entscheidungsgewalt bei den Ländern, die diese für die Durchsetzung ihrer partikularen Interessen nutzten. Dies führte zur Ausgestaltung eines enormen Verordnungsarsenals, das in seiner Fülle, Widersprüchlichkeit und zunehmenden Radikalisierung durchaus als ‚Sonderrecht', wie Martin Luchterhand vorschlägt, deklariert werden kann.[447] Ausschlaggebend dafür war vor allem der Verzicht auf eine praxistaugliche Definition des Begriffs ‚Zigeuner', die im Ermessensspielraum der lokalen Polizei verblieb. Der Zwang zur Registrierung von Personen wurde durch Verordnungen jedoch nach unten weitergereicht.

Die Zigeunerpolitik in Preußen war im Vergleich zu den süddeutschen Ländern zunächst verhältnismäßig moderat. Bis 1927 wurde beispielsweise kein Zigeunernachrichtendienst, der etwa als Pendant zur Münchner Zigeunerzentrale fungierte, gegründet. Der Innenminister erachtete den Kostenaufwand als zu hoch.[448] Insgesamt war die preußische Zigeunerpolitik nach alten Mustern durch ihre Dezentralität gekennzeichnet, da in erster Linie Verordnungen erlassen wurden, die jeweils nur für einzelne Regierungsbezirke galten. Lediglich zwei Bestimmungen wurden zentral vom preußischen Innenministerium

---

446 Dorsch, Die Bekämpfung der Zigeuner, S. 6f.
447 Vgl. Luchterhandt, Der Weg nach Birkenau.
448 Bonillo, „Zigeunerpolitik" im Deutschen Kaiserreich, S. 166; Engbring-Romang, Die Verfolgung der Sinti und Roma, S. 65.

erlassen und durchgesetzt,[449] die „Anweisung zur Bekämpfung des Zigeunerunwesens“ von 1906 und das 1927 durchgeführte „Fingerabdruckverfahren an Zigeunern und nach Zigeunerart umherziehenden Personen“.

Das zwar in den Diskursen der Polizeivertreter durchaus aufzuspürende rassische Verständnis von Zigeunern wurde bewusst zugunsten einer soziographischen Definition verdrängt. Maßnahmen, die in rassenanthropologischen Diskursen zur Diskussion standen, wie Zwangsansiedlungen oder Kindswegnahmen, wurden als unrealistisch abgetan.[450] So schrieb der württembergische polizeiliche Obersekretär Lutz in seiner Abhandlung über das ‚Zigeunerproblem‘ 1926 zur möglichen Zwangserziehung von Zigeunerkindern:

> „Diese Maßnahme steht jedoch nur auf dem Papier, weil ihre Durchführung den Behörden so große Scherereien, wenn nicht gar unüberwindliche Schwierigkeiten bereitet, so daß sie davon lieber von vornherein Abstand nehmen.“[451]

Der Ermessensspielraum der lokalen Polizei umfasste jedoch nicht nur die Definitionsmacht hinsichtlich der Zigeunerbestimmungen, sondern führte auch zu Exklusionsmustern gegenüber mobilen Armen auf der Grundlage der Reichsgewerbeordnung und des Armenrechts. Dies bedingte die Ausdehnung polizeilicher Überwachungsmaßnahmen auf andere mobile Gruppen, die ursprünglich nicht unter dem Zigeunerbegriff verhandelt worden waren.

2.3 Die Exklusion mobiler Armer durch das Armenrecht

Für die Verfolgungspraxis der lokalen Polizei vor und nach dem Ersten Weltkrieg spielten vor allem auf dem Land auch armenrechtliche Faktoren eine wichtige Rolle. Zigeunerbestimmungen und die Reichsgewerbeordnung verlagerten die Erfassung und Umsetzung von Zigeuner- und Wandergewerbepolitik beinahe gänzlich in den Ermessensspielraum der Polizei. Diese fasste seit jeher arme, mobile Personen als Gefahr für die Sicherung des Allgemeinwohls auf und machte sie zur Zielgruppe polizeilicher Überwachung und Misstrauen.[452] Bestimmend für die Polizeiarbeit war die Grundannahme, dass

---

449 Der Erlass des Ministers für Wohlfahrt 1920, dass für Zigeuner der Aufenthalt in Heilbädern, Kurorten und Erholungsstätten verboten sei, und der Runderlass des preußischen Ministers für Landwirtschaft, Domänen und Forsten 1927 gegen die angebliche Verbreitung der Maul- und Klauenseuche durch Tiere von Zigeunern galten ebenfalls landesweit. Beide Verordnungen dienten jedoch mehr dazu, die lokalen Abschiebepraktiken weiterhin zu legitimieren oder auszubauen. LHAK Best. 655, 213, Nr. 396, Runderlass des preuß. Ministers für Landwirtschaft, Domänen und Forsten Berlin, 11.05.1927, Abschrift.

450 Aichele, Die Zigeunerfrage (1922); Merz, Zigeunerbekämpfung, S. 199.

451 Lutz, Das Zigeunerproblem, S. 67.

452 Lucassen, Zigeuner, S. 19.

eine von gängigen Ordnungsvorstellungen abweichende Lebensführung als moralische Minderwertigkeit anzusehen sei, die Beschränkungen von individuellen Freiheiten legitimiere. Wandern ohne Pass und ohne Arbeit wurde als potentielle Gefahr betrachtet und kontrolliert.[453] Die Wahrnehmung von Zigeunern einerseits als Gefahr für die öffentliche Ordnung und andererseits als arm und ‚arbeitsscheu' machten sie zur prädestinierten Zielgruppe für polizeiliches Handeln. Der Grundsatz des ‚Beobachtens' in der Polizeiarbeit mit dem Fokus auf Wahrung von Ruhe und Ordnung auf den Straßen verschärfte die Aufmerksamkeit der Beamten auf Personen, die das Bild eines geordneten Straßenlebens störten, wie etwa Bettler, Landstreicher oder umherziehende Familien. Mit der Beobachtung von deviantem Verhalten und der anschließenden Erfassung in Akten und Karteisystemen wurde so Deliquenz geschaffen und diese trotz neuer zeitgenössischer Theorien über den Charakter des Verbrechens weiterhin auf traditionelle soziale Randgruppen fokussiert.[454]

Zwar war die Ausgliederung der Wohlfahrtsfunktion ein wichtiger Faktor in der Modernisierung der Polizei,[455] doch erfolgte mit der Grundlegung des Wohlfahrtsstaates im Zuge der Sozialversicherungsgesetzgebung in den 1880er Jahren wiederum ein Rückgriff auf die organisatorischen Kapazitäten der Polizei, da es sonst kaum andere ortsnahe Spezialbehörden gab, welche die anfallenden Aufgaben hätten bewältigen können. Gerade auf kommunaler Ebene herrschte demnach eine „Allzuständigkeit der Polizeibehörde", was auf dem Land besonders deutlich wurde durch die Funktion des Ortsvorstehers als Polizei- und Wohlfahrtsbehörde in Personalunion.[456]

Hinzu kamen die seit 1896 ausgedehnten, polizeilichen Ermessensspielräume kommunaler Verwaltungsorgane im Bereich des Wandergewerbes. Dabei lag nicht nur die Beaufsichtigung der Gewerbetreibenden in den Händen der Polizei,[457] sondern auch die Einschätzung der Versagensgründe einschließlich einer möglichen Rücknahme der Erlaubnis.[458]

Bereits in der Reichstagsdebatte von 1882 kritisierten Nationalliberale, Sozialisten und Abgeordnete der Deutschen Fortschrittspartei die Ausdehnung polizeilicher Befugnisse.[459] Eröffnet wurde die Debatte durch die

453 Ebd., S. 20.
454 Becker, Vom „Haltlosen" zur „Bestie", S. 120 und 130.
455 Jessen, Polizei, Wohlfahrt, S. 160.
456 Ebd., S. 159, 165 und 167.
457 Hoffmann, Gewerbe-Ordnung 1904, Ausführungsanweisung Ziffer 63–67: Gewerbebetrieb für Inländer sowie Ausführungsanweisung Ziffer 77: Gewerbebetrieb für Ausländer.
458 Reger, Gewerbeordnung 1896, Paragraph 58.
459 Verhandlungen des Reichstags, 05.05.1882, V. Legislaturperiode, II. Session, 3. Sitzung, Bd. 1: Stenographische Berichte. Berlin 1883, S. 16–67 [www.reichstagsprotokolle.de (Stand Februar 2015)].

diesbezüglichen Bedenken des Abgeordneten der Liberalen Vereinigung, Eduard Lasker:

> „Mit ganz besonderer Ungunst behandelt ist das Gewerbe der öffentlichen Schaustellungen, das ob als stehendes Gewerbe, ob im Umherziehen betrieben, ganz und gar in die Willkür der Behörden gestellt ist. Das Verwaltungsstreitverfahren wird untersagt, die Entscheidung über das Bedürfniß wird der Polizei anheimgegeben, aus Gründen der Verdächtigkeit soll die Konzession versagt, entzogen werden, sie soll auf Zeit und unter Bedingungen gewährt werden dürfen, was wir sonst grundsätzlich in der Gewerbeordnung ausgeschlossen haben."[460]

Die Entgegnungen des konservativen Abgeordneten Theodor Günther, Rittergutsbesitzer aus dem Wahlkreis Sachsen, Deutsche Reichspartei, zugunsten einer Machtausweitung der Polizei transportierten gleichzeitig ein zeitgenössisches Bild der Polizei:

> „Meine Herren, die Gewerbepolizei – ich gebrauche den Ausdruck ‚Polizei' absichtlich, weil Sie denselben immer als Schreckbild hinstellen – liegt in den Städten doch zunächst in der Hand der Bürgermeister und Stadträthe. Sind denn die deutschen Bürgermeister und Stadträthe in ihrer großen Mehrheit so unzuverlässig, daß man fürchten muß, sie würden mit der ihnen ertheilten größeren Ermächtigung Missbrauch treiben, oder sind sie so unwissend, daß sie nicht unterscheiden können, ob es sich um einen berechtigten Gewerbebetrieb oder um einen Schwindel handelt, oder glauben Sie, daß die Landgemeinden gar nicht wissen, was ihnen Noth thut? Oder sind die staatlichen Behörden so vollständig ausgeartet – möchte ich sagen –, daß man das größte Bedenken hegen muß, ihnen in gewerblichen Dingen etwas mehr Befugnisse einzuräumen, als sie gegenwärtig haben?"[461]

Das oppositionelle Lager rund um Eduard Lasker konnte sich im Endeffekt nicht durchsetzen, die Gesetzesnovelle von 1896 erlaubte schließlich die Rücknahme des Wandergewerbescheines bei Ausländern nach polizeilichem Ermessen, „wenn erhebliche polizeiliche Bedenken gegen die Persönlichkeit nachträglich sich ergeben."[462] Und bei inländischen Antragsstellern wurde die Feststellung von Versagungsgründen für den Wandergewerbeschein dem freien Ermessen der Behörde überlassen.

---

460 Verhandlungen des Reichstags, 05.05.1882, V. Legislaturperiode, II. Session, 3. Sitzung, Bd. 1: Stenographische Berichte. Berlin 1883, S. 18, Sp. 2.

461 Verhandlungen des Reichstags, 08.05.1882, V. Legislaturperiode, II. Session, 5. Sitzung, Bd. 1: Stenographische Berichte. Berlin 1883, S. 46, Sp. 2.

462 Bekanntmachung betreffend Ausführungsbestimmungen zur Gewerbeordnung, 27.11.1896: II. Gewerbebetrieb für Ausländer im Umherziehen. In: Reichs-Gesetzblatt. Berlin 1896, S. 745f., Ziffer II.A.4, vgl. TATARINOV, Nr. 167: Gewerbeordnung für umherziehende Ausländer.

Die Unterscheidung zwischen In- und Ausländern schien von Seiten der Regierung zunächst ausreichend für die Aushandlung rechtlicher Teilhabe und Ausschluss mobiler Gruppen. Auf Reichs- und Länderebene wurde dies durch die Gewerbeordnung und die Zigeunerbestimmungen anhand der Staatsangehörigkeit besiegelt.

Bereits 1886 wurde der Zigeunerbegriff hinsichtlich ausländischer Wandergewerbetreibender in den Bestimmungen des preußischen Innenministers, Robert Viktor von Puttkamer (1881–1888), genutzt, um die Abschiebung unliebsamer Ausländer zu legitimieren.[463] Die zunächst sehr liberale Gewerbeordnung von 1883, die das Wandergewerbe für „Jedermann“, also für In- und Ausländer gleichermaßen frei gestattete,[464] wurde in der Neufassung von 1896 stark eingeschränkt. Dabei wurde auch hier die Zigeunereigenschaft für Ausländer in den Ausführungsbestimmungen als Ablehnungsgrund für einen Wandergewerbeschein angeführt.[465] Die Bedürfnisfrage für den Wandergewerbebetrieb für Ausländer sollte zudem durch den zuständigen Bezirksausschuss allein eingeschätzt werden.[466] Das Umherziehen von ungewollten Zigeunern oder Wandergewerbetreibenden wurde zunächst als Ausländerproblem dargestellt. Die Unterscheidung zwischen In- und Ausländern in den zwei maßgeblichen Texten zur ‚Zigeunerbekämpfung' in Preußen während des Kaiserreichs, der Rundverfügung des Innenministers 1886[467] und der Anweisung von 1906,[468] verlagerte den Fokus auf die Inländer als Problem. Die Verfügungen legten den ausführenden Kräften nahe, die inländischen Zigeuner sesshaft werden zu lassen. So forderte der Ministerialerlass von 1886:

> „Was sodann diejenigen Zigeuner betrifft, welche im Reichsgebiet ihren dauernden Aufenthalt genommen haben und unter zeitweisem Verlassen ihres regelmäßigen Wohnsitzes gemeinschaftlich in größerer Zahl in Deutschland umherzustreifen pflegen, so wird es auch gegen diese eines verschärften Vorgehens

---

463 LHAK Best. 403, Nr. 6810, Erlass des Preuß. Min. d. Innern, Berlin 30.04.1886, S. 159–163. Vollständig abgedruckt in Tatarinov, Nr. 154: Ausländische und inländische Zigeuner. Vgl. dazu auch die Empfehlung aus dem Reichskanzleramt durch Otto von Bismarck vom 01.07.1886, LHAK Best. 393, Nr. 3475. Weitere Verordnungen aus Bayern, Sachsen und Preußen in gedruckter Form bei Bonillo, „Zigeunerpolitik“ im Deutschen Kaiserreich, und Hehemann, Die „Bekämpfung des Zigeunerunwesens“.

464 Schicker, Gewerbe-Ordnung 1884, Paragraph 56d, S. 118.

465 Bekanntmachung betreffend Ausführungsbestimmungen zur Gewerbeordnung, 27.11.1896: II. Gewerbebetrieb für Ausländer im Umherziehen. In: Reichs-Gesetzblatt. Berlin 1896, S. 745f., Ziffer II.A.4.

466 LHAK Best. 403, Nr. 6810, Erlass des Preuß. Min. d. Innern, Berlin 30.04.1886, S. 159–163.

467 Ebd.

468 Preuß. Min. d. Innern, Anweisung 1906.

> und zwar in der Richtung bedürfen, daß durch Ergreifung der gegen jeden einzelnen zuläßigen Maßregeln auf eine Auflösung derartiger die öffentliche Ordnung und Sicherheit gefährdenden Banden und ferner darauf hingewirkt wird, daß dieselben sich einer seßhaften Lebensweise zuwenden."[469]

Die preußische Anweisung von 1906 präzisierte diese Ausführungen nicht, hierin hieß es:

> „Bei inländischen, d.h. solchen Zigeunern, welche nachweisbar die Staatsangehörigkeit in einem deutschen Bundesstaate besitzen, ist anzustreben, daß sie möglichst an einem bestimmten Wohnorte seßhaft werden und nicht im Umherziehen der Bevölkerung zur Last fallen."[470]

Die Umsetzung dieser Maßnahmen wurde schlicht auf die lokale Ebene verlagert, ohne Vorschläge vorzulegen, wie sie praktisch durchzuführen seien. Das in den Verordnungen anvisierte Ziel der Sesshaftmachung widersprach jedoch der gängigen Praxis der Gemeinden, wandernde Arme schnellstmöglich abzuweisen, um im Falle ihrer Bedürftigkeit nicht Armenunterstützung zahlen zu müssen. Der Bürgermeister als Fürsorge- und Ortspolizeibehörde in einer Person hatte dementsprechend ein großes Interesse daran, Fremde schnell loszuwerden. Abschiebungen nahmen auch in diesen Fällen die Gendarmen bzw. Landjäger als Exekutivorgane vor, die meistens schon vor der Dorfgrenze versuchten, die betreffenden Gruppen in den nächsten Landkreis abzuschieben. Diese Vorgehensweise war tief verwurzelt und wurde auch nicht mit den neuen Bestimmungen im Armenrecht durchbrochen.

Mit der Reichsgründung 1871 wurde das in vielen deutschen Staaten traditionell verankerte Heimatrecht durch das preußische Prinzip des Unterstützungswohnsitzes abgelöst. Zwar blieb das Heimatrecht in einigen Gegenden wie etwa in Bayern bis 1916 noch bestehen, doch musste sich in diesem Fall Landesrecht den reichsweiten Freizügigkeitsbestimmungen beugen.[471]

Das Heimatprinzip hatte die Versorgung der verarmten Gemeindemitglieder durch die Kommune verlangt, wobei das Heimatrecht jedoch nur durch Geburt oder Geburtsort der Eltern in der Gemeinde erlangt werden konnte. Damit wurden Ortsfremde prinzipiell aus der Armenpflege ausgegrenzt.[472] Dieser Abgrenzungsmechanismus und die Skepsis gegenüber Fremden wurden durch das Unterstützungswohnsitzgesetz zusätzlich finanziell untermauert.

---

469 Unterstreichung im Original LHAK Best. 403, Nr. 6810, Erlass des Preuß. Min. d. Innern, Berlin 30.04.1886, Ziffer II, S. 161.

470 Preuß. Min. d. Innern, Anweisung 1906, Ziffer B. 6.

471 WEICHLEIN, Nation und Region.

472 Vgl. REIDEGELD, Armenpflege und Migration, S. 264, 266 und 272–274; SACHSSE/TENNSTEDT, Sozialpolitik vor dem Sozialstaat; LUCASSEN, Eternal Vagrants.

Im Gegensatz zum Heimatrecht galt hier nicht mehr nur das ausschließliche Geburtsrecht. Um Anspruch auf Armenfürsorge zu erlangen, reichte ein längerer Aufenthalt in der Gemeinde. In der Gesetzgebung des Deutschen Reichs von 1871 handelte es sich hierbei um zwei Jahre ohne Unterbrechung. Später wurden die Fristen kontinuierlich verkürzt, bis 1924 der bloße Aufenthalt genügte.

Die Umgestaltung des Armenrechts Ende des 19. Jahrhunderts resultierte aus der wirtschaftlichen Umwälzung des industriellen Zeitalters. Mit den durch die Industrialisierung eingetretenen Veränderungen des Arbeitsmarktes lag die Mobilisierung von Arbeitskräften im Interesse des Staates. Die Liberalisierung des Marktes erforderte die Freizügigkeit der Arbeitnehmer,[473] was mit der Einschränkung des Handlungsspielraums der Kommunen einherging. Mit der seit 1842 in Preußen eingeführten und seit 1871 reichsweit ausgedehnten Freizügigkeitsgesetzgebung wurden die Gemeinden dazu verpflichtet, den Angehörigen des Staates jederzeit freien Zugang zu ermöglichen, also den Zuzug Auswärtiger nicht zu verwehren.[474] Damit wurde die Pflicht, für verarmte Staatsbürger zu sorgen, zwar zunehmend zur Sache des Staates und oblag nicht mehr der alleinigen Verantwortung der Kommunen,[475] jedoch beruhte mit der Einführung der Bismarck'schen Sozialversicherung die staatliche Sozialpolitik nicht auf dem Prinzip der Staatsbürgerschaft, sondern auf der Versicherungspflicht der Beschäftigten. Die Armenfürsorge verblieb damit weiterhin hinter der Arbeitersozialpolitik als „Restgröße der sozialen Sicherung“ im Verantwortungsbereich der Kommunen.[476] Hierfür war nach wie vor die klare Unterscheidung zwischen Ausländern und Inländern in sozialer und finanzieller Hinsicht relevant.[477]

Abgewiesen werden konnten nur noch Ausländer, obwohl sie ebenfalls für eine kurze Zeit unterstützt werden sollten, und bereits Unterstützungsbedürftige bzw. Personen, bei denen abzusehen war, dass sie bald bedürftig werden würden. Die rechtliche Handhabe, bei Ausländern nach altem Abschiebemuster zu verfahren, war also deutlich klarer als bei Inländern.

Für inländische Arme galt keine uneingeschränkte Freizügigkeit. Vor allem seit dem Aufkommen einer noch nicht gekannten konjunkturellen

473 Reidegeld, Bürgerschaftsregelungen, S. 220.

474 Ders., Armenpflege und Migration, S. 263. Mit der Freizügigkeit wurde die freie Wahl des Wohn- und Aufenthaltsorts festgelegt. Damit fand ein Wandel statt vom Konzept der Unterstützung durch den Geburtsort, das vor allem im alten Heimatrecht verankert war, hin zum Aufenthaltsprinzip, das seit 1924 den Unterstützungswohnsitz ablöste. Dazu ebd., S. 277.

475 Ebd., S. 253, und ders., Bürgerschaftsregelungen.

476 Ders., Armenpflege und Migration, S. 220.

477 Ebd., S. 264 und 281.

Massenarbeitslosigkeit[478] während den wirtschaftlichen Krisen der 1870er und 1880er Jahre wurde die Mobilität armer Bevölkerungsgruppen zunehmend als bedrohlich wahrgenommen und nur noch in Bezug auf Arbeitssuche als legitim angesehen.[479]

Für die soziale Abfederung von Personen, deren Unterstützungswohnsitz nicht geklärt werden konnte oder die nachweislich keinen innehatten, war der Landarmenverband zuständig. Kriterien für die Einweisung in ein Landarmenhaus waren Arbeitsunfähigkeit und der Nachweis der Heimatlosigkeit des Antragsstellers. Ersteres war durch den Armenarzt zu attestieren[480] und Letzteres musste durch die Kommune nachgewiesen werden, die ihre Unterstützungspflicht für die betroffene Person bestritt. Die Kommune musste also Rechenschaft ablegen im Falle einer verweigerten Unterstützung, was sie durch eine zügige Abschiebung schnell umgehen konnte.

Ortsarmenverbände sowie Landarmenverbände versuchten gleichermaßen, die Zahl der ihnen zugeteilten zu unterstützenden Armen so gering wie möglich zu halten und die Kosten einem anderen Verband zuzuschieben, sodass über Zuständigkeiten ständig debattiert wurde.[481] Mit der Einführung des Aufenthaltsprinzips auf der Grundlage der „Reichsverordnung über die Fürsorgepflicht" von 1924 musste jeder Hilfsbedürftige von dem Bezirksfürsorgeverband unterstützt werden, in dem er sich gerade befand, wobei die Kommunen nach wie vor einen hohen Anteil der Kosten in der Armenfürsorge zu tragen hatten.[482]

Die Pflicht zur Arbeit als systematische Grundlage für Fürsorgeleistungen nahm den Staat in die Verantwortung, Arbeit zu schaffen und zu vermitteln,[483] da traditionelle Formen der Existenzsicherung wie die Familie und die Kommune nicht mehr ausreichten. Daher wurde im Anschluss an die Bismarck'schen Sozialversicherungen schließlich auch die Absicherung von Arbeitslosigkeit als Armutsrisiko in Form einer Arbeitslosenversicherung diskutiert. Der Erste Weltkrieg unterbrach derartige Bemühungen und brachte stattdessen die Einschränkung von Versicherungsleistungen und des Arbeitsschutzes. Neue Formen der Fürsorge wie die Erwerbslosenfürsorge und Kriegsopferfürsorge

---

478 Der Begriff ‚Massenarbeitslosigkeit' wurde von den Zeitgenossen so noch nicht verwendet, aber erstmals als strukturelles Problem wahrgenommen, vgl. ZIMMERMANN, Arbeitslosigkeit.

479 Zur Wandererfürsorge als eine der ersten Formen der Arbeitsvermittlung vgl. ALTHAMMER, Bettler in rheinischen Städten; FRIE, Fürsorgepolitik zwischen Kirche und Staat. Zum Diskurs über die ‚Vagabundenfrage' vgl. ALTHAMMER, Vagabund, S. 450–453.

480 LERCHE, Alltag und Lebenswelt, S. 103.

481 Ebd., S. 100 und 106.

482 SACHSSE/TENNSTEDT, Fürsorge und Wohlfahrtspflege, S. 146–149.

483 Ebd., S. 77.

wurden übergangsweise eingeführt. Erst 1927 wurde eine reichseinheitliche Arbeitslosenversicherung in Form einer Zwangsversicherung mit Rechtsanspruch unter staatlicher Trägerschaft gesetzlich verankert.[484] Mit der Einführung der Erwerbslosenfürsorge (1918) und der Arbeitslosenversicherung (1927) erfolgte eine Ausdifferenzierung der öffentlichen Wohlfahrtspflege in der Weimarer Republik. Die hohe finanzielle Belastung der Kommunen blieb jedoch durch die starke Beteiligung an den Armenkosten und verursachte großen Druck auf die höheren Verwaltungsebenen, die Kosten einzudämmen, der an die ausführenden Beamten weitergegeben wurde. Diese hatten in der Bedürftigkeitsprüfung weiterhin einen großen Handlungsspielraum, was sich insgesamt für die Antragsteller nachteilig auswirkte. Primäres Ziel war es, die Ausgaben so gering wie möglich zu halten, was stetig angemahnt und geprüft wurde. Gleichzeitig sollte jedoch auch das Wandergewerbe als inoffizielle Form der Armenfürsorge unterdrückt werden, worauf zunehmend bestanden wurde. Der Bezirksausschuss auf Regierungsebene arbeitete diesbezüglich entgegen den Interessen der Kommunen, die ihr traditionelles Auffangbecken für die überlastete Armenfürsorge zunehmend nicht mehr nutzen konnten.

Die 1918 durch die Revolutionsregierung eingeführte Erwerbslosenfürsorge hatte auf Reichsebene das Potential, die traditionell verankerten lokalen Zuteilungsmechanismen zu durchbrechen. Doch entschieden nach wie vor die Gemeinden, wem Leistungen gewährt werden sollten, während sie diese zu großen Teilen selbst finanzieren mussten.[485]

Zudem war die Erwerbslosenfürsorge von vornherein als Provisorium konzipiert worden, das maximal bis zur Einführung der Arbeitslosenversicherung bestehen hatte sollen. Diese wurde jedoch erst 1927 realisiert. In der Praxis bedeutete das, dass primär darauf hingewirkt wurde, die Ausgaben der Erwerbslosenfürsorge mit Blick auf die leer geschöpften Reichskassen zu reduzieren, um sie schließlich ganz abzuschaffen.[486] Die Arbeitslosen, die traditionell aus der Armenfürsorge ausgegliedert waren, fanden so jedoch auch in der restriktiven und streng kontrollierten Erwerbslosenfürsorge kein verbindliches, soziales Auffangbecken. Der ab 1923 verpflichtend eingeführte Arbeitsnachweis wurde in der Praxis kein objektives Kriterium zur Bestimmung des Anspruchs auf Erwerbslosenunterstützung, stattdessen entwickelte er sich zum Repressionsmittel zur Legitimierung von Ablehnungen. So konnten etwa viele Antragsteller in Zeiten der 1925/26 in der Region Trier vorherrschenden Rationalisierungskrise nicht die geforderte ununterbrochene

---

484 Ebd., S. 79.

485 Die Finanzierung sollte zu einem Sechstel durch die Gemeinde, zu einem Drittel durch das Land und zur Hälfte vom Reich getragen werden, vgl. Marx-Jaskulski, Armut und Fürsorge, S. 361.

486 Berringer, Sozialpolitik in der Weltwirtschaftskrise, S. 52.

krankenversicherungspflichtige Beschäftigung nachweisen.[487] Viele wichen zeitweise in die Ausübung des Wandergewerbes aus, was für arbeitslose Familienväter toleriert wurde.[488]

Aus polizeilicher Sicht wurden auch auf dem Land Ende des 19. Jahrhunderts Wohlfahrtsfunktionen in den Bereichen Gesundheit, Wohnen und Fürsorgeerziehung allmählich aus der kommunalen Verwaltung ausgegliedert und Spezialisten, wie etwa hauptberuflichen Armenpflegern oder medizinischen Fachleuten, zugeführt.[489] Damit wurde der polizeiliche Zuständigkeitsbereich im beginnenden 20. Jahrhundert neu definiert und sollte sich auf die Wahrung der öffentlichen Sicherheit und Gefahrenabwehr konzentrieren.[490] Von einer konsequenten Trennung von Fürsorge und Polizeiarbeit konnte jedoch keine Rede sein, denn Amtsverfügungen der Fürsorgebehörden wurden immer noch mit Polizeigewalt umgesetzt.[491]

Die traditionelle Armenfürsorge wurde sich in der Weimarer Republik in fürsorgerische Einzelbereiche, wie etwa für Kriegsbeschädigte, Klein- und Sozialrentner oder Kinder- und Jugendliche ausgebaut und war zunehmend präventiv ausgerichtet. So kümmerten sich etwa Kreisfürsorgerinnen um die hygienische und gesundheitliche Aufklärung der Bevölkerung.[492] Trotz all dieser Reformbemühungen war das Weimarer Sozialsystem völlig überlastet, die Ausgaben stiegen im Vergleich zu den Vorkriegsjahren um das Fünffache und Wohnungsnot sowie Arbeitslosigkeit waren nicht in den Griff zu kriegen.[493]

Der Koblenzer Oberbürgermeister Russell klagte Ende der 1920er Jahre über den dramatischen Anstieg der Arbeitslosen und die damit verbundenen „unerträglich hohen Wohlfahrtslasten".[494] Innerhalb eines halben Jahres waren die Zahlen „trotz restriktivster Maßnahmen" von 604 Fällen im April um mehr als einhundert Prozent auf 1389 Fälle im Dezember angestiegen. Im Jahr 1931 waren 2300 Koblenzer Haushalte von Arbeitslosigkeit betroffen, weitere 5200 Fälle zählte das städtische Wohlfahrtsamt, was zusammen ca. einem Drittel der damaligen Koblenzer Bevölkerung entsprach. Durch immer strengere Auflagen wurde der Empfängerkreis der Erwerbslosenfürsorge und

---

487 Marx-Jaskulski, Armut und Fürsorge, S. 362 und 364.
488 Vgl. Kapitel 1.3 und 4.2.3. Dazu im österreichischen Fall Wadauer, Betteln und Hausieren, hier vor allem S. 185 und 188.
489 Lüdtke, Einleitung, S. 14. Vgl. zur Ausdifferenzierung und Professionalisierung des Gesundheitsbereichs im Kaiserreich und der Weimarer Republik ausführlich Krieger, Arme und Ärzte.
490 Jessen, Polizei, Wohlfahrt, S. 169f.
491 Lüdtke, Einleitung, S. 15.
492 Marx-Jaskulski, Armut und Fürsorge; Krieger, Arme und Ärzte; Sachsse/Tennstedt, Fürsorge und Wohlfahrtspflege, Abbildung 9, S. 148f.
493 Abelshauser, Die Weimarer Republik, S. 17.
494 Golecki, Vom Ersten Weltkrieg, S. 163.

Arbeitslosenversicherung sowie der Krisenfürsorge stetig eingeschränkt, sodass immer mehr Menschen auf Wohlfahrtshilfe der Gemeinden angewiesen waren.[495]

In Trier herrschte vor allem nach dem Ruhrkampf 1923 eine rigorose Vergabepraxis in der Erwerbslosenfürsorge, untermalt mit der steten Aufforderung zur „fortlaufenden und scharfen Prüfung der Bedürftigkeit" und einer „strenge[n] Durchsiebung der Erwerbslosen".[496] Während des passiven Widerstands linksrheinischer Beamter gegen die Besatzungsmacht wurde die Erwerbslosenfürsorge zur Loyalitätsgewinnung instrumentalisiert und prinzipiell jedem Antragssteller in voller Höhe gewährt, was die Kassen völlig überstrapazierte.[497]

Ungeachtet der strukturellen Schwierigkeiten wurde Arbeitslosigkeit von den amtlichen Stellen als individuelles Versagen und selbstverschuldeter Zustand stilisiert sowie Missbrauch öffentlicher Gelder und Arbeitsunwilligkeit unterstellt.[498] Die Gleichsetzung von Arbeitslosigkeit mit Arbeitsscheu demonstrierte auch die Abschiebung des ‚Wohlfahrtserwerbslosenproblems' in die Zuständigkeit der Polizei.[499] Das zugrunde liegende Ziel dieser Politik, nämlich die Ersparnis von Wohlfahrtslasten, bewirkte eine Verelendung der betroffenen Familien.[500]

Mobile Arme konnten sich somit trotz zunehmend ausdifferenzierter Fürsorgebereiche durch den Staat kaum auf Inklusionsangebote stützen. Denn in der Praxis war die schnelle räumliche Abschiebung der Betroffenen aus dem Gemeindebezirk von Seiten der Kommunen das effektivste Mittel, Streitigkeiten um Zuständigkeiten zu umgehen, in deren Folge womöglich noch zusätzliche Kosten in Kauf zu nehmen waren.[501]

---

495 Ebd., S. 164.

496 Stazic, Arbeitslosigkeit und Arbeitslosenunterstützung, S. 66; vgl. auch Stazic-Wendt, Nr. 221: Triererer Fürsorgepraktiken.

497 Stazic, Arbeitslosigkeit und Arbeitslosenunterstützung, S. 66 und 69.

498 Ebd., S. 81.

499 Einen besonders drastischen Fall stellt der Umgang der Stadt Trier mit ‚ihren' Wohlfahrtserwerbslosen dar, wie Tamara Stazic-Wendt herausgearbeitet hat. Aufgrund der Wohnungsnot in Trier wurden sie in Baracken am Stadtrand zwischen Trier und dem Vorort Euren ‚ausquartiert', was dazu führte, dass die Unterstützungspflicht für die Betroffenen sowohl durch die Stadt wie auch durch den Vorort abgestritten wurde. Es fand eine ständige polizeiliche Überwachung statt. Für die Fürsorgebehörden war allein das Leben in den Eurener Baracken schon Grund genug zur Ablehnung eines Unterstützungsantrags, vgl. Stazic-Wendt, The 'New Morocco' Settlement, S. 92.

500 Ebd.

501 Vgl. dies., Nr. 242: Kostenabwälzung, und dies., Nr. 243: Ländliche Wandererfürsorge.

Aus dem Blickwinkel der Gemeinde waren Zigeuner und Wandergewerbetreibende gleichsam bedrohlich, sie verhießen Gefahr, für Fremde unterstützungspflichtig zu werden. Die Zigeunerbestimmungen und der Paragraph 57 der Reichsgewerbeordnung bildeten also ein willkommenes Verordnungsarsenal, um unliebsame Personen unter der Prämisse der Sicherung des Allgemeinwohls abzuschieben. Denn die Abschiebung sozial Bedürftiger wurde durch die Ausweisungsbefugnisse der Polizei unterstützt und stützte sich oftmals auf Zuschreibungen angeblicher ‚Arbeitsscheu' und eines ‚unsteten Lebenswandels',[502] wie sie in der Bedürftigkeitsprüfung der kommunalen Armenfürsorge zulasten der Antragsteller vorgebracht wurden.[503] Die Vergabepraxis beruhte auf dem Prinzip, dass der Antragsteller seine Würdigkeit unter Beweis stellen musste. Moralische Kriterien, die abgefragt wurden, ähnelten denen im Wandergewerbe. Den Antragsstellern wurde von behördlicher Seite ‚Arbeitsscheu', mangelnde Häuslichkeit, ‚Trunksucht' und sittliche Vergehen angelastet. Auch die Gewerbeordnung legte nahe, die Anträge abzulehnen:

> „Wenn er [der Nachsuchende] wegen gewohnheitsmäßiger Arbeitsscheu, Bettelei, Landstreicherei, Trunksucht übel berüchtigt ist."[504]

Diese Parallelführung der Ablehnungsgründe unterstrich den Stellenwert des Wandergewerbes als ‚Armutsgewerbe'. In diesem Sinne lässt sich auch Ziffer 2 in Paragraph 57a der Reichsgewerbeordnung interpretieren, der anweist, den Wandergewerbeschein zu versagen, „wenn [der Antragsteller] blind, taub oder stumm ist, oder an Geistesschwäche leidet",[505] um den Tatbestand der Bettelei abzuwenden.

Der Stellenwert von Arbeit spielte in diesem Prozess eine entscheidende Rolle. Bereits seit der Reformation wurde ‚Arbeit' in Deutschland stark mit Sittlichkeit assoziiert, was als grundlegendes Kriterium in der Armenfürsorge angelegt wurde.[506] Diese wurde dementsprechend durch die Antragstellung auf Armenfürsorge selbst schon in Frage gestellt. Im Beamten wurde die

---

502 ALTHAMMER, Nr. 128: Verfügung zur Niederlassungsfreiheit, S. 344, und DIES., Nr. 172: Ausweisungsbefugnisse.

503 Zum Handlungsspielraum der Kommunen in der Armenunterstützung MARX-JASKULSKI, Armut und Fürsorge.

504 HOFFMANN, Gewerbe-Ordnung 1904, Paragraph 57, Ziffer 4, S. 155f.

505 Ebd., Paragraph 57a, Ziffer 2, S. 157.

506 Deutlich wird das durch die Institutionalisierung des Arbeitsgedankens in der Armenfürsorge mit dem Ausbau von Arbeitshäusern. Arbeit wurde zur staatsbürgerlichen Pflicht erklärt und seit Mitte des 19. Jahrhunderts als nationales identitätsstiftendes Moment in Deutschland idealisiert, WOELDIKE, Die Gesundung, S. 14 und 22. Arbeitslosigkeit war damit kein Begriff, der einen wirtschaftlichen Fakt ausdrückte, sondern wurde zur sozialen Kategorie, vgl. ZIMMERMANN, Arbeitslosigkeit.

Vorannahme geweckt, der Antragsteller sei nicht in der Lage, die eigenen Probleme selbst zutreffend wahrzunehmen, geschweige denn zu lösen.[507]

Der Zweifel an der Sittlichkeit der Antragssteller im Wandergewerbe und in den Zigeunerbestimmungen wurde vor allem am Umherziehen festgemacht. Ein funktionierendes Familienleben wurde durch die mobile Lebensform in Abrede gestellt. Die Kinder wären so der Verwahrlosung und Unsittlichkeit preisgegeben.

Die Reichsgewerbeordnung versuchte dieser Grundannahme dadurch zu begegnen, Personen unter 25 Jahren das Wandergewerbe zu verbieten.[508] Zudem sollte die Ausübung untersagt werden, „wenn [der Nachsuchende] ein oder mehrere Kinder besitzt, für deren Unterhalt und, sofern sie im schulpflichtigen Alter stehen, für deren Unterricht nicht genügend gesorgt ist."[509] Die Moralisierungstendenz gegenüber den Antragstellern, die in der klassischen Armenfürsorge zu beobachten war,[510] war also ebenso stark in den Vergaberichtlinien des Wandergewerbes zu finden. Zugespitzt wurden diese Wahrnehmungen schließlich durch die Zuschreibung der Zigeunereigenschaft für einen Teil der Wandergewerbetreibenden in der „Anweisung zur Bekämpfung des Zigeunerunwesens" von 1906. Sie bildete auch in moralischer Hinsicht lediglich eine Zusammenfassung und Wiederholung aller bekannten Vorurteile gegenüber mobilen Armen und Gewerbetreibenden. So erfolgte in der Anweisung ein Verweis auf die Ablehnungsgründe der Gewerbeordnung, die auf moralischen Kriterien basierten:

> „Bei Anträgen auf Erteilung von Wandergewerbescheinen haben die Ortspolizeibehörden sorgfältig zu prüfen, ob nicht gemäß §§ 57–57b der Reichsgewerbeordnung der Wandergewerbeschein zu versagen ist."[511]

Unabhängig vom Besitz des Scheines sollte von Straftatbeständen der Landstreicherei und Bettelei ausgegangen werden, wobei ein redlicher Erwerb bereits in Abrede gestellt wurde:

> „Der Verdacht der Landstreicherei ist begründet bei allen Personen, welche sich nach ihrem Auftreten und Verhalten zwecklos im Lande umhertreiben, weder genügende Unterhaltungsmittel haben, noch den Nachweis erbringen können, daß sie sich ernsthaft aber vergeblich um die Erlangung eines redlichen Erwerbes bemüht haben, und welche sich über ihre Person nicht genügend ausweisen können. Bei umherziehenden Zigeunern, welche keinen Wandergewerbeschein

507 Zur psychologischen Beziehung zwischen Beamtem und Klient sowie deren Machtunterschiede, Handlungsspielräume und wechselseitige Einflussnahme auf Handelsmuster vgl. Crew, Gewalt.

508 Hoffmann, Gewerbe-Ordnung 1904, Paragraph 57 a, Ziffer 1, S. 157.

509 Ebd., Paragraph 57 a, Ziffer 4, S. 158.

510 Pankoke/Sachsse, Armutsdiskurs und Wohlfahrtsforschung.

511 Preuß. Min. d. Innern, Anweisung 1906, Ziffer 9.

besitzen, werden diese Voraussetzungen sehr häufig zutreffen. Aber auch bei Zigeunern, welche sich im Besitz eines Wandergewerbescheins befinden, ist festzustellen, ob das Wandergewerbe wirklich betrieben wird und ob es nicht vielmehr lediglich als Deckmantel der Landstreicherei dient."[512]

Wurde ein fester Wohnsitz behördlich nachgewiesen, dann sollte er dennoch in Zweifel gezogen werden:

„Ein fester Wohnsitz ist nur dann anzunehmen, wenn der Antragsteller eine Wohnung unter Umständen inne hat, welche auf die Absicht der dauernden Beibehaltung einer solchen schließen lassen."[513]

Ebenso sollte auch der Nachweis des Schulunterrichts der Kinder skeptisch betrachtet und darauf bestanden werden, dass dieser nur an einem Ort durchgeführt würde:

„Als genügender Schulunterricht kann nur der angesehen werden, welcher am Wohnort der Eltern erteilt wird. Vorübergehender Schulbesuch der Zigeunerkinder auf den Wanderungen der Eltern ist nicht statthaft."[514]

Die schädlichen Einflüsse der Eltern auf die Sozialisation der Kinder wurden hier nochmals betont, wobei die Argumentationen auf Rhetoriken aus der Fürsorgeerziehung basieren:[515]

„Die Verhältnisse, unter denen die Zigeunerkinder im allgemeinen aufwachsen, haben häufig ihre sittliche Verwahrlosung zur folge und geben die Veranlassung, sie gemäß § 1 des Gesetzes vom 2. Juli 1900 der Fürsorgeerziehung zu überweisen. Die schulpflichtigen Kinder entbehren vielfach des gesetzlichen Volksschulunterrichts, die noch nicht schulpflichtigen befinden sich oft in einem Zustande körperlicher Verwahrlosung, welcher das Einschreiten des Vormundschaftsgerichts erheischt."[516]

Die gegenüber Zigeunern und Wandergewerbetreibenden angeführten Ablehnungs- bzw. Überwachungsgründe orientierten sich stark an moralischen Kategorien, wie sie in den Bedürftigkeitsprüfungen der Fürsorge zulasten von Antragstellern benutzt wurden. Zigeunerverordnungen waren dementsprechend für die lokalen Beamten vor Ort ein Instrument, um tief verwurzelte Wahrnehmungen von armen, mobilen Personen sowie althergebrachte Abschiebepraktiken zu legitimieren.

---

512 Ebd., Ziffer 13.

513 Ebd., Ausführungsanweisung zu Ziffer 6.

514 Ebd., Ausführungsanweisung zu Ziffer 11.

515 Blum-Geenen, Fürsorgeerziehung; Hierzu die in Bearbeitung befindliche Dissertation von Katharina Brandes: Brandes, Kinderarmut und Kinderfürsorge.

516 Preuß. Min. d. Innern, Anweisung 1906, Ziffer 11.

Bürgermeister, Landjäger und Landräte wirkten gleichzeitig in den Bereichen der Gewerbepolitik, der Fürsorge und der Sicherheitspolizei im ländlichen Raum. Ihnen oblag die alleinige Definitionsmacht, wer etwa als legitim bedürftig im Sinne der Armenfürsorge, wer als rechtschaffender Wandergewerbetreibender und wer als Zigeuner einzustufen war. Moralische Kriterien, die die Ausgrenzung mobiler Armer von sozialer Teilhabe legitimieren sollten, vermischten sich bereits in den Verordnungstexten. Die im Alltag dominierende enge Verflechtung armenrechtlicher Befugnisse und sicherheitspolizeilicher Maßnahmen generierte so neben den bereits dargestellten ‚klassischen' Zigeunerverordnungen weitere Antriebskräfte für die Polizei, gegen arme, mobile Bevölkerungsschichten vorzugehen, die auch nicht mehr nur unter dem Begriff ‚Zigeuner' zu subsumieren waren. Rahmenbedingungen zur Integration wurden aus armenrechtlicher Sicht auf lokaler Ebene tendenziell schlechter trotz der Einführung des Unterstützungswohnsitzgesetzes. Vielmehr intensivierte sie die abweisende Einstellung gegenüber mobilen Armen.

2.4 Vom Wert des Hausierhandels: Zur Konstruktion einer Wandergewerbepolitik

Grundlegend für das polizeiliche Handeln vor Ort waren neben den zigeuner- und armenrechtlichen Bestimmungen Maßnahmen und Diskurse in der Gewerbepolitik des späten Kaiserreichs, vor allem hinsichtlich der Ausformung und Entwicklung des Wandergewerbes sowie dessen zeitgenössischer Wahrnehmung. Die 1893 verfasste Petition des Landwirtschaftlichen Vereins für Rheinpreußen an den Oberpräsidenten der Rheinprovinz in Koblenz gegen das ‚Zigeunerunwesen' zeigt die enge Verknüpfung des Zigeunerdiskurses mit dem zeitgenössischen Diskurs über das Wandergewerbe:

> „Obwohl diese halbverwilderten Menschen mit ihren zerlumpt aussehenden Frauen und Kindern einen vollständig zigeunerhaften Anblick boten, waren dieselben durchweg mit Wandergewerbescheinen oder Pässen deutscher Regierungen und Behörden versehen. Meist lautete das Gewerbe auf Kunst- und Musikaufführungen, Kessel- und Schirmflicken, Korbflechten und Pferdehandel, welch letzterer für den Gewerbetrieb [sic] im Umherziehen besonders wenig geeignet erscheinen dürfte.
>
> Die geltenden Bestimmungen der Reichs-Gewerbeordnung geben zwar die Möglichkeit einer gewissen Einschränkung dieses Wandergewerbebetriebes in den §§ 56d, 57, 57a und 57b ff. so daß eine strengere Anwendung dieser Bestimmungen seitens der ausführenden Behörden schon eine kleine Abhülfe schaffen würde. [...]
>
> Solche dürfte billigerweise gegenüber der zur Zeit grundsätzlich bestehenden Freiheit des Wandergewerbebetriebes unter anderem dadurch herbeizuführen sein, dass das Gesetz die Ertheilung der Wandergewerbescheine von der strengen

Prüfung der Bedürfnißfrage abhängig machen würde und daß ferner die Bestimmung des § 60 Abs. 2 der Reichsgewerbeordnung, welche für den Betrieb der Musikaufführungen u.s.w. im Umherziehen die Gültigkeit der Wandergewerbescheine auf den Bezirk der ausstellenden Behörde beschränkt, auf alle Wandergewerbescheine zur Anwendung gebracht werden. […]“[517]

Zu Beginn der Petition klagten die Beschwerdeführer über Zigeuner, die als verwildert und verwahrlost dargestellt wurden, und denen allein aufgrund dieser Zuschreibungen Wandergewerbescheine oder sonstige Pässe zur Legitimation eines Gewerbes aberkannt werden sollten. Da hierfür keine rechtliche Grundlage vorhanden war, richteten sich die Vorschläge in der Petition auf die strenge Anwendung aller rechtlich möglichen Ablehnungsgründe für Wandergewerbescheine und der Bedürfnisfrage nach Ermessen örtlicher Behörden. Dies zielte vor allem auf den schaustellerischen Bereich. Schließlich wurde das Wandergewerbe an sich als Problem erklärt. Dieses sei überflüssig und würde das ‚flache Land' lediglich mit unnützer und schlecht verarbeiteter Ware ‚überschwemmen' und damit redlichen Kaufleuten unverhältnismäßige Konkurrenz machen, wie es weiter hieß:

„[…] Eine Ausdehnung dieser Aenderungen der Gewerbeordnung auf das ganze Wandergewerbe erscheint um so dringender geboten, als der das platte Land überfluthende Hausirhandel und Wanderlagerbetrieb, trotzdem derselbe bei der steigenden Verkehrsentwicklung und der Besserung der Kommunikationsmittel immer überflüssiger wird, sich bei der jetzigen Wandergewerbefreiheit stetig ausdehnt ebenso sehr auf Kosten der Landbevölkerung, welche meist auf die angebotene Schundwaare hereinfällt und sich durch sonstige unreelle Machinationen zum Verkauf verleiten läßt, wie auf Kosten der kleinen ansässigen Geschäfte, welche der unreellen Konkurrenz gegenüber nicht Schritt halten können und dürfen. […]“[518]

Diese Petition gegen Zigeuner fasste somit die wichtigsten Argumente gegen den Hausierhandel als Gewerbestand zusammen,[519] die unabhängig vom Zigeunerdiskurs im Reichstag und in der Tagespresse kursierten.

Schon seit Einführung der Gewerbefreiheit 1869 im Norddeutschen Bund und 1871 im gesamten Deutschen Reich führten Politiker und Interessensvertreter des stehenden und umherziehenden Gewerbes eine aufgeheizte

517 HStA Düsseldorf RK, Nr. 7691, Landwirtschaftlicher Verein für Rheinpreußen an den Oberpräs. der Rheinprovinz: Petition zur Herbeiführung gesetzlicher Maßregeln zur Bekämpfung des Zigeunerwesens und Einschränkung des Hausiergewerbes, Bonn, 07.01.1893. Abschrift. Vgl. Tatarinov, Nr. 162: Beschwerde. Ich danke Dr. Beate Althammer für das Transkript dieser Quelle.

518 Ebd.

519 Ute Hinrichsen spricht von einem „standardisierten Beschwerdekatalog“, der seinen Ursprung im ausgehenden 17. Jahrhundert hat, vgl. Hinrichsen/Hirschbiegel, Hausierer und Schausteller, S. 97.

Debatte über den Nutzen und das Existenzrecht des Wandergewerbes. Kleinhandelsverbände sahen sich von den, wie sie es nannten, ‚Auswüchsen der Gewerbefreiheit' in ihrer Existenz bedroht. Damit gemeint waren u.a. Konsumgenossenschaften, Großhändler, Warenhäuser und vor allem der Hausierhandel. Sie verfassten zahlreiche Petitionen wie die des Landwirtschaftlichen Vereins für Rheinpreußen an die Regierung. Die Vorwürfe reichten vom Verkauf minderwertiger Waren über die Korruption des Bauernstandes bis hin zur völligen Nutzlosigkeit und Landstreicherei, da inzwischen jedes Dorf gut genug an das Straßennetz angebunden und somit Geschäfte für jedermann erreichbar wären.[520]

Auch Tageszeitungen agitierten aktiv gegen den Hausierhandel. So schrieb etwa der „Westfälische Merkur" 1894:

> „Die gegenwärtige Praxis der Wandergewerbetreibenden widerspricht dem Naturzustand und ist einer Zivilisation unwürdig."[521]

Dies wurde kombiniert mit dem Vorwurf der Bettelei und der Vagabondage, des Betrugs, des Wuchers, des Schmuggels, der Verwahrlosung der Kinder sowie des Durchbrechens bürgerlicher Familienstrukturen, da Väter oder Mütter ihre Familie über lange Zeiträume im Stich lassen würden. Diese moralischen Zuschreibungen wurden in Randbemerkungen mit Zigeuner- und Judenbezeichnungen versehen. So wurde etwa vom „Hausierbetrieb mit seinen Zigeunerkunststückchen"[522] oder von „den jüdischen Hausierern, die ihre Kunden hintergehen"[523] gesprochen. Die Bezeichnungen ‚Jude' oder ‚Zigeuner', wobei letztere in den Texten der Tagespresse gegen das Hausiergewerbe deutlich

520 Zentralvorstand kaufmännischer Verbände und Vereine Deutschlands: Die Verhandlungen des nordwestdeutschen Detaillistentages im Dezember 1891 in Bielefeld. Vgl. GStA PK Berlin, I. HA Rep. 120, Preußisches Ministerium für Handel und Gewerbe, BB III.1, Nr. 1 adh., Zeitungsausschnitte über die Beschränkung des Hausierhandels, Seitenzählung des Dokuments S. 1–15, fol. 6–13.

521 GStA PK Berlin I. HA Rep. 120, BB III.1, Nr. 1 adh., Artikel: Verfasser unbekannt, Vom Hausierhandel. In: Westfälischer Merkur, 23.02.1894, Zeitungsausschnitt in Akte eingeklebt. Fernand Braudel argumentiert hinsichtlich dieses althergebrachten Arguments, das Wandergewerbe würde sich bei einem gewissen Entwicklungsstand von allein auflösen. Es handele sich hier um einen „hochgradig anpassungsfähigen Gewerbezweig", der einer eingefahrenen, „sakrosankten Marktordnung" auch ein Schnippchen schlagen könne, vgl. Braudel, Der Handel.

522 GStA PK Berlin I. HA Rep. 120, BB III.1, Nr. 1 adh., Artikel: Verfasser unbekannt, Das Detailreisen. In: Kölnische Zeitung, 15[?].06.1895, Zeitungsausschnitt in Akte eingeklebt.

523 GStA PK Berlin I. HA Rep. 120, BB III.1, Nr. 1 adh., Artikel: Verfasser unbekannt, Bekämpfung des Hausierhandels. In: Der Reichsbote, 29.02.1882, Zeitungsausschnitt in Akte eingeklebt.

dominierte, wurden somit weder auf einzelne Gewerbearten noch auf spezifische Händler angewandt, sondern als verallgemeinernde Zuschreibung genutzt, um die ambulante Konkurrenz mit den Vorwürfen des Betrugs und eines verwahrlosten Lebensstils anzugreifen.

Zwar fürchteten die Kleinhändler vor allem die Lohnhausierer, die ihren Ausführungen nach mit billigen und schlecht verarbeiteten Industriewaren die Preise drückten, dennoch traf die in den 1890er Jahren durchgesetzte, den Hausierhandel einschränkende Gesetzgebung die traditionellen Hausierzweige besonders hart. Diese waren eng mit Heimarbeit und dem Vertrieb von selbst hergestellten Produkten oder kleineren Reparaturdienstleistungen verbunden, wie etwa Besenbinder, Kesselflicker oder Korbmacher.

Erschwert wurde die Lage der Hausierer nach Einschätzung von Sozialwissenschaftlern und Interessensvertretern durch die unklare Definition, welche Gewerbearten eigentlich zum Hausierhandel gezählt werden sollten. Bereits 1870 erklärte Gustav Schmoller, Vorsitzender des Vereins für Socialpolitik:

> „Diese Verschiedenheit derjenigen, die man unter dem Begriff Hausierer umfaßt, und die bisher nach den meisten Gesetzgebungen ziemlich gleichmäßig unter den gesetzlichen Bestimmungen über den Gewerbebetrieb im Umherziehen standen, erklärt die Verschiedenheit der Ansichten über den Werth und Berechtigung des Hausierhandels.“[524]

Belastbare empirische Informationen über Ausformungen und Entwicklung des Hausierhandels versuchte der Verein für Socialpolitik[525] in seinen „Untersuchungen zur Lage des Hausiergewerbes“ seit 1896 zu sammeln.[526] Allerdings räumte der Leiter der Studie, Wilhelm Stieda, bereits in seinem Vorwort die Unzulänglichkeiten dieses Projekts ein. Die Schwierigkeit, gute Autoren zu finden, machte sich demnach in der unterschiedlichen Qualität und Informationsfülle der Arbeiten bemerkbar. Hinzu kämen die fehlende Kooperation der Behörden, vor allem der preußischen, und die starke Identifizierung der Autoren mit ‚ihren‘ Hausierern.[527] Allgemeingültige Aussagen konnten so nicht getroffen werden, vor allem, da der den Studien des Vereins zugrunde gelegte nationalökonomische Ansatz mit sehr deskriptiven Darstellungen auch

---

524 SCHMOLLER, Zur Geschichte der deutschen Kleingewerbe, S. 239.

525 In den Aktivitäten des Vereins trat die ‚Arbeiterfrage‘ in den Vordergrund. Seine sozialwissenschaftliche Forschung sollte zur gesellschaftspolitischen Gestaltung beitragen, PANKOKE/SACHSSE, Armutsdiskurs und Wohlfahrtsforschung, S. 149. Siehe auch LUTTENBERGER, Verwaltung für den Sozialstaat, S. 58–67.

526 VEREIN FÜR SOCIALPOLITIK, Untersuchungen über die Lage des Hausiergewerbes, Bde. 77–83.

527 STIEDA, Einleitung, S. X–XI.

nicht darauf ausgelegt war.[528] Insgesamt fünf Bände umfassten die reichsweit unternommenen Untersuchungen zum deutschen Raum.

Trotz der genannten Probleme versuchte Wilhelm Stieda in den Verhandlungen des Vereins für Socialpolitik in Breslau 1899 ein Resümee dieser Enquête zu ziehen. Er kam zu dem Schluss, dass dem Hausierhandel in den meisten der untersuchten Gegenden „der Mangel an Beschäftigung, die Unmöglichkeit, sich anderweitig den Unterhalt verschaffen zu können, [...] die Ungunst des Bodens, eine unglückliche Verteilung des Grundeigentums, Darniederliegen oder Fehlen größerer Industrien“ zugrunde lägen.[529] Gleichzeitig betonte er die Schwierigkeiten bei der Bestimmung der verschiedenen Gruppen von Hausierern. Den Hausierern, die etwa aufgrund körperlicher Gebrechen zur Entlastung der Armenkassen einen Hausierschein zum Verkauf von Streichhölzern, Blumen usw. erhielten, sprach er „keine wirtschaftliche Aufgabe“ mehr zu.[530] Nichtsdestotrotz sah Stieda eine „weitere Einschränkung“ des Hausierhandels für „kaum angebracht“ und schlussfolgerte:

> „Was dann die Benachteiligung des stehenden Gewerbebetriebes anlangt, so ist eine solche gewiß vorhanden. Aber sie wird, glaube ich, übertrieben. [...] Im allgemeinen kann der Druck dieser Konkurrenz nicht so schlimm werden, daß man im Interesse der Erhaltung der stehenden Geschäfte das Hausieren verbieten müsse.“[531]

Der Ökonom Werner Sombart[532] stimmte dem zu und legte in seinem ebenfalls in Breslau gehaltenen Referat dar, dass die Schieflage des Kleinhandels nicht aus der Konkurrenz des Hausierhandels resultiere, sondern aus den Ausformungen des modernen Kapitalismus:

> „Eine kindliche Auffassung vom Entwicklungsgang der Wirtschaft war der Meinung, die Gründe dieser Umgestaltung lägen in der Gestaltung des Gewerberechts, in der sogenannten Gewerbefreiheit. Wir wissen heute, daß diese Auffassung die Ursache mit der Wirkung verwechselt. [...] die kapitalistische Entwicklung steigert die produktiven Kräfte in früher nie geahntem Grade. Durch diese Steigerung wird die zum Absatz gelangende Warenmenge unausgesetzt vermehrt und es wird durch diese Entwicklung erstmalig der Absatz der Waren eine Problem. [...] Hatte der alte Händler, der nur seine Nahrung suchte und die traditionell bei gleich bleibenden Preisen und gleich bleibenden Waren

528 Zum Richtungsstreit im Verein für Socialpolitik vgl. GORGES, Sozialforschung, S. 185f. und 282.

529 STIEDA, Die Lage des Hausiergewerbes, S. 106.

530 Ebd., S. 116.

531 Ebd., S. 113f.

532 Grundlegend SOMBART, Der moderne Kapitalismus.

> fand, im Mittelpunkt gesessen und auf Kunden gewartet, so wurde es Princip des modernen Handels, die Kundschaft ‚anzugreifen', […]"[533]

Er erklärte die Vorwürfe gegen den Hausierhandel als oftmals übertrieben und die Einhaltung der Gewerbefreiheit zusammen mit dem Schutz der Arbeiter grundlegend für die Wirtschaftsordnung. Tags darauf wurde Sombart für diese Darstellung in der der Regierung nahe stehenden Tagespresse angefeindet. So schrieb die „Deutsche Tageszeitung":

> „Die Tageszeitung kann der Rede des Professors mit seinem Manchestertum nur widersprechen. Es ist nur gut, dass deutsche Professoren nicht die Gesetzgebung und die Geschichte machen."[534]

Der in den Petitionen des ausgehenden 19. Jahrhunderts konstatierte Zusammenhang zwischen Zigeunereigenschaft und Ausübung des Wandergewerbes spiegelte sich bald deutlich in den Debatten des Reichstags und in der Gewerbegesetzgebung wider. Zwar mischte sich das Reich kaum in polizeiliche Belange der Länder und deren Sonderbestimmungen in Bezug auf Zigeuner ein, doch agierte es verstärkt im Bereich des Gewerbes.

So lässt sich die Gewerbeordnung von 1904 und mit ihren Ausführungsbestimmungen als erstes staatlich forciertes Zigeunergesetz lesen und bildet die Grundlage für eine Vielzahl polizeilicher Verordnungen gegen Zigeuner.[535] Die Bezeichnung ‚inländische Zigeuner' tauchte hier erstmals explizit in den Ablehnungsgründen für Wandergewerbescheine auf. Dabei stand jedoch nicht die polizeilich konstruierte Zielgruppe der Zigeuner im Vordergrund der Politik, sondern die interessenspolitisch forcierte Rückdrängung des Wandergewerbes als Gewerbezweig unter dem Vorwurf der Bettelei und des Betrugs.

Der Begriff ‚Zigeuner' diente dabei zur Versinnbildlichung dieser Vorwürfe. Er wurde bereits in den Ausführungsbestimmungen zur Gewerbeordnung von 1883 benutzt, wobei eine genaue Zuordnung von vornherein vermieden wurde:

> „Für das Gewerbe der Topfbinder, der Kesselflicker, der Händler mit Blech- und Drahtwaaren und ähnlichen Gegenständen, der Drehorgelspieler und Dudelsackpfeifer darf ein Wandergewerbeschein außerdem nur solchen Personen

533 Ders., Die Entwicklungstendenzen, S. 142, 144 und 145.

534 GStA PK Berlin I. HA Rep. 120, BB III.1, Nr. 1 adh., Artikel: Verfasser unbekannt, Hausierhandel und Großwarenhäuser. In: Deutsche Tageszeitung, 27.09.1899, Zeitungsausschnitt in Akte eingeklebt.

535 In der Forschungsliteratur wird zumeist nur das bayerische Zigeunergesetz von 1926 als einziges ‚Zigeunergesetz' vor der NS-Diktatur genannt. Der Einfluss der Gewerbegesetzgebung auf die Lebenswelt der Betroffenen war jedoch schon zu einem deutlich früheren Zeitpunkt unter der Zuschreibung der Zigeunereigenschaft auf Exklusion aus dem wirtschaftlichen und rechtlichen Gefüge angelegt.

> ertheilt werden, welche nachweislich in dem nächst vorangegangenen Kalenderjahre einen Wandergewerbeschein für dasselbe Gewerbe erhalten haben. Zigeunern ist der Wandergewerbeschein stets zu versagen.“[536]

Die Ausgabe der Reichsgewerbeordnung von 1883 erwähnte Zigeuner nur im Zusammenhang mit ausländischen Wandergewerbetreibenden.[537] Dabei wurden vor allem bestimmte Berufsgruppen als besonders verdächtig markiert. Die Anzahl der Personen, die diese Gewerbearten betrieben, sollte demnach erstens verringert und die Ausstellung von Wandergewerbescheinen zweitens nur bereits bekannten Personen vorbehalten werden. Ausländische Zigeuner wurden hier gesondert benannt ohne jedwede Beschreibung, welche Personen darunter zu fassen seien.

Im kommentierten Gesetzestext von 1904 verwies gleich die erste Fußnote des Paragraphen zu den Ablehnungsgründen auf die neuen Ausführungsbestimmungen hinsichtlich inländischer Zigeuner,[538] die 1883 noch nicht als verdächtig markierte Zielgruppe benannt worden waren.[539]

Die aufgezählten Versagungsgründe, die vor allem die Vernachlässigung der Kinder und die Nichteinhaltung der Schulpflicht betrafen[540] sowie die neuen Vorschriften zur Beaufsichtigung des Wandergewerbes[541] wurden fast wortwörtlich in der zwei Jahre später in Preußen erlassenen „Anweisung zur Bekämpfung der Zigeunerplage“ speziell auf die Zielgruppe der Zigeuner übertragen und nochmals zugespitzt.[542]

Die Gewerbeordnung sah bereits 1904 vor, „die Erteilung von Wandergewerbescheinen an inländische Zigeuner nach Möglichkeit zu beschränken“ und die Zigeunereigenschaft im Wandergewerbeschein mit dem Zusatz „zieht nach Zigeunerart im Land umher“ zu markieren, wenn es keine gesetzlichen Möglichkeiten gebe, den Antrag abzulehnen.[543] Weder ein strafrechtlicher Tatbestand noch andere Kriterien wurden zur Abgrenzung der Zielgruppe

---

536 Schicker, Gewerbe-Ordnung 1884, Vollzugsvorschriften des Reiches, S. 352.

537 Ebd.

538 Hoffmann, Gewerbe-Ordnung 1904, Paragraph 57b. Ziffer 1, S. 156.

539 Ebd., Anhang B. Ausführungsanweisungen zur Gewerbeordnung, S. 464: „Bei allen Anträgen auf Erteilung von Wandergewerbescheinen zum Kesselflicken, zum Pferdehandel, zu equilibristischen Produktionen u. dgl. sowie bei allen Anträgen inländischer Zigeuner hat die Prüfung der persönlichen Verhältnisse stets nach Maßgabe der Muster A und B zu erfolgen.“

540 Ebd., S. 465.

541 Ebd., S. 470–471.

542 Preuß. Min. d. Innern, Anweisung 1906.

543 Hoffmann, Gewerbe-Ordnung 1904, Anhang B. Ausführungsanweisungen zur Gewerbeordnung, S. 465.

benannt. Die Zigeunerverordnungen beriefen sich im Folgenden wiederum auf die Reichsgewerbeordnung, ohne die diffusen Kriterien zu konkretisieren.[544]

Die auf Zigeuner zielenden Bestimmungen in der Reichsgewerbeordnung wurden in den darauf folgenden Jahren ausgebaut und Ablehnungsgründe direkt mit Zigeunerzuschreibungen kombiniert. So wurde etwa im Kommentar der Reichsgewerbeordnung von 1930 das Wahrsagen als gängiges Zigeunerklischee als Verstoß „gegen die guten Sitten" vom legitimierten Gewerbebetrieb ausgeschlossen.[545]

Titel III der Gewerbeordnung, der den „Gewerbebetrieb im Umherziehen" behandelte, war an sich sehr problematisch. Der Streit um Gewerbefreiheit und Freizügigkeit als elementare Prinzipien der liberalen Wirtschaftsordnung hatte seine Wurzeln bereits in den Verhandlungen der Nationalversammlung von 1848, wo die Lager durch die Debatte über eine völlige Deregulierung oder eine mehr oder weniger rigide Beschränkung des Wettbewerbs aufgespaltet waren.[546] Die erste Auflage der Reichsgewerbeordnung im Norddeutschen Bund 1869 garantierte die uneingeschränkte Gewerbefreiheit.[547] Sie wurde jedoch sukzessive eingedämmt. Hinsichtlich der Zurückdrängung des Wandergewerbes waren die Bestimmungen von 1896 maßgeblich. Mit den Ausführungsbestimmungen von 1904 wurde die routinemäßige polizeiliche Überwachung des gesamten Gewerbezweigs eingeführt, was einen Generalverdacht für den ganzen Berufsstand erzeugte.[548] Bereits in der Debatte des Reichstages von 1885 zur Vorbereitung der Gesetzesnovelle von 1896 wurde die geplante Erweiterung des Ermessensspielraums der Polizei stark kritisiert (vgl. Kapitel 2.3).

Paragraph 57 der Reichsgewerbeordnung legte zudem weite Ermessensspielräume für die Ablehnung eines Wandergewerbescheins im individuellen Fall nahe, die großes Potential für behördliche Willkür bargen.[549]

Auf Initiative der bayerischen Regierung im Bundesrat und des vom Zentrum 1894 im Reichstag eingereichten Antrags kam es zur Änderung der Gewerbeordnung 1896.[550] Das Mindestalter für den Gewerbebetrieb im

---

544 Preuß. Min. d. Innern, Wandergewerbescheine 1911.

545 Hoffmann, Die Reichsgewerbeordnung 1930, Paragraph 56a, Anmerkung 1, S. 241.

546 Hahn, Handel und Gewerbe, S. 309–312.

547 Gewerbeordnung für den Norddeutschen Bund vom 21.06.1869, Titel 1, Paragraph 1.

548 Hoffmann, Gewerbe-Ordnung 1904, Anhang B. Ausführungsanweisungen zur Gewerbeordnung, Ziffer 77, S. 470–473.

549 Ebd., Paragraph 57, Ziffer 1, Nr. 4. Gemeint sind die in Kapitel 2.3 ausführlich besprochenen Ablehnungsgründe, die auf moralischen Zuschreibungen basierten.

550 GStA PK Berlin I. HA Rep. 120, BB III.1, Nr. 1 adh., Artikel: Verfasser unbekannt, Zur gesetzlichen Einschränkung des Hausierhandels. In: Reichsbote, 25.06.1893, Fortsetzung 28.06.1893. Zeitungsausschnitte in Akte eingeklebt.

Umherziehen wurde von 21 auf 25 Jahre heraufgesetzt und der Gültigkeitsbereich der Wandergewerbescheine auf den ausstellenden Bezirk begrenzt.[551] Von nun an wurde etwa die Zurücknahme der Zulassung ermöglicht und die Zahl der im Hausierhandel verbotenen Gegenstände und Leistungen deutlich erhöht.

Die Sozialdemokraten und Freisinnigen kritisierten im Reichstag den enormen Eingriff in die Gewerbeordnung als Ausnahmereglung, die nur unzureichend begründet sei. In der „Freisinnigen Zeitung" hieß es dazu:

> „Die Befürwortung dieser Regelung ist auf die Interessenspolitik von Vereinigungen der Handelsleute zurückzuführen. Die ansässigen Bewohner beschweren sich dagegen nicht über den fahrenden Betrieb. Diese Agitation ist Ausfluß der Bemühung unserer Zeit, jede Konkurrenz durch Gesetze aus der Welt zu schaffen."[552]

Vertreter und Interessensorganisationen des Kleinhandels unterhielten enge Beziehungen zur Politik. Vor allem das Eintreiben von Bestellungen durch Detailreisende von Haus zu Haus für große Warenhäuser war den Kleinhandelsvertretern ein Dorn im Auge. Sie setzten sich dafür ein, den Hausierhandel und das Detailreisen mit zusätzlichen Gemeinde- und Kreissteuern zu belegen mit der Begründung, dass das Versandgeschäft ‚erheblichen Schaden' bringe. Außerdem erwirkten sie, dass Gesetzesentwürfe, die Handel und Industrie betrafen, stets den Handelsvorständen zur Begutachtung vorgelegt werden sollten, bevor sie verabschiedet wurden, wie etwa in Baden 1895.[553]

Die behördlichen Handlungsspielräume, die bereits in der zeitgenössischen Auseinandersetzung mit den Bestimmungen offen gelegt wurden, sollten explizit gegen die Antragssteller genutzt werden. So erließ der preußische Innenminister Johann von Dallwitz 1911 nochmals eine spezielle Verfügung hinsichtlich der strengen Handhabe bei der Erteilung von Wandergewerbescheinen an Zigeuner. Hierin hieß es, „daß Gründe zur Versagung des Wandergewerbescheines für inländische Zigeuner bei sorgfältiger Vorbereitung der Anträge in fast allen Fällen als gegeben zu erachten" seien.[554] Weiter wirkte er daraufhin, die behördliche Kenntlichmachung derselben zu forcieren, indem bei

---

551 Änderung der Reichsgewerbeordnung von 1883 zu Ungunsten des ambulanten Gewerbes: SCHICKER, Gewerbe-Ordnung 1884, Paragraph 57a, Ziffer 1.

552 GStA PK Berlin I. HA Rep. 120, BB III.1, Nr. 1 adh., Artikel: Verfasser unbekannt, Beschränkungen für Handelsreisende. In: Freisinnige Zeitung, 11.01.1895. Zeitungsausschnitt in Akte eingeklebt.

553 GStA PK Berlin I. HA Rep. 120, BB III.1, Nr. 1 adh., Artikel: Verfasser unbekannt, Zehnter badischer Handelstag. In: Badische Landeszeitung, 19.02.1895. Zeitungsausschnitt in Akte eingeklebt.

554 Preuß. Min. d. Innern, Wandergewerbescheine 1911.

> „der Weitergabe an den Bezirksausschuß [...] Anträge von Zigeunern auf Erteilung von Wandergewerbescheinen nicht mit den sonstigen Anträgen zusammen in einer Nachweisung, sondern von diesen getrennt in besonderer Nachweisung vorzulegen"

seien mit „einer entsprechenden Aufschrift".[555]

Nachdem die Kleinhandelsverbände und Parteien des Mittelstandes die Einschränkung des in- und ausländischen Hausierhandels durchgesetzt hatten, richtete sich der Fokus der Debatte auf die vollständige Abschaffung von Hausiergenehmigungen für Ausländer. Die ausländische Konkurrenz, die weiterhin mit billigen Waren das Land ‚überschwemmte', sollte komplett von reichsdeutschem Boden verdrängt werden. Im Reichstag wurde daraufhin von den Abgeordneten des Zentrums auf ein Verbot für Ausländer bestanden. Der Abgeordnete Karl Hauser (Zentrum) aus Freiburg erklärte in einer Reichstagssitzung im März 1911:

> „[...] Aber gar kein Interesse haben wir daran, daß die ausländischen Hausierer bei uns Wandergewerbescheine ausgehändigt bekommen.
>
> (Sehr richtig! in der Mitte.)
>
> Erstens machen sie den einheimischen Kaufleuten Konkurrenz, zweitens schädigen sie auch den einheimischen Hausierer, indem sie ihm Konkurrenz machen.
>
> (Sehr richtig! in der Mitte.)
>
> Sobald diese auswärtigen Hausierer aber ihren Profit in der Tasche haben, gehen sie wieder über die Grenze und tragen das Geld aus dem Lande hinaus. So erheben sich z. B. Klagen im Nordwesten des Reichs gegen die holländischen Hausierer, im Osten und Südosten Klagen gegen die russischen Juden und die Galizier und in Bayern namentlich über Slowaken und Krainer. Eine Abstellung dieser Klagen durch Verbot der Abgabe von Wandergewerbescheinen von Ausländern wäre mindestens am Platze."[556]

Hausers Parteigenosse Wilhelm Frank aus Breslau drängte drei Tage später erneut auf das Verbot für Ausländer mit dem Hinweis, dass in Österreich-Ungarn das Hausieren für Ausländer schon längst verboten sei.[557]

Nach dem Ersten Weltkrieg wurde von Seiten des Zentrums eine zunehmende Besteuerung des Wandergewerbes verlangt, um es zum einen zu dezimieren, ohne weitere Sonderbestimmungen erlassen zu müssen, und es zum anderen gleichzeitig in seiner Funktion als Zuflucht für Erwerbslose und als

555 Ebd.

556 Verhandlungen des Reichstags, 14.03.1911, XII. Legislaturperiode, III. Session, 147. Sitzung, Bd. 265: Stenographische Berichte. Berlin 1911, S. 5416.

557 Verhandlungen des Reichstags, 17.03.1911, XII. Legislaturperiode, III. Session, 150. Sitzung, Bd. 265: Stenographische Berichte. Berlin 1911, S. 5556.

Auffangbecken der Armenfürsorge zu unterbinden. Eine kurzzeitige Lockerung des Kurses erfolgte unter Handelminister Wilhelm Siering. So forderte dieser in einem Rundschreiben vom 10. Mai 1922, dass zumindest die Handelskammern auch die Interessen des Wandergewerbes berücksichtigen sollten, und wiederholte die Forderung am 24. Dezember 1924 nochmals.[558] 1925 wurde unter Handelsminister Walter Schreiber der alte Kurs wieder aufgenommen, die Tätigkeitsfelder im Wandergewerbe weiter zu beschränken.[559] Der angenommene Antrag des Zentrums und der Bayerischen Volkspartei (BVP) im Reichstag von 1928 beinhaltete schließlich weitere Einschränkungen der zu handelnden Waren, der Nutzung von Kraftfahrzeugen und die Erhöhung von Steuern.[560]

Nach der Jahrhundertwende kam es zu Neugründungen von Fachzeitschriften speziell für Hausierer und Marktreisende. Im deutschen Raum waren etwa das in Berlin verlegte „Versand-Haus"[561] und der in Köln publizierte „Deutsche Händler und Hausierer"[562] maßgeblich. Letztere Zeitschrift ging 1923 in das in Berlin verlegte „Deutsche Wandergewerbe" als alleiniges Publikationsorgan des Reichsverbandes ambulanter Gewerbetreibender in Deutschland über und etablierte sich gegenüber der Konkurrenz der Zeitschrift „Versandhaus", die zunächst den gleichen Anspruch erhoben hatte. Hinzu kamen die wöchentlichen bis vierzehntägigen Veröffentlichungen der „Handelspost",[563] des „Deutschen Straßenhändler[s] und Hausierer[s]"[564]

---

558 Zitiert nach einem Artikel im „Deutschen Wandergewerbe": Verfasser unbekannt, Zwei Handelsminister zum ambulanten Gewerbe.

559 Ebd.

560 Antrag Nr. 338 in der Nationalversammlung der Abgeordneten Loibl (Martin Loibl, BVP), Leicht (Johann Leicht, BVP), Hartwig (Oppeln) (Heinrich Hartwig, Zentrum), Dr. Stegerwald (Adam Stegerwald, Zentrum) und Genossen/Fraktionen. In: Verhandlungen der Nationalversammlung am 13.07.1928, Nationalversammlung IV. Wahlperiode. I. Session, 10. Sitzung, Bd. 430: Stenographische Berichte. Berlin 1928.

561 Das Versand-Haus: Zeitschrift für Händler, Hausierer, Markt- und Messreisende; Verleger: Pößneck, Berlin, später unter dem Titel: Pößnecker Händlerblatt.

562 Der Deutsche Händler und Hausierer: Unabhängiges Zentralblatt zur Wahrung der gesammelten Interessen der Händler, Hausierer, Spezialisten, Markt- u. Messreisenden usw.

563 Die Handelspost: Anzeiger für Händler, Hausierer, Marktreisende und Versandgeschäfte.

564 Der Deutsche Straßenhändler und Hausierer: verbunden mit der Zeitschriften „Deutscher Waren-Markt" – „Die Existenz" – „Der Adressenvermittler": Interessen-Organ d. deutschen Erwerbs-Bundes sowie der deutschen Straßenhändler und Hausierer.

sowie des „Generalanzeiger[s] für Händler, Schausteller, Marktreisende, gewerbliche Freilicht-Photographen".[565]

Die selbst erklärten Ziele, wie die Schaffung einer starken Fachpresse für den Hausierhandel, die Etablierung von Einigkeit und Selbstbewusstsein im Händlerstand, der Gegenangriff gegen den Kleinhandel oder die Errichtung einer eigenen Interessensorganisation wurden innerhalb des Metiers immerwährend angemahnt.[566] Allein der Streit um die Führung der Interessensvertretung zwischen dem „Deutschen Wandergewerbe" und dem „Versandhaus", wobei sich die Geschäftsführer gegenseitig wegen Verleumdung verklagten,[567] machte die Überzeugungsarbeit gegenüber der eigenen Zielgruppe beschwerlich. Noch 1924 klagte der Pressesprecher des Reichsverbandes, Karl Brendel, im „Deutschen Wandergewerbe", dass von 200.000 Berufsangehörigen lediglich 20.000 organisiert seien.[568]

Den durch die Handelsverbände dargelegten ‚Unnutz' des Hausierhandels versuchten die Autoren der Fachblätter mit dem Hinweis auf die materielle Versorgung abgelegener Regionen, die Schaffung von Arbeitsplätzen und die Möglichkeit für arme Bevölkerungsgruppen, sich ihren Lebensunterhalt zu verdienen, sowie die Förderung des industriellen Absatzes zu entkräften. Gleichzeitig ging es jedoch auch darum, die eigene Würde und Moral zu verteidigen gegen das abwertende Bild, das in der Presse vom Hausierhandel gezeichnet wurde.

Geschickt versuchten Interessensvertreter des Wandergewerbes, die enorme Kontrolle beim Antragsverfahren und bei der Ausübung des Gewerbes argumentativ für die Verteidigung ihres Berufsstands gegenüber Angriffen der Konkurrenz und der Politik zu nutzen:

> „Nehmen wir aber jeden anderen Beruf, so z. B. den, von dessen Seite wir am meisten bekämpft und mit Schmutz beworfen werden, das stehende Gewerbe. Man kann heute aus dem Gefängnisse, ja aus dem Zuchthause kommen, kann unter Polizeiaufsicht stehen, so darf man, wenn man die Nickel dazu hat, ein Warenhaus aller Branchen eröffnen und führen. Also beim Händler und Hausierer hat die Behörde schon geprüft und festgestellt, daß kein Makel an ihm zu finden ist, wogegen man bei jedem anderen Geschäfte erst selbst noch zu prüfen hätte, ob dasselbe von einem Ehrenmanne geführt wird."[569]

565 Generalanzeiger für Händler, Schausteller, Marktreisende, gewerbliche Freilicht-Photographen: Nachrichtenblatt für das gesamte Wandergewerbe. Diese Zeitschriften haben allesamt große Bestandsverluste erlitten.

566 Lentjes, Bericht vom 4. Verbandstag in Köln. Oeser aus Berlin betont das Ziel der Einigung aller Vereine durch die Tagung.

567 Verfasser unbekannt, Das Pösnecker „Versand-Haus" verurteilt.

568 Brendel, Die volkswirtschaftliche Bedeutung.

569 Verfasser unbekannt, Wir sind selbst schuld daran!

Gleichzeitig versuchten sich die ambulanten Händler selbst wiederum von aus ihrer Sicht devianten, mobilen Gruppen abzugrenzen. Dabei bedienten sie sich gern des gleichen Vokabulars, das ihnen selbst oftmals durch die Gegner in Presse und Reichstag zuteil wurde:

> „Denn der Zigeuner ist wirklich unfaßbar. Er durchzieht, soweit er sich nicht mit wenigen Ausnahmen seßhaft gemacht hat und – etwa mit Pferdehandel oder dergleichen – ernährt, rastlos die Lande, nächtigt bei seiner Bande im Freien, lebt, zumeist unangemeldet, von Betrügereien und Diebstählen. Der Wandergewerbeschein ist für ihn lediglich ein Vorwand, in die Häuser einzudringen. Die Weiber führen sich durch allerhand Hokuspokus, wie Wahrsagen, Handzeichendeutung, Zauber- und Liebestränke bei dem unwissenden Volke ein, die Hauptsache ist, ihren Opfern so viel Geld wie möglich abzulocken oder wenn sich ihnen die Gelegenheit bietet, irgend etwas zu stehlen. Das angebliche Kupferschmiedegewerbe, das die Männer zu betreiben vorgeben, ist auch nichts anderes als ein Vorwand, möglichst viel wertvolles Metall zu sammeln; angeblich, um es zu reparieren, in Wirklichkeit, um damit zu verschwinden. Gelegentlich verkaufen sie den Bauern auch noch irgend eine aufgemachte Schindmäre, die nicht den Strick wert ist, an dem sie geführt wird, und sind am nächsten Tage verschwunden und für die Behörde unfassbar."[570]

Vielen Artikeln in den Fachzeitschriften zufolge bot die Gewerbegesetzgebung keine klare Abgrenzung zu nicht rechtschaffenden Gewerbetreibenden. Sie vereine stattdessen eine so große Vielzahl von Gewerbeformen und -arten unter dem Begriff ‚Wandergewerbe', dass diesbezüglich „keine Klarheit" geschaffen werde,[571] und sie unter den „schwarzen Schafen" des Metiers zu leiden hätten. Daher liege der Vergleich des „ehrsamen Hausierer und sonstigen Wandergewerbetreibenden" mit „solchem Gesindel" nur daran, dass „sein Beruf auf den gleichen rechtlichen Unterlagen und dem gleichen Wandergewerbeschein" beruhe.[572] Der Koblenzer Provinzialverband sprach sogar von der „Arbeitsscheu [als] weitaus grösste Ursache diese[s] wilden Hausierertums."[573]

Den Hausiererverbänden gelang es nicht, selbst eine klare Zuordnung der Berufsgruppe vorzunehmen, für die sie sich einsetzten. Stattdessen dehnte der Reichsverband seine Zuständigkeit sukzessive auf viele kleine Branchen aus, wie etwa die 1923 eingegliederten Schausteller.[574] Der Provinzialverband

570 Verfasser unbekannt, Hausierer sind keine Zigeuner, vgl. kommentiertes Quellentranskript TATARINOV, Nr. 235: Hausierer sind keine Zigeuner.

571 Verfasser unbekannt, Wir sind selbst schuld daran!

572 Verfasser unbekannt, Hausierer sind keine Zigeuner.

573 LHAK Best. 403, Nr. 13109, Mathias Hehnerath, Verbandssekretär des Provinzialverbands reisender Gewerbetreibender an den Oberpräs. Koblenz, Koblenz, 24.11.1925.

574 Verfasser unbekannt, Schausteller und Berufskollegen; BRENDEL/BECKER u.a., Zur Geschichte der Organisation des ambulanten Gewerbes.

Koblenz führte sogar zusätzliche Ausweispapiere ein, um die eigenen Mitglieder zu kennzeichnen und für deren Rechtschaffenheit zu bürgen, was nur mit der Bitte um schärfere Polizeikontrollen funktionieren konnte:

> „Der Verband nimmt keine Mitglieder auf, die nicht im Besitze des ordnungsmässig ausgestellten Wandergewerbescheins sind. Deshalb besitzt die Vereinigung gewisse Garantien, dass unter seinen angeschlossenen Mitgliedern es keine Unbefugten gibt, auch ist es Satzung des Verbandes, dass jedes Mitglied sein Gewerbe in ehrlicher Art und Weise ausübt. Unter diesen genauen Vorschriften gibt der Verband jedem Aufgenommenen eine Mitgliedkarte mit Lichtbild. Verstösse eines mit unserer Karte versehenen Mitgliedes gegen die Gewerbeordnung oder sonstige Unehrsamkeit möchten wir sehr höfl. bitten, uns bekannt zu geben, aber auch dem Mitglied im andern Falle jede Unterstützung und Hilfe in seinem Erwerbe zuteil werden zu lassen."[575]

Weder die Zielgruppe, die durch den Reichsverband vertreten werden sollte, wurde in den Zeitschriftenartikeln klar umrissen, noch wurden die Zielsetzungen der Interessenspolitik angegeben. Daher hatte die Politisierung der Hausierer durch den Reichsverband insgesamt nur geringe Durchschlagkraft und fand auch in den eigenen Reihen wenig Akzeptanz und Unterstützung. Die Betonung des volkswirtschaftlichen Wertes des Hausierhandels erbrachte immerhin, dass Ende der 1920er Jahre Interessensvertreter des Verbands bei zahlreichen relevanten Konferenzen im Wirtschaftsministerium und als Vertreter in den Industrie- und Handelskammern sowie in den Gewerbekammern anwesend waren.[576] Außerdem sammelte der Reichsverband kontinuierlich Vorschläge zur Auflockerung der Reichsgewerbeordnung hinsichtlich des Wandergewerbes in allen Ortsgruppen. Grundlegende Veränderungen in der Gewerbeordnung konnte er jedoch nicht durchsetzen, aber immerhin zeitweilig weitere Einschränkungen verzögern.

Die Bestimmung, welche Branchen dem Hausiergewerbe zuzurechnen seien, konnte auch aufgrund der Gewerbe- und Berufsstatistik des Deutschen Reiches nicht ermittelt werden. Hier wurde das ‚Wandergewerbe' weder als eigenständiges Gewerbe noch als Beruf gezählt. Nur der ‚Hausierhandel' tauchte als eigenständige, jedoch immer wieder veränderte Kategorie auf, sodass verlässliche Aussagen über dessen Ausgestaltung und Umfang auf Grundlage der statistischen Angaben kaum möglich waren.[577] So wurde die statistische

---

575 LHAK Best. 403, Nr. 13109, Mathias Hehnerath, Verbandssekretär des Provinzialverbands reisender Gewerbetreibender an den Oberpräs. Koblenz, Koblenz 24.11.1925.

576 Brendel, Die Stellung des Reichsverbandes.

577 Vgl. „Statistik des Deutschen Reiches" (SDR), erscheint vierteljährlich. Zusammenfassungen veröffentlicht in „Statistisches Jahrbuch für das Deutsche Reich" und „Statistisches Jahrbuch für den Freistaat Preußen".

Erfassung von Hausierern nicht durch die Gewerbezählung vorgenommen, die Berufszählung wiederum arbeitete mit der Restgröße ‚Hausier- und Straßenhandel' für all diejenigen Handelsformen, die nicht unter die speziellen Einzelhandelskategorien gefasst wurden. Formen des Wandergewerbes, die eher mit Reparaturen und der Herstellung von Produkten befasst waren, wie etwa Kesselflicker, Scherenschleifer oder Korbmacher, wurden unter der Kategorie ‚Handwerker' geführt, wobei nicht ersichtlich ist, ob es sich um stehendes oder fahrendes Gewerbe handelte.

Das Kategoriensystem veränderte sich im Zeitraum der sechs großen Gewerbezählungen von 1882–1933 mit fast jeder Zählung,[578] sodass eine genaue Zuordnung, welche Gewerbearten überhaupt zum Hausiergewerbe zu zählen waren, nicht erkennbar ist. Elemente des Hausierhandels lassen sich in den Sparten des ‚Handelsgewerbes' und des ‚Musik-, Theater- und Schaustellergewerbes' oder auch des ‚Gaststätten und Gastgewerbes' ausmachen.

In den Erläuterungen der Ausgabe von 1929 heißt es, dass „infolge der Neugestaltung der Gewerbesystematik eine vergleichende Gegenüberstellung der Zählungen von 1925 und 1907 häufig nur mit Vorbehalt erfolgen" könne.[579] Bereits in der Berufszählung von 1907 wurde der Hausierhandel als ausgestorben („†") gekennzeichnet und nicht als eigenständige Berufssparte geführt.[580]

Die Debatten über den Nutzen des Wandergewerbes, dessen zunehmende Einschränkung und der fließende Übergang zur Armenfürsorge (vgl. Kapitel 1.3) verstärkten die Klassifizierung des Wandergewerbes als ‚negative Arbeit' durch die Polizei,[581] die mit Landstreicherei und Bettelei einherging. Die polizeilichen Befugnisse gegenüber dem Wandergewerbe wurden durch die Zigeunerverordnungen nochmals ausgedehnt. Diese boten die Möglichkeit von polizeilicher Seite, die Freizügigkeitsbestimmungen zu umgehen und die Bewegungsfreiheit, die das Wandergewerbe bot, zu beschränken.[582]

Bereits in der preußischen „Anweisung zur Bekämpfung des Zigeunerunwesens" von 1906 wurde angeordnet, „bei Zigeunern, welche sich im Besitze eines Wandergewerbescheines befinden, [...] festzustellen, ob das Wandergewerbe wirklich betrieben [würde] und ob es nicht vielmehr lediglich als Deckmantel der Landstreicherei" diene.[583]

---

578 Die erste Gewerbezählung erfolgte am 01.12.1875. Die zweite Berufs- und Gewerbezählung fand am 05.06.1882 statt und weitere am 14.06.1895, am 12.06.1907, am 16.06.1925 und am 16.06.1933.

579 SDR, Bd. 413,1 (1929), S. 7.

580 SDR Bd. 210,1 (1907). Berufszählung vom 12.06.1907.

581 Auch im juristischen Diskurs, vgl. Beuthen, Die negative Arbeit.

582 Ebd., S. 204 f.

583 Preuß. Min. d. Innern, Anweisung 1906, Ziffer 13.

Hinzu kam, dass der systematische Ausbau der Zigeunerregistrierungen und Kontrollen von Wandergewerbetreibenden von den gleichen behördlichen Stellen ausgeführt wurde. Im ländlichen Raum übernahm das die Landjägerei. Dies bewirkte eine Radikalisierung in der Überwachung des Wandergewerbes und in der Auslegung von Zigeunerverordnungen.

Wie gezeigt werden konnte, wurden das Zigeuner- und Wandergewerbeproblem aus normativer Sicht zunächst unabhängig voneinander verhandelt und beide Diskursfelder politisch aufgrund unterschiedlicher Interessen und Bedingungen konstruiert. Der Zigeunerdiskurs war seit dem 18. Jahrhundert geprägt von anthropologischem und kriminalbiologischem Gedankengut sogenannter ‚Zigeunerexperten' sowie von Veränderungen der Polizeistrukturen und der Ausgestaltung der Polizeiarbeit. Die Debatte um das Wandergewerbe wurde vor allem durch wirtschaftspolitische Interessen des stehenden Gewerbes und des Kleinhandels geleitet. Mit der Reichsgründung wurden beide Problemfelder zum innenpolitischen Problem. Rechte wie Freizügigkeit und Gewerbefreiheit galten für alle Reichsangehörigen, ehemals außenpolitische Grenzen waren frei passierbar, nur die Ausgrenzung mobiler Armer durch das Armenrecht bot eine Hintertür, unliebsame Personen aus dem Verwaltungsbezirk abzuschieben. Ideen zur Beseitigung der ‚Problemlagen' wie Missionierungsprojekte zur Umerziehung von Zigeunern Mitte des 19. Jahrhunderts, die propagierte Sesshaftmachung von Zigeunern und gewerbepolitische Bestrebungen zur Abschaffung des Wandergewerbes seit den 1890er Jahren scheiterten allein schon auf praktischer Ebene an den Sachzwängen der lokalen Armenfürsorge. Auf Exklusion angelegte Zigeunerpolitik wurde mithilfe des Wandergewerbescheinproblems argumentativ legitimiert und gleichzeitig wurde die Dezimierung des Wandergewerbes mit der angeblichen Zigeunereigenschaft aller Wandergewerbetreibenden begründet.

Hinsichtlich der Stigmatisierung ambulanter Gewerbetreibender und Zigeuner überlagerten sich schließlich wohlfahrts-, sicherheits- und wirtschaftspolitische Diskurse in der Zuschreibung von Arbeitsscheu, der ‚Gefährdung der öffentlichen Sicherheit' und sozialer Devianz.

3. Erfassung und Ausgrenzung: Das Wandergewerbe im Zugriff lokaler Zigeunerpolitik

Die auf normativer Ebene geführten Debatten über Maßnahmen zur Einschränkung des Wandergewerbes und des ‚Zigeunerunwesens' verdichteten sich schließlich auf lokaler Ebene zum Handlungszwang der Lokalbeamten mit oftmals widersprüchlichen und unklaren Ausführungsanweisungen. Die bewusst offen gelassene Definition der Zielgruppe und die behördeninterne Kontrolle der Beamten durch die Vorgesetzten führten zu Unterschieden in Vorgehensweise und Wahrnehmung bei den lokalen Polizeibeamten. Ermessensspielräume konnten genutzt werden, eigene Interessen und auf Exklusion angelegtes Handeln durchzusetzen. Gleichzeitig ermöglichten sie auch im gewissen Rahmen, Verordnungen zu ignorieren. Im Laufe des Untersuchungszeitraumes kam es zu Radikalisierungseffekten, in deren Folge der Bewegungs- und Rechtsraum für die als Zigeuner etikettierten Personen stetig eingeengt wurde und auch andere mobile Gruppen wie Hausierer und Wandergewerbetreibende, die zunächst nicht unter den Zigeunerbegriff fielen, marginalisierte.

3.1 Überwachung und Registrierung

3.1.1 Die Verdichtung der Zigeunerüberwachung nach dem Ersten Weltkrieg

Die dauernde Überwachung der Zigeuner durch die Polizei wurde mit der preußischen „Anweisung zur Bekämpfung des Zigeunerunwesens" von 1906 manifestiert. Von dem Generalverdacht ausgehend, dass ‚umherziehende Zigeuner' kriminell seien und deren potentielle Straftaten vermieden werden könnten, wurde eine ständige polizeiliche Kontrolle angeordnet:

> „Zu diesem Zweck haben die Ortspolizeibehörden von dem Auftauchen von Zigeunerbanden in ihrem Bezirk auf dem schnellsten Wege dem Bezirksgendarmen Mitteilung zu machen und dem Landrate, tunlichst unter Angabe der vermutlichen Reiserichtung, Anzeige zu erstatten. […] Dabei haben die in der Dienstvorschrift für die Preußische Landgendarmerie wegen der Verfolgung Flüchtiger erlassenen Bestimmungen dergestalt Anwendung zu finden, daß die Gendarmen die Zigeuner soweit zu verfolgen haben, bis die von ihrem Herannahen sobald als möglich zu benachrichtigenden zuständigen Polizeibehörden oder Gendarmen die weitere Beobachtung übernommen haben […]."[584]

584 Preuß. Min. d. Innern, Anweisung 1906, Ziffer 16.

Die Frequenz der beim Trierer Regierungspräsidenten daraufhin zunächst im Monatstakt eintreffenden Berichtsroutinen dehnte sich jedoch schon nach 1907 zum Jahresrhythmus aus, bis sie schließlich nur noch sporadisch eintrafen. Eine systematische Erfassung fand im Trierer Bezirk erst in der Zeit der Weimarer Republik statt, wie später noch gezeigt werden soll.

Im Koblenzer Regierungsbezirk hingegen wurde die 1906 angewiesene Berichtspflicht von Beginn an akribisch organisiert. Per Erlass vom 9. April 1906 händigte der Koblenzer Regierungspräsident, August Freiherr von Hövel (1899–1910), jedem Landrat ein ausgefeiltes, streng schematisiertes Formular zur Berichterstattung „über das Auftauchen von Zigeunern" aus,[585] das nur wenig Spielraum für individuelle Äußerungen ließ.[586]

Es wurde nach Ort und Zeit des Auftauchens der Zigeuner gefragt, in welcher Stärke und Zusammensetzung dies geschehe, wie viele schulpflichtige Kinder mitgeführt würden, ob für deren Unterricht gesorgt sei, woher die Gruppen kämen und wohin sie reisten. Weiterhin wurde gefragt, ob es sich um in- oder ausländische Zigeuner handele, welche Ausweispapiere sie bei sich trügen, ob diese auf Echtheit geprüft und Wandergewerbescheine vorhanden seien, und schließlich ob strafbare Handlungen oder eine sittliche Verwahrlosung vorlägen, und welche Maßnahmen zur Ausweisung und zur Überwachung getroffen worden seien.

Die Punkte der ministerialen Anweisung zum Nachrichtenwesen wurden dabei noch einmal hervorgehoben und in den folgenden Berichtsjahren durchaus strikt gehandhabt, sodass im Regierungsbezirk Koblenz Zigeunerberichte der einzelnen Landkreise in einem Zeitraum von 1905 bis 1930 vorliegen. Im Regierungsbezirk Trier hingegen wurden die Berichte auf Landratsebene gesammelt und sind durch den Verlust eines Großteils der Landratsbestände nur noch für den Landkreis Wittlich seit 1925 erhalten.

Die konstatierte Zunahme des Zigeunerproblems wurde von Seiten des Koblenzer Regierungspräsidenten, Friedrich Scherenberg (1911–1917), direkt mit dem Versagen von Beamten gleichgestellt, wobei er den Druck auf diese, die Berichte einzureichen, stetig erhöhte. Die Fälle, für die Maßnahmen zur ‚Zigeunerbekämpfung' erfolgen sollten, spezifizierte er jedoch nicht. Er errichtete ein System behördeninterner Kontrolle, durch das er Vorgesetzte anhielt, ihre Untergebenen zu überwachen und zur Verantwortung zu ziehen.[587]

Im Regierungsbezirk Trier verschärfte sich die Überwachungspolitik erst mit dem Beschluss der Landratskonferenz von 1921 zur dauernden polizeilichen

---

585 LHAK Best. 441, Nr. 27989, Abdruck des Formulars.

586 Die Charakteristika der politischen Kommunikation innerhalb der Verwaltung werden analysiert von Raphael, „Die Sprache der Verwaltung".

587 LHAK Best. 441, Nr. 24084, Reg.-Präs. Koblenz an die Landräte des Bezirks, Koblenz 08.08.1911.

Kontrolle der Zigeuner. Der langjährige Trierer Regierungspräsident Konrad Saassen (1922–1936) trat dort jedoch als maßgeblicher Akteur kaum in Erscheinung, treibende Kraft für die Kontrolle der Polizeibehörden waren hier vor allem die Besatzungsbehörden, die nach dem Ruhrkampf 1923 auf die Überwachung der Landjäger drängten. Gleichzeitig wurde das Zigeunerproblem von Seiten der Landräte stark mit der Vergabe von Wandergewerbescheinen verknüpft. Oberstes Ziel war die Verringerung der Gewerbelegitimationen, was dadurch erreicht werden sollte, dass auch die „übrigen nach zigeunerartiger Weise umherziehenden Wandergewerbetreibenden" gleich den Zigeunern stets zu überwachen und die Ortspolizeibehörden anzuhalten seien, bei Anträgen die persönlichen Verhältnisse der Antragsteller eingehend zu prüfen.[588] Die Berichterstattung der Polizeibehörden vor Ort über das Auftauchen von Zigeunern und ‚nach Zigeunerart umherziehenden Wandergewerbetreibenden' erfolgte zusammengefasst in einem Formular an die Landräte und wurde nur in Problemfällen an den Trierer Regierungspräsidenten weitergeleitet.

In Koblenz gab es hingegen seit dem Erlass des preußischen Innenministers vom 4. Februar 1911 zwei getrennte Formulare. Zum einen den seit 1906 für die lokale Überwachung und Kommunikation genutzten „Bericht über das Auftauchen von Zigeunern" und zum anderen die seit 1911 geführten „Mitteilungen über mit Wandergewerbescheinen betroffene inländische Zigeuner", die vom Koblenzer Regierungspräsidenten zentral gesammelt und an alle preußischen Bezirksausschüsse versandt wurden. Auch der Trierer Regierungspräsident verschickte in den Vorkriegsjahren diese Liste und sammelte außerdem seit 1925 Auflistungen von „Personen ohne festen Wohnsitz, die bei Ausübung des Wandergewerbes ohne Wandergewerbeschein getroffen worden waren".

Die Vielzahl der Listen und Registraturen sorgten für Verwirrung bei den ausführenden Beamten. Selbst nach jahrelanger Praxis waren die Dienstwege und Berichtsroutinen nicht zweifelsfrei geklärt. Erklärungen und Nachfragen, wie das korrekte Verfahren eigentlich aussähe, ließen sich noch Ende der 1920er Jahre in großer Zahl in den Akten finden.[589] So erkundigte sich der Bürgermeister

---

588 LHAK Best. 442, Nr. 10992, Landratskonferenz Reg. Bez. Trier 1921, Verhandlungsprotokoll 19.11.1921.

589 Vgl. LHAK Best. 441, Nr. 27990, Landrat Koblenz an den Reg.-Präs. Koblenz, Koblenz 27.04.1926: „Es entspricht den Tatsachen, daß von mir in letzter Zeit Berichte über den Durchzug von Zigeunern durch den Landkreis Coblenz vorgelegt wurden, ohne daß dabei von der bekannten, formularmässigen Berichterstattung Gebrauch gemacht wurde. Durch die dortigen Verfügungen vom 31. März 1906, I. 2. 5805, und vom 21.09.1906, I.2:19311, wurde angeordnet, daß die Landräte, in deren Kreise Zigeuner auftauchen, dies nach einem bestimmten Berichtsmuster anzuzeigen haben, daß aber die Landräte der folgenden Kreise über den weiteren Verlauf der polizeilichen Maßnahmen, insbesondere über die weitere polizeiliche Begleitung und Überwachung der

aus Büchenbeuren über das korrekte Prozedere gegenüber dem Landrat in Zell. Seines Wissens wäre „eine Berichterstattung nach vorgeschriebenem Muster“ nur beim „erstmaligen Auftauchen von Zigeunern erforderlich“. Die durchziehenden Zigeuner seien ohne Begleitbericht übergeben worden, daher trugen seine Beamten „dem Beamten der Bürgermeisterei Kirchberg die [bei] der Zigeuner-Uebernahme gemachten Notizen – nach den im vorgeschriebenen Muster [...] – in das [...] mitgeführte leere Formular“ ein.[590]

Die Unterschiede der einzelnen Regierungsbezirke in der mit nur wenigen staatlichen Erlassen seit 1906 eingeführten preußischen Zigeunerüberwachung waren also durchaus sehr groß, wie die Maßnahmen in den Regierungsbezirken Trier und Koblenz zeigten. Die preußische dezentrale Vorgehensweise stand etwa im Gegensatz zur bayerischen Zigeunerpolitik. Die Zigeunerzentrale in München bemühte sich, einen Überblick über die Zigeunervorkommen im Land zu behalten, doch bestand hier keine Berichtspflicht der Distriktspolizeibehörden gegenüber den übergeordneten Ämtern wie in Preußen.[591]

Die Zahl der Berichte, wie sie etwa in den einzelnen preußischen Landkreisen eingegangen war, reflektierte nicht zwangsläufig die Zahl der angetroffenen Zigeuner, sondern trug vielmehr den örtlichen Verwaltungsverfahren und Dienstzwängen Rechnung. So lassen sich die für die Koblenzer Landkreise Cochem und Simmern jeweils 35 bzw. 30 eingereichte Berichte (über einen Zeitraum von 1906 bis 1930) nicht mit den etwa 73 Berichten im Trierer Landkreis Wittlich (in einem Zeitraum von 1924 und 1930) vergleichen. In Koblenz wurde nur über die Transporte berichtet, die von Landjägern zum nächsten Verwaltungsbezirk durchgeführt wurden und von denen nicht auch schon zuvor ein Formular angefertigt worden war. Die Wittlicher Landjäger hingegen notierten ungeordnet jede einzelne Kontrolle unabhängig davon, wie danach verfahren wurde.

Auch die Zielgruppe unterschied sich. War der Fokus in den Koblenzer Landkreisen vor allem seit 1927 sehr auf ausländische Gruppen gerichtet, galten in dem Trierer Landkreis alle Wandergewerbetreibenden als verdächtig, auch wenn sie nur einzeln reisten.

Zigeuner nur unter Mitteilung der die Bande identifizierenden Merkmale berichten sollten, ohne daß es der erneuten Einreichung des ausgefüllten Musters bedürfe.“ [Anstreichungen im Original].

590 LHAK Best. 441, Nr. 24084, Bgm. Büchenbeuren an den Landrat Zell, Büchenbeuren 20.06.1911.

591 Albrecht, Zigeuner in Altbayern, S. 105–112. In Bayern gab es einen staatsanwaltschaftlichen Nachrichtendienst, der sofort jede Anzeige gegen Zigeuner an die Zentrale nach München meldete, wo die Namen registriert wurden.

Auffällig ist jedoch die Verschärfung der Überwachung in beiden Regierungsbezirken seit 1925, ohne dass von staatlicher Seite offiziell darauf hingewirkt worden wäre. Nachdem die Berichtspflicht im Koblenzer Bezirk während der Kriegs- und Nachkriegsjahre fast gänzlich zum Erliegen gekommen war, erfolgte eine Intensivierung unter Regierungspräsident Paul Brandt (1923–1929). Auch die Einführung der in der Trierer Landratskonferenz von 1921 beschlossenen, flächendeckenden Überwachung erfolgte zunächst sehr schleppend und wurde dann 1925 forciert, wie etwa die Anweisung des Wittlicher Landrats, Franz Bender (1924–1939), an seine Landjägerabteilung belegt:

> „Jeder Landjäger hat genau darüber Buch zu führen, wann, wo und in welcher Stärke er Zigeuner angetroffen hat. [...] Ferner sind die Wandergewerbescheine nach Nummer, Ausstellungsdatum und Ausstellungsbehörde anzugeben. Die Aufzeichnungen der Landjäger wollen Sie sich zum 15. eines jeden Monats, erstmalig zum 15. September 1925 einreichen lassen. Auf Grund der einzelnen Berichte wollen Sie dann einen übersichtlichen Gesamtbericht anfertigen, aus dem [...] die genaue Stärke der im Berichtsmonat angetroffenen Zigeuner zu ersehen ist, sowie die obigen Angaben über Wandergewerbescheine enthalten sind.“[592]

Bei der Betrachtung der Kontrollen eines einzigen Landkreises kristallisierten sich wiederum verwaltungsinterne Logiken heraus, die gekoppelt mit geographischen Begebenheiten die jeweilige Anzahl der Zigeunerkontrollen bedingten.

Karte 2 zeigt, wie im Landkreis Wittlich seit 1925 die flächendeckende Überwachung des Landkreises durch die verfügbaren Landjäger gewährleistet werden sollte. Die Helligkeit der Schattierung nimmt in der Darstellung ab, je mehr Kontrollen des jeweiligen Landjägers für dessen Bezirk dokumentiert sind.

Dabei waren auffallend wenige Kontrollen in der Gegend von Eisenschmitt verzeichnet. Der dort stationierte Oberlandjäger Ritzerfeld hatte in seinen drei Jahren Dienstzeit auf diesem Posten gerade einmal drei Personenkontrollen gemeldet. Auch sein Nachfolger Oberlandjäger Rautenberg kam 1929 ebenfalls auf lediglich drei Revisionen. Nordwestlich von Eisenschmitt im Kreisgrenzendreieck Bitburg-Prüm-Wittlich wurden im gesamten betrachteten Zeitraum gar keine Zigeunerfamilien gemeldet. Vor allem die Hauptverkehrswege, die den Landkreis Wittlich von Süden nach Norden durchkreuzten – d. h. von Hetzerath Richtung Daun – sowie von Südwest nach Nordost – also von Trier nach Cochem oder Bernkastel – standen im Fokus der Beamten.

---

592 LHAK Best. 498 Nr. 169, Rundverfügung des Landrats Wittlich, Wittlich 15.08.1925.

In der Regel war jeweils nur ein Landjäger für einen Bezirk zuständig.[593] Dabei konnte es jedoch zu Überschneidungen der Einsatzbezirke kommen oder die nächststationierten Landjäger eilten bei besonders großen Gruppen, die transportiert werden sollten, dem benachbarten Kollegen zu Hilfe. Aufgrund des Personalmangels und der schwer zugänglichen und weitläufigen Einsatzgebiete, konnte der Anspruch einer lückenlosen flächendeckenden Überwachung nicht vollständig erfüllt werden. So bestellte etwa der benachbarte Bitburger Landrat zusätzlich „die Gemeindeforstbeamten [...] zu Hülfspolizeibeamten [...] mit dem besonderen Auftrage, sich an der Bekämpfung des Bandenunwesens zu beteiligen“, da er „die Kräfte der Landjäger und örtlichen Polizeibeamten allein nicht für ausreichend“ erachtete.[594]

Sicherlich spielte das Engagement des einzelnen Beamten bei dessen Kontrollintensität eine Rolle, doch die bereits angesprochene interne Kontrolle durch Kollegen und Vorgesetzte fungierte ebenfalls als starkes Druckmittel. Auch geographische Bedingungen müssen berücksichtigt werden beim Blick darauf, welche Gegenden besonders ins Visier der Landjäger gerieten. So fanden selbst nach mehreren Dienstwechseln im Südosten des Bezirks stets mehr Kontrollen statt als im Nordwesten. Größere Ortschaften und die Märkte der Region waren die von ambulanten Händlern angesteuerten Ziele. So besuchte etwa die Korbmacherfamilie von Martin B., die am 14. August 1925 in Spangdahlem aufgegriffen wurde,[595] den dort alljährlich stattfindenden Kram- und Viehmarkt.[596] In Manderscheid wurden die meisten Familien im April oder Mai aufgegriffen, zur Zeit des dort alljährlich Ende April veranstalteten Marktes.[597] Um die wenigen wirtschaftlich lohnenden Ziele zu erreichen, waren die Alternativen in der Wahl der Reiserouten der umherziehenden Händler und Handwerker begrenzt, sodass stark kontrollierte Straßen nicht immer vermieden werden konnten, vor allem in einer von Gebirgszügen geprägten Gegend wie der Eifel.

Ebenso auffällig ist, dass die meisten Revisionen direkt an den Kreisgrenzen, vor allem im Süden und Osten des Landkreises, durchgeführt wurden. Hier war zudem eine größere Anzahl von Landjägern im Einsatz als etwa im Inneren des Landkreises – so kontrollierte Landjägermeister Hebeker zum Beispiel ausschließlich entlang der östlichen Kreisgrenze.

---

593 In den in der Karte 2 doppelt besetzten Gebieten fand lediglich ein Personalwechsel innerhalb des betrachteten Zeitraums statt.

594 LHAK Best. 442, Nr. 10992, Landrat Bitburg an den Reg.-Präs. Trier, Bitburg 12.11.1921.

595 LHAK Best. 498, Nr. 472, Landjägeramt Binsfeld an die Landjägerabteilung Wittlich, Binsfeld 14.08.1925.

596 Mertes, Die lokalen Märkte, S. 29.

597 Ebd., S. 30.

Die Anzahl der Kontrollen verteilten sich über das Jahr recht gleichmäßig. Die meisten Kontrollen im Landkreis Wittlich fanden in der Regel im Spätsommer statt (vgl. Abbildung 5). Die hohe Zahl im August ist durch die intensivierten Kontrollen im Jahr 1925 zu verzeichnen, daher ist dieser Wert für die durchschnittliche Kontrollintensität übers Jahr nicht repräsentativ.[598] Am wenigsten wurde zur Erntezeit im Oktober und zur Zeit der Feldbestellung im Februar/März kontrolliert. Im Winter trafen die Landjäger in der Regel kleinere Gruppen an als im Sommer, sodass sich ihre Arbeit im Sommer deutlich effektiver gestaltete, was wiederum eine abnehmende Zahl der Kontrollen in der kalten Jahreszeit bedingte. Interessant ist, dass das Fingerabdruckverfahren im November 1927 keinen großen Effekt auf die Kontrollintensität hatte, was auf die geringe Anzahl reisender Gruppen zu dieser Jahreszeit hinweist.

Abbildung 5: Monatsverteilung der Revisionen im Landkreis Wittlich 1925–1930

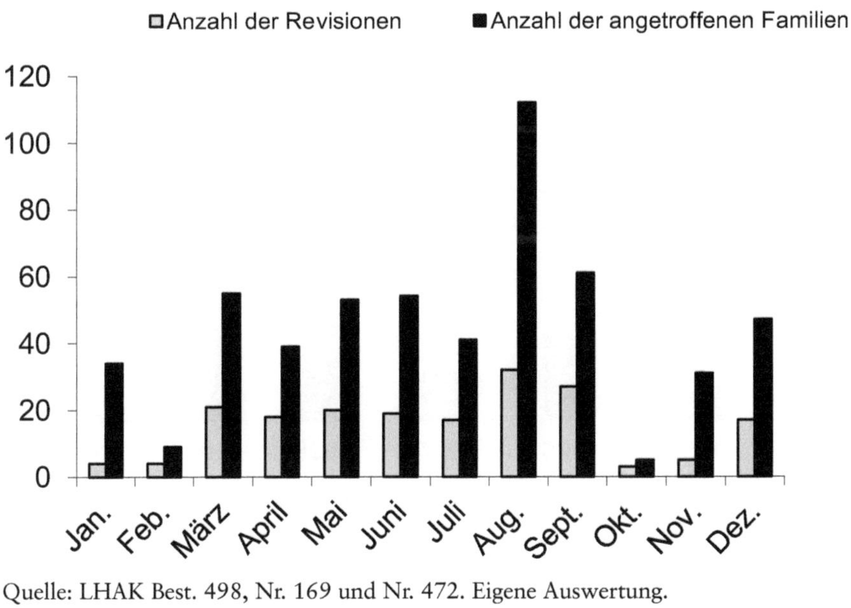

Quelle: LHAK Best. 498, Nr. 169 und Nr. 472. Eigene Auswertung.

Da im Landkreis Wittlich nicht mit einem vorgefertigten Formular gearbeitet wurde und auch keine Richtlinien festgelegt worden waren, welche Gruppen genau zu kontrollieren waren, berichteten die Landjäger in der Regel von jedem einzelnen Zusammentreffen, zumeist jedoch nur mit dem Vermerk der Namen der Familienväter, deren Gewerbe, der Gruppengröße, der Anzahl

598 Die Kontrollzahlen im August ordnen sich außer im Jahr 1925 in den Schnitt von Juli und September ein.

der Kinder und ob ein Wandergewerbeschein vorlag. Genauere Angaben, die aus diesem Schema ausbrachen, gab es selten. In der hier vorliegenden Auswertung wurde daher die Anzahl der registrierten Namen ermittelt, auch wenn mehrere Personen in einer Kontrolle zusammengefasst wurden. In der Regel herrschte im Bericht des nächsten Landjägers wieder eine andere Konstellation der Gruppen und Reiseverbände vor.

Die Anzahl der Zigeunerkontrollen unterlag während des gesamten dokumentierten Zeitraums von 1924 bis 1930 heftigen Schwankungen (vgl. Abbildung 6). Die Einbrüche im Verlauf der Kontrollen können dabei sowohl als Auswirkung der rigorosen Abschiebemaßnahmen interpretiert als auch einer kurzfristigen wirtschaftlichen Verbesserung im Jahr 1927 zugeschrieben werden. Für die Jahre 1924 und 1930 sind die Daten noch nicht bzw. nicht mehr mehr vollständig dokumentiert und können in der Betrachtung vernachlässigt werden.

Abbildung 6: Anzahl der Zigeunerkontrollen im Landkreis Wittllich 1924–1930

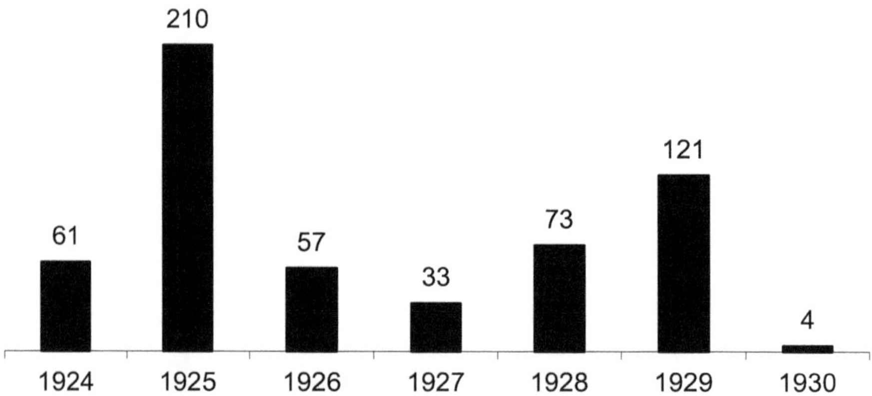

Quelle: LHAK Best. 498, Nr. 169 und Nr. 472. Eigene Auswertung.

Die 210 Kontrollen im August des Jahres 1925 wurden direkt unternommen, nachdem der Wittlicher Landrat in seiner Verfügung noch einmal auf der Berichtspflicht bestanden hatte.[599] Dies zeigt, dass die Zahlen vor allem von der Aufmerksamkeit der Beamten auf das Zigeunerproblem abhängig waren. Diese nahm allem Anschein nach 1930 wieder ab, was sich auch bei den Hausiererkontrollen beobachten lässt (vgl. Kapitel 3.1.3). Akten aus dem Folgezeitraum, die klären, ob derartige Kontrollen weitergeführt wurden, könnten

599 Vgl. LHAK Best. 498, Nr. 169, Rundverfügung des Landrats Wittlich, Wittlich 15.08.1925.

in Folge von Umstrukturierungen in den Zuständigkeiten der Polizei im Nationalsozialismus an die Kriminalpolizeidienststellen abgegeben worden sein.

3.1.2 Überwachung der eigenen Reihen: Zum Handlungsspielraum des Polizeibeamten

Die Berichtspflicht der lokalen Polizeistellen, die mit Erlass der „Anweisung zur Bekämpfung des Zigeunerunwesens" vom preußischen Innenministerium 1906 eingeführt worden war, wurde in den Regierungsbezirken Trier und Koblenz befolgt und stetig ausgebaut. Ständige Ermahnungen zur Einhaltung der Berichtspflicht zeigten jedoch, dass die Landjäger nicht von allein aktiv wurden, sondern regelmäßig angeleitet und ermahnt werden mussten, um die Kontrollen in die tägliche Routine aufzunehmen.

Manch ein Landjäger nutzte die monatliche Berichterstattung, um sich selbst in gutes Licht zu rücken und seinem Tatendrang Ausdruck zu verleihen, indem er seine Berichtspflicht sehr genau nahm. Andere wiederum entledigten sich dieser Pflicht mit dem knappen Aktenvermerk „Fehlanzeige", wenn aus ihrer Sicht nichts Berichtenswertes passiert war. So reichte etwa Landjäger Wiese aus Binsfeld seine Meldung über das Auftreten einer Korbflechterfamilie elf Tage zu spät ein „wegen Portoersparnis und weil nichts weiter vorgefunden wurde".[600] Sehr penibel dagegen berichtete Landjäger Albrich seit 1928 aus Hasborn. In sauber gemalten Buchstaben schmückte er jeden seiner Berichte mit Details aus, wobei er vor allem seine eigenen Verdienste betonte:

> „2 weitere Zigeuner, die sich von dieser Bande mit 2 Pferden abgezweigt hatten, sind, weil sie in Oberscheidweiler u. Mückeln versucht hatten, die Pferde zu verkaufen, ohne im Besitze eines W.G.Sch. gewesen zu sein, mit meiner Hilfe vom Ldj. a. Pr. Thyrau aus Gillenfeld in Mückeln vorl. festgenommen worden unter gleichzeitiger Beschlagnahme der 2 Pferde. Über den Ausgang der Sache ist mir noch nichts bekannt."[601]

Oberlandjäger Bertmann, der auf dem Landjägerposten Großlittgen stationiert war, wurde gerügt, als ihm während einer Kontrolle zwei steckbrieflich gesuchte Personen entgingen. Seine Rechtfertigung, dass er allein gewesen sei und im Zuge dieser Revision sechs Wagen habe kontrollieren müssen, bewahrte ihn nicht vor der Zurechtweisung durch den Vorgesetzten.[602]

---

600 LHAK Best. 498, Nr. 472, Landjägeramt Binsfeld an die Landjägerabteilung Wittlich, Binsfeld 01.04.1924.

601 Unterstreichungen und Abkürzungen im Original LHAK Best. 498, Nr. 472, Landjägeramt Hasborn an die Landjägerabteilung Wittlich, Hasborn 08.08.1928.

602 LHAK Best. 498, Nr. 472, Landjägerabteilung Wittlich an den Landrat Wittlich, Wittlich 23.09.1928.

Der Kampf gegen das ‚Zigeunerunwesen' wurde durchaus als ‚Kampf' verstanden, in dem der Einzelne sich mit „männlicher Ehre und Tugenden"[603] auszeichnen sollte. Verletzung der Kontrollpflicht oder Nachlässigkeiten wurden schnell auf fehlende Manneskraft und persönliches Versagen zurückgeführt. So stellte etwa der Bürgermeister von Oberkail dem dortigen Landjäger beides in Abrede, als dieser, seiner Meinung nach, zu nachlässig gegenüber Zigeunern agierte. Gegenüber seinem Vorgesetzten schrieb er:

> „Aber wo ein tüchtiger Landjäger ist, halten sich keine Zigeuner oder zweifelhafte Wandergewerbetreibende auf. Hier in Oberkail liegen im Sommer fast stets Zigeuner oder ähnliche umherziehende Familien. Hier wäre energisches Eingreifen am Platze."[604]

Der Druck wurde demnach nicht nur auf der Verordnungsebene intensiviert, sondern auch auf ganz persönlicher Ebene aufgebaut.

Die wiederkehrenden Ermahnungen, die Vorschriften strenger einzuhalten oder die Berichtspflichten ernst zu nehmen, lassen auch die Interpretation zu, dass die Lokalbeamten vor Ort diesem Druck nicht nachkamen. In einem Schreiben vom 23. Oktober 1929 etwa schlug der Trierer Regierungspräsident einen scharfen Ton gegenüber den örtlichen Polizei- und Landjägerbeamten an, die nicht zuverlässig Bericht erstattet hatten:

> „[D]ie ordnungsgemäße Bearbeitung der Ausweisungsangelegenheiten usw. [sind in vielen Fällen] erschwert bezw. erst nach fernmündlicher oder schriftlicher Feststellung möglich. [...] Ich ersuche ergebenst, die Landjäger- und Polizeibeamten auf die Beachtung dieser Verfügung hinzuweisen und sie nicht im Zweifel darüber zu lassen, dass sie eintretendenfalls für etwa entstehende Mehrkosten mit haftbar sind."[605]

Das Verschweigen von Ereignissen und Informationen stellte eine Möglichkeit des ‚kleinen' Beamten vor Ort dar, die Ausführung aufwendiger Bestimmungen zu umgehen.[606] Die Zigeunerverordnungen luden hierzu aufgrund ihrer Vielzahl, ihrer Uneindeutigkeit in den Formulierungen, der möglichen Kosten, die sie verursachten, der zu erwartenden Organisation eines Abtransports oder der in jedem Fall nötigen massiven Schreibarbeit ein. Die Verletzung der Berichtspflicht von Seiten der Ortsbehörden wurde immer dann evident, wenn ein Bericht einer angrenzenden Verwaltungseinheit einging, während er andernorts unterlassen worden war. Daher halfen die zuvor erläuterten

---

603 Raphael, „Die Sprache der Verwaltung", S. 199.

604 LHAK Best. 498, Nr. 169, Bgm. Oberkail an den Landrat Wittlich, Oberkail 05.04.1922.

605 LHAK Best. 655, 39, Nr. 135, Rundverfügung des Reg.-Präs. Trier, Trier 23.10.1929.

606 Raphael, „Die Sprache der Verwaltung", S. 198.

Widersprüchlichkeiten in der Zuschreibung der Zigeunereigenschaft als Rechtfertigung nur bedingt und ließen den Eindruck fehlenden Arbeitseifers entstehen, wenn die Nachbarbehörde diese Probleme scheinbar nicht hatte.

Dass die Schreibarbeit und Mehrfacherfassung der aufgegriffenen Personen für unnötig erachtet wurden, lässt der Bericht des Pfaffendorfer Oberlandjägers erkennen:

> „Wären die Zigeuner in meinem Dienstbezirke aufgetaucht, so hätte ich nach Vorschrift gehandelt und diese sofort der O. Pol. Beh. bezw. dem Amtsgericht in Ehrenbreitstein vorgeführt. Da dieselben mir aber nur zum Weitertransport übergeben waren, lag für mich kein Grund vor eine Anzeige vorzulegen, trotzdem habe ich am nächsten Morgen im Beisein des Lj. a. Pr. Schernich dem Pol. Kommissar Klutz mündlichen Bericht erstattet.
>
> Meines Erachtens war es Aufgabe derjenigen Beamten eine Anzeige wegen bandenmäßigen Umherziehens der Behörde vorzulegen, die die Zigeunerbande zuerst aufgenommen haben. Ob dies geschehen ist mir nicht bekannt."[607]

Vor allem nach dem Krieg drängten die Vorgesetzten auf die Verschärfung der Maßnahmen sowie die Intensivierung der Meldungen und Berichte zur erfolgreichen ‚Zigeunerbekämpfung'. So ermahnte etwa der Koblenzer Regierungspräsident die Landräte der Landkreise St. Goar und Simmern nach dem Aufgreifen einer Zigeunerbande in einem Nachbarbezirk eindringlich, den ihnen unterstehenden Beamten „die gewissenhafte Beachtung und Durchführung" der bestehenden Verordnungen „zur Bekämpfung des Zigeunerunwesens" in Erinnerung zu bringen, „damit die sich stets wiederholenden Klagen über Belästigungen durch Zigeuner wenigstens einigermaßen" vermindern würden.[608]

Denn externe Beschwerden etwa durch Verbände oder die lokale Bevölkerung sowie verwaltungsinterne Streitigkeiten riefen Rechtfertigungs- und Handlungszwänge auch von höheren Verwaltungsinstanzen hervor, die ihrerseits den Druck nach unten weitergaben.

So trat etwa das Beschwerdeschreiben des einflussreichen Bitburger Gutsbesitzers Peter Limbourg an den preußischen Innenminister Carl Wilhelm Severing eine wahre Beschuldigungswelle zwischen den Verwaltungsinstanzen los, indem dieser provokativ schrieb:

> „Unter dem Schutze der Behörden, zum mindesten aber infolge ihres neutralen Verhaltens entwickelt sich im Kreise Bitburg ein Bandenwesen, das für die eingesessene Bevölkerung jeden Tag unerträglicher wird. [...] Offenbar hat die Gendarmerie die Anweisung gegen die Landplage nicht oder doch nur sehr

607 LHAK Best. 441, Nr. 27989, Landjägeramt Pfaffendorf an die Landjägerabteilung Koblenz, Pfaffendorf 19.04.1925.

608 LHAK Best. 441, Nr. 27989, Reg.-Präs. Koblenz an die Landräte in St. Goar und Simmern, Koblenz 06.06.1925.

> schonend vorzugehen und von den gesetzlichen Handhaben keinen Gebrauch zu machen."[609]

Der Minister verlangte vom damaligen Trierer Regierungspräsidenten Hans Fuchs in einer Eilmeldung, „die Bekämpfung des Zigeunerwesens besser zu realisieren."[610] Dieser informierte unverzüglich den Bitburger Landrat Loenartz und forderte ihn zu einer eingehenden Stellungnahme zu den von ihm getroffenen Maßnahmen auf,[611] woraufhin dieser in seinem Antwortschreiben die dezentrale Zigeunerpolitik der Regierung angriff sowie die Politik der Städte, welche „die Erteilung von Wandergewerbescheinen an derartige Leute eifrig befürworten, da sie damit Arbeitslose und Wohnungssuchende los werden."[612]

Auch die Presse übte Druck auf die Behörden aus. Ein 1921 erschienener Artikel im „Wittlicher Kreisblatt" rief eine ganz ähnliche Abwehrreaktion von Seiten der Behörden hervor wie der vorgenannte Brief des Bitburger Gutsbesitzers. Dort hieß es:

> „Es ist Pflicht der Polizeibehörde gerade jetzt zur Erntezeit, in der tagsüber in den Dörfern nur Frauen, Kinder und Kranke zu Hause sind, alles lichtscheue Gesindel rücksichtslos vom Lande fernzuhalten."[613]

Häufig befürwortete die Presse auch Verwaltungsmaßnahmen oder verwies zumindest auf deren Notwendigkeit in Bezug auf die ‚Zigeunerbekämpfung'.[614] In der „Trierischen Landeszeitung" etwa war 1926 zu lesen:

---

609 LHAK Best. 442, Nr. 10992, Gutsbesitzer Peter Limbourg an den Preuß. Min. d. Innern Berlin, Bitburg 22.10.1921. Die Familie Limbourg war eine der reichsten und einflussreichsten Familien der Stadt Bitburg. Johann Peter Limbourg (1820–1905) war einer der Ehrenbürger Bitburgs, errichtete die Landwirtschaftsschule, war im Vorsitz des Landwirtschaftsvereins, Mitglied des Bezirksausschusses, des Provinziallandtags und Kreistagsabgeordneter, vgl. Hainz/Pauly u.a., Geschichte von Bitburg, S. 542–544; Peter Josef Karl Limbourg (1856–1912) war in der Regierung Köln und als Geheimer Regierungsrat tätig bis er im Dienst verstarb, vgl. Romeyk, Verwaltungsbeamte, S. 606.

610 LHAK Best. 442, Nr. 10992, Preuß. Min. d. Innern Berlin an den Reg.-Präs. Trier, Trier 05.11.1921.

611 LHAK Best. 442, Nr. 10992, Reg.-Präs. Trier an den Landrat Bitburg, Trier 10.11.1921.

612 LHAK Best. 442, Nr. 10992, Landrat Bitburg an den Reg.-Präs. Trier, Bitburg 12.11.1921.

613 LHAK Best. 498 Nr. 472, Verfasser unbekannt, ohne Titel. In: Wittlicher Kreisblatt Jg. 75, Nr. 83, 21.07.1921.

614 Die Frage, wie Presse- und Verwaltungsarbeit ineinandergriffen, wird gestreift von Hehemann, Die „Bekämpfung des Zigeunerunwesens", und Fricke, Zwischen Erziehung und Ausgrenzung.

„Es ist sehr zu begrüßen, dass die Behörden dieses umherziehende Volk nicht zur Ruhe kommen lassen und für schnellen Weiterschub sorgen.“[615]

Zusätzlicher Druck für die linksrheinische Beamtenschaft kam von den französischen Besatzungsbehörden, die vor allem gegenüber der deutschen Landjägerei sehr kritisch eingestellt waren. So rügte etwa der französische Kreisdelegierte die Wittlicher Behörden nach dem Bericht der Wittlicher Lokalzeitung über eine Schießerei zwischen Zigeunern wegen mangelnder Sorgfaltspflicht:

„J'apprends en outre que les auteurs de cet attentat ne sont pas encore arrêtés. J'ai l'honneur d'attirer votre attention sur ce fait et de vous rappeler que les autorités locales allemands sont chargées de la sécurité dans le cercle. La surveillance des nomades, de jour en jour plus nombreux, incombe je crois à la gendarmerie et à la police allemandes.“[616]

Auch nach dem Abebben des Ruhrkampfs[617] entspannte sich das Verhältnis nicht, und deutsche Landjäger fühlten sich nach wie vor durch die Franzosen bevormundet und in ihrer Arbeit behindert. Ein Koblenzer Landjäger beschwerte sich 1926 bei seinem Vorgesetzten über die Einmischung französischer Soldaten bei einem Zigeunertransport. Er warf ihnen vor, die Zigeuner gegen die deutschen Beamten aufgebracht zu haben.[618] Die Antwort des französischen Kommandanten klang souverän und abweisend:

„Je crois donc que cette affaire a pris plus d'ampleur qu'elle ne mérite; il m'est impossible en tout cas d'adresser aux troupes placées sous mes ordres des instructions spéciales sous prétexte que la présence seule de quelques militaires isolés aurait, une fois, gêné l'action de la police allemande.“[619]

Die Franzosen ihrerseits beobachteten die Polizeibeamten und die Landjäger stets mit großer Skepsis. Die Zigeunerpolitik stellte für die Franzosen ein

---

615 LHAK Best. 442, Nr. 10992, Verfasser unbekannt, ohne Titel. in: Trierische Landeszeitung vom 14.10.1926. In Akte eingeklebt. Ähnliches liest sich auch im Traben Trarbacher Lokalanzeiger vom 11.09.1928, eingeklebt in LHAK Best. 441, Nr. 27991 (ohne Verfasser und Titel): „Die Zigeuner werden dauernd von der Gendarmerie bewacht und von einem Kreis in den anderen abgeschoben. Man läßt sie nicht zu Ruhe kommen, damit ihnen das Wanderleben verleidet wird und sie sich ansässig machen. […].“

616 LHAK Best. 498, Nr. 472, Kreisdelegierte der Rheinlandkommission Wittlich an den Landrat Wittlich, Wittlich 22.07.1921.

617 Vgl. Fischer, The Ruhr Crisis.

618 LHAK Best. 441, Nr. 27990, Bericht des Landjägers Metternich an den Landrat Koblenz, Metternich 08.08.1926.

619 LHAK Best. 441, Nr. 27990, General Desvoyes, Kommandant der 38. Division der Infanterie und der Zone Koblenz an den Reg.-Präs. Koblenz, Koblenz 09.09.1926.

messbares Kriterium dar, wie loyal und konsequent die Landjäger für die nötige Ordnung sorgten.

Der durch die Presse, Lokalpolitik, Bevölkerung oder die Besatzungsbehörden auf die behördlichen Organe ausgeübte Druck veranlasste die Vorgesetzten, die Umsetzung von Zigeunerpolitik durch die Polizeibeamten und vor allem die Landjäger genau zu beobachten und zu kontrollieren. Ein gewisser Widerwille gegenüber den nicht transparenten und aufwendigen Bestimmungen gegenüber Zigeunern von Seiten der lokalen Beamten ist erkennbar; nur selten tat sich einer der Landjäger durch die genaue Einhaltung der Vorschriften besonders hervor. Die meisten versuchten, den Aufwand durch Pragmatismus gering zu halten. Der Handlungszwang von Seiten der Vorgesetzten kreierte schließlich jedoch eine Kontrollroutine und mündete durch die angemahnte Berichtspflicht ab 1925 in eine Intensivierung der Kontrollen und die Anfertigung von auffällig mehr schriftlichen Berichten und Registern.

3.1.3 Die Kriminalisierung eines Gewerbezweigs: Die Kontrolle des Wandergewerbes

Während und nach dem Ersten Weltkrieg grassierte die Angst vor einem sprunghaften Anstieg der Wandergewerbetreibenden, falls die Zahl der Kriegsbeschädigten nicht durch die Fürsorgebehörden aufgefangen werden könne. Die Erwerbslosenfürsorge und Kriegsopferfürsorge konnte längst nicht alle Bedürftigen lückenlos materiell abfedern, doch der Versuch der Betroffenen, den Lebensunterhalt mit dem Wandergewerbe zu bestreiten, führte automatisch zur Unterstellung eines fehlenden Arbeitswillens. Im Händlermagazin „Versandhaus“ hieß es dazu im Juli 1918:

> „In letzter Zeit ist häufig beobachtet worden, daß Kriegsverletzte in Großstädten und auf dem Lande Ansichtskarten und Anderes auf Straßen, in Häusern und in Gastwirtschaften feilbieten. […] Die amtlichen bürgerlichen Fürsorgestellen haben es sich seit Kriegsbeginn zur Aufgabe gemacht, alle Kriegsverletzten in das geordnete Erwerbsleben, besonders in ihren früheren Beruf zurückzuführen. Kein Kriegsverletzter ist zum Hausieren oder Betteln gezwungen. Er kann seinen Beruf ergreifen oder auf andere Weise sein Fortkommen finden, wenn er nur den ernsten Willen zur Arbeit zeigt.“[620]

Auch im Regierungsbezirk Trier wurde die Angst vor dem Anstieg der Wandergewerbetreibenden zu einem vorherrschenden Thema. Der Bezirksausschuss Trier spielte dabei eine katalysierende Rolle. In einem Schreiben im Herbst 1921 räumte er der ‚Zurückdrängung des Wandergewerbes‘ oberste Priorität ein, wobei strukturelle Ursachen und alternative Beschäftigungsmöglichkeiten unerwähnt blieben:

---

620 Verfasser unbekannt, Kriegsbeschädigte als Hausierer.

„Die Flut der Wandergewerbetreibenden schwillt immer mehr an, die Sucht geregelter Arbeit aus dem Wege zu gehen und sich dem ungebundenen Leben im Wandergewerbe hinzugeben nimmt immer mehr zu. Wir bringen daher unsere eingangs erwähnte Verfügung in Erinnerung und ersuchen mit Nachdruck dahin zu wirken, daß von den Ortsbehörden schon bei Entgegennahme der Anträge auf Erteilung eines Wandergewerbescheines der Gesichtspunkt der Notwendigkeit der Zurückdrängung der Flut der Wandergewerbetreibenden in den Vordergrund gestellt und der Versuch gemacht wird, die Antragsteller auf einen anderen Beruf zu verweisen.“[621]

In den rückläufigen Antwortschreiben aus den Landkreisen zu Beginn des Jahres 1922 wurde die angestrebte Verminderung der Zahl der Wandergewerbescheine mit der ‚Bekämpfung des Zigeunerunwesens' im gleichen Atemzug verhandelt. So beschwerte sich der Trierer Landrat:

„M. E. müßte den Zigeunern der Wandergewerbeschein grundsätzlich versagt werden, wozu die §§ 57, 57a und 57b der R. G. O. genügend Handhabe böten. Es steht zweifellos fest, dass der Wandergewerbeschein für den Zigeuner nur den Deckmantel für seine verbrecherischen Tätigkeiten insbesondere seine Landstreicherei und Bettelei bildet.“[622]

Gleichzeitig schloss er sich der Feststellung der meisten anderen Landräte an, dass sich die Zahl der ausgestellten Wandergewerbescheine gegenüber dem Vorjahr verringert habe und dies wohl mit den erhöhten Steuern und „dem weiteren Unterkommen der Flüchtlinge in Arbeitsstellen begründet“ sei.[623] Wirtschaftliche Effekte, wie etwa die hohen Steuersätze der Wandergewerbescheine, die bedingten, dass sich zahlreiche Wandergewerbetreibende die Ausstellung eines Scheines nicht mehr leisten konnten, oder die Preissteigerungen, die das Wandergewerbe zur Zuflucht Kriegsbeschädigter und Pensionäre machten, wurden nur beiläufig erwähnt und nicht weiter diskutiert.

Die Überwachung des Hausierhandels war keine neue Idee und hatte ihre gesetzliche Grundlage bereits in den Ausführungsbestimmungen der Reichsgewerbeordnung von 1904.[624] Diese wurde 1911 durch den preußischen Innenminister spezifisch auf die Zielgruppe Zigeuner konkretisiert:

„Werden Zigeuner mit Wandergewerbescheinen betroffen, so haben die Polizeibehörden […] festzustellen, auf welche Person nach Namen und Wohnort, von welcher Behörde, unter welcher Nummer und welchem Datum und für den Betrieb welchen Gewerbes der Schein ausgestellt ist, und Eurer (tit.) darüber zu

621 LHAK Best. 442, Nr. 10992, Rundverfügung des Vorsitzenden des Bezirksausschusses Trier, Draeger, Trier 24.10.1921.

622 LHAK Best. 442, Nr. 109992, Landrat Trier an den Reg.-Präs. Trier, Trier 21.04.1922.

623 Ebd.

624 Hoffmann, Gewerbe-Ordnung 1904, Ausführungsanweisung Ziffer 77, S. 470f.

> berichten. Dabei sind solche Tatsachen zu ermitteln und anzugeben, welche Anlaß bieten können, einen späteren Antrag auf Erneuerung oder Ausdehnung des Wandergewerbescheines für den Betrieb eines anderen Gewerbes abzulehnen."[625]

Diese Verfügung von 1911 spiegelte sich in den Regierungsbezirken in den zentral durch die Regierungspräsidenten gesammelten „Nachweisungen über mit Wandergewerbescheinen betroffene inländische Zigeuner". Gezielt wurde die Überwachung jedoch erst seit 1925 nach Beendigung des Ruhrkampfes und einer verstärkt einsetzenden Kontrolle der linksrheinischen Polizei durch die französischen Besatzungsbehörden umgesetzt. Die in den Vorjahren entweder komplett ausgebliebenen oder nur sehr selten angefertigten Nachweise etablierten sich zu mehrmals im Jahr an alle preußischen Bezirksausschüsse versandte Listen.

Bei der Betrachtung der mit Wandergewerbescheinen angetroffenen Zigeuner im Verhältnis zu den nachweisbaren Kontrollen im Landkreis Wittlich, wird die sinkende Anzahl von Scheinbesitzern offensichtlich. Ab 1926 wurden deutlich weniger Personen mit Wandergewerbeschein als Zigeuner aufgegriffen als zuvor.[626]

Abbildung 7: Mit Wandergewerbescheinen angetroffene Zigeuner im Verhältnis zu den nachweisbaren Kontrollen im Landkreis Wittlich

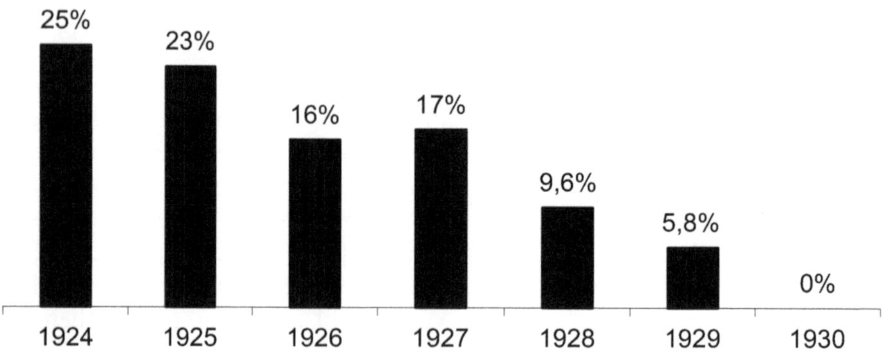

Quelle: LHAK Best. 498, Nr. 169 und Nr. 472. Eigene Auswertung.

In Trier wurden zusätzlich Listen unter der Bezeichnung „Personen ohne festen Wohnsitz, die in Ausübung des Wandergewerbes betroffen worden sind, ohne im Besitz eines Wandergewerbescheines zu sein" angefertigt. Diese waren ebenfalls schon sporadisch vor dem Krieg begonnen und 1925 wieder regelmäßig eingeführt worden. Der Blickwinkel im Trierer Bezirk verengte sich

625 Preuß. Min. d. Innern, Wandergewerbescheine 1911.
626 LHAK Best. 498, Nr. 169, und Nr. 472.

zunehmend auf illegal ein Wandergewerbe ausführende Personen, während in Koblenz etwa der Fokus auf die Etikettierung von Zigeunern allgemein gelegt wurde, die immer noch legal ein Gewerbe betreiben durften.

Seit 1926 wurde in Trier parallel zur Zigeunerüberwachung die Aufsicht des kompletten Hausierhandels praktiziert, wobei das Hauptaugenmerk auf die flächendeckende Kontrolle des Handelsstandes gelegt wurde statt auf die Ahndung tatsächlich stattgefundener Gewerbeübertretungen. Im März 1926 ordnete der Trierer Regierungspräsident die bezirksweite Berichtspflicht über die Erfolge in der Überwachung des Hausierhandels an. Dabei wurde deutlich, dass es sich vor allem um eine Kontrolle der eigenen Beamten handelte, die angehalten wurden, möglichst viele Personen zu überprüfen und zur Anzeige zu bringen. Hierzu verfügte der Vorsitzende des Trierer Bezirksausschusses Bergenthal:

> „Trotz der von hier erlassenen Anweisungen hat der unerlaubte Hausierhandel in manchen Gegenden des hiesigen Bezirks noch nicht oder noch kaum nachgelassen, hauptsächlich weil die von mir angeordnete Kontrolle der Hausierer durch die Landjägerei- und Polizeibeamten zu wünschen übrig lässt. Eine Reihe der zur Kontrolle verpflichteten Beamten hat nach den hier gemachten Feststellungen seit Jahr und Tag keine Anzeige erstattet und sieht untätig zu, obgleich aus den betreffenden Bürgermeistereien starke Klagen über unerlaubten Hausierhandel kommen. Um einen Ueberblick über den Stand der Bekämpfung des unerlaubten Hausierhandels zu erhalten, ersuche ich ergebenst, mir bis auf Weiteres monatlich und zwar erstmalig für den Monat April ds. Js. zum 15.5. genau unter Angabe des Namens jeden Landjägerei- und Polizeibeamten des dortigen Kreises zu berichten.“[627]

Vor allem auf die Namen des Landjägerei- und Polizeibeamten und die Anzahl der von ihnen unternommenen Kontrollen wurde Wert gelegt.[628] Die so registrierte Anzahl von Personen in den kursierenden Listen stieg seit 1926 um das Dreifache.

Die Daten wurden gesammelt, ausgewertet und schließlich an die Landräte verschickt, um sich selbst im Vergleich mit den anderen Landkreisen einordnen zu können. Sie sind für den Zeitraum von Januar 1927 bis Oktober 1927 sowie von Januar 1928 bis Juni 1929 und in der Spanne Mai 1930 bis April

627 Unterstreichungen im Original LHAK Best. 498, Nr. 237, Reg.-Präs. Trier an die Landräte des Bezirks, Trier 24.03.1926.

628 Hierfür wurde ein halbes Jahr später ein spezifischer Vordruck erstellt, der helfen sollte, die Namen aller im Kreis stationierten Landjäger und Polizeibeamte und ihre Kontrolltätigkeit sowie eventuelle Dienstausfälle übersichtlich zu dokumentieren. LHAK Best. 498, Nr. 237, Reg.-Präs. Trier an die Landräte des Bezirks, Trier 04.11.1926.

1931 vereinzelt als Abdrucke in den Landratsakten erhalten.[629] Die Höhe der insgesamt 54473 konstatierten Kontrollen im gesamten Regierungsbezirk Trier stand einer Anzahl von insgesamt 4430 Anzeigen in dem Zeitraum von 1927 bis Mitte 1931 gegenüber, was einem Verhältnis von 8,1 Prozent entspräche.

Die Kontrolle von Wandergewerbetreibenden unterlag jahreszeitlichen Schwankungen, blieb jedoch bis auf Ausnahme des Einbruchs im Winter 1928/1929 innerhalb der gleichen Größenordnungen und lag bei durchschnittlich 1329 Kontrollen monatlich. Zu Beginn des Überwachungszeitraums, als die Anordnung des Regierungspräsidenten präsent war, wurde am häufigsten kontrolliert. Die Zahlen unmittelbar nach der Anordnung sind nicht bekannt, aber im Jahr 1927 sind sie jedoch höher als in den Folgejahren. Vor allem in den Frühlings- und Hochsommermonaten, der klassischen Reisezeit der Handelsleute, die an die landwirtschaftlichen Aussaat- und Erntemonate angepasst war, ist ein Hoch an Kontrollen zu verzeichnen (vgl. Abbildung 8).

Abbildung 8: Hausiererkontrollen im Regierungsbezirk Trier 1927–1931

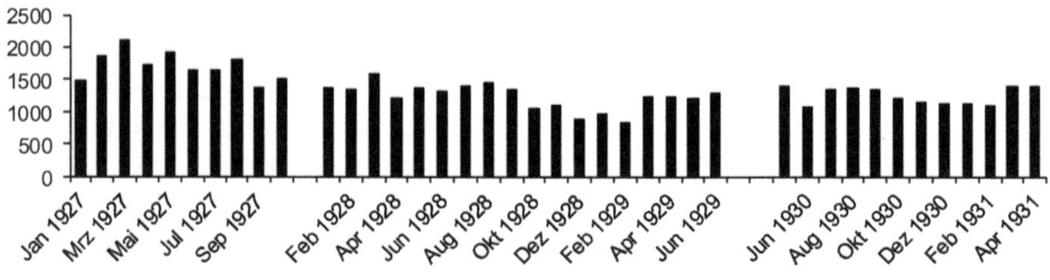

Quelle: LHAK Best. 459, Nr. 350; Best. 498, Nr. 237; Best. 655,252, Nr. 1338. Eigene Auswertung.

Die meisten Anzeigen wurden zu Beginn des Überwachungszeitraums im Winter und Frühjahr 1927 gegen Wandergewerbetreibende ohne legitime Bescheinigung aufgegeben (vgl. Abbildung 9).

629 Alle folgenden Daten beziehen sich auf die Auswertung der als Abschriften abgehefteten Aufstellungen in den Beständen des Landratsamts Bitburg LHAK Best. 459, Nr. 350, des Landratsamts Wittlich LHAK Best. 498, Nr. 237, und der Bürgermeisterei Neuerburg Best. 655,252, Nr. 1338. Die Daten des Zeitraums von November 1927 bis Dezember 1927 sowie Juli 1929 bis April 1930 sind nicht dokumentiert bzw. überliefert.

Abbildung 9: Anzeigen gegen Hausierer im Regierungsbezirk Trier 1927–1931

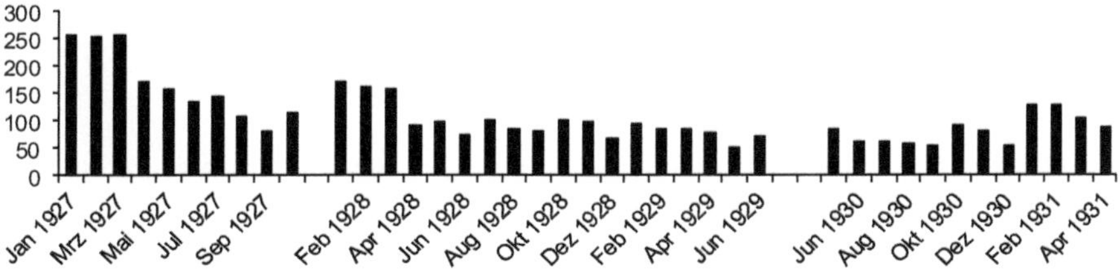

Quelle: LHAK Best. 459, Nr. 350; Best. 498, Nr. 237; Best. 655,252, Nr. 1338. Eigene Auswertung.

Auch wenn im Winter im Vergleich zu den Sommermonaten verhältnismäßig wenig Kontrollen durchgeführt wurden, kam es in der kalten Jahreszeit zu einem Anstieg der Anzeigen. Oftmals gab es Verzögerungen im Ablauf bei der Ausstellung der Scheine, sodass sie nicht pünktlich zum 1. Januar vorlagen oder die Gebühr von den Händlern nicht rechtzeitig entrichtet werden konnte. Dadurch mussten einige Händler auch zeitweise ohne Schein hausieren. Auf dem Land war das Wandergewerbe vor allem während der Sommermonate lukrativ, wenn die Landwirte zum einen Bedarf an Handwerksprodukten und Reparaturarbeiten hatten und zum anderen durch die Ernte auch Geld vorhanden war, diese Leistungen zu bezahlen. Diejenigen, die im Winter in den unwegsamen Gebirgslandschaften und dem rauen Klima ihren Handel betrieben, taten dies zumeist aus der Not heraus. Das Vorankommen allein war beschwerlich und Übernachtungskosten deutlich höher.

Im Februar 1928 ist ein erneuter Anstieg in den Anzeigen zu verzeichnen. Im Herbst 1927 hatte der Vorsitzende des Bezirksausschusses noch einmal explizit dazu angehalten, intensive Kontrollen im neuen Beitragsjahr vorzunehmen, und dargelegt, die Revisionstätigkeiten auch ständig verwaltungsintern überprüfen zu lassen.[630] Im folgenden Winter nahm die Zahl der Kontrollen ab, obwohl sich die Wirtschaftslage nicht entspannte, im Winter 1931 zogen die Zahlen wieder an, erreichten jedoch nicht das Maß von 1927 und 1928.

Wie bei der Zigeunerüberwachung waren es vor allem die Landjägerbeamten, die Wandergewerbetreibende ohne Legitimation anzeigten (vgl. Abbildung 10). Nach Abzug der Besatzung 1930 wurde die Zahl der Landjäger aufgestockt, die Zahl der Kontrollen blieb jedoch gleich oder wurde tendenziell eher geringer (vgl. Abbildung 11).

Besonders die Dauner Landjäger taten sich mit rund 14 Anzeigen bei 100 Kontrollen hervor. Im gesamten Regierungsbezirk führten 8,3 Prozent der von Landjägern durchgeführten Kontrollen auch zur Anzeige. Bei den

630 LHAK Best. 498, Nr. 237, Vorsitzender des Bezirksausschusses Trier an die Landräte des Bezirks, Trier 14.09.1927.

Polizeibeamten waren es weit weniger, nämlich 4,5 Prozent. In den Landkreisen, in denen gleich viele Landjäger und Polizeibeamte stationiert waren (vgl. Abbildung 1 in Kapitel 1.2), wie in Bernkastel oder Wittlich mit jeweils zehn Beamten, führten die Landjäger mehr Kontrollen durch.

Abbildung 10: Verhältnis von Kontrollen und Anzeigen bei Landjägern und Polizeibeamten 1928/1929

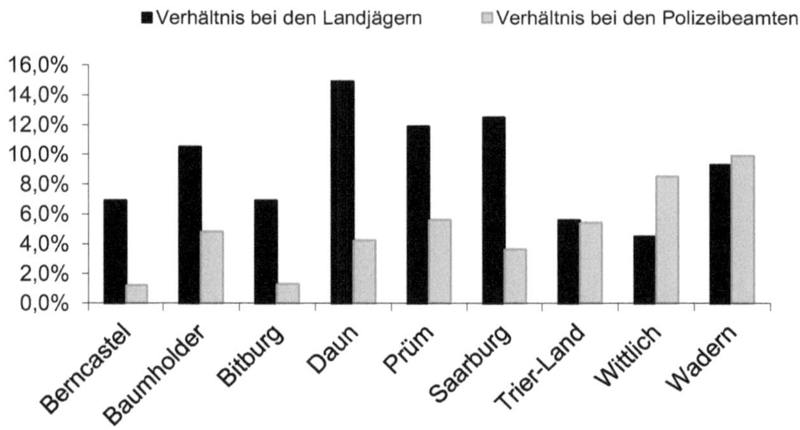

Quelle: LHAK Best. 459, Nr. 350; Best. 498, Nr. 237; Best. 655,252, Nr. 1338. Eigene Auswertung.

Abbildung 11: Verhältnis von Kontrollen und Anzeigen bei Landjägern und Polizeibeamten 1930/31

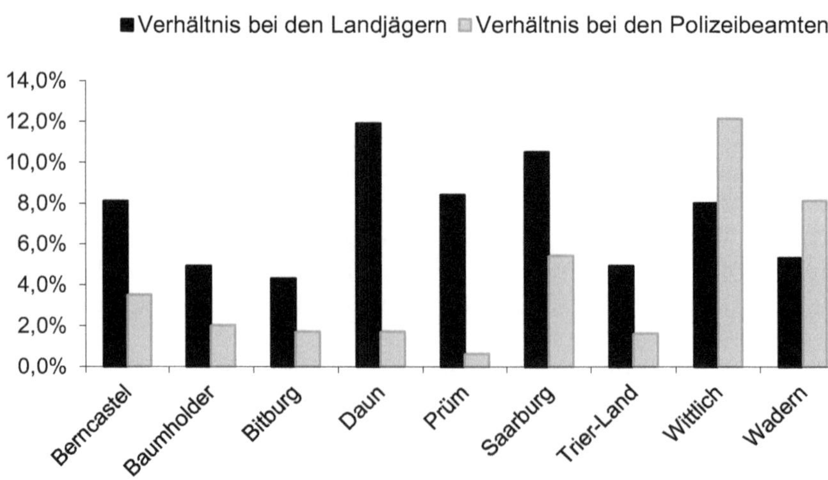

Quelle: LHAK Best. 459, Nr. 350; Best. 498, Nr. 237; Best. 655,252, Nr. 1338. Eigene Auswertung.

Lediglich in den Landkreisen Wittlich und Wadern waren die Polizeibeamten ‚effizienter' als die Landjäger. Sie zeigten 1928/29 neun Prozent der kontrollierten Personen wegen eines illegitim betriebenen Gewerbes an (1930/31 sogar zwölf Prozent). Demnach wurden hier vor allem die Ortschaften kontrolliert, wo die Polizeibeamten in erster Linie stationiert waren. Möglicherweise handelte es sich bei den Übertretungen um Ortsarme, die sich keinen Schein leisten konnten. Denkbar ist auch, dass in den einzelnen Landkreisen unterschiedliche Kompetenzbereiche der einzelnen Beamten vorherrschten, was jedoch nicht nachprüfbar ist.

In Trier-Land wurden die meisten Personen kontrolliert, die wenigsten hingegen im Restkreis Wadern. Zwar könnte diese Differenz mit der unterschiedlich großen räumlichen Ausdehnung der Gebiete erklärt werden, doch wäre dies keine Begründung für die deutlich geringeren Zahlen in den Kreisen Prüm oder Bitburg, die in etwa die gleiche Größe wie Trier-Land hatten. Trotz der deutlich häufigeren Kontrollen in Trier-Land (insgesamt 8.896) durch Landjäger und Polizeibeamte wurden 428 und damit weniger Personen angezeigt als im Dauner Landkreis, der den Rekord mit 565 Anzeigen hielt.

Im Verhältnis zur Anzahl der kontrollierenden Beamten im Kreis muss festgehalten werden, dass in Bitburg die wenigsten Wandergewerbetreibenden angezeigt wurden.

Diese Statistiken können aufgrund ihrer nicht mehr transparent zu machenden Entstehung und den nicht vereinheitlichten Kategorien hinsichtlich der Zielgruppe, des Umfangs, der Ausführung und Dokumentation der Kontrollen nicht als Abbild historischer Realitäten verstanden werden. Sie spiegeln jedoch unterschiedliche Verwaltungsstrukturen und Überwachungspraktiken in den einzelnen Landkreisen und zeigen, dass in erster Linie alle Wandergewerbetreibenden unter Generalverdacht standen. Diese mussten Ende der 1920er und zu Beginn der 1930er Jahre eine intensive und flächendeckende Überwachung über sich ergehen lassen. Die Höhe der Kontrollen und Anzeigen war zum einen von der Personalausstattung der einzelnen Landkreise, deren geographischen und ökonomischen Bedingungen und zum anderen von der Sichtweise der einzelnen Beamten auf die Wandergewerbetreibenden abhängig. Hierzu schrieb der Wittlicher Oberlandjägermeister 1931 in einer Einschätzung über den Erfolg der Überwachung an seinen Vorgesetzten:

> „Wenn die Polizei- und Landjägereibeamten auch ohne weiteres nach Personen zu fahnden haben, die den Hausierhandel pp unerlaubt ausüben, so gibt die am Monatsschluss zu erstattende Meldung doch immer wieder den Anreiz, sich dieser Aufgabe mit erhöhtem Eifer zu widmen. Da ein Beamter dem andern in seinen Dienstleistungen, zumal, wenn er sie in einer Nachweisung darzulegen hat, nicht nachstehen möchte, werden auch Personen erfasst, die mit unscheinbaren

Kartons umherziehen und ihre minderwertigen Waren anbieten und die Bevölkerung belästigen."[631]

Der von den Vorgesetzten bewusst eingesetzte Erfolgsdruck und die stets abgemahnte Leistungsbereitschaft kombiniert mit einer offen gelassenen Bestimmung der Zielgruppe, führten somit zu einer intensiven und willkürlich angelegten Überwachung.

Die zusätzlich im Trierer Regierungsbezirk gesammelten Daten über „Personen ohne festen Wohnsitz, die ohne Wandergewerbeschein bei der Ausübung des Wandergewerbes betroffen wurden" dienten als Fahndungslisten und wurden in einem Zeitraum von 1925 bis 1928 angefertigt. Sie tauchten sowohl in den Akten zur Zigeunerüberwachung als auch zum Wandergewerbe auf, etablierten sich aber nicht als vollständige Registraturen. Die meisten Personen wurden 1926 notiert, danach ebbt die Erfassung wieder ab.[632]

Jahreszahl	1925	1926	1927	1928
Zahl der erfassten Personen	62	156	70	10

Zudem wurde in Koblenz und Trier nach Wandergewerbetreibenden gefahndet, die zwar ihren Wandergewerbeschein beantragt, diesen jedoch nicht bei der Ortspolizeistelle eingelöst hatten. Sie standen im Verdacht, das Gewerbe ohne den Schein auszuüben, um sich die Wandergewerbesteuer zu sparen, auch weil sie sich diese oft nicht leisten konnten.

Vor allem zu Beginn der 1930er Jahre verschärfte sich der Ton hinsichtlich der Wandergewerbetreibenden. So verwendete der Trierer Regierungspräsident in einer Rundverfügung die seit der Jahrhundertwende gängige Zigeunerrhetorik auch gegen den Hausierhandel, indem er sie mit „Bekämpfung des unerlaubten Hausierhandels" überschrieb.[633] Dabei sollte auch die korrekte Ausstellung der Wandergewerbescheine auf den Prüfstand kommen, um nur jede Möglichkeit der Anzeige auszuschöpfen:

„Die Beschwerdeführer weisen darauf hin, daß auch die Wandergewerbescheine nicht vollständig seien, insbesondere wären Transportmittel (Kraftwagen,

631 LHAK Best. 498, Nr. 237, Oberlandjägermeister Maack, Wittlich an den Landrat Wittlich, Wittlich 20.01.1931.

632 Die Daten sind folgenden Akten entnommen: StAT Best. Tb 15, Nr. 089, und LHAK Best. 498, Nr. 237.

633 LHAK 459, Nr. 350, Reg.-Präs. Trier, Konrad Saassen, i.V. Herpertz, Rundverfügung an alle Landräte des Trierer Bezirks, Trier 05.01.1931.

Motorrad, Motordreirad, Pferdefuhren und Handwagen) nicht im Scheine eingetragen, auch fehlten die Eintragungen der Begleitpersonen, Kraftwagenführer, Gehilfen usw. Sehr viele Gewerbetreibenden, auch Frauen, benutzten Mietkraftwagen, worüber jeder Vermerk im Scheine fehle."[634]

Der sicherheitspolizeiliche Aspekt war nicht der einzige Grund für die Überwachung des Hausierhandels, wie ein Schreiben des Trierer Regierungspräsidenten im Januar 1931 zeigt:

> „Es erscheint nunmehr nach Wegfall der Besatzung und nach einer ziemlichen Verstärkung der Landjägereibeamten notwendig, erneut die Frage aufzuwerfen, ob die Kontrolle der Ueberwachung des Hausierhandels noch nach wie vor durch die weitere Vorlage der erwähnten monatlichen Nachweisungen über die Tätigkeit der einzelnen Beamten erforderlich ist."[635]

Es ging also bei der Aufsicht des Hausierhandels zwar vordergründig um die scharfe Kontrolle, die den Beschwerden des stehenden Gewerbes und der Landbevölkerung Rechnung tragen sollte. Doch suggeriert das Schreiben, dass es sich hierbei auch um eine interne Maßnahme zur Kontrolle der lokalen Polizei durch die Besatzungsbehörden handelte. Nach dem Abzug der französischen Besatzung 1930 hob der Regierungspräsident die Berichtspflicht umgehend wieder auf:

> „Falls sich die überwiegende Mehrzahl für die Aufhebung aussprechen sollte, so beabsichtige ich, mit dem laufenden Rechnungsjahre am 1. April 1931 die Vorlage der Nachweisungen einstellen zu lassen, sodass die Nachweisungen bis 15.4. vorzulegen wäre."[636]

Die flächendeckende Kontrolle des Hausiergewerbes war somit behördeninternes Politikum und die ‚Bekämpfung des unerlaubten Hausierhandels' ein aus verwaltungsinternen Sachzwängen konstruiertes Problem. Die Kontrollen auszuführen, oblag wie bei den Zigeunern, den Polizei- und Landjägerbeamten der Landkreise. Ihr Zuständigkeitsbereich dehnte sich somit in der Praxis auch auf die Gewerbeaufsicht aus, was durch Rückbezug auf die Zigeunerverordnungen legitimiert wurde.

634 LHAK Best. 459, Nr. 350, Reg.-Präs. Trier, i.V. Bergenthal, Rundverfügung an alle Landräte des Trierer Bezirks, Trier 10.06.1930.

635 LHAK Best. 459, Nr. 350, Reg.-Präs. Trier, i.V. Herpertz, Rundverfügung an alle Landräte des Trierer Bezirks, Trier 05.01.1931.

636 LHAK Best. 459, Nr. 350, Reg.-Präs. Trier, i.V. Herpertz, Rundverfügung an alle Landräte des Trierer Bezirks, Trier 05.01.1931.

3.1.4 Die Durchführung des preußischen Fingerabdruckverfahrens in den Regierungsbezirken Trier und Koblenz 1927

Die im Regierungsbezirk Trier bereits in der Erfassung des Hausierhandels evidente Überlagerung von Zigeuner- und Wandergewerbepolitik wurde mit dem durch den preußischen Innenminister angeordneten Fingerabdruckverfahren vom 23. bis 26. November 1927 auf ganz Preußen übertragen. Mit der Betrachtung der zugrunde liegenden Vorschriften und der praktischen Ausführung vor Ort lässt sich anhand der Maßnahmen die Vermischung des Zigeunerbegriffs mit dem des Wandergewerbetreibenden nochmals verdeutlichen. Ziel war die preußenweite „vollständige Erfassung der nicht sesshaften Zigeuner".[637] Für die Regierungsbezirke Trier und Koblenz oblag die Durchführung des Verfahrens der Landeskriminalstelle Köln.

Insgesamt 8.000 Personen wurden in Preußen erfasst.[638] Davon kamen allein schon rund 400 Fingerabdruckbögen aus Köln, der damals noch drittgrößten Stadt im Deutschen Reich.[639] In Aachen waren es 246 Bögen, und die Auswertung der Trierer Akten ergaben 58 Personen, also lediglich 0,7 Prozent aller erfassten Personen.[640]

Nach dem 26. November 1927, als das Verfahren offiziell beendet worden war, wurden weiterhin Fingerabdrücke von Zigeunern, die ohne die entsprechende Bescheinigung aufgegriffen worden waren, abgenommen.[641]

In Koblenz wurden in der Zeit vom 23. bis zum 26. November 1927 von insgesamt 226 Personen Fingerabdrücke genommen, was sich in etwa mit den Zahlen aus Aachen deckt. Die meisten Daktyloskopien wurden im Landkreis Kreuznach durchgeführt, der mit seiner Nähe zum Rhein-Main-Gebiet als Durchzugsgebiet für ambulante Gruppen wirtschaftlich am lukrativsten erschien. Je abgeschiedener und gebirgiger die Regionen, desto weniger Zigeuner wurden aufgegriffen, was auch die Trierer Zahlen bestätigen. So wurden in den Eifelkreisen Prüm und Daun kaum Fingerabdruckverfahren durchgeführt. Stattdessen wurden die meisten Fingerabdrücke auf den Routen zwischen den Städten der Bezirke Trier und Koblenz gesammelt, also in Bernkastel, Bitburg, Kreuznach, Cochem, Ahrweiler und Wittlich, vor allem entlang der Mosel, und im Landkreis Kreuznach (vgl. Karte 4).

637 Preuß. Min. d. Innern, Fingerabdruckverfahren 1927.

638 Verfasser unbekannt, Fingerabdruckverfahren bei Zigeunern.

639 Fings/Sparing, Rassismus – Lager – Völkermord, S. 42.

640 Ebd., S. 40f.

641 Alle Personen, deren Fingerabdrücke nach dem 31.01.1928 abgenommen wurden, konnten nicht in die Zählung integriert werden, da sie nur durch Zufall in den Berichten völlig verschiedener Akten auftauchen. Die Zahl der Fingerabdruckverfahren im Trierer Regierungsbezirk erweitert sich dadurch um mindestens 25 Personen.

Zwar war nach Analyse der Trierer Zahlen der Wittlicher Landkreis mit 22 aufgegriffenen Personen der von Zigeunern am meisten frequentierte. Doch die Beschwerde des Wittlicher Bürgermeisters, dass Zigeuner im Saargebiet während des Aktionszeitraums unbehelligt gelassen worden seien und beim Antrag auf einen Wandergewerbeschein in Trier keinen Ausweis hätten vorzeigen müssen,[642] zeigt, dass die Erfassung wiederum stark von der Wahrnehmung der Beamten abhängig war. Es ist davon auszugehen, dass in Saarburg ein engerer Zigeunerbegriff zugrunde gelegt wurde als beispielsweise in Wittlich. Die Wahrnehmung der Zielgruppe und der Erfolgsdruck der einzelnen Beamten muss aufgrund der Uneindeutigkeit der Bestimmungen als entscheidender Faktor betrachtet werden.

Während Hausierer und andere Wandergewerbetreibende verschont bleiben sollten, wurden ‚nach Zigeunerart umherziehende Personen' dem Ministerialerlass entsprechend ebenfalls erfasst,[643] womit die bereits mehrfach erwähnte Definitionsproblematik neu belebt wurde. So berichtete der Cochemer Landrat, dass in seinem Landkreis während der Aktion zwar „nur ganz wenige Personen (insgesamt 13) betroffen [wurden], von denen Fingerabdrücke zu machen waren." Doch es „handelte sich bei diesen [...] nicht um ausgesprochene Zigeuner, sondern um umherziehende inländische Korbmacher usw. ohne festen Wohnsitz."[644]

Selbst der Koblenzer Regierungspräsident lässt in seinen Ausführungen an den Koblenzer Landrat eine großer Unsicherheit bei der Definition der Zielgruppe der Erfassungsaktion erkennen und kann damit kaum für Klarheit sorgen:

> „Der Erlass bez[ieht] sich jedoch nicht auf die Begriffsbestimmung des Zigeuners im Sinne der Anweisung von 1906, obwohl auch hier selbstverständlich die Ausstellung eines Wandergewerbescheines dazu dienen kann, die Feststellung, ob die betreffenden Personen als Zigeuner anzusprechen sind oder nicht, zu erleichtern. Auch hier gilt [handschriftlich eingefügt: m. E.], dass Hausierer, Schausteller und andere Gewerbetreibende nicht als Zigeuner zu gelten haben, wenn sie wirklich einem ernsthaften Erwerbe nachgehen, über ihre Persönlichkeit kein Zweifel ist und zumal, wenn sie sich im Besitze von Wandergewerbescheinen befinden. Es ist aber sehr wohl möglich, dass auch Zigeuner sich im Besitze von Wandergewerbescheinen befinden."

---

642 LHAK Best. 498 Nr. 169, Bgm. Stadt Wittlich an den Landrat Wittlich, Wittlich 04.01.1928.

643 Preuß. Min. d. Innern, Fingerabdruckverfahren 1927. Vgl. TATARINOV, Fingerabdruckverfahren.

644 LHAK Best. 441, Nr. 27991, Landrat Cochem an den Reg.-Präs. Koblenz, Cochem 28.01.1928.

Verstärkt wird der Eindruck der Unsicherheit von Seiten des Regierungspräsidenten noch dadurch, dass die gesamte Textpassage im Nachhinein wieder durchgestrichen und stattdessen am Rand des Dokuments handschriftlich ergänzt wurde:

> „Es folgt also nicht, daß von Personen, die nach Zigeunerart umherziehen u im Besitze eines Wandergewerbescheins sind, unter keinen Umständen Fingerabdrücke zu nehmen sind. So muß noch hinzukommen, daß sie ~~einem ernsthaft~~ ernsthaft einem Gewerbe nachgehen. Das gleiche gilt auch hinsichtlich der Anwendung der Anweisung vom Jahre 1906, sodaß sehr wohl Fälle denkbar sind, daß Personen die im Besitze eines Wandergewerbescheins sind, als Zigeuner im Sinne der Anweisung u der übrigen Zigeuner betreffenden Vorschriften zu behandeln sind.“[645]

Die Wandergewerbetreibenden waren also somit wieder über den Umweg der Zigeunerverordnungen im Blickpunkt der Behörden. Auch die geographisch ungleiche Verteilung des Fingerabdruckverfahrens mit dem Fokus auf den Städten statt den wenig frequentierten kargen und wirtschaftlich unrentablen Gebieten der Eifel und des Hunsrücks belegt diese These und spiegelt die sich verändernde Ausgestaltung des Wandergewerbes wider. Die Versorgung abgeschnittener, agrarisch geprägter Gebiete war aufgrund des Bevölkerungsverlusts, des Ausbaus der Infrastruktur und der Zunahme an industriell gefertigter Billigware nicht mehr notwendig. Stattdessen zwangen eine rigorose Vertreibungspolitik und immer schärfere Auflagen von Seiten der Behörden als Zigeuner etikettierte Personen, sich ihre gewerblichen Nischen in den Städten zu suchen. Daher befanden sich im Regierungsbezirk Trier, der kaum über urbane Strukturen verfügte, deutlich weniger Zigeuner als etwa im Raum Köln-Düsseldorf.

Die ungenaue Definition, wer als Zigeuner oder ‚nach Zigeunerart umherziehende Person‘ anzusehen war, bewirkte, dass die Erfassungsaktion wiederum der individuellen Einschätzung der Lokalbeamten unterlag, die sich auf keine einheitlichen Kriterien stützen konnten. Die zu erwartende Konsequenz war, dass Familien, die in einem Kreis ziehen gelassen wurden, immer noch Gefahr liefen, sich im nächsten ihre Fingerabdrücke abnehmen lassen zu müssen.[646] Fast ein ganzes Jahr nach dem offiziellen Verfahren wurden im Kreis Bernkastel noch Fingerabdrücke abgenommen. Auch Kinder wurden erfasst. Die Ausführungsbestimmungen forderten, dass „von sämtlichen oben genannten Personen, welche das 6. Lebensjahr vollendet haben, Fingerabdrücke zu nehmen“ seien.

---

645 Durchstreichung im Original LHAK Best. 441, Nr. 27991, Reg.-Präs. Koblenz an den Landrat Koblenz, Koblenz 23.11.1928.

646 LHAK Best. 442 Nr. 10992, Landrat Saarburg an den Reg.-Präs. Trier, Saarburg 27.01.1928.

Das Verfahren gestaltete sich nicht ohne Schwierigkeiten. Manchmal kam es zur inkorrekten Ausstellung der Ausweise oder es gab zu wenige Vordrucke. Außerdem nutzte sich das Papier, das von sehr geringer Qualität war, im alltäglichen Gebrauch zu schnell ab. So gut wie keine Bescheinigung verfügte über die geforderten Lichtbilder, die bei allen Personen über 18 Jahren von vorn und von der Seite angefertigt werden sollten,[647] da den Beamten keine Fotoapparate zur Verfügung standen – schon gar nicht portable für Wege und Straßen, wo die Kontrollen in der Regel stattfanden.

Ebenfalls kritisiert wurde die Jahreszeit, in der die Erfassungsaktion erfolgte. So erklärte der Cochemer Landrat:

> „Da die Kontrolle in einer Jahreszeit erfolgte, in der mit Schnee und Frost zu rechnen ist, war vorauszusehen, dass man in hiesiger Gegend keine ausgesprochenen Zigeuner antreffen würde, da diese bereits ihre Winterquartiere bezogen haben. Im Frühjahr und im Laufe des Sommers treten öfter Zigeuner an der Mosel auf, hauptsächlich, z Zt. der grossen Pferdemärkte in den Grosstädten."[648]

Bei dieser Erfassungsaktion 1927, wie auch im Zitat impliziert, wurden wiederum keine klaren Zuschreibungskriterien angewandt. Stattdessen wurden alle verdächtig erscheinenden Personen in der Kategorie ‚nach Zigeunerart umherziehend' registriert, was für die betreffenden Menschen weitreichende Konsequenzen hatte. Während die zahlreichen Listen und Registraturen des Trierer und Koblenzer Bezirks seit 1906 mit unterschiedlicher Ausdauer und Effizienz geführt worden waren und zu Beginn der Erfassungstätigkeit die eine oder andere Liste durchaus in den Polizeiakten ‚unterging', so stellte jedoch das Fingerabdruckverfahren einen ersten umfassenden Zentralisierungsversuch dar, Zigeuner landesweit zu erfassen, was auch funktionierte. Von den zwei geforderten Ausfertigungen war eine für die zuständige Landeskriminalstelle bestimmt und eine für die Münchner Zigeunerzentrale, die damit schließlich die reichsweite Erfassung vorantrieb. Die 1927 erfassten Personen waren also unabhängig davon, auf welcher rechtlichen Grundlage und individuellen Einschätzung ihre Registrierung ursprünglich vonstatten gegangen war, in den Polizeileitstellen zentral registriert. Im Nationalsozialismus standen diese ca. 18.000 Personendaten aus der Weimarer Republik zur Verfügung. Sie wurden seit 1938 in den rassenbiologischen Untersuchungen von Robert Ritter verwendet und bildeten zudem die Grundlage für lokal organisierte Verhaftungen und Transporte (vgl. Kapitel 3.4).[649]

---

647 Preuß. Min. d. Innern, Fingerabdruckverfahren 1927.

648 LHAK Best. 441, Nr. 27991, Landrat Cochem an den Reg.-Präs. Koblenz, Cochem 28.01.1928.

649 Lucassen, Zigeuner, S. 207.

3.2 Abschiebung und Verwahrung

3.2.1 Maßnahmen und Konflikte in der lokalen Umsetzung der ‚Zigeunerbekämpfung'

Das in der ministerialen Anweisung von 1906 zu lesende Ziel des preußischen Staates, „anzustreben, daß [inländische Zigeuner] möglichst an einem bestimmten Wohnorte seßhaft werden und nicht im Umherziehen der Bevölkerung zur Last fallen" würden,[650] fand in der lokalen Praxis keine Umsetzung. Unter effektiver ‚Zigeunerbekämpfung' wurde hier vor allem die schnelle Abschiebung von Zigeunerfamilien über die nächste Orts-, Kreis- oder Landesgrenze verstanden. Der Aufenthalt oder gar das Ansiedeln der Familien wurde nach Kräften verhindert, um zum einen Transport- und Übernachtungskosten abzuwenden und zum anderen nicht Gefahr zu laufen, als Unterstützungswohnsitz ungewollter Familien im Falle ihrer Bedürftigkeit in Frage zu kommen. So monierte etwa der Landrat in St. Goar in einem Schreiben an den Koblenzer Regierungspräsidenten noch im Jahre 1925, alle Maßregeln mit dem Ziel, „die Umherziehenden zur Sesshaftmachung zu zwingen und an eine bestimmte Wohnstätte zu bannen", würden erhebliche Kosten für die Ortspolizeibehörde und den engeren Fürsorgeverband verursachen, die für den „fingierten Wohnsitz dieser Umherzieher" wohl nicht zuzumuten wären.[651]

Im Alltag verlangte diese Vorgehensweise sowohl den Betroffenen als auch den Polizei- und Landjägerbeamten enorme Anstrengungen und Strapazen ab. So war es kein Einzelfall, dass eine Familie aufgrund von Behördenstreitigkeiten über Kilometer in eine Richtung transportiert wurde, um bald darauf zum Ausgangspunkt zurückgebracht zu werden.[652]

Die Zigeunerverordnungen boten hinsichtlich der polizeilichen Überwachung und Abschiebungen keine einheitlichen Ausführungsbestimmungen oder präzise Erklärungen von Zuständigkeiten. Richtlinien, die auf Bezirks- oder Kreisebene untereinander getroffen worden waren, wurden immer wieder Gegenstand von Interessenskonflikten oder waren schlicht nicht allen bekannt. Abgesehen von den Schwierigkeiten hinsichtlich der Festsetzung der

---

650 Preuß. Min. d. Innern, Anweisung 1906.

651 LHAK Best. 441, Nr. 27990, Landrat St. Goar an den Reg.-Präs. Koblenz, St. Goar 16.07.1925.

652 So geschehen bei einigen Portugiesen, die mit drei Wagen aus der Richtung Kirchberg im Regierungsbezirk Koblenz von Morbacher Polizeibeamten aus dem Landkreis Bernkastel nach Trier weitergeleitet wurden, um bald darauf den ganzen Weg von 77 Kilometern zurücktransportiert zu werden. Vgl. LHAK Best. 442 Nr. 10992, Landrat Bernkastel an den Reg.-Präs. Trier, Bernkastel-Kues 21.07.1927.

Zielgruppe für die Abschiebemaßnahmen, war das Verfahren an sich nicht geklärt. So vereinbarten etwa einige Landräte des Koblenzer Regierungsbezirks in einer Zusammenkunft im Jahre 1926 in Traben-Trarbach, „die Zigeuner nach dahin abzuschieben, von wo sie gekommen sind."[653] Dies führte bei den Dienststellen der angrenzenden Landkreise und Regierungsbezirke zu großer Verwirrung, da eine derartig spontane Absprache nicht allen Beamten bekannt gemacht werden konnte und durchaus nicht auf Zustimmung aller Polizeidienststellen stieß, sodass es im weiteren Verlauf zwangsläufig zu Konflikten zwischen den Kreisverwaltungen kommen musste. So kritisierte etwa die Baumholder Polizeiverwaltung, „daß die Polizei- und Landjägerbeamten aus den Kreisen Meisenheim und Kreuznach häufig bestrebt [seien], die umherziehenden Zigeuner in der Richtung des hiesigen Kreisgebietes abzuschieben."[654] Als der Meisenheimer Landrat, Maximilian Sell, daraufhin auf die zwischen den Koblenzer Landräten getroffene Vereinbarung verwies, entgegnete die Baumholder Kreisverwaltung 1928 gegenüber dem Trierer Regierungspräsidenten:

> „Die in dem Berichte des Landrats in Meisenheim angeführte Vereinbarung aus dem Jahre 1926 ist mir nicht bekannt. Sie ist mir auch nicht verständlich, da die genaue Anweisung zur Bekämpfung des Zigeunerunwesens mit dem Erlaß des Herrn Ministers des Innern vom 17.2.1906 gegeben ist, gegen die vorstehende Vereinbarung verstoßen würde."[655]

Der Trierer Regierungspräsident pflichtete der Baumholder Behörde bei und erkannte somit die von dem Meisenheimer Landrat angesprochene Vereinbarung nicht an.

Ähnliche Probleme entstanden auch im Koblenzer Landkreis Altenkirchen, dessen Landrat, Wilhelm Boden, ebenfalls nicht unterrichtet war. Der Vorschlag des Koblenzer Regierungspräsidenten, die Vereinbarung auf die dort angrenzenden Landkreise des Regierungsbezirks Köln auszudehnen, wurde prompt abgelehnt.[656]

Die Abschiebungen verursachten enorme Kosten und damit weitere Konflikte unter den Behörden darüber, wer diese übernehmen sollte. Nach §19 der „Anweisung zur Bekämpfung des Zigeunerunwesens" vom 17. Februar 1906 sollten die aufgegriffenen Familien selbst für die Kosten des Abtransports,

---

653 LHAK Best. 441, Nr. 27990, Reg.-Präs. Koblenz an den Landrat Arnsberg, Koblenz 24.01.1927.

654 LHAK Best. 442, Nr. 10992, Polizeiverwaltung in Baumholder an den Reg.-Präs. Trier, Baumholder 25.04.1928.

655 LHAK Best. 442, Nr. 10992, Kreisverwaltung Baumholder an den Reg.-Präs. Trier, Baumholder 19.09.1928.

656 LHAK Best. 441, Nr. 27990, Landrat Altenkirchen an den Reg.-Präs. Koblenz, Altenkirchen 19.08.1927.

gegebenenfalls auch Übernachtung, Verpflegung oder des Gefängnisaufenthalts herangezogen werden. Hierin hieß es:

„Die Kosten, welche durch die Festnahme und den Transport der Zigeuner [...] entstehen, werden sich vielfach durch die in ihrem Besitze befindlichen Geldmittel, Wagen, Pferde und Schmucksachen usw. decken lassen. Zu dem Zwecke ist in geeigneten Fällen von der zuständigen Vollstreckungsbehörde das Verwaltungszwangsverfahren in Gemäßheit der Königlichen Verordnung vom 15. November 1899 [...] ungesäumt in die Wege zu leiten.“[657]

Es ist jedoch nicht ein einziger Fall nachweisbar, in dem dies geschah. Güter und Geldmittel der betroffenen Personen konnten lediglich für die Unkosten eines Transports oder einiger weniger Abschiebemaßnahmen beschlagnahmt werden, die geforderten Folgetransporte waren somit nicht mehr von den Abgeschobenen selbst tragbar. Im Gegenteil mussten oftmals zusätzlich Fuhrwerke, Pferde und Kutscher angeheuert werden, weil die abzuschiebenden Familien selbst keine hatten.

Die strittige Zuordnung der abzuschiebenden Familien als ausländische oder inländische Zigeuner spiegelte sich in der Kostenabrechnung der Transporte wider. In beiden Fällen mangelte es an klaren Richtlinien, und verwaltungsinterne Konflikte über die Deckung der entstandenen Kosten kamen auf.

So schoben etwa Saarburger Landjäger und französische Beamte in Lothringen eine als ausländisch deklarierte Zigeunerfamilie über die deutsch-französische Grenze hin und her. Zuletzt beliefen sich die Kosten des Saarburger Landkreises auf 110 Reichsmark. Die Familie, bestehend aus sechs Personen, war zwar im Besitz eines Wohnwagens, jedoch ohne Gespann, so dass dieses immer wieder gestellt werden musste. Außerdem verfügte die Familie weder über Geld noch Wertgegenstände, die zur Deckung der Transportkosten herangezogen werden konnten.[658] Der Trierer Regierungspräsident, Konrad Saassen, lehnte jedoch die Übernahme der Kosten durch Landespolizeifonds zunächst ab,

„da die Durchführung eines förmlichen Ausweisungsverfahrens nicht stattgefunden [hat], die Zigeuner vielmehr im Wege der gewöhnlichen Abschiebung über die Grenze befördert worden sind.“[659]

Ganz sicher über die weitere Verfahrensweise war er sich jedoch auch nicht und fragte beim preußischen Innenministerium um Rat:

---

657 Preuß. Min. d. Innern, Anweisung 1906, Ziffer 19.

658 LHAK Best. 442, Nr. 10992, Landrat Saarburg an den Reg.-Präs. Trier, Saarburg 09.04.1926.

659 LHAK Best. 442, Nr. 10992, Reg.-Präs. Trier an den Preuß. Min. d. Innern Berlin, Trier 14.06.1926.

> „Nach dem Ausweisungserlaß vom 24.8.23 kann es keinem Zweifel unterliegen, dass die Ausweisung durch schriftliche Verfügung der Ortspolizeibehörde stattfinden musste. Ich bitte um Bescheid, ob meine Auffassung zutrifft, oder ob die entstandenen Kosten ausnahmsweise auf Landespolizeifonds übernommen werden dürfen.“[660]

Das Ministerium verwies im Antwortschreiben auf den Runderlass vom 24. September 1923, der in den Trierer Akten jedoch nicht überliefert ist und den Trierer Ortsbehörden anscheinend auch nicht bekannt war. Dort war angeordnet, „vor einer Ausweisung in allen Fällen die Zustimmung des zuständigen Regierungspräsidenten einzuholen.“ Wenn der Regierungspräsident nachträglich der Ausweisung zustimmen würde, könnten die Kosten auf Landespolizeifonds übernommen werden.[661] Zum Glück für die Saarburger Bürgermeistereien Tawern, Palzem und Perl, welche die Summe vorgestreckt hatten, stimmte der Regierungspräsident nachträglich unter der Auflage zu, dass von nun an alle Ausweisungen von ausländischen Zigeunern zuvor seiner Zustimmung bedürften.[662]

Auch im Falle der Abschiebung inländischer Zigeuner war der korrekte Verwaltungsweg nur unzureichend definiert. Anlässlich eines dreitägigen Zigeunertransports im Januar 1926 durch den Landkreis Wittlich, der von den Behörden der Trierer Vororte initiiert worden war, entstanden Kosten von 396,35 Mark. Die Polizeiverwaltung der Trierer Vororte weigerte sich jedoch, diese Kosten zu übernehmen, da sie die Abschiebung in den Kreis Wittlich nicht angeordnet habe, sondern lediglich den Abtransport der Zigeunerfamilien aus dem Gebiet der Bürgermeisterei der Trierer Vororte veranlasst habe.[663]

Insgesamt fünf Wagen umfasste der Transport, für den drei Zweispänner zu je 30 Mark pro Tag und zwei Einspänner zu je 20 Mark pro Tag gestellt werden mussten. Am ersten Tag ging es nach Bausendorf, am zweiten weiter bis Alf. Dort wurde kehrtgemacht und zurück nach Kinderbeuren gefahren. Am dritten Tag wurden die fünf Wagen wieder nach Hetzerath gebracht, das zwei Tage zuvor bereits passiert worden war.

Warum der Transport quer durch den Kreis Wittlich und gleich darauf wieder zurück führte, bleibt unklar, ebenso wer die Kosten für das Unterfangen

---

660 LHAK Best. 442, Nr. 10992, Reg.-Präs. Trier an den Preuß. Min. d. Innern Berlin, Trier 14.06.1926.

661 Unterstreichung im Original LHAK Best. 442, Nr. 10992, Preuß. Min d. Innern Berlin an den Reg.-Präs. Trier, Berlin 31.07.1926.

662 LHAK Best. 442, Nr. 10992, Reg.-Präs. Trier an den Landrat Saarburg, Trier 07.08.1926, (Abschrift zu den Generalakten).

663 LHAK Best. 498, Nr. 472, Polizeiverwaltung der Vororte Trier an den Landrat Trier-Land, Trier 02.03.1926.

übernehmen sollte. Daher erließ der Regierungspräsident am 18. April 1926 folgende Verordnung:

> „Es unterliegt keinem Zweifel, daß die Kosten, die durch die Bekämpfung des Zigeunerunwesens entstehen, als Kosten der örtlichen Polizeiverwaltung anzusehen sind. Es ist dabei unerheblich, ob das polizeiliche Einschreiten aus eigener direkter Entschließung der Ortspolizeibehörde oder auf Veranlassung der Landespolizeibehörde oder deren Organe erfolgt. Ich [...] bemerke, daß als Kosten der Landespolizei nur diejenigen Kosten angesehen werden, die durch die Heranziehung von Landjägerbeamten entstehen. Die entstehenden Kosten sind auf diejenigen Ortspolizeibehörden, deren Geschäftsbereiche bei dem Transport berührt worden sind, anteilmäßig zu verteilen."[664]

Die Summe für den Transport durch den Landkreis Wittlich im Januar 1926 wurde dementsprechend anteilig auf die Bürgermeistereien Hetzerath (92,20 RM), Wittlich-Land (109,50 RM), Wittlich-Stadt (8,50 RM), Bausendorf (174,50 RM) und den Landkreis Bernkastel (5,30 RM) verteilt.

Eine derartige Aufteilung der Kosten auf diejenigen Bürgermeistereien, deren Gebiet beim Transport gestreift worden war, stellte jedoch einen bedeutenden Nachteil für die Landgemeinden dar, denn die Bürgermeistereien mit der größten Fläche mussten von nun an auch mit den höchsten Transportkosten rechnen, wobei die Städte mit einer anteilig kleinen Fläche kaum von derartigen Kosten betroffen waren.

Erst zwanzig Jahre nach Erlass der „Anweisung zur Bekämpfung des Zigeunerunwesens" aus dem Jahre 1906 gab es in den Regierungsbezirken Trier und Koblenz provisorische Regelungen zur Deckung von Transportkosten von in- und ausländischen Zigeunerfamilien. Diese waren jedoch zu keinem Zeitpunkt unstrittig, da sie in erster Linie die Belastung der Ortspolizeifonds vorsahen, die nur wenig durch Landesfonds entlastet werden sollten. Die Hauptkosten entstanden den flächenmäßig großen Landgemeinden und den Grenzlandjägerbezirken, die quantitativ die meisten Transporte durchführen mussten.

Auch die Deckung der Kosten, die den Landjägern während der Transporte entstanden, war nicht geregelt. So durfte zunächst bei Überschreiten der Dienstgrenzen weder Reise- noch Übernachtungsgeld abgerechnet werden,[665] was eine flexible Durchführung der Abschiebungen schwierig machte. Erst 1927 entschied der preußische Innenminister, dass Auslagen bei Reisen über

664 Unterstreichung nachträglich durch die Autorin vorgenommen [JT], nicht im Original LHAK Best. 498, Nr. 472, Verfügung des Reg.-Präs. Trier an alle Landräte des Regierungsbezirks Trier und die Polizeiverwaltung der Stadt Trier betreffs Zigeunertransportkosten, Trier 18.04.1926.

665 LHAK Best. 441, Nr. 27989, Preuß. Min. d. Innern Berlin an den Reg.-Präs. Koblenz, Berlin 02.12.1924.

den Landjägerbezirk hinaus, soweit diese ausdrücklich vorher vom Landrat angeordnet worden wären, als Reisekosten eingereicht werden könnten.[666]

Neben den Schwierigkeiten, die die Kostenfrage und den korrekten Verfahrensweg betrafen, kam es vor allem zwischen den Landkreisen zu zahlreichen internen Streitigkeiten hinsichtlich der praktischen Durchführung und Übergabe von Zigeunertransporten.

So weigerten sich etwa Landjäger aus dem Landkreis Prüm 1929 auf Anweisung ihres vorgesetzten Landrats, einen Zigeunertransport von den Gerolsteiner Landjägern zu übernehmen. Die behalfen sich laut ihrer daraufhin eingelegten Beschwerde schließlich damit, die abzuschiebenden Personen an eine andere Kreisgrenze zu bringen, um „im Beisein der Zigeuner Auseinandersetzungen aus dem Weg zu gehen".[667]

Heftige Auseinandersetzungen gab es vor allem zwischen dem Koblenzer Landrat und der Koblenzer städtischen Polizeiverwaltung, die sich gegenseitiges unprofessionelles und eigennütziges Verhalten vorwarfen, da es regelmäßig Streit darüber gab, auf welcher Seite der Kreisgrenzen die Zigeunertransporte nach Einbruch der Dunkelheit lagern und damit auch überwacht werden sollten. Nachdem aufgrund solcher Querelen nachts eine Zigeunertruppe entwichen war, kam es zum Eklat zwischen den Behörden. Die Koblenzer städtische Polizeiverwaltung warf den Landjägern des Landkreises vor, absichtlich nicht erreichbar zu sein oder zu den Übergaben zu spät zu kommen, damit die Transporte auf städtischem Gebiet lagern müssten.[668] Der Koblenzer Landrat, Gerhard Weil, argumentierte seinerseits, dass es seine Landjäger nur den städtischen Beamten gleich täten und diese die Umsetzung der Maßnahmen durch Verfahrensfehler und bürokratisches Getue erschwerten:

> „Weil die Koblenzer Polizei für den Begleitbericht ein vierseitiges Formular verwendet, verweigerte sie die Uebernahme einer Zigeunerbande, bei der der vorgeschriebene Begleitbericht sämtliche Fragen auf nur zwei Seiten hatte. Ich habe damals keine Veranlassung genommen, mich darüber zu beschweren, sondern ich habe sofort Anweisung gegeben, nur vierseitige Vordrucke zu benutzen, um den Koblenzer Polizeibeamten, wenn sie nun einmal an die vierseitigen Vordrucke gewöhnt sind, die Arbeit so leicht wie möglich zu machen."[669]

666 LHAK Best. 441, Nr. 27990, Preuß. Min. d. Innern Berlin (Grzesinski, i.V. Krüger), Rundverfügung, Berlin 27.01.1927.

667 LHAK Best. 442, Nr. 10992, Landjägeramt Gerolstein an die Landjägerabteilung Daun, Gerolstein 08.07.1929.

668 LHAK Best. 441, Nr. 27990, Polizeiverwaltung Koblenz an den Reg.-Präs. Koblenz, Koblenz 10.04.1926.

669 LHAK Best. 441, Nr. 27990, Landrat Koblenz an den Reg.-Präs. Koblenz, Koblenz 11.01.1927 und 04.03.1927.

Als der Koblenzer Regierungspräsident diesen Streit zum Anlass nahm, um in allen Landkreisen nach einer einheitlichen Regelung während der Nachtstunden und Feiertage nachzufragen, kam er lediglich zu dem Schluss, dass die Verhältnisse schlicht zu verschiedenartig seien, als dass eine generelle Regelung ‚ratsam' schiene.[670] Die Lösung des Konflikts verblieb weiterhin bei den Landkreisen bzw. den städtischen Polizeiverwaltungen.

Die Auseinandersetzungen erstreckten sich jedoch auch auf lokaler Ebene auf einzelne Ortschaften. Zwischen den Bürgermeistereien Bausendorf und Monzel etwa kam es 1926 zum Streit über die Unterbringung einer Familie, die aus Hetzhof bei Bausendorf nach Pohlbach abgeschoben worden war, worauf der Monzeler Bürgermeister sie wieder zurück nach Bausendorf bringen ließ, zusammen mit der Rechnung über die entstandenen Kosten.[671] Auch die Ortspolizeibehörden der Ortschaften Rachtig bei Zeltingen, Wehlen[672] und Ürzig beschuldigten sich gegenseitig, einander obdachlose Wanderer zuzuschieben.[673]

Das Konfliktpotential der lokalen ‚Zigeunerbekämpfung' spiegelte sich so auch auf persönlicher Ebene zwischen Beamten wider, etwa in dem Fall des Landjägers Schommer aus dem Simmerer Polizeibezirk Kirchberg, der zwei seiner Kollegen beschuldigte, „gemeinschaftliche Sache gemacht", den Zigeunern die Papiere übergeben und sie einfach abgeladen zu haben.[674]

Zusätzlich zu den zahlreich auftretenden lokalen Konflikten, verschärfte sich die Situation im Trierer Gebiet aufgrund der Grenzlage des Bezirks und der Veränderungen in der Grenzziehung nach dem Ersten Weltkrieg. So wurde den lothringischen Behörden und Polizeibeamten vorgeworfen, zu nachsichtig mit Zigeunern umzugehen. Insbesondere der Bürgermeister in Oberesch im Landkreis Saarlouis klagte über das häufige „Auftreten von

670 LHAK Best. 441, Nr. 27990, Reg.-Präs. Koblenz an die Landräte des Reg.-Bez. Koblenz, Koblenz 01.03.1927.

671 LHAK Best. 498, Nr. 472, Bgm. Monzel an den Landrat Wittlich, Monzel 21.12.1926.

672 Die Handschrift des Polizei-Sergeanten ist schlecht lesbar. Vermutlich handelt es sich um den Ort Wehlen.

673 LHAK Best. 655,123, Nr. 924, Polizei-Sergeant Zeltingen-Rachtig an den Ortsbgm. Zeltingen-Rachtig, Zeltingen-Rachtig 18.12.1912. Der Ortsvorsteher in Ürzig erboste sich nach den Anschuldigungen aus Rachtig, ihn „mit solchen Beschuldigungen zu verschonen", und erklärte den Rachtiger Polizeidiener für „völlig unfähig". LHAK Best. 655, 123, Nr. 924, Ortsvorsteher Ürzig an den Bgm. Zeltingen, Ürzig 27.02.1913.

674 LHAK Best. 441, Nr. 24084, Polizeibericht des Landjägers Schommer an die Polizeiverwaltung Kirchberg, 15.06.1911.

Zigeunerbanden".[675] Nach der Ausgliederung Elsass-Lothringens aus dem Deutschen Reich nach dem Krieg gestaltete sich die Situation besonders schwierig, da zuvor als inländisch betrachtete Zigeuner plötzlich als Ausländer anzusehen waren. Es verwundert daher nicht, dass der Cochemer Landrat noch 1929 feststellte, dass „anscheinend immer noch bei vielen Landjägerei- und Polizeibeamten Zweifel über die Behandlung inländischer und ausländischer Zigeuner" bestünden.[676]

Auch wie mit den Zigeunern aus dem Saargebiet nach der Abtrennung im Jahr 1920 verfahren werden sollte, war unklar. Um, nach den Worten des Regierungspräsidenten, „die wilden Abschiebungen von Zigeunern an der Saargebietsgrenze [...] fernerhin auszuschließen",[677] waren das Saargebiet und der Trierer Regierungsbezirk 1930 gezwungen, eine Vereinbarung zu treffen, die das weitere Vorgehen regeln sollte. Darin wurde festgelegt, dass nach Möglichkeit die Abschiebung von Zigeunern in das Saargebiet unterbleiben sollte und eine Pflicht zur Übernahme nur dann bestünde, wenn es sich nachweislich um Saareinwohner oder einen Durchtransport ausländischer Zigeuner handele.[678]

Die Saareinwohner, die bis 1919 Inländer und ab 1920 theoretisch Ausländer waren, sollten somit eine Art Zwischenstatus erlangen, sicherlich auch als Vorbereitung der Wiederangliederung des Saargebietes an den Regierungsbezirk Trier. Doch solcherlei Anordnungen wirkten sich kaum auf die tägliche Praxis aus. Noch immer wurden Zigeuner über die Grenze geschoben, ohne den Nachbarkreis zu benachrichtigen. Einzig die Behörde vor Ort, also der Landrat oder der Bürgermeister, traf die Feststellung, „ob es sich tatsächlich um inländische Zigeuner [handelte] und welche Reiserichtung für den Weitertransport in Frage" käme.[679]

Die Verwahrung von größeren Zigeunerfamilien in Gefängnishaft ist für die Zeit vor dem Ersten Weltkrieg stellenweise nachweisbar. Die rechtliche Grundlage, auf der dieses Verfahren basierte, ist oftmals nicht eindeutig nachvollziehbar. Zwar sind nur einige wenige Fälle überliefert, aber das Quellenmaterial aus der Zeit vor dem Ersten Weltkrieg ist auch nicht sehr

675 LHAK Best. 442, Nr. 10992, Landrat Saarlouis an den Reg.-Präs. Trier, Saarlouis 27.07.1910.

676 LHAK Best. 442, Nr. 10992, Landrat Cochem an den Reg.-Präs. Trier, Cochem 27.11.1929.

677 LHAK Best. 655, 39, Nr. 135, Abschrift der Verordnung des Reg.-Präs. Trier, Trier 26.09.1930.

678 Ebd.

679 LHAK Best. 655, 39, Nr. 135, Abschrift des Berichts des Reg.-Präs. Trier an den Kreisverwalter in Wadern, den Landrat Trier sowie an die Bürgermeistereien und Landjägerabteilungen des Kreises, Trier 10.10.1931.

umfangreich. Verhaftungen wurden nur kurz vorgenommen und meistens während des Transports, systematische Inhaftierungen gab es nicht.

Im Januar 1907 ordnete der Trierer Regierungspräsident an, dass „nach Anhörung des Gefängnisvorstehers in Saarbrücken, 10–15 Zigeuner" im Gefängnis Saarburg[680] aufgenommen werden könnten und es „somit zur vorübergehenden Aufnahme der im dortigen Kreise verhafteten Zigeuner im Bedarfsfalle bestimmt" sei.[681] Für die Kreise Daun, Wittlich und Bernkastel wurde 1906 das Gefängnis in Wittlich zur Aufnahme von Zigeunern bestimmt. Kleinere Gruppen sollten jedoch in den kleinen Polizeigefängnissen und Verwahrlokalen der Kreise untergebracht werden. Weitere Gefängnisse, die für Zigeuner eingeplant wurden, befanden sich in Ottweiler, Prüm, Saarlouis, Neumagen und Hermeskeil. Die ursprünglich angedachte Einzelhaft für Zigeuner konnte aufgrund der Raumverhältnisse nicht realisiert werden.[682]

Ebenso war die Übernahme der Kosten, die anfielen, um die Inhaftierten zu verpflegen oder die Zellen zu reinigen, wiederum ungeklärt. Im Fall einer Verhaftung von Zigeunern, die „einen ärmlichen Eindruck gemacht haben und aller Mittel bar schienen", fragte der Cochemer Landrat, wie er sich „hinsichtlich der Kostenerstattung zu verhalten habe", da er „in den hiesigen Akten [...] keine Bestimmung darüber" fände.[683] Der Koblenzer Regierungspräsident ordnete daraufhin an, dass die Kosten nur dann auf Staatsfonds übernommen werden könnte, „wenn Deckung der Kosten durch die Zigeuner nicht herbeigeführt werden" könne, was die Gendarmerie zu prüfen habe.[684] Impliziert wurde damit, dass die Beweispflicht, dass tatsächlich keine Gelder von Seiten der Inhaftierten beschlagnahmt werden konnten, bei den Polizeibeamten lag. Das Risiko, verarmte Familien zu inhaftieren und bei fehlender Beweislage die Kosten auf die Ortspolizeifonds übernehmen zu müssen, war damit nicht unerheblich.

Für die Einweisung in ein Gefängnis war ein Tatbestand nicht zwingend notwendig, wie der Fall der Familie des Georg K. aus Lothringen im Jahre 1907 zeigt (vgl. Karte 1). Sie wurde am 9. April 1907 aus Belgien ausgewiesen und durch den Regierungsbezirk Trier in Richtung Lothringen transportiert.

---

680 Alfons Tapp berichtet von einer Zigeunerfamilie, die im Jahre 1886 mehrere Monate im Saarburger Gefängnis festgehalten wurde. Vgl. Tapp, Die Taufe, S. 235–246.

681 LHAK Best. 442, Nr. 10992, Reg.-Präs. Trier an den Landrat Saarburg, Trier 17.01.1907.

682 LHAK Best. 655,212, Nr. 64, Rundverfügung des Reg.-Präs. Trier, Trier 12.05.1906.

683 LHAK Best. 441, Nr. 23466, Landrat Cochem an den Reg.-Präs. Koblenz, Cochem 06.01.1906.

684 LHAK Best. 441, Nr. 23466, Reg.-Präs. Koblenz an den Landrat Cochem, Koblenz 16.01.1906.

In Saarburg wurde die gesamte Familie von 16 Personen ohne einen ersichtlichen Grund ins Gefängnis eingeliefert, in dem sie elf Tage verbleiben musste.[685]

Besonders intensiv wurden die Gefängnisse für die Einweisung von Zigeunern während des Ersten Weltkriegs genutzt, weil die Kriegsverordnungen eine andere rechtliche Grundlage boten, um die Freizügigkeit einzuschränken. Bereits vor dem endgültigen Verbot des „bandenweisen Umherziehen[s] von Personen (Zigeuner, Bärenführer usw.)“ im Jahre 1917[686] ergingen bereits zahlreiche Aufforderungen, die Bewegungsfreiheit der Zigeuner weiter einzuschränken, etwa über die Zigeuner „die militärische Sicherheitshaft zu verhängen“[687] oder sie festzunehmen und „dem nächsten größeren Gefängnis zuzuführen“ sowie ihr Eigentum sicherzustellen.[688] Im Saarbrücker Korpsbezirk sollten laut Anordnung des kommandierenden Generals alle Personen, die „sich diesen Vorschriften entgegen umhertreib[en]“, in ein Arbeitshaus eingewiesen werden, das „nicht ohne Erlaubnis verlassen“ und wo die „[...] zugewiesene Arbeit nicht“ verweigert werden dürfe.[689]

Die betroffenen Familien versuchten, sich mit dem Hinweis auf ihren rechtsgültigen Wandergewerbeschein den Verhaftungen zu entziehen. Dies ist in einigen Fällen auch gelungen. Das stellvertretende Generalkommando in Koblenz sah sich im April 1918 dazu genötigt, darauf hinzuweisen, dass eine „vom kommandierenden General auf Grund des Gesetzes über den Belagerungszustand erlassene Verordnung“ nicht „vor dem rechtmäßigen Besitze eines Wandergewerbescheines“ halt mache. Somit seien alle „Personen, die bandenweise umherziehen“, festzunehmen.[690]

Die so nachdrücklich forcierte Anordnung während des Ersten Weltkriegs, die Zigeuner zu inhaftieren, blieb jedoch nicht ohne Folgen für die Gemeinden. Denn die Kostenübernahme für die Festnahmen war nach dem Krieg Gegenstand von langwierigen Konflikten zwischen den Kommunen, dem

---

685 LHAK Best. 442, Nr. 10992, Berichte der Bürgermeister und Landräte in Waxweiler, Neuerburg, Trier, Saarburg und Merzig an den Reg.-Präs. Trier vom 11. bis 25.04.1907.

686 LHAK Best. 655,212, Nr. 156, Abschrift des Stellv. Generalkommandos, VIII. Armeekorps in Koblenz, Koblenz 06.02.1917. Vgl. TATARINOV, Erster Weltkrieg.

687 LHAK Best. 655, 212, Nr. 156, Abschrift des Polizeipräsidenten in Berlin, Berlin 20.10.1916.

688 LHAK Best. 655, 212, Nr. 156, Abschrift des Stellv. Generalkommandos, VIII. Armeekorps Koblenz, Koblenz 24.10.1916.

689 LHAK Best. 442, Nr. 10992, Auszug der Verordnung des Stellv. Generalkommandos Saarbrücken 15.11.1916 im Schreiben des Landrats Merzig an den Reg.-Präs. Trier, Merzig 19.09.1919.

690 LHAK Best. 655,123, Nr. 924, Abschrift des Stellv. Generalkommandos, VIII. Armeekorps Koblenz, Koblenz 20.04.1918.

Regierungspräsidenten und den Auflösungsstellen der Armeekorps. Letztere weigerten sich in den meisten Fällen, die Kosten aus Reichsmitteln zu bezahlen und damit den militärpolizeilichen Charakter der Festnahmen anzuerkennen, wie etwa im Fall der Verhaftung einer Zigeunerfamilie in Brotdorf im Landkreis Merzig. In dem Streit ging es darum, ob die Unterbringung der Zigeunerfrauen und Kinder im Landarmenhaus Trier im Juli 1918, während ihre Männer ins Gefängnis kamen, aus Gründen der Landessicherung oder der Sicherheit des Reiches erfolgte. Die Frage, wer nun die Kosten in Höhe von 714 Mark zu tragen hatte, beschäftigte die Behörden ganze vier Jahre lang. Im Juli 1922 wurde der Merziger Landrat aus der preußischen Staatskasse ausbezahlt. Die Auflösungsstelle des 21. Armeekorps lehnte die Übernahme ab, „da die deutsche Staatsangehörigkeit der Zigeuner nicht mehr feststellbar" sei und somit „die Übernahme der Kosten auf Militärfonds nicht erfolgen" könne.[691] Zwar wurden die Zigeuner während des Krieges als Staatsfeinde und Spione von den Militärbehörden verfolgt, doch agierten auch diese nach dem Prinzip der Verantwortungsverlagerung und schoben die Kosten für ihre restriktiven Maßnahmen gegen die Zigeuner den Zivilfonds zu.

In den Aufzeichnungen der zwanziger Jahre werden Inhaftierungen von Zigeunerfamilien kaum noch erwähnt. Die rechtliche Grundlage, auf der die Gefängnishaft vor dem Krieg praktiziert wurde, wird aus den Vorgängen nicht ersichtlich, auch nach dem Krieg lag keine rechtliche Handhabe vor, Personen aufgrund ihrer angeblichen Zigeunereigenschaft festzunehmen.[692]

3.2.2 Auf der Straße: Verhaftungen und Abschiebungen im Alltag

Im alltäglichen Kontakt mit den Polizeibeamten lässt sich in den Landjägerberichten eine Vielzahl von Strategien und Taktiken ausmachen, die umherziehende Familien genutzt haben, um den Kontakt mit der Polizei zu meiden und drohenden Abschiebungen zu entgehen. Einige Personen machten sich das vordergründige, aber praktisch nicht umgesetzte Ziel der Sesshaftmachung zunutze mit der Behauptung, sich im nächsten Verwaltungsbezirk eine Wohnung anmieten zu wollen. Unabhängig davon, ob dies tatsächlich der Fall war, brachte eine derartige Erklärung den strategischen Vorteil, dass die Beamten die Reisenden oftmals unbehelligt in die gewünschte Richtung ziehen ließen. So etwa im Fall einer Familie, die in Rheinböllen im Juli 1914 angetroffen

---

691 LHAK Best. 442, Nr. 10992, Auflösungsstelle des 21. Armeekorps Saarbrücken an den Reg.-Präs. Trier, Saarbrücken, 12.11.1919.

692 Zudem waren Polizeigefängnisse und Verwahrlokale auch in einem schlechten Zustand, was den Trierer Regierungspräsidenten im Jahre 1929 dazu veranlasste, regelmäßige Besichtigungen und Zustandsberichte von den Verwahrlokalen bezirksweit einzufordern. Vgl. LHAK Best. 655,178, Nr. 759, Bd. 1: Runderlass des Reg.-Präs. Trier, Trier 15.04.1929.

wurde und erklärte, in Kreuznach eine Wohnung beziehen zu wollen, die aber erst in vierzehn Tagen frei würde.[693]

Die einfachste und effektivste Strategie war, erst gar nicht gesichtet zu werden. Dafür versteckten sich die Familien auf Feldern oder im Wald[694] und lagerten in der Regel seitlich der öffentlichen Wege. Dabei bevorzugten sie entlegene, kleine Ortschaften, von denen sie wussten, dass keine Polizei vor Ort stationiert war.[695]

Um nicht durch einen großen Konvoi aufzufallen, aber dennoch in größeren Gruppen zusammenbleiben zu können, reisten etwa die Korbmacher- und Kesselflickerfamilien im Landkreis Prüm im Abstand von einigen hundert Metern, um sich dann wieder an einem gemeinsamen Lagerort zu treffen.[696] Falls es schließlich doch zur Kontrolle kam, war es in einer großen Gruppe einfach, den Landjägerbeamten mit ähnlich klingenden Namen zu verwirren. So tauchte im Dezember 1928 in Wittlich ein und derselbe Anführer einer Bärenführergruppe, unter den Namen Jowan, Johann oder auch Jean in den Polizeiberichten auf.[697]

Die zweite Möglichkeit, sich den Kontrollen und Abschiebungen zu entziehen, war die Flucht vor den Landjägern, was sehr häufig vorkam. Dabei wurde die Unterzahl der Landjäger, die in der Regel entweder allein oder zu zweit arbeiteten, ausgenutzt. So berichtete der Simmerner Landrat 1910 dem Koblenzer Regierungspräsidenten von einem Vorfall in Kirchberg:

> „Am Ortsausgang nach Zell hat die Bande, die über ein gutes Fuhrwerk verfügte, ein schnelles Fahrtempo eingeschlagen, sodass der Begleiter nicht folgen konnte. Der Vorsteher hat vergeblich versucht, im Dorfe eines noch zu bekommen, um die Verfolgung aufzunehmen.“[698]

Die Zigeunertransporte wurden trotz der Anweisung des Regierungspräsidenten in den meisten Fällen nicht ununterbrochen überwacht, insbesondere nicht

693 LHAK Best. 441, Nr. 24804, Polizeibericht Rheinböllen an den Landrat Simmern, Rheinböllen 15.07.1914.

694 LHAK Best. 442, Nr. 10992, Landrat Trier-Land an den Reg.-Präs. Trier, Trier 11.11.1910.

695 LHAK Best. 441, Nr. 24292, Polizeiverwaltung Heddesdorf an den Reg.-Präs. Koblenz, Heddesdorf 08.09.1905: „[...] Vorzugsweise werden demnach die entlegenen kleinen Ortschaften, in denen naturgemäß stärkere Polizeikräfte nur selten rechtzeitig zur Verfügung stehen, von den Banden heimgesucht.“

696 LHAK Best. 442, Nr. 10992, Landrat Prüm an den Reg.-Präs. Trier, Prüm 04.02.1913.

697 LHAK Best. 498, Nr. 169, Bgm. Stadt Wittlich an den Landrat Wittlich, Wittlich 04.01.1928. Auch bei Nachnamen wurde dieser Trick angewendet.

698 LHAK Best. 441, Nr. 24084, Landrat Simmern an den Reg.-Präs. Koblenz, Simmern 03.12.1910.

während der Nacht. Daher kam es häufig vor, dass die Familien am nächsten Morgen bereits verschwunden waren, als die Landjäger beim Nachtlager zum Weitertransport beim Nachlager eintrafen.

Die ambulanten Gruppen wussten die organisatorischen Probleme der Landjäger bei den Übergaben für sich zu nutzen. Zahlreiche Polizeibeamte beschrieben, wie sie zwar von der Nachbarbehörde über das Auftauchen von Zigeunern unterrichtet worden waren, sie diese letztendlich aber nicht aufgefunden worden seien, da sie schlicht weitergereist wären, ohne auf die oftmals zu spät eintreffende Ablösung gewartet zu haben. So suchte etwa ein Kirchberger Wachtmeister im Frühjahr 1917 in einem Waldstück mehrere Stunden vergeblich nach Zigeunern, die ihm gemeldet worden waren:

> „Am 1. Mai 8 Uhr abends meldete der Gemeindevorsteher in Fronhofen dem Bürgermeister von Ohlweiler telephonisch, daß im Walde bei Fronhofen eine Zigeunerbande lagere. Darauf benachrichtigte der Bürgermeister sofort den Gendarmerieoberwachtmeister hier. Dieser schickte umgehend den Gendarmerie-Wachtmeister Rybinsky – Kirchberg zur Suche aus. Bis Nachts 12 Uhr konnte er aber Niemand mehr entdecken und kehrte zurück. Am folgenden Tage Morgens früh begab sich der Gendarmerie-Wachtmeister Schütz aus Simmern ebenfalls aus die Suche, aber ohne Erfolg. Die Bande war inzwischen weitergezogen [...].“[699]

Flucht wurde häufig von den Polizeibeamten als Grund aufgeführt, warum es schließlich nicht zur Erfassung oder zum Abtransport bestimmter Zigeuner kam. Nicht mehr nachvollziehbar sind dabei die Fälle, die gar nicht erst durch die Nachbarbehörden bemerkt und so nicht zur Anzeige gebracht wurden. Es ist kaum vorstellbar, dass sich die Landjäger über das Fluchtrisiko bei verspäteter Ankunft oder während des freien Lagerns bei Nacht nicht bewusst waren. Ernsthaft betriebene Verfolgungen der entflohenen Gruppen wurden in der Regel nur dann unternommen, wenn bereits die Nachbarpolizeibehörde informiert worden war und die Beamten somit unter gewissen Handlungszwang standen, ihre Bemühungen für einen geregelten Transport nachzuweisen.[700]

Hinweise darauf, dass Polizeibeamte Zigeuner absichtlich fliehen ließen, lassen sich durchaus in einigen Fällen aufspüren, wie etwa in einem Polizeibericht an die Polizeiverwaltung Kirchberg im Hunsrück im Jahre 1911. Der Gendarm-Wachtmeister Schommer warf zwei seiner Kollegen aus Löffelscheid und Kappel vor, Zigeuner absichtlich entkommen lassen zu haben, in dem sie diese zügig vor der Kreisgrenze nach Zell abgeladen haben und sich in

---

699 LHAK 441, Nr. 23198, Landrat Simmern an den Reg.-Präs. Koblenz, Simmern 26.06.1917.

700 LHAK Best. 442, Nr. 10992, Landjägeramt Gerolstein an die Landjägerabteilung in Daun, Gerolstein 08.07.1929.

einem Dornenfeld verstecken ließen.[701] Auch die Papiere, die bereits durch ihn beschlagnahmt worden waren, seien bei der angeblichen Verfolgung der ‚Bande' durch die Kollegen verloren gegangen.

Im Falle der Zwistigkeit zwischen dem Koblenzer Stadt- und Landkreis wurde die Flucht von neun Personen zu einem gegenseitigen Versagen der Nachbarbehörde stilisiert,[702] was vielleicht sonst eher in den Berichten vertuscht worden wäre. Im Bericht der Koblenzer Polizeiverwaltung lässt sich eine gewisse Routine hinsichtlich flüchtiger Zigeuner heraushören:

> „Es liegt in der Natur der Sache, daß eine glatte Weiterleitung der Zigeunertransporte bei den mannigfachen Kniffen, welche die Zigeuner zur Anwendung bringen, häufig mit Schwierigkeiten verknüpft ist. Diese müssen eben überwunden werden."[703]

Kam es, wie in den meisten verzeichneten Fällen, schließlich zur Abschiebung von Personen, bedeutete dies die Erduldung großer Strapazen für die Betroffenen. Selbstbestimmungsrecht und Bewegungsfreiheit wurden für die im behördlichen Visier stehenden Personen enorm eingeschränkt.

In den meisten Fällen waren von den Abschiebungen, die durchaus mehr als 35 Kilometer am Tag umfassen konnten, auch Kinder und Säuglinge betroffen. Die Familie des Korbmachers Mathias Sch. wurde am 3. September 1926 von Trier bis Alf (62 km) transportiert, obwohl die Ehefrau gerade ein Kind geboren hatte. Sie gab in Bausendorf folgendes zu Protokoll:

> „Der Bürgermeister vom Trierer Land hat am 3.9.26 uns abgeschoben. Die Abschiebung geschah bis Alf. Dr. F. aus Zell stellte ein Attest aus, daß ich, wegen Entkräftung an der letzten kurz vorher erfolgten Geburt, nicht mehr weiter transportiert werden dürfte."[704]

Mehr als einmal mussten die Landjäger, welche die Transporte begleiteten, eine Pause wegen Übermüdung und Erschöpfung der Abzuschiebenden einlegen.[705] Verpflegt wurden die Familien während dieser Zeit nicht. Wenn sich ein

---

701 LHAK 441, Nr. 24084, Polizeibericht des Gendarmen Schommer an die Polizeiverwaltung Kirchberg, Kirchberg 12.06.1911.

702 LHAK Best. 441, Nr. 27990, Landrat Koblenz an den Reg.-Präs. Koblenz, Koblenz 11.01.1927, sowie Polizeiverwaltung Koblenz an den Reg.-Präs. Koblenz, Koblenz 15.02.1927.

703 LHAK Best. 441, Nr. 27990, Polizeiverwaltung Koblenz an den Reg.-Präs. Koblenz, Koblenz 15.02.1927.

704 LHAK Best. 498, Nr. 472, Verhandelt Polizeiverwaltung Bausendorf, Bausendorf 12.05.1927.

705 LHAK Best. 442, Nr. 10992, Bericht des Landjägermeisters Gerolstein an die Landjägerabteilung Daun, Gerolstein 08.07.1929. Siehe dazu auch den Bericht des Landrats Merzig an den Reg.-Präs. Trier, Merzig 25.04.1927.

Gemeindevorsteher oder eine Privatperson dazu bereit erklärte, ihnen etwas zukommen zu lassen, geschah dies auf eigene Kosten.[706]

Das Verhältnis zwischen Beamten und Abzuschiebenden war nicht ausschließlich von Feindseligkeiten bestimmt. Vielmehr lässt sich eine gewisse Routine erkennen, die das Zusammentreffen zwischen Landjägern oder Polizeibeamten und den kontrollierten bzw. abgeschobenen Personen prägte. In einigen Fällen, wie etwa bei Familie R., die über Jahre immer wieder von den Beamten aufgegriffen und abgeschoben wurde (vgl. Kapitel 4.2.1), ist zu vermuten, dass man sich gut kannte.[707]

An einigen Stellen lässt sich ein gewisser Grad an Akzeptanz und Toleranz, wenn nicht gar Mitleid, aus Berichten herauslesen. So berichtete etwa der Merziger Landrat, Bruno Eichhorn, 1907, dass der Transport einer ‚Zigeunerbande', die in Saarhölzbach aufgegriffen worden war, nicht weitergeführt werden konnte, weil die Zigeuner völlig übermüdet gewesen seien. Am nächsten Morgen ließen sie die Mettlacher Polizeibeamten nach dem langen Fußmarsch auf Armenkosten der Gemeinde Mettlach mit dem Zug nach Saargemünd weitertransportieren.[708]

Auch Landjägermeister Gräber aus Gerolstein ließ die Zigeuner, die ihm nach einem langen Fußmarsch an der Kreisgrenze zu Prüm übergeben worden waren, erst einmal „auf einem geeigneten Platz übernachten", da sie sehr ermüdet gewesen seien. Am nächsten Morgen erklärten diese, dass sie beabsichtigten, nach Trier zum Pferdemarkt zu reisen, was Gräber ihnen auch gestattete. Dazu äußerte er sich gegenüber der Landjägerabteilung in Daun, dass dies seines Erachtens „nicht verwehrt werden" könne, da die Pferdemärkte doch „für jedermann frei" zu besuchen seien. Daher hatte er „die Absicht, den Trupp dorthin abzuschieben, um ihnen Gelegenheit zum Marktbesuch zu geben."[709]

Der Bürgermeister in Bausendorf musste sich in einem Fall vor dem Wittlicher Landrat rechtfertigen, da er zu hohe Kosten für Nahrungsmittel im Zuge eines Zigeunertransports verursacht hatte:

> „Lebensmittel hatten die Leute nicht bei sich, ob dieselben Bargeld hatten, konnte nicht festgestellt werden. Die Zigeuner hatten den ganzen Tag nichts gegessen, was von den, den Transport begleitenden Landjägern ausdrücklich bestätigt

---

706 LHAK Best. 442, Nr. 10992, Bgm. Bausendorf an den Landrat Wittlich, Bausendorf 06.02.1926.

707 Angelika Albrecht konnte die gleiche Feststellung auch für die bayerische Praxis machen. Vgl. ALBRECHT, Zigeuner in Altbayern, S. 253.

708 LHAK Best. 442, Nr. 10992, Landrat Merzig an den Reg.-Präs. Trier, Merzig 25.04.1907.

709 LHAK Best. 442, Nr. 10992, Landjägeramt Gerolstein an die Landjägerabteilung Daun, Gerolstein 08.07.1929.

wurde. Außerdem gebot mir mein Menschlichkeitsgefühl, den bei dem Transport vorhandenen Säuglingen und Kindern etwas Haferungsmittel zukommen zu lassen. Falls die Übernahme dieser Kosten nicht möglich ist, so werde ich dieselben übernehmen."[710]

Im Antwortschreiben des Landrats hieß es dazu: „Die Rechnung im Betrage von 6.35 R.Mk. folgt anbei zurück. Zur Lieferung von Brot und Milch an die Zigeuner war von keiner Seite Auftrag erteilt. Die Kosten fallen daher der dortigen Stelle allein zur Last."[711]

Beim Zusammentreffen verhielten sich die Familien jedoch nicht nur kooperativ. Einige waren im Besitz von Schusswaffen, die sie auch zum Einsatz brachten, wie eine Auseinandersetzung in Niederöfflingen im Juli 1921 zeigte. Derartige Zwischenfälle wurden von Behörden und Tagespresse gern aufgegriffen, um die propagierte Gefahr, die von Zigeunern ausgehe, zu belegen. Im Wittlicher Kreisblatt hieß es kurz nach der Schießerei:

„Niederöfflingen. Gestern abend spät kam es vor unserm Dorfe zu einer schweren Schießerei. Vagabundierende Zigeuner, die gegen Abend in unserer Wirtschaft musiziert hatten, wurden von Oberöfflingen her verfolgt. Dort hatten sie den Landleuten Getreide abgemäht und mitgenommen, Hunde gestohlen usw. Man wollte nun den Banditen ihren Raub wieder abnehmen. Als die Dorfbewohner sich dem Zigeunerwagen näherten, fielen plötzlich scharfe Schüsse. Aus einem Revolver und Karabiner gaben die Banditen nunmehr ca. 30 Schüsse auf die unbewaffneten Dorfeinwohner ab. Bis in das benachbarte Hasborn hinein flogen die Kugeln. Unter dem Schutze ihres Feuers gelang es den Banditen in der Richtung nach Laufeld zu entkommen. [...]"[712]

Diese Meldung mobilisierte die Wittlicher Beamten, die Zigeunerfamilien von nun an auch gründlich nach Schusswaffen zu durchsuchen. Nach Aussagen eines Landstreichers hielten „die Frauen die Pistolen in einer besonderen Tasche unter den Röcken verborgen, um bei den Revisionen durch die Polizeibeamten das Vorfinden unmöglich zu machen" und Gewehre seien „am Wagenboden an der Wagenachse in einem hergerichteten Versteck verborgen."[713] Vier Jahre später kam es trotz der verstärkten Kontrollen erneut zu einem Zwischenfall:

„Am Sonntag, den 25. Oktober d. Js. fand in Gräfendhron die Kirmes statt. Bei dieser Gelegenheit kam es zwischen den dort anwesenden Zigeunern zu

710 LHAK Best. 498, Nr. 472, Bgm. Bausendorf an den Landrat Wittlich, Bausendorf 06.02.1926.

711 LHAK Best. 498, Nr. 472, Landrat Wittlich an den Bgm. Bausendorf, Wittlich 07.05.1926.

712 LHAK Best. 498 Nr. 472, Artikel: Verfasser unbekannt, Meldung. In: Wittlicher Kreisblatt, Jg. 75, H. 83, 21.07.1921, Zeitungsausschnitt in Akte eingeklebt.

713 LHAK Best. 655, 123, Nr. 924, Bericht des Polizeiwachtmeisters in Bausendorf an den Landrat Wittlich, Bausendorf 22.07.1921.

Streitigkeiten, wobei der Zigeuner Johann P. von dem Zigeuner Reinhardt S. mit einer Pistole erschossen wurde. S. wurde hierauf von dem Oberlandjäger Stützel vorläufig festgenommen und dem Herrn Amtsrichter aus Neumagen in Gräfendhron vorgeführt.“[714]

Zusammen mit dem Erschossenen wurde Reinhardt S. zusätzlich für einen Mord an einem Landjäger, der drei Monate vor diesem Vorfall geschehen war, verantwortlich gemacht. Derartige Eskalationen waren die Ausnahme, jedoch kam es von Seiten der aufgegriffenen Personen gegenüber den Polizeibeamten häufig zu Widerstandsleistungen oder Bedrohungen.[715]

Eine weitere Reaktion auf die restriktive Vergabe der Wandergewerbescheine war die Verwendung eines Scheines zur Legitimierung einer Vielzahl von Leuten. So baute etwa der Trierer Händler Andreas R., der im Besitz eines Wandergewerbescheins war und damit auf Märkten und Kirmessen eine Glücks- und Würfelbude betrieb, mehrere Stände nebeneinander auf, die seine Kollegen, die keinen Wandergewerbeschein mehr besaßen, neben ihm nutzen konnten.[716] Um also nicht illegitim ein Gewerbe auszuführen, versammelten sich viele Gewerbetreibende um einen Scheinbesitzer, der sich im Falle einer Kontrolle ausweisen konnte, während sich die Anderen zurückhielten oder versteckten. Zwei Siebmacherfamilien, die ohne Ausweise zwischen Merzig und Brotdorf aufgegriffen wurden, erklärten, dass der Passträger schon vorausgeeilt sei. Sie wurden jedoch daraufhin dem Amtsgericht wegen Landstreicherei vorgeführt.[717]

3.3 Sozialräumliche Konzentration: Wohnwagenlager Mitte der 1920er Jahre

Mitte der 1920er Jahre kam es zu einer zunehmenden Konzentration von Zigeunerfamilien auf städtischem oder stadtnahem Gelände. Aufgrund der ständigen Abschiebungen und Überwachungen durch die Behörden sowie der Voraussetzung, einen festen Wohnsitz für einen Wandergewerbeschein vorzuweisen, waren die Betroffenen gezwungen, sich zumindest in den Wintermonaten anzusiedeln. Da die lokalen Polizeibehörden dies jedoch in der Regel

714 LHAK Best. 498, Nr. 169, Landjägerabteilung Bernkastel-Kues an den Landrat Bernkastel, Bernkastel-Kues 27.10.1925.

715 Etwa beim Aufgreifen von vier Familien in Ehringhausen am 15.05.1911, vgl. LHAK Best. 441, Nr. 24084, Landrat Wetzlar an den Reg.-Präs. Koblenz, Wetzlar, 27.05.1911. Der Landrat berichtete von Widerstandsleistungen und Bedrohungen, Urkundenfälschung und unbefugtem Tragen einer Waffe.

716 LHAK Best. 459, Nr. 350, Rundschreiben des Reg.-Präs. Trier an alle Landräte des Bezirks und die Polizeiverwaltung in Trier, Trier 07.12.1927.

717 LHAK Best. 442, Nr. 10992, Landrat Merzig an den Reg.-Präs. Trier, Merzig 17.05.1918.

nicht erlaubten, etablierten sich bestimmte Sammelpunkte, wo das Aufstellen der Wohnwagen entweder zumindest temporär geduldet oder auch behördlich initiiert wurde. So wurde 1928 in Frankfurt nach großen Kontroversen das Konzentrationslager an der Friedberger Straße errichtet.[718] Kölner Zigeuner wurden ebenfalls auf einem Lagerplatz am Stadtrand konzentriert „mit dem vorgeblichen Ziel der Sesshaftmachung".[719] In Hannover wurden Zigeuner 1929 an den Stadtrand in Hainholz abgeschoben, von wo aus sie schließlich in das Altwarmbüchener Moor vertrieben wurden.[720] Bereits 1922 beschloss der Flensburger Magistrat die Aufstellung einer Wohnbaracke für etwa sechzig Zigeuner im Südwesten der Stadt.[721] Aufgrund zahlreicher Proteste der dort lebenden Bevölkerung wurde der Plan wieder verworfen, stattdessen hausten die Flensburger Zigeunerfamilien weiter in städtischen baufälligen Wohnungen.[722]

Derartige Lager oder Sammelplätze entstanden in der Regel unter großen Protesten der anliegenden Bevölkerung und der zuständigen Lokalverwaltungen und wurden daher nicht selten nach einigen Monaten wieder aufgelöst. Sie bereiteten indes den Boden für die Einrichtung von Sammel- und Konzentrationslagern[723] während des NS-Regimes, wie etwa das Zigeunerlager in Köln-Bickendorf seit 1935. Kennzeichen solcher städtischen Zigeunerlager war, dass sie etwa im Unterschied zu späteren NS-Konzentrations- und Arbeitslagern nicht von zentralen Stellen geplant, sondern von lokalen Behörden errichtet und finanziert wurden.[724]

3.3.1 Die ‚Eurener Kippe' am Trierer Stadtrand

Auch in Trier wurden Zigeunerfamilien seit 1926 von Polizeibeamten an den Stadtrand, auf die sogenannte Kippe direkt neben dem Eurener Barackenlager ‚Im Speyer', verwiesen.[725] Im Winter 1926 lebten auf der ‚Eurener Kippe' bis zu dreißig Zigeunerfamilien.[726]

Auf Anordnung der Trierer Stadtverwaltung waren zuvor in den Jahren 1925 und 1926 arme Familien, die in den meisten Fällen arbeitslos waren, aus

718 ENGBRING-ROMANG, Die Verfolgung der Sinti und Roma, S. 101–106.
719 FINGS/SPARING, Rassismus – Lager – Völkermord, S. 374.
720 GÜNTHER, Die preußische Zigeunerpolitik, S. 157 und 160.
721 MARNAU/LINCK, Die Flensburger „Zigeuner", S. 192.
722 Ebd., S. 192.
723 Dazu ausführlich FINGS/SPARING, Das Zigeunerlager, S. 11; ZIMMERMANN, Rassenutopie und Genozid, S. 93–100.
724 FINGS/SPARING, Das Zigeunerlager, S. 11.
725 Vgl. zum Eurener Barackenlager STAZIC-WENDT, The 'New Morocco' Settlement.
726 Auflistung der Namen in LHAK Best. 442, Nr. 10992.

baufälligen Trierer Häusern in das Barackengelände übergesiedelt worden.[727] Die Wohnsiedlung war auf einem von einer Eurener Firma abgekauften Grundstück errichtet worden.[728] Die Stadt Trier erhoffte sich dadurch, die finanzielle Verantwortung für diese Familien auf die Bürgermeisterei der Trierer Vororte abwälzen zu können. Die Konsequenz hiervon war, dass weder die Stadt Trier noch die Gemeinde Euren sich in der Folgezeit für die Menschen in den Baracken zuständig fühlten, was zu katastrophalen Wohn- und Lebensbedingungen für die Bewohner der Baracken führte.[729] Damit grenzte die Stadt Trier schon viele Jahre vor den nationalsozialistischen, sozial segregierenden Städtesanierungsmaßnahmen, die ähnlich motiviert waren, ihre Armen räumlich aus.[730]

Die Familien in den Baracken unterhielten enge Beziehungen zu den Wohnwagenbewohnern der ‚Eurener Kippe'. Sie wurden zum Teil selbst behördlich als Zigeunerfamilien, die sich häufig mit Wandergewerbe ihren Lebensunterhalt verdienten, etikettiert.[731]

Neben dem Barackengelände sammelten sich im Oktober 1925 vier bis sechs Wohnwagen, die von Familien bewohnt waren. Am Ende des Jahres handelte es sich bereits um 21 Wagen, im Januar 1926 lebten immerhin bis zu dreißig Familien auf dem Platz. Der Trierer Landrat sprach von zeitweise 105 Personen,[732] die auf dem Gelände im engen Kontakt zu den Barackenbewohnern hausten. Die Wohnbedingungen auf dem Stellplatz waren katastrophal, wie dem Bericht des Trierer Oberbürgermeisters zu entnehmen ist:

> „Die Umzäunung der neuen Banden auf dem bezeichneten Gelände wurde an der Stelle, an der die Zigeuner lagerten, bereits zweimal durchschnitten, um einen Zugang zu den Baracken zu schaffen. Das umliegende Gelände ist von einer Zahl von etwa 105 Personen durch Verrichtung der Notdurft verunreinigt worden, weil Aborte fehlten. Die Zigeuner schlossen mit einzelnen, nicht im guten Rufe stehenden Personen des Barackengeländes enge Freundschaft und es stand zu erwarten, dass die Zigeuner z. T. Unterschlupf suchten und auch gefunden hätten."[733]

Wie das Barackenlager sorgte auch die Ansammlung von Zigeunerfamilien gleich neben dem Lager für Zündstoff in Trierer und Eurener Amtsstuben.

727 Stazic, Arbeitslosigkeit und Arbeitslosenunterstützung, S. 133.
728 LHAK Best. 442, Nr. 10992, Landrat Trier-Land an den Reg.-Präs. Trier, Trier 23.02.1926.
729 Stazic, Arbeitslosigkeit und Arbeitslosenunterstützung, S. 133f.
730 Vgl. Fings/Sparing, Das Zigeunerlager, S. 17.
731 Welter, Chronik Trier-Euren, S. 66.
732 LHAK Best. 442, Nr. 10992, Landrat Trier-Land an den Reg.-Präs. Trier, Trier 23.02.1926.
733 LHAK Best. 442, Nr. 10992, Oberbgm. Trier an den Reg.-Präs. Trier, Trier 03.04.1926.

Beide Parteien hatten das gleiche Ziel und zwar, sich der „lästigen Familien“[734] zu entledigen. Einerseits waren die Eurener der Ansicht, dass die Stadt Trier die Wohnwagen nach Euren abgeschoben habe. Sie versuchte zumindest einen Teil der Wagen wieder nach Trier abzutransportieren. Andererseits blockierten die Trierer den Übertritt dieser Transporte mit einem Polizeiaufgebot in der festen Überzeugung, die Familien seien von den Landjägern des Trierer Landes auf die ‚Kippe‘ verwiesen worden und die Stadt Trier habe nichts damit zu tun. Die Eurener Seite berief sich bei ihren Abschiebehandlungen auf die Erlasse zur ‚Zigeunerbekämpfung‘.[735] Der Trierer Oberbürgermeister, Albert von Bruchhausen, argumentierte dagegen, dass nach Paragraph vier des Freizügigkeitsgesetzes den Familien die Ansiedlung auf der ‚Eurener Kippe‘ nicht verwehrt werden dürfe. Dies stand allerdings im Widerspruch zu seiner früheren Behauptung, die Landjäger des Trierer Landes hätten die Leute auf die ‚Kippe‘ verwiesen).[736]

Am 12. Januar 1926 wurde, im Auftrag des Bürgermeisters der Vororte zusammen mit dem Trierer Landrat, die Abschiebung sämtlicher Familien von der ‚Eurener Kippe‘ in alle Richtungen durch 13 Landjäger vorgenommen.[737] Knapp ein Drittel der dreißig Familien befand sich zu dieser Zeit noch im Besitz eines Wandergewerbescheines.

Die Abschiebeaktion rief große Empörung unter verschiedenen Behörden hervor, denn sie war aufgrund der fehlenden Gespanne, die für die dreißig Wagen gestellt werden mussten, und die zahlreichen Landjäger, die eingesetzt wurden, äußerst kostspielig. Die Landräte von Cochem und Wittlich beschwerten sich über den finanziellen und personellen Aufwand, den dieser große Transport durch ihre Landkreise den Gemeinden verursacht habe.[738]

Die Stadt Trier hingegen reagierte äußerst offensiv. Sie schob diejenigen Familien, die eigentlich wieder ins Stadtgebiet sollten, gleich zurück auf die ‚Kippe‘ in Euren. Dadurch lebten auch nach der Abschiebeaktion immer noch acht Familien dort. Die Kinder gingen nach den protokollierten Aussagen der Familienväter in die Eurener Volksschule.[739] Die Kinder der Familien in den Baracken neben der ‚Kippe‘ mussten nach Beschluss des Gemeinderats nach

734 LHAK Best. 442, Nr. 10992, Landrat Trier-Land an den Reg.-Präs. Trier, Trier 23.02.1926.

735 Ebd.

736 LHAK Best. 442, Nr. 10992, Oberbgm. Trier an den Reg.-Präs. Trier, Trier 03.04.1926.

737 Ebd.

738 LHAK Best. 442, Nr. 10992, Landrat Cochem an den Reg.-Präs. Koblenz, Cochem 15.01.1926 und LHAK Best. 498, Nr. 169, Landrat Wittlich an den Reg.-Präs. Trier, Wittlich 16.03.1926.

739 LHAK Best. 442, Nr. 10992, Protokollierte Aussagen der auf der Eurener Kippe ansässigen Familien, Verhandelt Trier 13.01.1926.

Trier zur Schule gehen.[740] Dies demonstrierte den unterschiedlichen Rechtsstatus, den die Familien auf den beiden Grundstücken am Trierer Stadtrand innehatten. Die Familien auf der ‚Kippe', die nicht mehr auf dem von der Stadt Trier gekauften Barackengelände lebten, befanden sich somit im Zuständigkeitsbereich der Vorortbehörden. Durch ihre Abschiebepolitik erkannten sie diesen immerhin indirekt an, während sich die Barackenbewohner in einer Art „neutralisierten Zone"[741] aufhielten, für die weder die Stadt Trier noch die Vorortbehörden aufkommen wollten. Die nach der großen Abschiebeaktion auf dem Gelände verbliebenen Familien waren allesamt aus Trier und hatten ihre Wohnungen aufgrund von Zwangsräumungen oder Abrissen verloren.[742] Diese Familien wurden von den Landjägern nicht in Ruhe gelassen und mussten im weiteren Verlauf Repressalien erdulden. Unter Strafandrohung wurden sie schließlich aufgefordert, den Platz zu verlassen.[743] Doch jedes Mal, wenn sie von den Vorortbehörden in die Stadt Trier abgeschoben worden waren, wurden sie von den Polizeibeamten der Stadt Trier zurückbefördert. Noch im April 1926 lebten mindestens vier Familien auf der ‚Kippe' in ständiger Auseinandersetzung mit den Ortsbehörden.

Die Konzentration der Zigeunerfamilien auf der ‚Eurener Kippe' resultierte aus der rigorosen Abschiebepolitik der Ortspolizeibehörden. Die Familien waren gezwungen, auf einen rechtlich umstrittenen Raum zwischen zwei Zuständigkeitsbereichen auszuweichen. Dies versinnbildlicht die Gratwanderung zwischen Legalität und Illegalität der Zigeunerfamilien und damit die zunehmende Marginalisierung und Kriminalisierung, der sie ausgesetzt waren.

3.3.2 Die Feste Franz in Koblenz-Lützel

Auch in Koblenz gab es Plätze, auf denen Zigeuner traditionell campierten. Ein Zeitungsartikel um die Jahrhundertwende sprach von einem „Trupp Zigeuner in vier Wagen, etwa 30 Köpfe stark", die in Richtung Koblenz-Lützel fuhren, „wo sie gewöhnlich auf der Bubenheimer Flesche ihr Lager aufschlagen und bettelnd die Umgebung abstreifen" würden.[744]

Spätestens seit dem Winter 1924/1925 lagerten nach einem Bericht der Polizeiverwaltung regelmäßig Zigeunerwagen in Koblenz-Lützel in der Nähe der

---

740 Stazic, Arbeitslosigkeit und Arbeitslosenunterstützung, S. 134.
741 Ebd., S. 134.
742 Vgl. Kapitel 4.2.2.
743 LHAK Best. 442, Nr. 10992, Landrat Trier-Land an den Reg.-Präs. Trier, Trier 23.02.1926.
744 StAK, Artikel: Verfasser unbekannt, Meldung. In: Coblenzer Zeitung, Jg. 15, Nr. 156, 04.04.1901, gesammelte Zeitungsausschnitte des Stadtarchivs ohne Bestandsangabe.

Feste Franz.[745] Zwar wurden nach diesen Ausführungen die Zigeunerwagen nach deren Ankunft sofort abgeschoben, gleichzeitig berichtete der Koblenzer Landrat jedoch, dass dieser Platz „verschiedenen Zigeunerfamilien von der Stadtverwaltung Coblenz angewiesen worden" sei.[746] Eine andauernde Ansiedlung von Familien in der Feste Franz kann spätestens für 1926 konstatiert werden.[747]

Dem Regierungspräsidenten zufolge kam es bereits 1926 seitens der Polizeiverwaltung zu Verhandlungen mit der Reichsvermögensverwaltung hinsichtlich der Überlassung einer Lagerstelle nahe der Feste Franz zur „Unterbringung der Zigeuner innerhalb des Stadtbezirks Coblenz".[748] Der zunächst als Zufluchtspunkt der ambulanten Familien gewählte Platz wurde also bald in städteplanerische Überlegungen zur Konzentration der Zigeuner in Koblenz aufgenommen. Diese Pläne wurden jedoch nicht umgesetzt und erst Mitte der dreißiger Jahre kam es zur erneuten Diskussion über die Behausungen der Zigeunerfamilien in der Feste Franz und den katastrophalen Zustand, in welchem diese sich befanden:

> „Die Zigeuner hausen in Wohnwagen bzw. Holzverschlägen und haben sich zum Teil in dem restlichen Mauerwerk des Kernwerks eingenistet. [...] Aus gesundheitlichen Gründen wäre es angebracht, dass die Zigeuner das Kernwerk räumten. Es sind keinerlei sanitäre Einrichtungen vorhanden. Es fehlen Abortanlagen, so dass die Notdurft in unmittelbarer Nähe der Wohnstätten verrichtet wird. Auch ist kein Wasser vorhanden. Auf die Dauer können derartige Zustände volksschädigend wirken und sich auf die, auf der Feste Franz wohnhaften übrigen Bewohner, gesundheitsschädigend ausbreiten."[749]

---

745 LHAK Best. 441, Nr. 27989, Polizeiverwaltung Koblenz an den Reg.-Präs. Koblenz, Koblenz 20.01.1925: „Es haben wiederholt einzelne Zigeunerwagen in den Glacis an der Andernacherstr. gelagert."

746 LHAK 441, Nr. 27990, Landrat Koblenz an den Reg.-Präs. Koblenz, Koblenz 27.04.1926.

747 LHAK 655,252, Nr. 1338, Liste „Personen ohne festen Wohnsitz" vom 15.12.1926, Eintrag: Mathias G., Korbmacher, Wohnsitz: Feste Franz. Matthias Kellermann spricht von einer Besiedelung erst zu Beginn der 30er Jahre, vgl. Kellermann, Die Feste Franz, S. 33. Die Listen von „Personen ohne festen Wohnsitz" verweisen aber auf Personen, die bereits 1926, in der Feste Franz ihren Wohnsitz hatten.

748 LHAK Best 441, Nr. 27990, Reg.-Präs. Koblenz an den Landrat Koblenz, Koblenz 14.05.1926.

749 StAK Best. 623, Nr. 6105, Polizeipräsident Stadt Koblenz an den Oberbgm. Stadt Koblenz (Otto Wittgen), Koblenz 20.07.1936.

Schon damals waren Abriss und Einebnung des Geländes geplant,[750] doch wurde dies erst 25 Jahre später im Zuge der strukturpolitischen Maßnahmen zum sozialen Wohnungsbau Ende der 1950er Jahre realisiert.[751] Bereits Anfang der dreißiger Jahre lebten im Kernwerk der Feste Franz zehn bis zwölf kinderreiche Familien, darunter auch die Familie des berühmten Koblenzer Sinti-Musikers Daweli Reinhardt (geb. 1932). Nach dessen autobiographischen Aufzeichnungen wurde seine Familie Anfang 1933 in den massiven Räumen der Festung untergebracht.[752] Weitere Wohnbezirke für Zigeunerfamilien wurden in der Wöllers- und Weißersgasse sowie in der Kastor- und Fischelstraße eingerichtet.[753] Letztere wurde zeitweise auch der Familie Reinhardt als Unterkunft zugeteilt bevor sie 1940 wieder in einem Wohnwagen in der Feste Franz unterkamen. Am 10. März 1943 wurden sie schließlich mit den anderen Koblenzer Zigeunern in das ‚Zigeunerlager' in Auschwitz-Birkenau deportiert, das nur sehr wenige überlebten.[754]

Im Gegensatz zur Trierer ‚Kippe' war die Feste Franz unstrittig städtisches Gelände und im Zuständigkeitsbereich des städtischen Koblenzer Wohlfahrtsamts. Die Lebensbedingungen der dort hausenden Familien, die dort allesamt polizeilich gemeldet waren und teilweise Wohlfahrtsunterstützung oder Kriegsbeschädigtenrente bezogen,[755] wurden bis auf einen halbherzigen und gescheiterten Versuch, in einem Steinbruch eine Baracke für die Familien zu errichten,[756] in Kauf genommen. Über dreißig Jahre dienten die dunklen und feuchten Festungsmauern als Elendsquartier der fahrenden Familien.

In einem Artikel der Rheinzeitung aus dem Jahr 1950 wurden die Wohnbedingungen eingehend geschildert, die sich auch Anfang der dreißiger Jahre nicht besser gestaltet hatten:

> „[...] Nicht minder unzulänglich wirkt in dem düsteren Torpaß am Eingang zum halbkreisförmigen Kernwerk die Wohnstätte der Familie Z., die aus einem

750 StAK, Artikel: Verfasser unbekannt, Sanierungsplan für die Feste Franz. Niederlegung der alten Mauern – 66000 qm neues Bauland. In: Koblenzer Volkszeitung, Jg. 49, 27.02.1935. Zeitungsausschnitte gesammelt vom Stadtarchiv Koblenz ohne Bestandsangabe.

751 StAK, Artikel: Verfasser unbekannt, Kampf gegen die Elendsquartiere. Landesregierung hilft den Städten. In: Rheinzeitung, Nr. 165, 19./20.07.1958. Zeitungsausschnitte gesammelt vom Stadtarchiv Koblenz ohne Bestandsangabe.

752 Reinhardt/Hennig, Hundert Jahre Musik der Reinhardts, S. 20.

753 Hennig, Verfolgung und Widerstand, S. 7.

754 Ebd., S. 21; Staatliches Museum Auschwitz-Birkenau, Gedenkbuch.

755 StAK Best. 623, Nr. 6105, Polizeipräsident Stadt Koblenz an den Oberbgm. als Ortspolizeibehörde Koblenz, Koblenz 20.07.1936.

756 StAK Best. 623, Nr. 6105, Oberbgm. Stadt Koblenz an das Hochbauamt Koblenz, Koblenz 31.12.1936. Darin hieß es: „Von der Errichtung einer Baracke zur Unterbringung von Zigeuner-Familien wird einstweilen Abstand genommen."

> Kasemattenraum besteht, die kein einziger Lichtstrahl von außen erhellt, da nur einige noch nicht handbreiten Schießspalten in die meterdicken Mauern eingelassen sind, die man aber der Kälte halber zuzementiert hat. Die Bewohner sind gezwungen bei Tage das elektrische Licht anzuzünden. Da man aber nicht über die Mittel verfügt, um die hieraus entstehenden hohen Lichtrechnungen zu bezahlen, und weil man sich andererseits nicht das im Winter erforderliche Heizmaterial beschaffen kann, dienen notwendigerweise auch die meisten Tagesstunden zur Bettruhe.
>
> Die Kasemattenräume im Kernwerk der Festung hat man vormals der Champignonzucht dienstbar gemacht. Dunkelheit und Feuchtigkeit ‚trugen hier reiche Ernte'."

Für die Nutzung dieser Behausungen verlangte die Stadt Koblenz bis Mitte der dreißiger Jahre sogar Miete. Im Jahre 1932 hatte sie dem Fuhrhalter Georg A. die Feste Franz als einzigem offiziellen Mieter überlassen, die dieser nutzte, um die Quartiere den übrigen Familien teuer unterzuvermieten.[757] Bis 1935 konnte die Räumung der Feste Franz nicht durchgesetzt werden; zwar wurden 1936 die unzumutbaren Mietzahlungen untersagt, doch die Familien blieben weiterhin hier wohnen. Der Koblenzer Oberbürgermeister rechtfertigte die Vermietung des Geländes damit, dass dasselbe „nie zu Wohnzwecken, sondern nur zum Gebrauche als Schuppen und Wagenremisen vermietet" worden war. Weiter hieß es:

> „Ein Wasseranschluß, der von den Zigeunern ohne Gegenleistung auf Kosten der Liegenschaftsverwaltung benutzt wird, ist jedoch im Kernwerk vorhanden. Die Erhebung einer Miete konnte und kann nicht in Frage kommen. Das Kernwerk ist heute baufällig und soll nach Freiwerden niedergelegt werden. Der Aufenthalt in demselben ist mit Gefahr für Leib und Leben verbunden. Eine Haftung für etwa auftretende Sach- und Personenschäden muß aus diesem Grunde abgelehnt werden."[758]

Auch wenn die Stadt keine Haftung mehr für die baufälligen Gebäude übernahm, so akzeptierte sie diese als Wohnstatt der armen Familien. Später erkannte sie nicht einmal mehr den bloßen Aufenthalt und damit verbundene Fürsorgeleistungen für die dort campierenden Personen an.[759]

---

757 StAK Best. 623, Nr. 6105, Oberbgm. Koblenz dem städt. Wohlfahrtsamt, Koblenz 04.08.1936.

758 Ebd.

759 StAK Best. 623, Nr. 6105, Oberbgm. Koblenz an das Fürsorgeamt Suhl, Koblenz 02.09.1938.

3.4 Ausblick: Die Weimarer Zigeunererfassung und ihre Auswirkung im Nationalsozialismus

Die Registrierung von Personen als Zigeuner und ‚nach Zigeunerart umherziehende Personen' durch die Weimarer Behörden hatte weitreichende Konsequenzen für die Betroffenen während der Zeit des Nationalsozialismus. So wurden etwa die Fingerabdruckbögen aus den Bezirken Trier und Koblenz der reichsweiten Münchner Kartei hinzugefügt, die später für die Erfassung von Zigeunern durch die nationalsozialistische Kriminalpolizei genutzt wurde.[760] Dem Nervenarzt Robert Ritter und seinen Mitarbeitern der „Rassenhygienischen bevölkerungsbiologischen Forschungsstelle" im Reichsgesundheitsamt oblag es, Zigeuner nach rassenbiologischen Gesichtspunkten zu klassifizieren und diesbezüglich Gutachten zu erstellen. Sie nutzten dafür die rund 18.000 Akten mit mehr als 30.000 Personendaten aus den ehemaligen Münchner Beständen. Diese waren in die Kategorien ‚Zigeuner und Mischlinge', ‚nach Zigeunerart umherziehende Personen' und ‚sonstige umherziehende oder auch sesshafte Wandergewerbetreibende' unterteilt,[761] wie sie aus den Weimarer Registrierungen bekannt waren.

Die praktische Durchführung der sich radikalisierenden, nationalsozialistischen ‚Zigeunerbekämpfung' zu Beginn der 1940er Jahre in Form von zunächst räumlicher Segregation und schließlich der Deportation und Vernichtung der Zigeuner oblag wie in den Vorkriegsjahren vor allem den lokalen Kriminalbeamten. Da die rassenbiologischen Gutachten zunächst nicht vorlagen, wählten sie die Betroffenen nach eigener Einschätzung aus.[762] Die Lokalbeamten orientierten sich weiterhin an sozialen Kriterien, z. B. in welcher Gegend und in welchem sozialen Umfeld die betroffenen Personen lebten, und ob sie polizeilich bekannt waren.[763] Der widersprüchliche und schon in den Jahren des Kaiserreichs und der Weimarer Republik begonnene behördliche Zuschreibungsprozess war somit entscheidend für die spätere Tötung vieler Menschen als ‚Zigeuner' in den Konzentrationslagern.

Der Übergang zur nationalsozialistischen Zigeunerpolitik gestaltete sich fließend, da diese überwiegend auf den Gesetzen und Erlassen des Kaiserreichs und der Weimarer Republik basierte. Diese waren jedoch losgelöst von verfassungsrechtlichen Bedenken und vermischt mit einem erbbiologisch überformten Rassismus. Mit dem Erlass zur „Bekämpfung der Zigeunerplage" am 6. Juni 1936 wurde erstmals eine Zentralisierung der Zigeunergesetzgebung

760 Fings, „Rasse: Zigeuner".
761 Ebd., S. 278.
762 Ebd., S. 304. Dazu Fallstudien in Fings/Opfermann, Zigeunerverfolgung im Rheinland.
763 Fings, „Rasse: Zigeuner", S. 304.

vorgenommen, bis dahin gültige Bestimmungen zusammengefasst sowie unter rassistischen Gesichtspunkten aufgearbeitet und dem preußischen Landeskriminalpolizeiamt in Berlin, dem späteren Reichskriminalpolizeiamt, unterstellt.[764]

Im Vergleich zur Zeit der Weimarer Republik muss jedoch der Einfluss der Fürsorgebehörden höher bewertet werden, die ebenfalls begannen, mit der Zigeunerkategorie zu operieren und ihr Verständnis von ‚Asozialität' auf diese zu übertragen. Schon früh wurde der Fokus der NS-Politik mit Hilfe der Fürsorgebehörden gezielt auf Zigeuner gerichtet. So waren sie etwa von den 1933 und 1934 erlassenen rassenhygienischen Gesetzen betroffenen. Das „Gesetz zur Verhütung erbkranken Nachwuchses" gestattete die Sterilisation vermeintlich Erbkranker unter dem Stigma ‚moralisch schwachsinnig'.[765] Von dieser Diagnose betroffen waren vor allem Personen, die durch eine umherziehende Lebensweise, Hausieren, vernachlässigtes Äußeres oder Trunksucht auffielen und denen „mangelnde Lebensbewährung" unterstellt wurde.[766] Unerwünschtes Sozialverhalten wurde als Ausdruck negativer biologischer Eigenschaften verstanden, was das nationalsozialistische Verständnis von ‚Asozialität' widerspiegelte.[767]

Diese Auffassung wurde auch in den im September 1933 reichsweit organisierten Bettlerrazzien als Legitimation für die „größte Bettlerjagd, die Deutschland je erlebt hat" und in der über hunderttausend Menschen festgenommen und in Arbeitshäuser inhaftiert wurden, propagandistisch genutzt.[768] Das 1912 in Preußen verabschiedete und 1924 in der Reichsfürsorgepflichtverordnung aufgegangene Arbeitsscheuengesetz diente den Nationalsozialisten als Grundlage für die Einweisung von Obdachlosen und ‚arbeitsscheuen Fürsorgeempfängern' unter dem Etikett ‚asoziale Volksschädlinge' in Arbeitshäuser und

764 Fings/Sparing, Rassismus – Lager – Völkermord, S. 374; Zimmermann, Ausgrenzung, Ermordung, Ausgrenzung, S. 354.

765 Brass, Zwangssterilisation. Welche Auswirkungen die Zwangssterilisations- und Ehegesetzgebung zu Beginn der nationalsozialistischen Diktatur im Untersuchungsgebiet auf als Zigeuner und ‚nach Zigeunerart umherziehend' klassifizierte Personen hatte, konnte im Rahmen dieser Arbeit nicht ermittelt werden. Andere Studien legen jedoch nahe, dass insbesondere Zigeuner von Anfang an davon betroffen waren. Vgl. Fings/Sparing, Rassismus – Lager – Völkermord, S. 58 und 374f.; Lucassen, Zigeuner, S. 202, und Schenk, Rassismus gegen Sinti und Roma, S. 108. Zu diesem Thema verfasst Matthias Klein (Universität Trier) eine Dissertation unter dem Arbeitstitel: „Nationalsozialistische ‚Rassenhygiene' im Raum Trier. Zwangssterilisationen und Patientenmorde im ehemaligen Regierungsbezirk Trier 1933–1945."

766 Ebd., S. 93f. und 97.

767 Ebd., S. 95f.

768 Ayass, Das Arbeitshaus Breitenau, S. 287–293.

Bewahrungslager.[769] Das bayerische „Zigeuner- und Arbeitsscheuengesetz" verknüpfte bereits 1926 Zigeuner mit dem Etikett ‚arbeitsscheu'.

Die Zusammenarbeit zwischen Wohlfahrtsämtern und Polizei etablierte sich zunehmend in der ‚NS-Asozialenbekämpfung', was sich spätestens in der 1938 durch die Gestapo anberaumten Aktion ‚Arbeitsscheu Reich' offenbarte, als die örtlichen Arbeitsämter angehalten waren, alle aktenkundigen ‚Arbeitsscheue' zu ermitteln, damit sie von der Gestapo verhaftet und ins KZ-Buchenwald überstellt werden konnten.[770]

Die Wohlfahrtskategorie der ‚Asozialen' umfasste etwa in Düsseldorf schon 1933 auch Zigeuner, um ihnen unter dieser Kategorie den Unterstützungssatz um die Hälfte zu kürzen.[771] Auch in anderen deutschen Städten wurden die Fürsorgesätze für Zigeuner auf einen ‚Zigeunersatz' gekürzt oder ganz gestrichen bzw. nur durch Naturalien ersetzt.[772]

Auf lokaler Ebene waren die Definitionsprobleme trotz der groß angelegten, nationalsozialistischen rassenbiologischen Forschungen weiterhin vorhanden. So ließ sich noch im Januar 1936 kein Unterschied zu den Problemen und Konflikten der Behörden vor 1933 beobachten, als etwa der Oberkailer Bürgermeister in einem Erfassungsbericht schrieb:

> „Im Laufe des letzten Jahres sind im hiesigen Bezirk sehr wenig Zigeuner beobachtet worden. In den meisten Fällen handelte es sich nicht um reine Zigeuner sondern um auf Zigeunerart umherziehende Wandergewerbetreibende. Eintreffende Zigeuner werden sofort, ehe sie straffällig werden, in Richtung ihres Heimatortes weiter befördert. Am meisten fallen die auf Zigeunerart umherreisenden Wandergewerbetreibenden auf, die ihren Wandergewerbeschein meistens als Deckmantel benutzen, um ungestört ihrer Hauptbeschäftigung des Stehlens und Bettelns nachgehen zu können. [...] Diese Zigeunerart zu bekämpfen, ist sehr schwer, da sie infolge des Besitzes des Wandergewerbescheins nicht wie andere Zigeuner behandelt werden können, zudem ihre Wagen pp. fast immer auf Privateigentum aufstellen, so daß ein Einschreiten gegen dieselben sehr schwer ist."[773]

Nach wie vor trat das Problem des Wandergewerbescheins in den Vordergrund bei der behördlichen Festlegung der Zigeunerzuschreibung.

Die Erfassung von Zigeunern in der Weimarer Republik führte nachweislich zur nationalsozialistischen Verfolgung, was die Einträge von elf Personen

769 Ebd., S. 283 und 285.

770 Ebd., S. 288.

771 Zimmermann, Rassenutopie und Genozid, S. 82.

772 Vgl. ebd., S. 82. Interessant ist auch der Exkurs zur städtischen Fürsorge und „Zigeuner" in Gruner, Öffentliche Wohlfahrt, S. 101–103.

773 LHAK Best. 498, Nr. 169, Bgm. Oberkail [Adressat unbekannt], Oberkail 27.01.1936.

aus der Stadt Trier im Gedenkbuch der Sinti und Roma im Konzentrationslager Auschwitz-Birkenau zeigen.[774] Mehrere dieser Personen lassen sich in den Aufzeichnungen zu den Trierer Baracken oder im Zusammenhang mit den Zigeunerfamilien auf der ‚Eurener Kippe' wieder finden.[775] Einige Kinder dieser Familie waren ins Konzentrationslager Belzig verschleppt worden und hatten überlebt. Nach dem Krieg wurden sie zur Feste Franz nach Koblenz gebracht und von da aus im Dezember 1945 nach Saarbrücken weitertransportiert.[776]

Auch in Koblenz mündete die polizeiliche Erfassung als Zigeuner in der Deportation ins KZ nach Auschwitz. Im Oktober 1939 wurden die bereits aus der Feste Franz bekannten Familien, die nun in den Wohnbezirken Wöllersgasse, Weißersgasse, Fischelstraße und Kastorstraße wohnten, polizeilich erfasst[777] und schließlich im Mai 1940 über das ‚Zigeunerlager' in Köln ins Generalgouvernement deportiert.[778]

Akten aus dem Trierer Raum nach 1945 verweisen auf eine tief greifende Kontinuität im Verwaltungshandeln gegenüber Zigeunern. Lediglich der Zigeunerbegriff wurde als einzige Konsequenz aus dem Geschehenen, so scheint es, allmählich durch den des ‚Landfahrers' ersetzt. Wie vor dem Krieg wurden erneut Erfassungen, Ausweispflicht und Restriktionen des Selbstbestimmungsrechts gegenüber ambulant lebenden Personen geplant:

> „Die Belästigung der Bevölkerung durch Personen, die nach Zigeunerart umherziehen, nimmt in letzter Zeit erheblich zu. […] diese Entwicklung hat in Bayern bereits zu einem Gesetzentwurf geführt, [dieser] sieht eine Genehmigungspflicht der Kreisverwaltungsbehörden für ~~umherziehende~~ herumziehende Landfahrer vor, verbietet den Besitz von […] Schusswaffen; ausserdem sollen herumziehende Horden eigene Landfahrerbücher erhalten, in denen sämtliche Angehörige eingetragen sind. Lagern dürfen Landfahrer nur an den von den Gemeinden bestimmten besonderen Plätzen. Sie unterliegen einer verkürzten Meldepflicht. Den vorbestraften Landfahrern oder Arbeitsscheuen kann das Betreten gewisser Gebiete überhaupt verboten oder eine bestimmte Reiserichtung vorgeschrieben werden. Die Unterbringung in Verwahranstalten auf richterlichen Befehl ist vorgesehen."[779]

---

774 Staatliches Museum Auschwitz-Birkenau, Gedenkbuch.
775 StAT Best. Tb15, Nr. 689.
776 StAK Best. M, Nr. 474.
777 LHAK Best. 517,1, Nr. 209, Bd. 15 f.
778 LHAK Best. 517,1, Nr. 209, Bl. 25 f., und Nr. 210, Bl. 1.
779 Durchstreichung im Original LHAK Best. 479, Nr. 135, Reg.-Präs. Trier an die Landratsämter des Bezirks und die Polizeidirektion Trier, Trier 17.09.1952.

4. Die Suche nach den Nischen: Lebenswelten ambulanter Familien

Das politisch und wirtschaftlich konstruierte Zigeunerproblem stieß auf lokaler Ebene auf die Lebenswirklichkeit der ländlichen Bevölkerung, die ihren Lebensunterhalt durch ambulanten Handel bestritt, sowie auf den Alltag der lokalen Polizeibeamten.

Aussagen zum Lebenskontext der als Zigeuner eingestuften Familien lassen sich nur durch das über sie angelegte Aktenmaterial herleiten. Natürlich ist dieses aus Behördenperspektive gefiltert, spiegelt jedoch nicht nur einseitig behördliche Wahrnehmung und Intention, sondern gibt auch Hinweise auf die Situation der ‚Anderen' und verdeutlicht Prozesse des Reagierens und der Interaktion.[780] Für das Kenntlichmachen solcher Prozesse bieten sich neben dem Blick ‚zwischen die Zeilen' in der Polizeikorrespondenz zwischen verschiedenen Instanzen zwei weitere Quellengattungen an, die in unterschiedlichen Verwaltungsabläufen entstanden und ursprünglich gänzlich verschiedene Zwecke verfolgten. Die Auflistung von Zigeunern durch Landjäger in den Landkreisen war zum einen der internen Registrierung von angeblich verdächtigen und die öffentliche Ordnung störenden Personen dienlich, und zum anderen der behördeninternen Kontrolle der Landjäger selbst. Die Listen waren nicht öffentlich, wurden jedoch zunehmend vervielfältigt bzw. zusammengefasst und höheren Polizeidienststellen weitergeleitet, die sie wiederum an Untergeordnete verteilten.

Ganz anders hingegen stellten die Bittgesuche und Rekursschreiben von Gewerbetreibenden an den Oberpräsidenten der Rheinprovinz ein in der Gewerbeverordnung verankertes Rechtsmittel im Antragsverfahren um einen Wandergewerbeschein dar. Die Behörden mussten jedes fristgerechte Schreiben bearbeiten, beantworten und schließlich archivieren.

Für die methodische Auswertung dieses Materials mussten daher unterschiedliche Vorgehensweisen gewählt werden. Die Charakterisierung derjenigen Personen, die in den Polizeiakten entweder direkt in den Dokumenten oder indirekt durch die bloße Erwähnung in der Zigeunerakte als Zigeuner geführt wurden, erfolgt durch Auszählung und Interpretation der empirischen Daten. Die Rekursschreiben hingegen bieten die Möglichkeit, Argumentation, Strategien und Formen von Selbstrepräsentation der Antragsteller zu studieren, die sich mit Ablehnungsgründen in Form von Devianzzuschreibungen, aber kaum Alternativen zur Daseinsvorsorge konfrontiert sahen.

---

780 Leimgruber, Einleitung, S. 12.

4.1 Polizeiliche Kategorien der Zigeunereigenschaft im Untersuchungsraum

In der Praxis lagen der behördlichen Wahrnehmung von Zigeunern und Wandergewerbetreibenden die polizeilich angelegten Kategorien der Zigeunerlisten zugrunde, welche die Landjäger nach jeder Begegnung erstellen und abarbeiten mussten. Aufgeführt wurden die Namen der Gewerbetreibenden (hauptsächlich der Männer), die Gruppengröße, die Zusammensetzung der Familie, das Vorhandensein des Wandergewerbescheins und die Art des Gewerbes. Zusätzlich musste noch ein Bericht durch den Landjäger verfasst werden, wie die Begegnung verlief und welche Maßnahmen getroffen worden waren. Dabei stand vor allem das Handeln des Landjägers im Vordergrund und weniger die realen Tatbestände oder tatsächlich begangene Ordnungswidrigkeiten der Aufgegriffenen.

4.1.1 Die ‚typischen Zigeunergewerbe'

Die Überlagerung des Zigeunerbegriffs mit dem des Wandergewerbetreibenden zeigte sich deutlich in den Angaben über die Gewerbearten der als Zigeuner polizeilich gelisteten Personen im Landkreis Wittlich im Zeitraum von 1924 bis 1930.[781] Die genaue Gewerbeart oder eine Berufsbezeichnung im eigentlichen Sinne wurde von den meisten Landjägern nicht systematisch in die Listen eingetragen, im Vordergrund der Registratur standen der Zeitraum der Kontrolle und die Namen der aufgegriffenen Personen. Eine Zuordnung des Gewerbes sollte lediglich die Zigeunereigenschaft der Betroffenen untermauern.

Es lässt sich feststellen, dass in den Regierungsbezirken Trier und Koblenz ‚Korbmacher' und ‚Pferdehändler' die von der Polizei zugeordneten ‚typischen' Zigeunergewerbe waren.[782] Dabei fungierten diese Gewerbezuschreibungen als Synonyme für die Zigeunereigenschaft: Die Begriffe ‚Korbmacher', ‚Pferdehändler', ‚Zigeuner' bezeichneten die gleichen Personen, wobei zum

---

781 In den Landkreisen Cochem und Simmern können zum Teil die gleichen Personen aufgespürt werden, durch die deutlich geringere Kontrolltätigkeiten der Beamten im Regierungsbezirk Koblenz in diesem Zeitraum sind hier jedoch weniger Daten verfügbar, sodass diese nur als Referenz und zur Ergänzung der Wittlicher Daten genutzt wurden.

782 Vgl. vier ‚typische' Berufssparten von Zigeunern bei LUCASSEN, Under the Cloak, S. 78. Zigeuner seien demnach vor allem im Handel, im Handwerk, im Unterhaltungssektor und in der Saisonarbeit aktiv. Lucassen bemüht sich darzustellen, dass all diese Sparten auch von sesshaften Bevölkerungsschichten besetzt wurden, und es somit keine ‚zigeunertypischen' Berufe gab. Die hier vorliegenden Beobachtungen beschränken sich auf die polizeiliche Wahrnehmung, welche Gewerbe als ‚zigeunertypisch' angesehen wurden.

Teil der Begriff ‚Zigeuner' allein in der Gewerbespalte verwendet wurde. Die Bezeichnungen wurden jedoch nicht konsequent zugeordnet, nicht einmal durch ein und denselben Beamten.[783] Die Begrifflichkeiten traten in der Regel nur kumulativ oder gar nicht auf. Es spielte für das Verfahren auch keine Rolle, da es keine unterschiedliche Vorgehensweise gegenüber als Zigeuner markierten und (zeitweise) nicht markierten Personen gab.

Oft übten die Gewerbetreibenden zwei oder mehr Gewerbe aus oder es war keine klare Definition, welches Gewerbe im Vordergrund stand, möglich bzw. wurde schlicht nicht vorgenommen. Anfang der 1920er Jahre, als oft noch beide Ehepartner einen Wandergewerbeschein besaßen, verkauften die Frauen den Einträgen zufolge außerdem häufig Spitzen, Stoffe und dergleichen, später waren sie meist nur noch als Begleiterinnen auf den Wandergewerbescheinen der Männer verzeichnet, bis schließlich seit 1926/1927 immer seltener Wandergewerbescheine bei den Kontrollen vorgewiesen werden konnten (vgl. Abbildung 7 in Kapitel 3.1.3).

Von den Familien, die in den Landkreisen Wittlich, Cochem und Simmern in dem Zeitraum von 1924 bis 1930 jedes Jahr wieder auftauchten und von den Landjägern als Zigeuner erkannt und definiert wurden, wurden 64 als repräsentative Gruppe ausgewählt, um die Häufigkeit der benannten Gewerbearten zu bestimmen.[784] Folgende Gewerbearten finden sich dabei in den Polizeilisten:[785]

35 Korbmacher
17 Pferdehändler
12 Händler
8 Musiker
7 Kesselflicker
4 Schausteller

---

783 So schrieb Landjäger Bretschneider aus Bausendorf in seinem Bericht vom 15. September 1925 an den Rand seines Berichts: „Die mit Buntstift angezeigten Namen sind meiner Meinung nach Zigeuner." Sechzehn Personen hatte er mit einem Buntstift gekennzeichnet. In seinen übrigen Berichten machte sich Bretschneider nicht mehr die Mühe, Zigeuner zu kennzeichnen. LHAK Best. 498, Nr. 472.

784 In dem Sample sind diejenigen Familien aufgenommen, die mindestens in zwei Polizeiregistern auftauchten, also mehr als einmal kontrolliert wurden. Die Auswahl basiert auch nur auf den von den Landjägern notierten Nachnamen, da es unmöglich war zu bestimmen, wer den gleichen Namen trug oder wer mit wem wirklich verwandt war. Jeder Nachname repräsentiert daher eine Familie. Die Daten zu jeder Familie wurden aus den zur Verfügung stehenden Registern zusammengesammelt, insgesamt handelte es sich dabei um mehr als 840 Datensätze.

785 Davon waren 29 Personen mindestens mit zwei Gewerbeangaben gelistet.

2 Bärenführer
2 Geigenhändler (sowie Reparatur von Instrumenten)
1 Scherenschleifer

Das Meinungsbild der Landjäger über bestimmte Personen verfestigte sich im Laufe der Jahre, wobei die Zuschreibung schon eines Landjägers genügte, um dem Nachbarkreis bestimmte Personen als Zigeuner weiterzuschieben.[786] Fast alle Familien, die bis 1925 noch einen Wandergewerbeschein innehatten, besaßen spätestens ab 1927 keinen mehr, was jedoch auf die schon vorher massiv betriebene Abschiebepraxis kaum Auswirkungen hatte. Die Zahl der als Pferdehändler gelisteten Personen verstärkte sich seit 1927 auffällig, was damit zu tun hatte, dass keine Wandergewerbescheine mehr ausgestellt wurden und das Reisen mit Pferden zu einem Markt nicht verboten und lukrativer als Korbflechten war.

Eine relativ klare Abgrenzung zu Schaustellern und Hausierern mit selbst angebauten Lebensmitteln, Kurz- oder Kolonialwaren etc. lässt sich demnach aus polizeilicher Sicht durchaus erkennen, dennoch verschwimmt die Grenze zur ‚klassischen' Zigeunerklientel der Landjäger schnell beim Blick in die Wandergewerbsakten der Bürgermeistereien. Dominieren hier zwar unter den Antragstellern zunächst klar der Typus der ‚armen Witwe' oder des ‚kränklichen Ortsarmen', der mit Butter, Häuten oder Obst in den Nachbardörfern hausieren ging,[787] und später im Zuge der wirtschaftlichen Zwangslagen derjenige des ‚arbeitslosen Familienvaters', der zeitweise mit Wandergewerbe versuchte, seine Familie zu ernähren,[788] so lassen sich doch auch einige Fälle der ‚klassischen' Zigeunerklientel zuordnen. In den Antragsverfahren um Wandergewerbescheine in der Bürgermeisterei Bitburg-Land tauchten zum Beispiel zwei Familien auf, die aus verschiedenen Quellen polizeilich als Zigeuner markiert worden waren.[789] Auch das beantragte Korbmachergewerbe und das Spielen auf einer Ziehharmonika sowie das Reisen mit der ganzen Familie im Wohnwagen muteten im polizeilichen Kontext äußerst zigeunerhaft an. Immerhin in einem Zeitraum von 1925 bis 1929 befürwortete der Bürgermeister jedoch die Anträge, ohne auch nur einmal das Wort ‚Zigeuner' zu benutzen, selbst eine Vorstrafe des Antragsstellers hatte keine Auswirkung auf die Befürwortung des Antrages durch den Bürgermeister:

---

786 Vgl. Kapitel 1.4.

787 Vgl. Marx-Jaskulski, Armut und Fürsorge, S. 271.

788 Stazic, Arbeitslosigkeit und Arbeitslosenunterstützung, S. 126 und 149.

789 StAT Best. Tb, Nr. 19, Auflistungen von Personen ohne festen Wohnsitz, die bei Ausübung des Wandergewerbes ohne Wandergewerbeschein getroffen worden sind (erscheint monatlich bis vierteljährlich).

> „P. besitzt keinerlei Vermögen und ist auf sein Gewerbe angewiesen. Wenn P. auch wegen Hausfriedensbruchs vorbestraft ist, so bitte ich ihm doch einen Gewerbeschein auszustellen, da er sonst mit seiner Familie der Gemeinde, die ohnehin schon genügend Kosten für ihn zu zahlen hat, zur Last fällt, weil er keinen anderen Beruf erlernt hat.“[790]

In den Landjägerlisten des Wittlicher Landkreises von 1924 bis 1930 sind Korbmacher insgesamt 142-mal verzeichnet. Die Zahl stellte jedoch nicht die Anzahl der Korbmacher dar, sondern spiegelte deren Kontrollhäufigkeit. Insgesamt waren es schätzungsweise dreißig Familien,[791] die in der südlichen Rheinprovinz in den 1920er Jahren als Korbmacher umherzogen und dabei immer wieder von den Landjägern kontrolliert wurden. In einem kleinen Einzugsgebiet verkauften sie in der stark landwirtschaftlich geprägten Gegend Körbe für Haus und Hof, die insbesondere in der Erntezeit unabdingbar waren. Diese Familien wurden jedoch über das ganze Jahr hinweg aufgegriffen. Im Landkreis Wittlich wie auch in Bitburg gab es durch Fördermaßnahmen des Staates Korbflechtschulen, um die Verdienstmöglichkeiten der ländlichen Unterschichten durch Heimarbeit zu verbessern.[792]

Eine bessere Verdienstmöglichkeit versprach der Pferdehandel.[793] Von den im Jahre 1910 in Saarbrücken erwähnten Zigeunern hieß es, sie seien Pferdehändler und deshalb vermögend,[794] in Baumholder fielen Zigeuner auf, die „über recht erhebliche Barmittel“ verfügten.[795] Seit 1926 ließen sich ungleich mehr Familien als zuvor ausmachen, die Pferde zum Verkauf anboten. Seit 1928 wurden zunehmend auswärtige Pferdehändler in der Südeifel aufgegriffen. Im Wittlicher Kreis handelte es sich um ca. sechzehn Familien, davon waren zwei aus Portugal beziehungsweise Italien. Auch einige hiesige Korbmacher hatten sich in den Pferdehandel eingeklinkt. Der Begriff ‚Händler‘, der ebenfalls häufig in den Zigeunerlisten auftrat, stand oftmals für den Pferdehandel. Da ab 1927 kaum noch jemand einen Wandergewerbeschein innehatte, geschah dies meist inoffiziell. So beschrieben die Landjäger bei verschiedenen Begegnungen eine „Anzahl loser Pferde“ oder auch „vier Wohnwagen, die

790 LHAK 655,191, Nr. 288, Liste der Wandergewerbeanträge des Bgm. Bitburg-Land an den Bezirksausschuss Trier von 1927.

791 Genaue Zahlen lassen sich schwer ermitteln, da sich Namen und Vornamen oft wiederholten und Landjäger ebenfalls Familien mehrfach verzeichnet hatten, während sie andere wiederum nur erwähnten.

792 KA Wittlich Nr. 2.0364, Verein zur industriellen Entwicklung der Südeifel, 1913–1921.

793 Fings/Sparing, Rassismus – Lager – Völkermord, S. 46.

794 LHAK Best. 442, Nr. 10992, Polizeidirektion Saarbrücken an den Reg.-Präs. Trier, Trier 04.08.1910.

795 LHAK Best. 442, Nr. 10992, Kreisverwalter Baumholder an den Reg.-Präs. Trier, Baumholder 02.02.1922.

mit je vier Pferden bespannt“ waren[796] oder sie sprachen ihren Verdacht aus, dass „das im Wandergewerbeschein bezeichnete Gewerbe[797] nicht ausgeübt, sondern nach der Anzahl der mitgeführten Pferde nur Pferdehandel betrieben“ würde.[798]

Schausteller und Musiker wurden nur ganz vereinzelt als Zigeuner registriert.[799] Sie bereisten ein sehr großes Einzugsgebiet und wurden im Landkreis Wittlich in den sechs verzeichneten Jahren kaum aufgegriffen. Vier Musikerfamilien, darunter die berühmte Koblenzer Musikerfamilie Reinhardt, und zwei Artisten fielen den Landjägern 1924 und 1925 auf, danach gab es keine Einträge mehr. Entweder wurden Musiker und Schausteller nicht wirklich als Zigeuner betrachtet, oder es war ihrerseits nicht lukrativ genug, in den Eifelkreis zu reisen. Osteuropäische Bärentreiber wurden im dokumentierten Zeitraum nur zweimal im Landkreis Wittlich genannt.[800] Nur zwei Familien waren eingesessene Kesselflicker, auswärtigen Pferdehändlern wurde ebenfalls mehrmals auch oft dieses Gewerbe zugeschrieben.

Wie im Wandergewerbescheinverfahren tauchten einige der durch die Polizei als Zigeuner registrierten Familien auch in den Wohlfahrtserwerbslosenakten des Trierer Vororts Euren auf,[801] wo eine große Anzahl von Wandergewerbetreibenden, Korbmachern und Musikern in den Baracken lebten. Auch hier wurden sie nicht explizit als Zigeuner gekennzeichnet, auch wenn sie über alle Maßen diskriminiert und zunehmend aus jeglicher sozialer Sicherung ausgeschlossen wurden.[802]

In den Listen des Regierungspräsidenten an alle Polizeibehörden über „Personen ohne festen Wohnsitz, die bei der Ausübung des Wandergewerbes

---

796 LHAK Best. 498, Nr. 472.

797 Hierin notiert ist das Gewerbe des Kesselflickers und des Schirmflickers.

798 LHAK Best. 441, Nr. 27989, Auflistungen von Personen ohne festen Wohnsitz, die bei Ausübung des Wandergewerbes ohne Wandergewerbeschein getroffen wurden (erscheint monatlich bis vierteljährlich).

799 Interessant ist, dass in Dillmanns bayerischem ‚Zigeunerbuch‘ von 1905 vierzig Prozent der registrierten Personen als Musiker gelistet wurden, vgl. Albrecht, Zigeuner in Altbayern, S. 403. In der hiesigen Wahrnehmung spielten sie eher eine untergeordnete Rolle.

800 In dem Fall ist auch davon auszugehen, dass weitere Gruppen nicht übersehen worden wären. Im Landkreis Bitburg wurden 1928 noch einige Bärenführer aus der Türkei mit Wandergewerbeschein aufgegriffen. Der Regierungspräsident bemerkte dennoch, dass „viele türkische Bärenführer ihre Bären abgeschafft“ haben und „jetzt nur mehr Vorstellungen von dressierten Affen, Hunden und Pferden“ veranstalteten. LHAK Best. 459, Nr. 350, Reg.-Präs. Trier an den Landrat Bitburg, Trier 30.05.1928 und Rundverfügung des Reg.-Präs. Trier, Trier 05.10.1928.

801 Stazic, Arbeitslosigkeit und Arbeitslosenunterstützung, S. XIX, Tabelle 8.

802 Stazic-Wendt, The ‘New Morocco’ Settlement, S. 81f. und 93.

betroffen worden, ohne im Besitz eines Wandergewerbescheins zu sein",[803] war das Spektrum der Gewerbearten deutlich breiter gefächert als in den Landjägerlisten. Genannt wurden etwa Fotografen, Bäcker, Matrosen oder Schriftsetzer. Die Vielzahl von Gewerbeformen spiegelte die Intensivierung der Überwachung des gesamten ambulanten Handels wider (vgl. Abbildung 12).

Abbildung 12: In den Polizeilisten aufgeführte Gewerbe von ‚Personen ohne festen Wohnsitz' 1925–1928

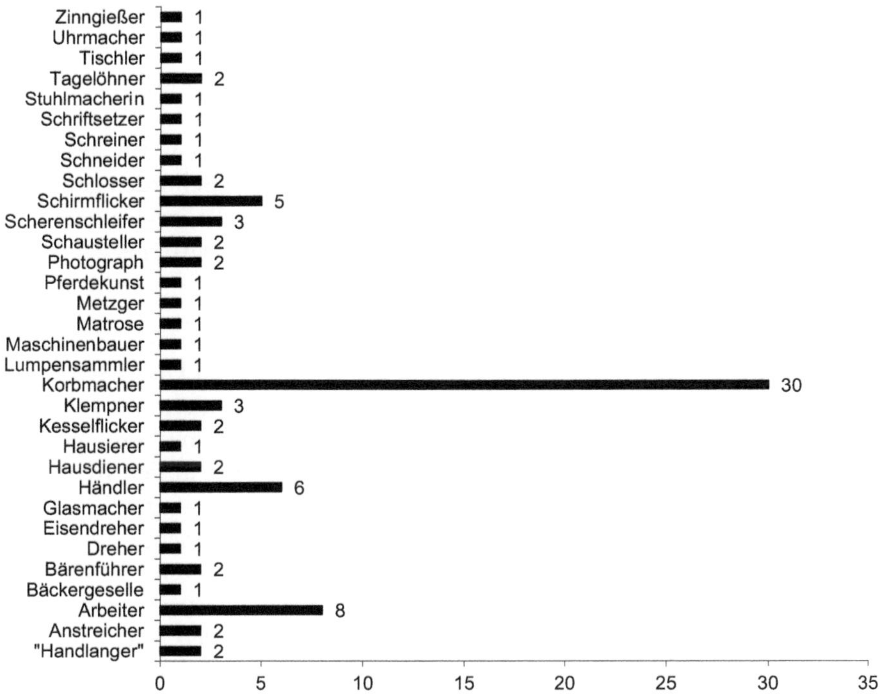

Quelle: StAT Best. Tb, Nr. 19; LHAK Best. 498, Nr. 237; Best. 655,252, Nr. 1338. Eigene Auswertung.

803 StAT Best. Tb, Nr. 19, und LHAK Best. 498, Nr. 237, und LHAK Best. 655, 252, Nr. 1338. Diese Listen erschienen von 1925 bis 1928 in zwei- bis vierwöchigen Abständen.

Diese Listen entstanden auf Grundlage der Verfügung des Regierungspräsidenten, den gesamten Hausierhandel kontrollieren zu lassen.[804] Die Zahlen belegen jedoch, dass die in der Region auch als ‚typische Zigeunergewerbe' geführten Tätigkeiten auch in diesen Listen deutlich häufiger präsent waren als andere Berufe. Auch hier dominierten die Korbmacher vor allen anderen Berufsbezeichnungen. Eine Vielzahl der Personen, die als Korbmacher, Händler und Schirmflicker gelistet wurden, ließ sich unter den angezeigten Personen in den Landjägerlisten wieder finden. Aber auch in diesem Register spielte der genaue Eintrag zur Gewerbeart nicht die entscheidende Rolle, denn zwei Drittel der 278 Einträge blieben ganz ohne Angabe. Es ging auch hier vielmehr um die Festlegung der Personendaten zur schnellen Identifizierung, damit sie zur Anzeige gebracht werden konnten.

Die Graphik macht ersichtlich, dass nicht nur die in den Wittlicher Polizeiakten aufgeführten ‚Zigeunergewerbe' in den Blick der Behörden gerieten. Ausschlaggebend für die Zigeunerwahrnehmung lokaler Polizeibeamter war gleichzeitig auch Herkunft und Erscheinungsbild der Reisegruppe.

4.1.2 Lokale Herkunft: Lokale Unterschichten

Ausländer, die in den polizeilichen und gewerbepolitischen Diskursen Ende des 19. Jahrhunderts noch zum Hauptproblem der Zigeunerfrage erhoben worden waren, wurden nur sehr vereinzelt registriert. Im Landkreis Wittlich kamen von insgesamt 199 gemachten Herkunftsangaben in den Registern gerade einmal sieben Prozent aus dem Ausland und das vorwiegend aus dem Elsass und Lothringen, also ehemals deutschen Gebieten. Berichte von elsasslothringischen Zigeunern hatten nach Schließung der Grenzen 1920 rapide nachgelassen.[805] Dagegen waren vierzig Prozent der Registrierten in den Regierungsbezirken Trier und Koblenz sowie 31 Prozent in den Nachbarbezirken der Rheinprovinz, Hessen-Nassau, im abgetrennten Saargebiet und im Herzogtum Hessen beheimatet. Die restlichen 22 Prozent verteilten sich auf Ostpreußen und die süddeutschen Staaten.

Auch die Untersuchung der die Scheine ausstellenden Behörden bestätigt, dass sich die Zahl der mit einem Schein versehenen Wandergewerbetreibenden aus den Bezirken Trier und Koblenz verringerte. Führten 1925 noch dreizehn als Zigeuner aufgegriffene Personen einen Wandergewerbeschein aus dem

804 Vgl. Kapitel 3.1.3 und die dort analysierte Verfügung des Regierungspräsidenten, LHAK Best. 498, Nr. 237, Reg.-Präs. Trier an die Landräte des Bezirks, Trier 24.03.1926.

805 Insbesondere aus den Landkreisen an der lothringischen Grenze waren vor dem Krieg Nennungen von Zigeunerfamilien aus dem Elsass und aus Lothringen vorherrschend.

Regierungsbezirk Trier mit sich, war es 1929 gerade noch eine Person, die ihren Schein in Birresborn beantragt hatte. Die wenigen Zigeuner, die Ende der zwanziger Jahre noch mit einem Wandergewerbeschein aufgegriffen wurden, bezogen ihren Schein zumeist aus Köln oder aus ganz anderen Teilen des Deutschen Reiches, wo der Hausierhandel mit industriell gefertigten Waren deutlich ausgeprägter war. In Trier oder Koblenz dominierten hingegen traditionelle Handwerksformen das Wandergewerbe.

Abbildung 13: Wandergewerbescheine ausstellende Behörden

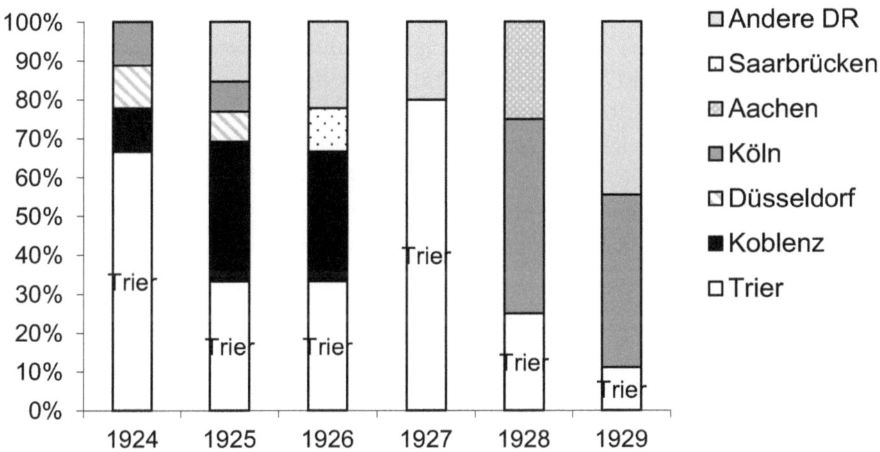

Quelle: LHAK Best. 498, Nr. 169 und 472. Eigene Auswertung.

Korbmacherfamilien hatten einen kleineren Bewegungsradius als Pferdehändler. Erstere wurden fast wöchentlich aufgegriffen und kamen aus der unmittelbaren Region (einige zum Beispiel aus den Eurener Baracken am Trierer Stadtrand).[806] Pferdehändler hingegen reisten häufig aus Hessen oder dem Kölner Raum zu den Pferdemärkten in den Städten und hatten insgesamt ein größeres Einzugsgebiet.

Im Regierungsbezirk Koblenz verschob sich das Einzugsgebiet ambulanter Händler nach Osten, hatte aber kaum einen größeren Radius als das der Händler, die im Wittlicher Raum aufgegriffen wurden. Hier geben die von 1924–1926 systematisch polizeilich intern geführten Listen „Mitteilungen über mit Wandergewerbescheinen betroffene inländische Zigeuner" Aufschluss.[807] Danach kam fast die Hälfte der vierzig Händler aus dem Regierungsbezirk Koblenz und dem Raum Hessen, sieben aus der Pfalz, vier aus

806 Vgl. Kapitel 3.3.1. Dazu Stazic-Wendt, The 'New Morocco' Settlement, S. 81.
807 Best. 441, Nr. 27989, Bezirksregierung Koblenz: Maßregeln gegen die umherziehenden Zigeuner 1924–1926.

dem Trierer Bezirk und die restlichen zwölf Händlerfamilien stammten aus den Regionen um Breslau, Erfurt, Mannheim und Düsseldorf. Die in Trier zentral geführten Listen über „Personen ohne festen Wohnsitz" ergaben ein ähnliches Bild. Siebzig der 207 eingetragenen Personen (33 Prozent) kamen aus den Regierungsbezirken Trier und Koblenz, weitere aus dem Saarland, der Pfalz (15 Prozent), dem Rheinland und dem Ruhrgebiet (27 Prozent). Elf Prozent waren Ausländer, und diese kamen wiederum hauptsächlich aus den angrenzenden Regionen Elsass, Lothringen und Belgien.

Die bei einer Polizeivernehmung im Januar 1926 hinterlegten persönlichen Daten von insgesamt zwanzig auf der ‚Eurener Kippe' bei Trier wohnhaften Familien[808] zeigen den zunehmend eingeschränkten Bewegungsradius dieser Familien. Während die Elterngeneration, nach diesen Angaben, meist noch in Frankreich, Belgien oder Luxemburg geboren wurde, sind die Kinder fast alle im Regierungsbezirk Trier zur Welt gekommen. Die zunehmende geographische Einengung war einerseits der neuen Grenzziehung nach dem Krieg geschuldet, andererseits aber auch Resultat der wachsenden Repressionen von Seiten der Behörden wie Abschiebungen oder Wandergewerbescheinentzug gegenüber ambulant lebenden Familien.

All diese Zahlen geben Aufschluss darüber, dass es sich bei einem Großteil der aufgegriffenen Personen tatsächlich um einheimische ländliche Bevölkerungsschichten handelte, die sich vor allem durch ihre Lebensführung, also dem Gewerbebetrieb im Umherziehen, in den Augen der Polizeibeamten als normabweichend erwiesen.

4.1.3 Unterwegs im Familienverband

Neben den ‚zigeunertypischen' Gewerbearten und der Feststellung der Herkunft bzw. der Kennzeichnung durch die den Wandergewerbeschein ausstellenden Behörde war das Reisen im Familien- bzw. Gruppenverband ausschlaggebend für die Zigeunerzuordnung. Das Reisen in sogenannten ‚Horden' war in den Diskursen zur ‚Zigeunerplage' ein maßgebliches Argument für das Bedrohungspotential, das von den Gruppen angeblich ausginge.

Darunter zählte das Reisen mit einem Wohnwagen, mittels Pferde- oder Hundegespann oder auch das Unterwegssein zu Fuß ganz ohne Gefährt. Sesshafte Zigeuner als polizeiliche Kategorie gab es auf lokaler Ebene nicht. Sie wurden in der Praxis durch die Landjäger nicht identifiziert. Auch übergeordnete Instanzen setzten sich mit dieser Zuschreibung nicht auseinander. Im Jahre 1886 gab der preußische Innenminister eine Erhebung in Auftrag,

---

808 LHAK Best. 442, Nr. 10992, Verzeichnis der aus Trier stammenden Familien auf der „Eurener Kippe", ohne Datum (kann auf Januar 1926 eingegrenzt werden).

um die Zahl der Preußen ortsansässigen Zigeuner ausfindig zu machen.[809] Der Trierer Regierungspräsident antwortete knapp: „Im Reg. Bezirke Trier sind keine Zigeuner ansässig",[810] seitdem wurde dieses Thema nicht wieder aufgegriffen.

Die Gruppenstärke wurde in den meisten Fällen von den Landjägern verzeichnet. Einzeln traten die Zigeunerfamilien in der Regel sehr selten auf. Sie reisten fast immer in größeren Gruppen, d.h. im Durchschnitt schlossen sich 2–3 Familien zu einem Reiseverband zusammen (vgl. Abbildung 14). Die Beamten, die in den meisten Fällen zahlenmäßig unterlegen waren, zögerten, solch große Gruppen festzunehmen. Das war eher bei kleineren Gruppen und Einzelpersonen der Fall.[811]

Abbildung 14: Familiengrößen und Reiseverbände der Zigeunerfamilien im Landkreis Wittlich

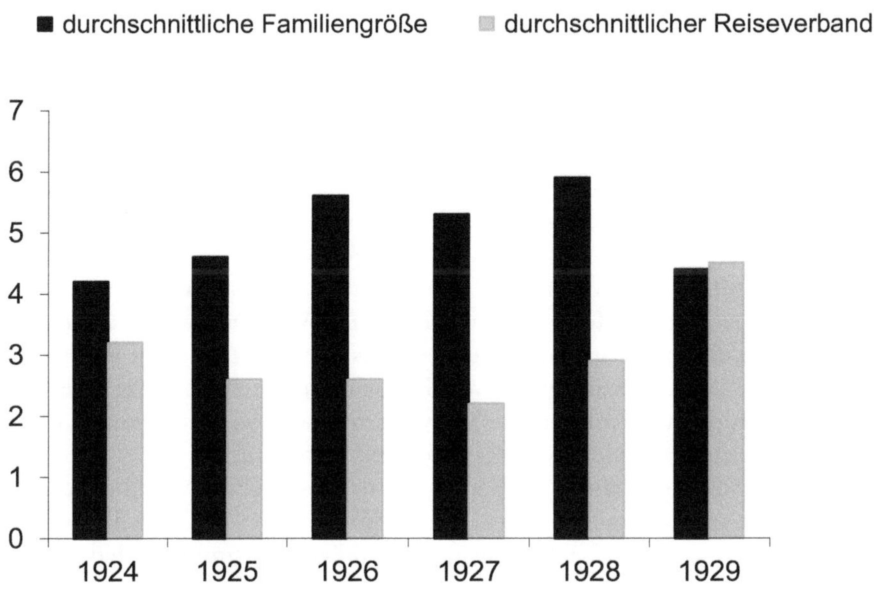

Quelle: LHAK Best. 498, Nr. 169 und 472. Eigene Auswertung.

809 LHAK Best. 403 Nr. 6810, Zirkular des Preuß. Min. d. Innern an alle Regierungspräsidenten bzw. Regierungen, Berlin 30.04.1886. Siehe auch GStA PK Berlin, I. HA Rep. 77 Ministerium des Inneren, Tit. 423, Nr. 53 adh. 1, Beibände „Berichte der Regierungen über das Zigeunerunwesen" 1886–1900.

810 LHAK Best. 403, Nr. 6810, Bericht des Reg.-Präs. Trier an das Preuß. Min. d. Innern, Trier 06.07.1886.

811 Vgl. auch ALBRECHT, Zigeuner in Altbayern, S. 302.

Schwankungen in der Gruppengröße ergaben sich abhängig etwa von der jeweiligen Jahreszeit. Im Winter waren kleinere Gruppen unterwegs als im Sommer. Aber auch bei Betrachtung des gesamten Zeitraums von knapp sechs Jahren sind Schwankungen in der Familiengröße und Gruppenstärke feststellbar. Die Größe der Familien variierte von zwei bis sechzehn Personen.[812] Die Reiseverbände umfassten sowohl einzelne Familien als auch bis zu fünfzehn zusammenreisende Familien, wie etwa im August 1925 in Osann.

In Abbildung 14 wurden jeweils nur die Durchschnittswerte der einzelnen Jahre berücksichtigt, bei einer ungleich verteilten Anzahl von Kontrollen pro Jahr. An der Graphik ist abzulesen, dass der oftmals proklamierte Grundsatz, die Zigeunergruppen aufzuteilen, nicht in die Praxis umgesetzt wurde. Im Jahr 1929 wurden sogar deutlich größere Reiseverbände mit durchschnittlich 4 bis 5 Familien dokumentiert als in den Jahren zuvor. Um die Transporte mit wenig Personal durchzuführen, wurden verschiedene Familien und Reiseverbände in einer Gegend zusammengeführt, um sie gemeinsam abzuschieben. Das sparte Aufwand und Kosten.

Da die Mehrheit der aufgegriffenen Personen Ende der zwanziger Jahre nicht mehr im Besitz von Papieren war, die das Umherziehen mit der Familie legitimierten, gab es also keinen Grund, nicht auch in großen Gruppen zu reisen, in denen man gegenüber den Landjägern selbstbewusster auftreten konnte und Inhaftierungen aufgrund der Gruppenstärke unwahrscheinlicher waren.

Familienmitglieder, darunter auch Geschwister, Neffen und Nichten usw., gruppierten sich in der Regel um eine Person mit Wandergewerbeschein, um halbwegs legitimiert reisen zu können. Alleinstehende Frauen mit ihren Kindern, wobei es sich zumeist um Witwen handelte, reisten in der Regel in einem größeren Gruppenverband; ledige Schwestern oder Cousinen, die sich einer Familie anschlossen, sind in den Registern nicht kenntlich.

Große Gruppenverbände wurden auch vor Abschiebeaktionen durch die Polizei selbst zusammengeschlossen, wie die im Januar 1926 durch die Bürgermeisterei der Trierer Vororte, die insgesamt 16 Familien umfasste. Jede dieser Familien hatte zwei bis sieben Kinder und lebte mit bis zu drei Generationen in einem Wohnwagen.

In den Wittlicher Landjägerberichten bestand die klassische Familie aus fünf Personen. Abhängig von der Ausführlichkeit der Berichte wurde jedoch oftmals nur das Familienoberhaupt genannt. Frauen sowie Kinder wurden außen vor gelassen, sodass nicht immer klar nachzuweisen ist, ob der Betroffene mit oder ohne Familie unterwegs war. Erst seit Mitte des Jahres 1925 wurden diese Informationen in den meisten Berichten mitberücksichtigt. Bei

---

812 Ob alle Personen eng miteinander verwandt waren, kann nicht nachvollzogen werden.

ca. 80 Prozent der erfassten Einträge[813] aus den 187 Kontrollberichten[814] ist davon auszugehen, dass es sich um Familien handelte, die hier kontrolliert wurden.[815] Bei 93 Familien[816] wurde von Seiten der Landjäger genauere Angaben zur Zusammensetzung gemacht. Die Mehrzahl der Familien führte drei bis fünf Kinder mit sich (vgl. Abbildung 15).

Abbildung 15: Kinderanzahl der im Landkreis Wittlich angetroffenen Zigeunerfamilien 1924–1930

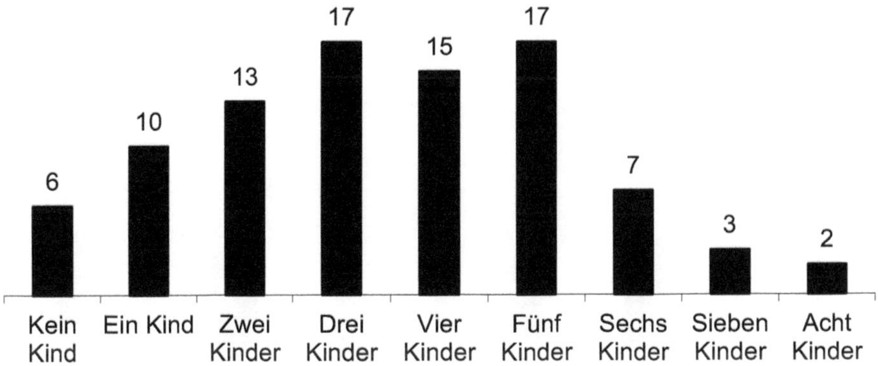

Quelle: LHAK Best. 498, Nr. 169 und 472. Eigene Auswertung.

Das Mitführen der Kinder oder deren Versorgung während des Reisens entwickelte sich zum Hauptproblem der Familien. Sowohl die Behörden als auch die Familien sahen sich diesbezüglich moralisch im Recht: Erstere meinten, die Kinder vor der angeblich verwahrlosten Lebensführung ihrer Eltern schützen zu müssen. Letztere sahen sich ihrer Mündigkeit beraubt, sich ihrer eigenen Kinder anzunehmen, wie sie es am besten vermochten. Vor allem das Mitführen schulpflichtiger Kinder war äußerst heikel. In Preußen umfasste die

813 Bei 451 Personen sind Hinweise auf die Mitführung von Familienmitgliedern zu finden, allerdings sind oftmals Mehrfachnennungen wahrscheinlich, die aufgrund der angesprochenen Probleme von Mehrfachnennungen durch die Landjäger sowie mehrfach vorkommende Namen der aufgelisteten Personen (vgl. Kapitel 4.1.1) das Ergebnis nur als Richtwert ausweisen lassen.

814 Die Zahl der von den Landjägern durchgeführten Kontrollen ist höher – sie belief sich auf über 200 innerhalb der 6 Jahre –, da bei großen Familienverbänden oftmals mehrere Landjäger zugegen waren, welche über die gleiche Gruppe Bericht erstatteten.

815 Gerstenmayer/Tatarinov, Unordentliche Verhältnisse. Wie groß die soziale Bedeutung des Familienverbands für die fahrenden Familien war, demonstriert Angelika Albrecht an einigen Fallbeispielen Albrecht, Zigeuner in Altbayern, S. 303ff.

816 Auch hier sind Mehrfachnennungen wahrscheinlich.

Schulpflicht das 5. bis 14. Lebensjahr. Die Eltern waren verpflichtet, für den „ausreichenden Unterricht“ ihrer Kinder Sorge zu tragen.[817] Das geschah zunächst oftmals mit der Führung eines Schulheftes, wo der Unterricht an den verschiedenen Orten eingetragen wurde. In der „Anweisung zur Bekämpfung des Zigeunerunwesens“ von 1906 wurde die Schulpflicht am Ort des ständigen Wohnsitzes der Eltern vorgeschrieben,[818] was rechtlich jedoch problematisch war, da sogar in der Ausgabe der Gewerbeordnung von 1930 lediglich von „genügend Unterricht“ die Rede war, ohne dass hier explizit festgelegt wurde, wo dieser stattfinden sollte.[819] Außerdem gab es keine Definitionskriterien, die spezifizierten, welche Kinder darunter zu fassen waren.

Abbildung 16: Altersverteilung mitgeführter Kinder (Landkreis Wittlich 1924–1930)

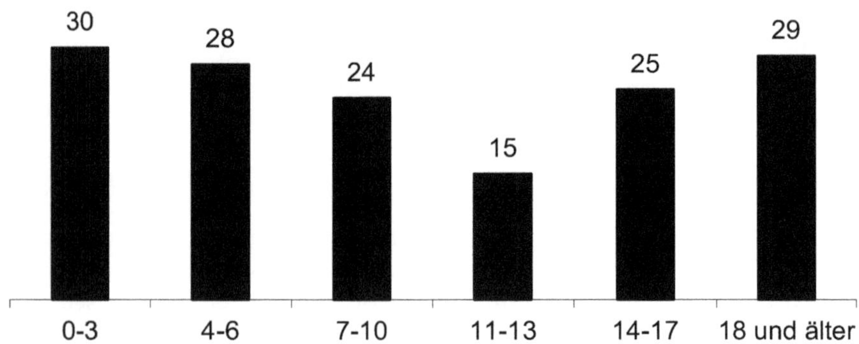

Quelle: LHAK Best. 498, Nr. 169 und 472. Eigene Auswertung.

Problematisch wurde das Mitführen der Kinder hauptsächlich im Zuge der Wandergewerbescheinvergabe (vgl. Kapitel 4.2.4), in der Begegnung mit den Landjägern spielte es hingegen kaum eine Rolle. Die Rundverfügung des Bildungsministers von 1930 zeigt, dass die Schulpflicht der Kinder bei den

817 Hoffmann, Gewerbe-Ordnung 1904, Paragraph 57b, Nr. 4, S. 158, dazu auch Fußnote 3 und Anhang B. Ausführungsanweisung, Ziffer 67, S. 465. Dies wird 1906 in der Anweisung forciert: „Als genügender Schulunterricht kann nur der angesehen werden, welcher am Wohnort der Eltern erteilt wird. Vorübergehender Schulbesuch der Zigeunerkinder auf den Wanderungen der Eltern ist nicht statthaft.“

818 Preuß. Min. d. Innern, Anweisung 1906, Ziffer 11 und Ausführungsanweisung zu Ziffer 11.

819 Hoffmann, Reichsgewerbeordnung 1930, Paragraph 57b, Ziffer 4, S. 250.

Kontrollen in Preußen während des gesamten Untersuchungszeitraums kaum beachtet wurde:

> Der Erlaß vom 23. Oktober 1889 [...] ist nicht nur auf Kinder von Zigeunern, sondern auch auf die Kinder der nach Zigeunerart umherwandernden Personen anzuwenden. Hinsichtlich der umherreisenden Händler, Artisten usw., die einen festen Wohnsitz haben und im Besitz eines Wandergewerbescheins sind, verweise ich auf § 62 der Gewerbeordnung für das Deutsche Reich. Hiernach ist die Erlaubnis zur Mitführung von Kindern, die schulpflichtig sind, zu versagen, wenn nicht für einen ausreichenden Unterricht der Kinder gesorgt ist.[820]

Die Verfügung suggerierte, dass alle Fahrenden mit Kindern den Beschränkungen der Schulpflicht unterliegen sollten und dies bisher wenig kontrolliert worden war.

Die Nennung der Kinder spielte tatsächlich eine auffallend kleine Rolle in den Registern und Berichten der Landjäger. Paragraph elf der preußischen Ministerialanweisung verlangte zwar, dass ein entsprechendes Kind, das „der Verwahrlosung entgegengeht", „der Fürsorgeerziehung zu überweisen" sei,[821] doch wurde dieser Paragraph während des gesamten Zeitraums im Untersuchungsgebiet nach Aussagen der hier untersuchten Polizeiakten nicht ein einziges Mal nachweislich angewendet. In nur einem der Landjägerberichte wird überhaupt auf die ‚Verwahrlosung' der Kinder eingegangen.[822] Der Absatz der preußischen Ministerialanweisung, dass jedes Zigeunerkind ein potentieller Kandidat für die Fürsorgeerziehung wäre, wurde von den Landjägern einheitlich ignoriert, in dieser Frage wurde auch von höheren Instanzen kein Handlungsdruck aufgebaut.

Obwohl die Schulpflicht relativ nachlässig kontrolliert wurde, waren es insgesamt weniger schulpflichtige Kinder, die ihre Eltern beim Wandergewerbe begleiteten, als ganz kleine oder ältere Kinder. Besonders die Kinder im Alter von elf bis dreizehn Jahren wurden bei den Kontrollen in geringerem Maße registriert (vgl. Abbildung 16). Zwar handelte es sich auch um gebur-

---

820 LHAK Best. 655,39, Nr. 135, Abschrift der Rundverfügung des preuß. Min. für Wissenschaft, Kunst und Volksbildung, Berlin 21.05.1930.

821 Preuß. Min. d. Innern, Anweisung 1906, Ziffer 11: „Die Verhältnisse, unter denen die Zigeunerkinder im allgemeinen aufwachsen, haben häufig ihre sittliche Verwahrlosung zur Folge und geben die Veranlassung, sie [...] der Fürsorgeerziehung zu überweisen."

822 LHAK Best. 441, Nr. 27989, Landjägerbericht aus Buch (Lk. Simmern) am 04.12.1925. Dabei hat der Landjäger lediglich bei der im Vordruck gestellten Frage, ob die mitgeführten Kinder im Zustand ‚sittlicher Verwahrlosung' seien, mit „ja" beantwortet ohne weiteren Kommentar.

tenschwache Kriegsjahrgänge,[823] doch waren tatsächlich viele schulpflichtige Kinder während der Schulzeit bei Verwandten oder Bekannten in Kosthäusern im Heimatort untergebracht, was oftmals mit monatelangen Trennungszeiten für Eltern und Kinder einherging. In der Landscheider Chronik erinnerten sich Hausiererfrauen in Interviews, die in den 1990er Jahren geführt worden waren, wie schwer es war, die Kinder daheim zu lassen.[824] Einer der Hausierer erzählte von einem ‚Pfädchen', das die Kinder zur Landscheider Post ausgetreten hatten, weil sie auf Pakete von ihren Eltern warteten.[825] Nach Verlassen der Schule begleiteten die Kinder ihre Eltern in der Regel wiederum beim Wandergewerbe.[826] Sie wurden nach Möglichkeit als Begleiter im Gewerbeschein eingetragen um mitzuhelfen. Als Ende der 1920er Jahre die Eintragung der Kinder als Begleiter durch den Bezirksausschuss zunehmend abgelehnt wurde (vgl. Kapitel 4.2.4), war das für die Familien katastrophal. Dabei ging es nicht nur um die erzwungene Trennung von Eltern und Kindern, sondern um wirtschaftliche Nöte. Gegenüber den Behörden stellten die Eltern die Auswanderung der zum Teil erst vierzehnjährigen Kinder in die Industriegebiete oder sogar nach Übersee als einzige Alternative aufgrund der fehlenden Beschäftigungsmöglichkeiten dar.[827]

4.2 Handlungsspielräume und Selbstdarstellungen ambulanter Familien im Kontakt mit den Behörden

Die Lebenswelt der ambulant lebenden Familien war spätestens seit Mitte der 1920er Jahre geprägt von der steten Auseinandersetzung mit den Behörden. Durch die dargelegten innerbehördlichen Konflikte engte sich der Existenz-

---

823 Arthur E. Imhof bezeichnet diese Generation als ‚classes creuses', da während des Ersten Weltkriegs aufgrund der langen Trennung der Paare und der sehr hohen Sterberaten ein starkes Geburtendefizit zu verzeichnen war. Vgl. Imhof, Einführung in die Historische Demographie, S. 57f. Allein durch das Kriegseinwirken starben in Deutschland rund 2,5 Millionen Militär- und Zivilpersonen, durch den Geburtenausfall und die Mehrsterblichkeit kann noch einmal mit einem Verlust von 4,5 Millionen Menschen gerechnet werden. Vgl. Ehmer, Bevölkerungsgeschichte, S. 11.

824 Oster, Die Welt auf vier Rädern, S. 46, 52, 54 und 62.

825 Ebd., S. 49.

826 Die Übertragung von Berufen innerhalb von Familiengenerationen wurde für den französischen Raum ausführlich analysiert. Vgl. Rosental, Les Sentiers Invisibles, S. 121ff.

827 LHAK Best. 446, Nr. 124, Besprechungsprotokoll der mündlichen Besprechung des Vorsitzenden des Reichsverbandes ambulanter Gewerbetreibender Ortsgruppe Niederkail, Metzen sowie den Gemeindevorstehern der Gemeinden Binsfeld, Niederkail und Landscheid mit dem Verwaltungsgerichtsdirektor, Neumeister, in dessen Arbeitszimmer, Schriftführer: Jungbluth, Trier 20.01.1928.

raum der als Zigeuner etikettierten Personen immer mehr ein: wirtschaftlich, rechtlich und rein physikalisch. Sie mussten sich Nischen suchen, wie wortwörtlich etwa die in der Koblenzer Feste Franz, wo die Menschen tatsächlich in feuchten Wohnhöhlen lebten (vgl. Kapitel 3.3.2). Die Alltagssituationen, in denen sie unbehelligt gelassen oder nur bedingt schikaniert wurden, verringerten sich zusehends. Die grundlegendsten Bedürfnisse nach Wohnraum, Arbeit und Familie waren nicht mehr selbstverständlich und mussten in langwierigen Streitverfahren mit den Behörden verteidigt bzw. eingefordert werden. Bei diesen Konflikten saßen die Behörden meist am längeren Hebel. Zumeist ging es dabei noch nicht einmal um ein ganzes Haus oder eine Wohnung, sondern lediglich um einen Wohnwagen oder Stellplatz für denselben, also um das physikalische Existenzrecht eines Körpers.

Rechte wie Freizügigkeit, freie Arbeitswahl oder der Bezug von Armenunterstützung waren mit der Zuschreibung der Zigeunereigenschaft förmlich außer Kraft gesetzt und es hätte großes Geschick und langer Geduld bedurft, die behördeninterne Unlogik aufzudecken und die Rechte über die verschiedenen Instanzen einzufordern. In diesem Kapitel soll der biographische Kontext von solchen Familien, die behördlich als Zigeuner gekennzeichnet waren, sei es durch Auftauchen des Falls in einer Zigeunerakte, der spezifischen Zigeunerbezeichnung oder des Verdachts der Zigeunereigenschaft im Wandergewerbescheinverfahren, näher beleuchtet werden.

Aushandlungsprozesse mit den Behörden, insofern es diese überhaupt noch gab, bedingten rein strategisch die Darstellung der Nöte, Bedürfnisse und widerfahrenen Ungerechtigkeiten durch die Antrags- und Bittsteller und nur sehr vereinzelt positive Dinge oder Normalität. Doch beim Betrachten der Argumentationsmuster in den Schreiben an die Behörden lassen sich auch Schlagfertigkeit und Selbstbewusstsein der Schreiber ausmachen. Dass dieses Selbstbewusstsein vereinzelt in einer organisierten Verteidigung des Berufsstandes mündete, wird an der Formierung einer Interessensvertretung Ende der 1920er Jahre am Beispiel des Kampfes der Binsfelder Hausiererfamilien mit dem Trierer Bezirksausschuss deutlich.

4.2.1 Der kontrollierte Alltag: Der Fall einer Korbmacherfamilie

Im Zuge der immer enger einsetzenden Kontroll- und Überwachungspolitik gegenüber ambulant lebenden Familien seit spätestens 1925 darf unterstellt werden, dass die alltägliche Polizeikontrolle, die routiniert und reibungslos ablief, einen Teil des normalen Alltags darstellte, wie der hier zu schildernde Fall einer Korbmacherfamilie Mitte der zwanziger Jahre in der Südeifel zeigt.

Die Familie des Korbmachers Arnold R. tauchte insgesamt elfmal in den Berichten zur Zigeunererfassung auf, die von verschiedenen Landjägern bei ihren Kontrollen getätigt wurden. Sie lassen einen biographischen Ausschnitt zu,[828] der einen Zeitraum von zweieinhalb Jahren umfasst und von andauernder Kontrolle durch die Polizei geprägt war (vgl. Karte 3).

Arnold R. und seine Frau Maria waren Wandergewerbetreibende aus Ulmen im Landkreis Cochem direkt an der Grenze zum Wittlicher Landkreis. Sie hatten drei kleine Kinder Anna, Katharina und Matthias, die mit ihnen zusammen das ganze Jahr hindurch übers Land zogen. Arnold R. war 1924 ca. 44 Jahre alt. Die Familie reiste überwiegend zusammen mit anderen Familien. Als sie im September 1925 zum ersten Mal in Klausen nachweislich von einem Landjäger aufgegriffen wurden, waren sie in Begleitung dreier weiterer Korbmacherfamilien, darunter Verwandte der Ehefrau. Landjäger Klein stellte die Personalien der Männer fest und kontrollierte die Papiere. Arnold R. war im Besitz eines Wandergewerbescheins für das laufende Jahr 1925. Der Schein wies ihn als Geigenhändler und Korbmacher aus, er handelte zudem mit Blumentischen. Die Ehefrau hatte 1922 noch selbst einen Wandergewerbeschein für den Handel mit Kurzwaren gehabt, nun jedoch, wie es bei den meisten Familien der Fall war, besaß sie keinen mehr. Trotz des ordnungsgemäßen Wandergewerbescheins wurde Familie R. mit dem Reiseverband über die Kreisgrenze Bernkastel abgeschoben.

Einen Monat später begegnete Oberlandjäger Weinstock der Familie in Bettenfeld, im Norden des Wittlicher Landkreises. Wie schon Landjäger Klein zuvor, stellte auch Weinstock die Gültigkeit des mitgeführten Wandergewerbescheins fest. Wiederum wurde die Familie R. trotzdem zusammen mit einer anderen Geigenhändlerfamilie, die ebenfalls zwei Scheine vorwiesen, über die Dauner Kreisgrenze abgeschoben.

Höchstwahrscheinlich ging es von hier aus kurzzeitig zurück in den Heimatort Ulmen, da der neue Wandergewerbeschein für das kommende Jahr 1926 abgeholt werden musste. Mitte November 1925 traf Oberlandjäger Weinstock erneut auf die Familie in Bettenfeld. Doch diesmal ließ er sie ziehen und notierte lediglich: „nach Großlittgen gewandert".[829] Schon zwei Tage später trafen sie in Minderlittgen auf Oberlandjäger Kupke, der in Wittlich stationiert war. Er war bereits von Weinstock von ihrer Ankunft informiert worden und wusste, dass dieser einen gescheiterten Versuch unternommen hatte, die Familie nach Daun abzuschieben. Sie wurden für die Abschiebung mit weiteren Familien zusammengelegt. Es handelte sich um dieselben, die zuvor mit ihnen in Klausen abgeschoben worden waren. Kupke brachte den Trupp von sechs Familien, d.h. insgesamt 23 Personen, von Minderlittgen nach Neuerburg, von wo aus drei Tage später Oberlandjäger Bretschneider die Abschiebung über

828 LHAK Best. 498, Nr. 472, Berichte der einzelnen Landjäger an den Landrat Wittlich vom 17.09.1925 bis 03.04.1928.

829 LHAK Best. 498, Nr. 169, Landjägeramt Manderscheid an die Landjägerabteilung Wittlich, Manderscheid 14.11.1925.

die Kreisgrenze Cochem in Richtung Alf durchführte. Es ist anzunehmen, dass bereits zu diesem Zeitpunkt die Nichte Sophie mit der Familie R. unterwegs war. Sie blieb von nun an fast zwei Jahre bei ihnen, auf jeden Fall nachweislich bis April 1927.

Vier Tage vor Weihnachten im Jahr 1925 geriet die Familie wieder in einen größeren Transport. Zusammen mit acht anderen Familien, die sich ebenfalls in der Gegend aufhielten, wurden sie in einer Gemeinschaftsarbeit von Oberlandjäger Weinstock aus Manderscheid, Oberlandjäger Debald, der normalerweise in Hetzerath stationiert war, und Oberlandjäger Kupke aus Wittlich am 20. Dezember 1925 nach Eckfeld abgeschoben. Einen Tag darauf ging es weiter nach Brockscheid über die Kreisgrenze Daun. Die Landjäger waren gezwungen, alle in der Gegend befindlichen Familien zusammenzubringen und gemeinsam abzutransportieren, weil die anderen Wege durch die bergige Gegend aufgrund von Glatteis nicht mehr passierbar waren.

Das neue Jahr brachte keine Veränderung der Situation. Auch wenn sich Arnold R. wiederum einen rechtsgültigen Wandergewerbeschein für den Geigenhandel besorgt hatte, wurde er beim nächsten Zusammentreffen mit einem Landjäger gleich wieder abgeschoben. Ende Januar kontrollierte Landjäger Pauls ihn und seine Familie, die Verwandten seiner Frau sowie zwei Familien[830] in Hontheim. Landjäger Pauls, noch ‚auf Probe', transportierte die Familien wie üblich trotz gültiger Papiere in Richtung Kinderbeuren, wo Oberlandjäger Bretschneider, der die Familie noch vom vergangenen November kannte, den Abschub erneut über Bengel und Springiersbach, in Richtung Alf über die Kreisgrenze vornahm.

Aus dem Jahre 1926 ist sonst nichts weiter von der Korbmacherfamilie überliefert. Für das folgende Jahr 1927 gelang es ihnen nicht noch einmal, einen neuen Wandergewerbewerbeschein zu bekommen. Die Anzeige ließ nicht lang auf sich warten, denn bereits im Februar 1927 erschien der Name von Arnold R. auf dem Registraturblatt des Regierungspräsidenten an alle Polizeistationen des Bezirks als „Person ohne festen Wohnsitz, die bei Ausübung des Wandergewerbes betroffen" wurde, „ohne im Besitz eines Wandergewerbescheines zu sein".[831] Von nun an musste er sich und seine Familie, wie die meisten der in den Akten als Zigeuner registrierten Familien, ohne Legitimation weiter durchschlagen. Wieder mit einem Wittlicher Landjäger in Esch auf der Straße von Trier nach Bernkastel-Kues konfrontiert, konnte Arnold R. erneut keinen Wandergewerbeschein vorweisen. Auch von den anderen Familien in Begleitung der Familie R. war keiner mehr im Besitz eines

830 Es handelte sich um dieselben Familien, die bereits 1925 mit Familie R. unterwegs waren.

831 LHAK Best. 655,252, Nr. 1338, Liste vom 15.02.1927.

gültigen Dokuments. Oberlandjäger Mattes aus Monzel schob sie allesamt in den Trierer Landkreis in Richtung Föhren ab.

Im Mai begegnete Arnold R. dem Landjäger Weinstock ein viertes Mal, diesmal in Manderscheid. Zusammen mit Fritz B. war dieser ohne Familie in Manderscheid unterwegs. Obwohl sie nach Angaben von Weinstock weder hausiert noch gebettelt hatten, wurde Arnold R. zur „Feststellung seiner Person polizeilich festgenommen“[832] und der Ortspolizeibehörde vorgeführt. Nachdem er wieder entlassen worden war, wurde Arnold. R. zusammen mit seinem Begleiter in den Kreis Daun abgeschoben. Von dort aus begaben sie sich wahrscheinlich zurück in ihr Heimatdorf Ulmen im Landkreis Cochem.

Als sie zusammen mit fünf weiteren Korbmacherfamilien am 26. November 1927 in Bettenfeld lagerten und von Oberlandjäger Weinstock ein fünftes Mal innerhalb von zwei Jahren kontrolliert wurden, nahm dieser im Zuge des preußenweit stattfindenden Fingerabdruckverfahrens zunächst von allen anwesenden Personen, die über sechs Jahre alt waren, die Fingerabdrücke und Personalien auf. Insgesamt 22 Personen wurden so von Weinstock registriert.[833] Nach der Registrierung erfolgte schließlich die Abschiebung in Richtung Großlittgen.

Seit Arnold R. keinen Wandergewerbeschein mehr mit sich führte, variierten die Berufsbezeichnungen stark, die ihm die Landjäger zuwiesen. Neben den Bezeichnungen als Korbmacher und Geigenhändler wurde er nun auch als Musiker und 1928 sogar als Pferdehändler notiert. Dass eine Person mehreren Gewerben nachging, war nicht ungewöhnlich. Vielleicht hatte sich Arnold R. tatsächlich dem lukrativeren Geschäft des Pferdehandels zugewandt, um seine Familie zu ernähren. Die Möglichkeit, dass die Bezeichnung als Pferdehändler lediglich eine Auslegung des Landjägers darstellte, weil die Gruppe ein paar Pferde mit sich führte, ist jedoch auch nicht auszuschließen.

Ein letztes Mal tauchten Arnold R. und seine Familie in den Berichten der Oberlandjäger Klein aus Hetzerath und Mattes aus Monzel vom April 1928 auf. Wie schon beim allerersten Treffen begegneten sich Klein und die Familie in Klausen. Die Abschiebung erfolgte diesmal zügig über Piesport in den Bernkasteler Kreis. Genau dort traf die Familie einen Tag später Oberlandjäger Mattes an. Der nahm eine weitere Abschiebung in den Bernkasteler Kreis vor. Hier verläuft sich die Spur der Familie, für den Zeitraum nach April 1928 lassen sich keine weiteren Einträge mehr für sie finden.

---

832 LHAK Best. 498, Nr. 472, Bericht des Oberlandjägers an das Landjägeramt Eisenschmitt, Eisenschmitt 15.05.1927.

833 Vgl. Kapitel 3.1.4. Die Daten gingen über den Verwaltungsweg an die Landeskriminalstelle in Köln und später von da aus weiter in die zentrale Zigeunerkartei der Zigeunerzentrale in München und der Landespolizeistelle in Berlin.

Auffällig am Beispiel der Familie ist die rigorose Abschiebepolitik von Seiten der Wittlicher Landjäger, obwohl Arnold R. zunächst im Besitz eines legitimen Wandergewerbescheins war. Der Legitimationscharakter des Papiers war praktisch schon Mitte der zwanziger Jahre verloren. Die Familie wurde zudem nie explizit als Zigeuner bezeichnet, sondern zeichnete sich eher durch ihren ambulanten Handel, gepaart mit dem Umherreisen im Familienverband, als normabweichend aus. Auch nach der Ablehnung des Wandergewerbescheins für 1927 erfuhren sie keine grundlegend andere Behandlung als schon in den Jahren zuvor. Nur das Fingerabdruckverfahren Ende des Jahres 1927 stellte nochmals eine Verschärfung der Vorgehensweise der Behörden dar.

Dass die Abschiebungen durchaus rigoros ohne Rücksicht auf wenigstens die überlebensnotwendigen Bedürfnisse durchgezogen wurden, zeigt eine Vielzahl von Fällen in den Akten. So offenbart beispielsweise der Fall des als Zigeuner in den Wittlicher Akten geführten Korbmachers Martin B. die Ohnmacht, der die Abgeschobenen zum Teil ausgesetzt waren. Bei dessen Kontrolle stieß der Landjäger aus Speicher im Landkreis Bitburg auf ein schwerkrankes Mädchen und berichtete später:

> „Der sofort hinzugezogene Arzt stellte akute Lungen- und Blinddarmentzündung fest und hat das schwer kranke Mädchen mit seinem Auto sofort in das Herz-Jesu-Krankenhaus in Trier zugeführt. Wie der Martin B., der protokollarisch vernommen worden ist, auf das Bestimmteste erklärte, hat er den bedrohlichen Zustand seiner Tochter bereits im Laufe des Nachmittags dem Oberlandjäger Marx in Binsfeld angezeigt, der jedoch die Familie trotzdem nach Herforst abgeschoben hat. Dies ist umso bedauerlicher, als in Binsfeld ein Arzt zur Verfügung stand, was in Herforst nicht der Fall war."[834]

Nur die Entrüstung des Speicherer Landjägers über seinen Kollegen machte diesen Fall aktenkundig. Der Binsfelder Landjäger hätte weder gegen eine Bestimmung verstoßen noch Kostenstreitigkeiten austragen müssen, hätte er selbst die Versorgung des kranken Mädchens veranlasst. Nach den Aussagen des Speicherer Beamten konnte sich Martin B. trotz des bedrohlichen Zustands seiner Tochter nicht gegen den Polizisten durchsetzen.

4.2.2 Der Kampf um Wohnraum und Wohlfahrtsleistungen

Sobald Familien, die als Zigeuner eingestuft wurden, versuchten, sich in einem Ort anzusiedeln, drohten ihnen Repressalien bis hin zur Abschiebung, was sich in vielen Fällen rechtlich auf schmalem Grat bewegte. Ein Musiker, der sich mit seiner Familie in die Koblenzer Pfuhlgasse einmietete, wurde von den Koblenzer Polizeibehörden angehalten, „dafür Sorge zu tragen, dass sich seine

---

834 LHAK Best. 498, Nr. 472, Bezirksfürsorgeverband Bitburg an den Bezirksfürsorgeverband Wittlich, Bitburg 11.01.1928.

Kinder einwandfrei und nicht sonderlich auffällig benehmen" und sich bald „eine Wohnung in einer weniger verkehrsreichen Stadtgegend zu suchen", auch wenn den Beamten durchaus bewusst war, dass die Niederlassung des Musikers „stillschweigend geduldet werden" müsse.[835]

Im Landkreis Wittlich siedelten sich im Jahre 1918 einige Zigeunerfamilien aus Elsass-Lothringen in verschiedenen Ortschaften an. Der Wittlicher Landrat versuchte daraufhin, sich der „bereits lästig werdenden Familien" schnell wieder zu entledigen, indem er den Regierungspräsidenten bat, ihnen anderweitig Beschäftigung „unter fester Kontrolle", etwa im Lehmbau, zu besorgen.[836] Der Landrat traf daraufhin folgende Anordnung:

> „Dem Herrn Oberwachtmeister hiers. zur Kenntnis. Die Zigeuner hier auf das Strengste zu überwachen und jede [Regung][837] derselben zur Anzeige zu bringen. Jede Woche [ist] einmal die Wohnungen derselben zu [revidieren] und Personen, die sich unangemeldet hier aufhalten, genau festzustellen und an ihren Wohnort zu verweisen. Es muß nach aller Strenge vorgegangen werden."[838]

Die Fürsorgebehörden operierten in der Regel nicht mit dem Zigeunerbegriff, doch wurde dieser durch manche Beamte nach dem Krieg zunehmend genutzt, um etwa eigene Zuständigkeiten anzufechten. Ein Fallbeispiel aus dem Landarmenhaus Trier im Jahre 1918 zeigt, dass der Direktor mit der Bezeichnung von Insassen als Zigeuner genau hierauf abzielte. Es handelte sich um eine im Merziger Umland festgenommene, aus mehreren Familien bestehende Gruppe. Nach der Inhaftierung der Männer wurden vier Frauen mit dreizehn Kindern ins Trierer Landarmenhaus aufgenommen. Der Trierer Landarmenhausdirektor war empört über die Einweisung und schrieb in einem Beschwerdebrief:

> „Um einer völligen Verunreinigung der Anstalt vorzubeugen, mußten die Zigeuner vor der Unterbringung in dem im Frauenhause hergerichteten früheren Speisesaal durch Bäder gereinigt und notdürftig mit reinem Kleiderzeuge versehen werden, waren dieselben doch vorher 10 Tage lang in einem Lokomotivschuppen in Merzig ohne Waschgelegenheit untergebracht. [...] Ich bitte daher

835 Unterstreichungen im Original wurden zugunsten der besseren Lesbarkeit von der Autorin entfernt [JT] LHAK Best. 441, Nr. 23466, Polizeidirektor Koblenz an den Reg.-Präs. Koblenz, Koblenz 13.01.1908.

836 LHAK Best. 498, Nr. 472, Schreiben des Landrats Wittlich an den Reg.-Präs. Trier, Wittlich 12.08.1918.

837 Es könnte sich hier auch um das Wort ‚Übertretung' handeln. Die Handschrift des Landrats ist in diesem Schreiben sehr schlecht lesbar. Alle Wörter innerhalb des Zitats, die in eckigen Klammern eingefügt wurden, sind sinngemäß ergänzt.

838 LHAK Best. 498, Nr. 472, Landrat Wittlich an die Ortspolizeibehörde in Wittlich, Wittlich 05.08.1918.

dringend, veranlassen zu wollen, daß die Zigeuner wieder aus dem Landarmenhaus entfernt werden."[839]

Auch nach Meinung des Landeshauptmanns in Düsseldorf lag eine Zuständigkeit des Landarmenverbands nicht vor, da es sich „im vorliegenden Falle um Festhaltung im polizeilichen Interesse" handelte.[840] Bereits wenige Tage später wurden die Frauen und ihre Kinder wieder entlassen. Mit dem Landrat in Merzig, der die Verhaftung der Männer durchgeführt hatte, entflammte ein langwieriger Streit über die Kosten der Unterbringung. Der Landarmenverband wurde schließlich von der Fürsorgepflicht entbunden. Die Abweisung der betroffenen Familien mithilfe der Bezeichnung ‚Zigeuner' und die damit zugewiesene polizeiliche Domäne reichte in diesem Fall also zur Abweisung der Fürsorgepflicht, doch zeigte die Länge der Verhandlungen, dass dies keineswegs unstrittig war.[841] Die tatsächliche Bedürftigkeit der Familien wurde im Übrigen nicht thematisiert.

Das Gewerbe im Umherziehen ohne festen Wohnsitz bildete die Grundannahme für das Attribut ‚nach Zigeunerart', wie es in Ermangelung einer klaren Zigeunerdefinition oftmals vergeben wurde. Strukturelle Bedingungen und Nöte für die Wohnungslosigkeit wurden dabei außer Acht gelassen.

Gerade in Trier war es aufgrund des knappen Wohnraums und der stigmatisierenden Politik der Wohlfahrtsbehörden[842] für arme Familien fast unmöglich, ein angemessenes Obdach zu finden. Im Zuge des lang währenden Abschiebestreits zwischen der Stadt Trier und dem Landratsamt Trier 1926 wurden die Aussagen der Wohnwagenbewohner der ‚Eurener Kippe' protokolliert, um festzustellen, wo sich deren ursprünglicher Wohnsitz befunden hatte und wie es im Jahre 1925 zur Aufstellung zahlreicher Wohnwagen auf der ‚Kippe' kam. So erklärte der Korbmacher Johann W., dass er 1920 von Saarlouis nach Trier in die Kapellenstraße gezogen sei. Nachdem er im Herbst vom Hausieren über Land nach Hause zurückgekehrt sei, sei seine Wohnung von einer anderen Familie besetzt gewesen. Ein Landjäger habe

---

839 LHAK Best. 442, Nr. 10922, Schreiben des Direktors des Landarmenhauses Trier an den Landeshauptmann der Rheinprovinz Düsseldorf, Trier 01.07.1918.

840 LHAK Best. 442, Nr. 10992, Landeshauptmann der Rheinprovinz Düsseldorf an den Reg.-Präs. Trier, Düsseldorf 27.06.1918.

841 Personen, die von der Polizei als Zigeuner markiert wurden, tauchten in den Fürsorgeakten nicht als Zigeuner auf, Bewohner der Eurener Barackensiedlung wurden beispielsweise nicht als Zigeuner verhandelt, siehe StAT Best. Tb15, Nr. 689, erschienen aber gleichzeitig regelmäßig in den Zigeunerakten des Landkreises Wittlich. Dadurch ließe sich das in der Forschung beobachtete fehlende Vorkommen von Zigeunern in den Insassenlisten der Arbeitshäuser erklären, vgl. LERCHE, Alltag und Lebenswelt, S. 173.

842 STAZIC-WENDT, The 'New Morocco' Settlement.

ihn schließlich zur ‚Eurener Kippe' geschickt, als er wieder einmal in einem der Dörfer im Trierer Umland parkte. Er sei seit 1925 wieder in Trier gemeldet.[843] Als der Korbmacher Nikolaus S. im Herbst 1922 mit seinem Wohnwagen nach Trier zurückkam, war das Haus, in dem sich seine Wohnung befunden hatte, verkauft worden.[844] Auch die Wohnung von Emil W. war nach einer Hausierfahrt über Land im Sommer 1921 „anderweitig vermietet" worden. Korbmacher Peter H. erging es ebenso, und Familie W. fand nach längerer Abwesenheit 1923 gar keine Wohnung mehr vor. Diese war wegen Baufälligkeit zwischenzeitlich abgerissen worden.[845] Häufiger kam es zu Räumungen,[846] die oftmals in Abwesenheit der Mieter geschahen. Alle diese Familien behalfen sich mit einem Wohnwagen. Manchmal war dieser auch einer feuchten und dunklen Wohnung vorzuziehen, wie Frau D. bei der Befragung erklärte.[847]

Nach Abschiebungen stellten einige Familien ihre Wohnwagen auf privaten Grundstücken ab und zahlten für den Standplatz eine Pacht, die nicht unerheblich war. So zahlte Johann S. an den Grundstückseigentümer Karl D. 6 Mark pro Monat für einen Standplatz in Euren. Die durchschnittliche Miete für eine Zweizimmerwohnung in Euren betrug seinerzeit 30 Mark.[848]

Auch die Familie Josef D. aus Kinderbeuren hatte aus Not heraus einen Lagerplatz für ihren Wohnwagen auf einem Privatgrundstück in Hetzhof, Landkreis Wittlich, gepachtet. Die Ehefrau Katharina D. gab im Zuge eines Unterstützungsverfahrens, das im Folgenden noch thematisiert werden soll, in der Bürgermeisterei Bausendorf zu Protokoll:

> „Seit 7 Jahren sind wir für Kinderbeuren polizeilich gemeldet. Wir haben bis zum Wegzuge von Kinderbeuren (3.3.26) in dem Hause von Nikolaus K. aus Kinheim gewohnt und hatten hier 2 Zimmer. Das Haus wurde zwangsweise versteigert und der neue Eigentümer ist selbst eingezogen. Wir mußten somit die Wohnung räumen. Wir kauften uns einen Handwagen und sind hiermit durch

843 Für den Raum Hessen konnte festgestellt werden, dass in den Jahren der Weltwirtschaftskrise zahlreichen Familien die Wohnungen gekündigt wurden, während sie ihrem ambulanten Gewerbe nachgingen, vgl. ENGBRING-ROMANG, Die Verfolgung der Sinti und Roma, S. 108.

844 LHAK Best. 442 Nr. 10992, Protokollierte Aussagen der auf der Eurener Kippe ansässigen Familien, Polizeiverwaltung Trier, Verhandelt Trier 13.01.1926.

845 Ebd.

846 Diese hat Tamara Stazic-Wendt in zunehmender Zahl seit 1925 für die Stadt Trier nachgewiesen, vgl. STAZIC, Arbeitslosigkeit und Arbeitslosenunterstützung, S. 128.

847 LHAK Best. 442, Nr. 10992, Protokollierte Aussagen der auf der Eurener Kippe ansässigen Familien, Polizeiverwaltung Trier, Verhandelt Trier 13.01.1926.

848 STAZIC, Arbeitslosigkeit und Arbeitslosenunterstützung, S. 110.

> die Eifel nach Trier gefahren. Am Städt. Friedhof in Kürenz haben wir mit dem Wagen gestanden. […] Mein Mann hat in Trier einen Wohnwagen gekauft."[849]

Die protokollierten Aussagen der Wohnwagenbewohner erklärten vordergründig, wie es zum Verlust der ursprünglichen Wohnung kam, wobei stets strukturell bedingte Gründe vorgelegt und das Bemühen um einen polizeilich gemeldeten Wohnsitz von Seiten der Befragten deutlich gemacht wurde. Die protokollierende Polizeibehörde des Trierer Landes interessierte jedoch hauptsächlich die Rolle der Stadtverwaltung Trier und dass die alten Wohnsitze allesamt auf städtischem Gelände lagen. Da dies der ursprüngliche Zweck der Vernehmungen war und nicht etwa die Verhandlung der Anliegen der Wohnwagenbewohner, fielen die protokollierten Aussagen dementsprechend kurz und in Form einfacher Aussagesätze aus, um den Standpunkt gegenüber der Konkurrenzbehörde zu belegen. Der Verlust der Wohnung und der daraus resultierende Zwang, mit einem Wohnwagen als einzigem Obdach umherzuziehen, war für die Trierer Behörden ein handfester Beweis der Zigeunereigenschaft, vor allem im Milieu der ‚Eurener Kippe'. Damit wurde die Frage der armenrechtlichen Zuständigkeit unbürokratisch umgangen und schnelle Abschiebungen legitimiert.

Dienststellen, die nichts mit der Anerkennung des Unterstützungswohnsitzes zu tun hatten, wie etwa der Trierer Bezirksausschuss, konnten die Verhältnisse aus anderer Perspektive einschätzen, der Vorsitzende schrieb zum Eurener Fall:

> „Es handelt sich nicht um inländische Zigeuner sondern um Personen, die durch Wohnungsnot obdachlos geworden waren. […] Infolge der Wohnungsnot sind zahlreiche Personen dazu übergegangen, einen Wohnwagen zu beziehen, wenn sie infolge Baufälligkeit ihrer bisherigen Wohnung oder aus sonstigen Gründen ausziehen mußten und keine andere Wohnung fanden. Dies gilt namentlich für die Stadt Trier."[850]

Zwar war der Trierer Bezirksausschuss in seinen eigenen Angelegenheiten äußerst restriktiv, wenn es um die Auslegung von gesetzlichen Bestimmungen gegen fahrende Familien ging (vgl. Kapitel 4.2.4), nur benutzte er tatsächlich den Begriff ‚Zigeuner' äußerst selten. Dies war dem Bestreben geschuldet, die eigene Vergabepraxis von Wandergewerbescheinen nicht infrage zu stellen.

---

849 LHAK Best. 498, Nr. 472, Protokollierte Aussage der Ehefrau Katharina D. auf dem Bürgermeisteramt Zell/Mosel, 24.05.1927.

850 LHAK Best. 442, Nr. 10992, Vorsitzender des Bezirksausschusses Trier an den Reg.-Präs. Trier, Trier 27.02.1926.

Mit einer vertraglich geregelten Anmietung eines Stellplatzes versuchten einige Wohnwagenbewohner, die Frage nach dem Wohnsitz zu umgehen.[851] So löste sich im Zuge der im Januar 1926 von Seiten der Trierer Vorortbehörden vollzogenen Abschiebung der Hausierer Matthias W. heimlich mit seinem Wohnwagen aus dem Konvoi, um auf einem privaten Grundstück Zuflucht zu finden, das er zuvor vorsorglich angemietet hatte. Dieses Versteck schützte ihn jedoch nicht lange, denn W. befand sich jetzt auf dem Gebiet der Stadt Trier, die ihn wiederum schnellstmöglich entfernen wollte. Der Trierer Polizei-Oberinspektor berichtete:

> „[...] da W. eine Bescheinigung, die ihn zum Haltenbleiben auf dem fraglichen Grundstück berechtigte, nicht vorzeigen konnte, der Wagen auch sehr zur Verunschönerung der Gegend beitrug und nebenher auch die Gefahr bestand, dass noch weitere Wagen nach dort abgeschoben wurden, – denn das Bürgermeisteramt der Vororte hatte anfangs die Absicht, alle Wagen, die auf der ‚Kippe' standen, nach Trier abzuschieben –, ist der Wagen am nächsten Tage nach dem Bann Euren zurückgefahren worden. Von einem ordnungsmässigen Zuzug des W. kann nach dem Vorgesagten nicht die Rede sein. Der anliegende Mietvertrag, bezw. die Bescheinigung des Grundstückinhabers hat seinerzeit nicht vorgelegen und ist scheinbar erst anlässlich der Abschiebungen gefertigt worden."[852]

Wie oft eine Ausweisung durch die Polizei mithilfe der Strategie einer privaten Anmietung vielleicht verhindert werden konnte, kann aus der Perspektive der Behörden nicht nachvollzogen werden. Lediglich die wenigen Fälle, wo Familien entdeckt und trotzdem abgeschoben wurden, geben einen Hinweis auf diese Praxis.

Der Verlust der Wohnung, unabhängig davon aus welchen (zum Teil individuell dramatischen) Gründen er sich ereignete, wurde aus Sicht der Behörden oftmals nicht hinterfragt. Stattdessen unterstellten sie den Betroffenen meist eigenes Verschulden. Wenn es um die Anerkennung eines Unterstützungswohnsitzes für eine zuziehende verarmte Familie ging, waren einige Dienststellen schnell bei der Zuschreibung der Zigeunereigenschaft. Der Nachweis des festen Wohnsitzes war Bedingung für die Annahme eines Unterstützungsantrags. Seit 1924 galt nicht mehr das ‚Wohnortprinzip' sondern der ‚gewöhnliche Aufenthalt' als grundlegend zur Festlegung des Unterstützungswohnsitzes, doch blieb die Fixierung der Behörden auf den festen Wohnsitz bestehen. Zwar gab es rechtliche Mittel und Verwaltungsstreitverfahren, die etwa strittige

851 LHAK Best. 442, Nr. 10992, Bericht des Kreisverwalters im Restkreis Baumholder an den Reg.-Präs. Trier, Baumholder 03.02.1922 über einen angemieteten Platz für einen Zigeunerwagen, das „selbstverständlich verhindert worden" sei.

852 LHAK Best. 442, Nr. 10992, Abschrift des Berichts des Polizei-Oberinspektors Trier an den Landrat Trier, Trier 24.03.1926.

Zuständigkeiten regelten, jedoch war dies eine Angelegenheit von Monaten, wenn nicht sogar Jahren, sodass Hilfe manchmal schlicht zu spät kam.

Es soll betont werden, dass jede Kommune im Zweifelsfall die Pflicht hatte, Arme und Bedürftige erst einmal zu versorgen und dann im Nachhinein strittige Kostenfragen über die verschiedenen Instanzen und Rechtswege[853] zu regeln und womöglich im Verwaltungsstreitverfahren von einem anderen Armenverband entschädigt zu werden. Entschied sich eine Gemeinde, Bedürftige prinzipiell abzuweisen, wie dies im folgenden Fall rigoros durchgesetzt wurde, gab es für die Betroffenen kaum noch Möglichkeiten, Unterstützung zu erhalten, und es ging in der Tat um das nackte Überleben der Familienmitglieder.

Im Jahre 1927 bemühte sich der Korbmacher Josef D.[854] nach knapp einjähriger Abwesenheit mit seiner Familie um den erneuten Zuzug nach Kinderbeuren (Landkreis Wittlich). Er beantragte zudem Armenunterstützung von dortiger Seite. Die siebenköpfige Familie hatte bereits sieben Jahre in einer Wohnung in der Gemeinde gelebt. Dennoch wurde ihnen der Unterstützungswohnsitz zunächst aberkannt. Der Holzwohnwagen, in dem die Familie nach der Zwangsräumung ihrer Wohnung leben musste, bot nicht genügend Schutz für den anstehenden Winter. In einer mündlichen Verhandlung auf dem Landratsamt Wittlich bemühte sich die Ehefrau daher um einen winterfesten Wagen:

> „Wir besitzen einen Wohnwagen, der aber während der Wintermonate nicht bewohnbar ist. Mein drittes Kind mußte ich deshalb schon in das Säuglingsheim in Föhren unterbringen. Ich bitte uns wegen Beschaffung eines Eisenbahnwohnwagens behilflich zu sein. Ich könnte monatlich 20 h abzählen. Einen Platz zur Aufstellung des Wagens habe ich in Kinderbeuren bei dem Günther W. angemietet."[855]

---

853 Die Rechtswege wurden für die hier vorliegenden Fälle durchaus penibel und verlässlich eingehalten. Fälle, in denen eine endgültige Entscheidung über Kosten ausgesetzt, die rechtlich nicht nachvollziehbar begründet wurden, oder bei denen Hinweise auf Bestechung oder dergleichen zu finden gewesen wäre, gab es in den bearbeiteten Akten nicht.

854 Die Darstellung dieses Einzelfalls wurde im Rahmen der vom SFB 600 „Fremdheit und Armut" durchgeführten Ausstellung „Armut: Perspektiven in Kunst und Gesellschaft" (Trier/Ulm 2011) für ein Didaktikheft der gymnasialen Oberstufe erarbeitet und von Michael Grün kartographisch umgesetzt, vgl. TATARINOV, Der Fall Dehnhardt. Der Name der Familie wurde zugunsten der besseren Lesbarkeit für die Schülerinnen und Schüler sowie Lehrerinnen und Lehrer nicht abgekürzt, sondern neu erfunden.

855 LHAK Best. 498, Nr. 472, Landratsamt Wittlich, mündliche Verhandlung, Katharina D., Wittlich 04.12.1926.

Ein Antrag auf Armenunterstützung der Ehefrau D. in Form eines Eisenbahnwagens wurde daraufhin vom zuständigen Bürgermeister in Bausendorf abgelehnt:

> „Auf Ihren Antrag vom 4.12.1926 auf Zuweisung einer Wohnung bezw. Beschaffung eines Eisenbahnwohnwagens zur Aufstellung in der Gemeinde Kinderbeuren erwidere ich Ihnen, daß die Gemeinde Kinderbeuren nicht in der Lage und auch nicht verpflichtet ist, Ihnen eine Wohnung zuzuweisen, bezw. bei der Beschaffung eines Eisenbahnwohnwagens behilflich zu sein, da Sie in der Gemeinde Kinderbeuren keinen festen Wohnsitz haben. Zur Erlangung eines solchen ist es auch erforderlich, daß Sie in der Lage sind den Unterhalt Ihrer Familienangehörigen zu bestreiten. Diese Voraussetzung trifft bei Ihnen nicht zu, zumal Ihre Kinder andernorts untergebracht werden mußten. Ich stelle Ihnen anheim, für die Beschaffung einer Wohnung selbst bemüht zu bleiben.“[856]

Nachdem die Familie bereits von den Trierer Stadtbehörden (direkt nach der Niederkunft der Frau) unter großen Strapazen nach Kinderbeuren abgeschoben worden war (vgl. Karte 5), sollte sie nun zum Geburtsort des Ehemannes, nach Niederweiler im Regierungsbezirk Koblenz transportiert werden. Dort war Josef D. jedoch aufgrund seiner langjährigen Abwesenheit und Unterstützungsbedürftigkeit auch nicht willkommen. Die Familie überdauerte den Winter in Kinderbeuren, möglicherweise bei Verwandten, den Eisenbahnwagen für den Winter erhielten sie jedoch nicht und im Januar 1927 verstarb das neugeborene Mädchen. Die geplante Abschiebung in den Landkreis Zell erfolgte schließlich im Mai 1927, wo die Ehefrau nochmals versuchte, auf ihrem Recht zu beharren, sich in Kinderbeuren anzusiedeln. Diesbezüglich schilderte sie den Beamten die Zwangsräumung in Bausendorf, den Kauf eines Wohnwagens in Trier, die Geburt des dritten Kindes, dessen Unterbringung im Säuglingsheim und die Abschiebung der Familie kurz danach nach Kinderbeuren. Dort wurden sie nicht eingelassen und weiter nach Alf transportiert, von da aus zurück nach Kinderbeuren für die Dauer des Winters bis zur erneuten Abschiebung:

> „Am Städt. Friedhof in Kürenz haben wir mit dem Wagen gestanden. Am 5. August habe ich im Wöchnerinnenheim in Trier ein Mädchen geboren. Trier-Land hat Bausendorf zur Zahlung dieser Unkosten herangezogen. Bausendorf war somit als Wohnsitzgemeinde anerkannt. Mein Mann hat in Trier einen Wohnwagen gekauft. Nach der Entbindung sind wir von der Polizeiverwaltung Trier-Land bis zur Wittlicher Grenze abgeschoben worden, da die Polizeiverwaltung Trier erklärt hatte, Kinderbeuren sei unser Wohnort. An der Wittlicher Grenze wurden wir von dem Landjäger aus Wittlich in Empfang genommen und die führten uns bis Bausendorf.

---

856 LHAK Best. 498, Nr. 472, Landrat Wittlich an Frau Katharina D., Wittlich 18.12.1926.

Die Pferde zum Befördern des Wohnwagens von Wittlich bis Bausendorf hat der Fuhrunternehmer Engels aus Bausendorf auf Anordnung des Bürgermeisteramtes Bausendorf gestellt. In Bausendorf wurde uns der Aufenthalt verwehrt und unser Wagen wurde bis zur Alfer Grenze geschoben. Da die Familie inzwischen mittellos geworden war, meldeten wir uns beim Wohlfahrtsamt in Zell, das uns zum Bürgermeisteramt Zell-Land verwies. Nachdem hier die Verhältnisse klar gelegt worden waren, wurde uns der Aufenthalt in Alf verwehrt, da wir nicht unterstützungsberechtigt für Alf seien. Die Ankunft in Alf erfolgte Samstags und mein Mann wurde von der Wohlfahrtsabteilung der Landbürgermeisterei Zell davon in Kenntnis gesetzt, daß der Wohnwagen nach Kinderbeuren transportiert würde, da das Bürgermeisteramt Bausendorf zuständig sei. In Kinderbeuren haben wir einen Lagerplatz von einem Franz W. aus Hetzhof gepachtet und die Pacht für ein Jahr im Voraus bezahlt. Hier haben wir nun von September bis gestern gewohnt. Gestern Mittag erschien nun der Betriebsassistent Schmitt aus Bausendorf und erklärte, daß der Wohnwagen nach Niederweiler zwangsweise abgeschoben werden müsse. [...] Meines Erachtens nach ist die Abschiebung unzulässig. Die Abschiebung nach dem Geburtsorte meines Mannes, Niederweiler, Bürgermeisterei Büchenbeuren, kann doch nicht erfolgen, da mein Mann bereits vom 8. Lebensjahre von Niederweiler fort ist. Nach wie vor ist die Bürgermeisterei Bausendorf als unterstützungspflichtige Gemeinde anzusehen. Ich habe davon Kenntnis erhalten, daß der Aufenthalt der Familie in Alf untersagt wird weil die ganze Familie unterstützungsbedürftig ist. Weiterhin habe ich Kenntnis davon erhalten, daß der Wohnwagen wieder auf Bausendorfer Gebiet abgeschoben wird."[857]

Das Protokoll stammt, wie die darin verwendete Sprache, die korrekten Dienstbezeichnungen sowie dessen Stil verraten, aus der Hand der Konkurrenzbehörde und ist dementsprechend strategisch gefärbt. So wurde hier vor allem das Zuzugsrecht und die enorme Abschiebegewalt hervorgehoben und nicht die Bedürftigkeit der Familie, die den eigentlichen Konflikt der Behörden ausmachte und somit die ablehnende Haltung des Zeller Beamten betont hätte. Schon in der ersten überlieferten protokollierten Aussage von Frau D. fällt jedoch auf, dass sie selbst geschickt versuchte, den Willen ihrer Familie, sich permanent anzusiedeln, zu betonen und mit Hinweisen auf Zahlungen, die sie leisten wolle, für einen privat angemieteten Stellplatz und den Eisenbahnwagon (der ja unbeweglich ist) argumentativ zu untermauern. In der zweiten Darstellung ging sie ausführlich auf die unverschuldeten Bedingungen des Wohnsitzverlustes ein, die von keiner Behörde berücksichtigt worden waren. Die rechtliche Argumentation im zweiten Protokoll, nämlich dass Bausendorf ja bereits die Zahlung an das Wöchnerinnenheim anerkannt habe, stammte wohl eher aus der Feder des Protokollanten. Erst die Aussage, welche Ursachen den Verlust der Wohnung in Kinderbeuren eigentlich bedingt

857 LHAK Best. 498, Nr. 472, Bgm. Zell, mündliches Verhandlungsprotokoll, Katharina D., Zell 24.05.1927.

hatten, wendete das Blatt gegen das Bürgermeisteramt Bausendorf und ließ die Familie zumindest einen Teilerfolg erringen. Nach einem siebenmonatigen Streit zwischen der Bürgermeisterei Bausendorf, dem Landarmenverband und der Bürgermeisterei Zell im Regierungsbezirk Koblenz um den Unterstützungswohnsitz der Familie musste der Bürgermeister von Bausendorf den festen Wohnsitz in Kinderbeuren anerkennen. Daraufhin versuchte er, dies noch einmal mit der Zigeunerzuschreibung abzuwenden:

> „Die Auffassung, daß D. seinen Wohnsitz in Kinderbeuren hat, kann nicht geteilt werden. B. ist im März 1926 nach unbekannt wohin, verzogen. Bis zu seinem Wegzuge war D. im Besitze einer Wohnung. Dadurch, dass D. seine Wohnung, die er inne hatte, aufgegeben hat, kann von einem festen Wohnsitz in Hetzhof nicht mehr die Rede sein; denn nur die Innehabung einer festen Wohnung schließt die Absicht ein, den Wohnsitz beizubehalten. […] Durch die Nichtabmeldung kann nicht der Schluß gezogen werden, dass D. seinen Wohnsitz beibehalten wollte; denn in Wirklichkeit bestand dieser bei seinem erfolgten Wegzuge nicht mehr. Die erfolgte Ablehnung von Amtswegen geschah hiermit zu recht. […] Die Zugehörigkeit zur Gemeinde Kinderbeuren wurde nicht anerkannt […]. D. ist ohne festen Wohnsitz und ist nach der Ministerial-Anweisung vom 17.2.1906 […] Bekämpfung des Zigeunerunwesens Ziffer B inländische Zigeuner, zu behandeln.“[858]

Seine Unterstützungspflicht hatte der Bürgermeister somit noch nicht akzeptiert, diese musste im Verwaltungsstreitverfahren weiter verhandelt werden. Immerhin blieben der Familie zunächst weitere Abschiebungen erspart.

Im Fall des hochverschuldeten Schuhmachers Jakob S. machte die Gemeinde Sehlem im Landkreis Wittlich von der Möglichkeit Gebrauch, den Zuzug der vierköpfigen Familie im eintretenden Verarmungsfall zu verweigern.[859] Als klassische Angelegenheit des Landarmenverbands ist es verwunderlich, dass dieser Fall überhaupt in der Polizeiakte zum Zigeunerunwesen erscheint.

Für die Beschaffung eines Obdachs war die kommunale Armenfürsorge zuständig, sodass Mieter, die ihre Wohnungen aufgrund von Baufälligkeit des Hauses oder Eigenbedarf des Vermieters räumen mussten, oftmals provisorisch im Gemeindehaus oder in der Schule untergebracht wurden.[860] So war es auch im Fall des vierfachen Familienvaters und Schuhmachers Jakob S. aus Sehlem, der in einem Brief an den Oberlandhauptmann in Düsseldorf folgendes berichtete:

> „Am 1. Oktober 1926 zog ich aus dem Landkreis Trier nach dem Dorfe Hahn, Bürgermeisterei Büchenbeuren auf dem Hunsrück. Acht Monate später wurde

858 LHAK Best. 498, Nr. 472, Bgm. Bausendorf [ohne Adressat], Bausendorf 20.07.1927.

859 LHAK Best. 498, Nr. 472, Vorgänge Sehlem vom November 1926.

860 Marx-Jaskulski, Armut und Fürsorge, S. 309.

das Haus in dem wir wohnten verkauft. Dasselbe mußten wir räumen und erhielten eine Notwohnung durch die Polizei [...] Ich mußte [...] mit meiner Familie nach dem Landkreise Trier zurück, und war 6 Wochen obdachlos auf der Polizeiwache in Trier. Ich wandte mich an das dortige Landratsamt, wo mihr mitgeteilt wurde, ich sollte mihr nach auswerts eine Wohnung suchen gehen, da in Trier keine zu haben sei.“[861]

In Sehlem fand er ein leerstehendes Haus, was er sich mithilfe einer Anleihe kaufte und mit der Familie bezog. Er schilderte gegenüber der Behörde vor allem sein Bemühen um den festen Wohnsitz und um Arbeit in seinem Handwerk als Schuhmacher. Aufgrund der schwierigen Wirtschaftslage habe die ihm nicht mehr genug eingetragen, weshalb er sich mit Gelegenheitsarbeit durchzuschlagen versucht hatte. Wie viele seiner Zeitgenossen hatte auch Jakob S. nicht genügend Versicherungsmonate für ein Anrecht auf Arbeitslosenunterstützung angesammelt, wodurch er ein Fall der örtlichen Armenfürsorge wurde. In seinem Antrag betonte er vor allem den Hunger der Familie und die schwere Krankheit seiner Frau und seines kleinen Kindes. Der Sehlemer Gemeindevorsteher sah sich aufgrund von Schulden im Recht, Jakob S. und seine Familie abzuschieben, nachdem diese bereits drei Monate in Sehlem gelebt hatten:

„[...] Tatsache ist, daß auch in der ersten Zeit von dem Verdienste allein mit seiner 6 köpfigen Familie nicht ernähren konnte [sic!]. Bei vielen Leuten im Dorfe hat er Schulden gemacht und hat er wegen Geld angegangen. Die Frau geht seit mehreren Wochen betteln, und wird so nicht ihre Familie unterhalten. S. ist anscheinend ein fauler Mensch, der noch nie ernstlich gearbeitet hat.“[862]

Der Landrat stimmte der Abschiebung zu und empfahl, die Ausweisung durch eine polizeiliche Verfügung vornehmen zu lassen.[863] Nur diese letzte Maßregel qualifizierte diesen Fall überhaupt im Sinne einer ‚Zigeunerbekämpfung‘, wobei neben der angeblichen Faulheit des Antragstellers und dessen tiefer Armut vor allem der ungeklärte Wohnsitz zu seinem Nachteil ausgelegt worden war. Die Tatsache, dass die Familie durch eine Zwangsräumung obdachlos geworden war und nach Kräften versucht hatte, sich wieder eine neue Wohnung zu beschaffen, wurde dabei außer Acht gelassen.

---

861 LHAK Best. 498, Nr. 472, Brief des Nikolaus B. an den Oberlandeshauptmann Düsseldorf, Sehlem 06.11.1926.

862 LHAK Best. 498, Nr. 472, mündliches Aussageprotokoll des Gemeindevorstehers Sehlem, Sehlem 17.11.1927.

863 LHAK Best. 498, Nr. 472, Landrat Wittlich an den Bgm. Hetzerath, Wittlich 21.12.1927.

4.2.3 Ambulante Gewerbetreibende als Erwerbstätige, Bedürftige oder Kriminelle im Antragsverfahren

Die Beschwerdeschreiben der Wandergewerbetreibenden an den Oberpräsidenten bieten einen großen Fundus von Selbstdarstellungen der ambulanten Händler. Sie wurden dann verfasst, wenn der Antrag auf einen Wandergewerbeschein abgelehnt worden war. Dieser Beschwerdeweg stand allen in Paragraph 55 der Reichsgewerbeordnung benannten umherziehenden Schaustellern und Musikern offen. Aber auch Personen, deren Gewerbe aufgrund des fehlenden oder bereits erfüllten Bedürfnisses im betreffenden Verwaltungsbezirk abgelehnt worden war, fielen darunter.[864]

Eine Auswahl von etwa 80 Gesuchen aus den beiden preußischen Regierungsbezirken Trier und Koblenz über einen Zeitraum von ca. 1880–1926 bildete die Grundlage für die Analyse von Selbstrepräsentationen von Wandergewerbetreibenden gegenüber der Verwaltung.

Diese spiegelte sich in der intensiven Auseinandersetzung der Briefschreiber mit behördlichen Devianzzuschreibungen aus gewerblichen und polizeilichen Verordnungen wider, um ihr Ziel, die Bewilligung, Verlängerung oder Ausweitung eines Wandergewerbescheines zu erreichen.

Die Antragsteller mussten sich über die in der Praxis vorherrschenden verschiedenen Funktionen des Wandergewerbescheins für die Behörden bewusst sein. War dieser ursprünglich als Nachweis für die Gewerbesteuer im ambulanten Gewerbe gedacht, diente er bald auch als polizeilicher Erkennungsausweis für Personen, die als nach Zigeunerart umherziehend etikettiert wurden. Schließlich wurde er von Seiten der Ortsbehörden zu einer inoffiziellen Fürsorgeleistung für Arme und Kranke instrumentalisiert.[865]

Im Unterschied zu den Bittgesuchen in der Armenunterstützung mussten die Antragsteller nicht nur ihre Bedürftigkeit nachweisen, sondern auch von der wirtschaftlichen Notwendigkeit ihres beantragten Gewerbes sowie von ihrer Rechtschaffenheit überzeugen.

Kaum eine der hier betrachteten Beschwerden, die an die höchste Verwaltungsinstanz der Rheinprovinz, den Oberpräsidenten in Koblenz, gerichtet waren, hatte letztlich Erfolg und bewirkte eine Zulassung zum Wandergewerbe in zweiter Instanz.[866] Dennoch sollen diese in Auswahl genutzt werden,

---

864 Hoffmann, Gewerbe-Ordnung 1904, Paragraph 60, Anmerkung 3, und Paragraph 63, Anmerkung 1.

865 Vgl. Hanschkow, Etikettierung, Kriminalisierung und Verfolgung; Dies., Die Kriminalisierung von Armen.

866 Dies ist jedoch nicht allein der Stigmatisierung des Wandergewerbes an sich geschuldet, sondern in den hier vorliegenden Fällen hauptsächlich dem Zuständigkeitsbereich des Oberpräsidenten. Dieser durfte die Entscheidungen der Bezirksausschüsse lediglich revidieren, sofern sie aufgrund der schon ge-

um Argumentationsstrategien der Beschwerdeführer und Muster in deren Selbstdarstellung vor den Behörden zu analysieren.[867]

Dabei lassen sich drei Kategorien der Schreiben ausmachen, die dem ambivalenten Charakter des Wandergewerbes Rechnung trugen. Zum einen gab es ‚klassische' Antragsbriefe mit dem Ziel der Legitimierung eines Gewerbes sowie von Begleitern des Betriebes, des Verkaufs einer Geschäftsidee oder der Ausdehnung des Geschäftsbetriebes auf einen weiteren Bezirk. Diese wurden zunehmend abgelöst von einem Großteil der Briefe, die sich wie Bittgesuche im Unterstützungsverfahren der Armenfürsorge lasen. Sie waren sowohl argumentativ als auch formell den Armenbriefen ähnlich. Schließlich gab es Briefe, die sich direkt gegen die Devianzzuschreibungen der Behörden richteten. Sie hatten in den meisten Fällen keine Erfolgschancen, was den Schreibern bewusst war, und waren so eher als Beschwerde gegen stigmatisierende Zuschreibungen intendiert. Viele der Briefe stellten auch eine Mischung dieser drei Kategorien dar, wobei jedoch eine Lesart oft über die anderen dominierte.

4.2.3.1 Wandergewerbeschreiben zur Legitimierung des Geschäfts

Der Wandergewerbeschein war zunächst ein Nachweis zur Legitimierung eines Geschäfts. Schreiber priesen daher den volkswirtschaftlichen Wert ihres Unternehmens und das Bedürfnis der Konsumenten an ihren Waren oder Dienstleistungen an, das sie bedienen wollten.

So warb etwa Jakob H. in seinem Brief an den Oberpräsidenten:

> „Ich beabsichtige nun einen Artikel zu vertreiben, welcher das Verdichten von Gummischläuchen an Zweirädern und Automobils bewirkt. Auch sind die bis jetzt mit dem Artikel erzielten Erfolge nachweislich die großartigsten."[868]

Der Oberpräsident erschien in diesem Schreiben nicht anders als jeder andere Kunde, den es von der Güte des Produkts zu überzeugen galt. Einige Schreiber reagierten auf die Ablehnung wegen eines angeblich fehlenden wirtschaftlichen Bedürfnisses ganz gezielt mit volkswirtschaftlichen Argumenten und Werbung für ihre Waren. Sie fassten die Ablehnung als Herausforderung

---

nehmigten Anzahl des beantragten Gewerbezweigs getroffen worden waren. Andere Ablehnungsgründe nach §57 der Reichsgewerbeordnung bearbeitete das Verwaltungsgericht. Die diesbezüglichen Akten aus Trier und Koblenz sind leider zerstört.

867 Die Wandergewerbeakten des Oberpräsidiums in Koblenz umfassen die Zeiträume 1887–1912 und 1923–1927.

868 LHAK Best. 403, Nr. 8197, Jakob H. (Unterzeichner) an den Oberpräs. der Rheinprovinz Koblenz, Fürstenhausen 21.03.1911, S. 287. Die Schrift des Brieftextes und der Unterschrift ist nicht die gleiche.

auf, nach Händlermanier ihr Produkt anzupreisen und an den Mann oder die Frau zu bringen.

Diese Schreiben waren selbstbewusst auf Augenhöhe mit der Behörde verfasst. So versuchte Johann B. aus Duisburg, den Oberpräsidenten in Koblenz von der Einzigartigkeit seiner Schießbude zu überzeugen:

> „Das von mir zu veranstaltende Preisscheibenschießen, ist ein ganz anderes, als das in den gewöhnlichen Schießbuden auf Kirmeßen stattfindende Schießen. Ich setze Werthgegenstände als Preise aus und findet das Schießen mit einer Patentluftbüchse auf Scheiben in einem Wirthssaale oder auf einer Kegelbahn statt und werden die Preise den resp. Gewinnern demnächst ausgehändigt. Dies ist ein Sport, dem sowohl junge, als auch die ihrer Militärpflicht bereits [nachgekommenen] Personen huldigen. So viel mir bekannt, haben im Bezirk Trier derartige Preisscheibenschießen noch nicht stattgehabt, und dürften demnach hierfür Wandergewerbescheine für den Bezirk Trier auch noch nicht ertheilt sein."[869]

Im Vergleich zu der Mehrzahl der Rekursschreiben fällt auf, dass diese Händler statt der Bewilligung eines Scheines eher um eine Ausdehnung ihres Handelsgebietes baten. Sie waren besser betucht als die anderen, hatten ihre Ware oder ihre Attraktion bereits angeschafft und in anderen Teilen des Reiches vermarktet. Eine solche Haltung auf Augenhöhe mit der Verwaltung mussten sich die Händler also ‚leisten' können, und sie war selten in den Schreiben zu finden. Ihre Schriftstücke hoben sich außerdem in Sprache und Form in einem gehobenen Stil von den anderen Briefen ab.

Einige Händler begnügten sich nicht nur damit, die Ausführung ihres Handels oder ihrer schaustellerischen Leistung zu beantragen, sondern baten sogar um die Erweiterung der in der Gewerbeordnung im Hausierhandel erlaubten Artikel, wie Peter E. aus Trier:

> „Nach vielem Hin und Her wurde mir endlich Futterkalk und Futterwürze, Badezusätze, Seifen und Birkenwasser freigegeben. Nicht aber die anderen Artikel auf die ich hauptsächlich reflektiert hatte. Ein schriftliches Ansuchen, um deren Freigabe trug mir nach reichlich 4 Wochen Wartezeit eine Antwort ein, des Inhalts ungefähr, daß Eucalyptusöl jedenfalls unter den Begriff Heilmittel fallen und daher seine Freigabe im Wandergewerbe gegen die Bestimmungen der Gewerbeordnung verstoße. Wegen Nachfrage der anderen Artikel, Fichtennadelfranzbranntwein, Wacholdersaft, Antibräunin wurde mir nahe gelegt, gelegentlich vorzusprechen, jedoch werde schon vorausbemerkt, daß auch deren Freigabe voraussichtlich nicht erfolgen könne, da sie sich als Heilmittel darstellten."

---

869 LHAK Best. 403, Nr. 11610, Johann B. (Unterzeichner) an den Oberpräs. der Rheinprovinz Koblenz, Duisburg 06.05.1896, S. 333–334. Handschrift an verschiedenen Stellen nicht lesbar, hier sinngebend ergänzt.

Mit dieser Anfrage stieß er ausgerechnet auf den dem Wandergewerbe gegenüber feindlich eingestellten Verwaltungsgerichtsdirektor Neumeister aus Trier und wurde abgelehnt. Dennoch formulierte Peter E. souverän und selbstbewusst seine Beschwerde vor dem Oberpräsidenten:

> „Unterzeichnet war diese Zuschrift von einem Herrn Dr. Neumeister. Bei meinem gelegentlichen Vorsprechen war es dieser Herr, der in schroffster Form mein Ansuchen ablehnte mit dem Bemerken, daß Artikel nicht nachgetragen würden und das hieran selbst eine ministeriale Entscheidung nichts ändern kann. Überhaupt sei das Ministerium für ihn nicht zuständig. Jetzt möchte ich mir dann doch die Frage gestatten, welche Stelle denn eigentlich für diesen Herrn zuständig ist."

Nach dieser ironisch formulierten Frage, aus der seine Empörung über den Trierer Bezirksausschuss hervorging, pries Peter E. die Vorzüge seiner Produkte, legte zusätzlich ein Prospekt bei und verwies auf den volkswirtschaftlichen Wert seines Geschäfts:

> „Bei der vielseitigen Verwendungsmöglichkeit des rein 100% austral. Eucalyptusöl Marke Graco, dessen Darstellung Sie auf beiliegendem Prospekt ersehen, daß ein bewährtes und angenehmes Mund- Zahn- Kopf- und Haarpflegemittel darstellt, kann unmöglich von einem Heilmittel gesprochen werden. Das Fichtennadelfranzbranntwein ist etikettiert als das Einreibemittel des Sportsmannes.
>
> Der eingedickte Schwarzwälder Wacholdersaft ist so wohlschmeckend und bekömmlich, daß er in vielen Gegenden als Brotaufstrich auf den Tisch kommt. Was endlich das Antibräunin angeht, so ist es lediglich ein Mittel, das die Viehmast unterstützt und das widerstandsfähig gegen gewisse Arten von Krankheiten macht. In der heutigen Zeit der Geschäftsmöglichkeiten und Konkursen sollte man schon im Interesse des Staatssteuersockels nicht solch kleinlichen Schikanen die Absatzschwierigkeiten noch erhöhen."[870]

Die geringschätzige Antwort Neumeisters zielte auf den in seinen Augen anmaßenden Vorschlag des Beschwerdeführers, neue Waren für den ambulanten Handel freizugeben:

> „Anscheinend bezweckt E. mit seiner Eingabe eine generelle Entscheidung des Provinzialrats darüber, daß die beantragten Waren überhaupt im Wandergewerbe für jeden Händler frei sein sollten. Eine solche Entscheidung ist dem Gesetze fremd/nicht vorgesehen."[871]

870 LHAK Best. 403, Nr. 13110, Peter E. an den Provinzialrat beim Oberpräs. der Rheinprovinz Koblenz, Ehrang b. Trier 25.11.1926, S. 497–500.

871 LHAK Best. 403, Nr. 13110, Vorsitzender des Bezirksausschusses Trier, Dr. Neumeister, an den Oberpräs. der Rheinprovinz Koblenz, Trier 03.12.1926, S. 332.

Ein derartiges Selbstvertrauen eines ambulanten Händlers und dessen vorgeschlagene Lockerung der Gewerberestriktionen erschien Neumeister schon als persönliche Beleidigung gegen seine Autorität.

Aufgrund der Praxis der Bezirksausschüsse, nur noch Wiederholungsanträge für Genehmigungen in Betracht zu ziehen, empfahlen sich die Gewerbetreibenden mit ihren Bewilligungsjahren. Manche sahen allein in der langjährigen Ausübung des Gewerbes ein Anrecht auf den Schein, wie etwa Jakob M. aus der Pfalz:

> „Ehrerbietigst Unterzeichneter hat [...] nachgesucht um Ausstellung eines Gewerbescheines und wurde mit seinem Ansuchen abgewiesen. Bittsteller ist schon seit 15 Jahren Innhaber eines solchen und glaubt doch vor jedem anderen die Anwardschaft hierauf zu besitzen und ruft daher eine weitere Höhere Entscheidung hiermit an."[872]

Dementsprechend sei, dieser Argumentation zufolge, eine langjährige Ausübung des Gewerbes ein Garant für Rechtschaffenheit und Tüchtigkeit, da diese jedes Jahr aufs Neue geprüft werde.

Nach dem Krieg bedienten sich die Bezirksausschüsse dieser Praxis wieder verstärkt, um das Wandergewerbe weiter einzuengen. Der Vorsitzende des Bezirksausschusses aus Koblenz nutzte hierfür 1925 die Zigeunerbezeichnung für bestimmte Antragsteller, was seinen Ermessensspielraum bekräftigen sollte:

> „Schon mit Rücksicht darauf, dass aus allgemeinen wirtschaftlichen Gründen die Zunahme der Anträge auf Erteilung eines Wandergewerbescheines als unerfreulich zu bezeichnen ist, ist bei der Prüfung der Gesuche der strengste Maßstab angelegt worden. Die Erteilung ist in aller Regel auch dort versagt worden, wo sie nach den Bestimmungen der Gewerbeordnung lediglich versagt werden kann. Davon hat das Kollegium nur in den Fällen dringender Notlage Ausnahmen gemacht. Insbesondere ist den sogenannten Zigeunern, wenn ihre Zigeunereigenschaft feststand, ein Wandergewerbeschein nur dann erteilt worden, wenn sie in früheren Jahren bereits im Besitz eines solchen waren und seitens der Landräte usw. die Erteilung befürwortet wurde."[873]

Mit der Erklärung, dass vor allem bei Zigeunern auf die Ablehnung der Scheine geachtet wurde, ließ sich der Ausschuss die Möglichkeit offen, Anträge nach eigenem Gutdünken zu genehmigen, da damit keine klaren Kriterien in der Vergabepraxis kommuniziert werden mussten.

---

872 LHAK Best. 403, Nr. 11610, Jakob M. an den Oberpräs. der Rheinprovinz Koblenz, Kreimbach/Pfalz 27.12.1896, S. 503.

873 LHAK Best. 441, Nr. 27990, Bezirksausschuss Koblenz an den Landrat St. Goar, Koblenz 29.04.1925.

Dem von den Bezirksausschüssen oft benutzten Ablehnungsgrund, es seien bereits genügend Scheine ausgestellt und es herrsche kein Bedürfnis nach weiteren Unternehmen im Bezirk mehr,[874] begegneten einige Beschwerdeführer gewitzt mit dem Vorrechnen der Sterbefälle. So erklärte Georg T. aus Saarlouis dem Oberpräsidenten:

> „Im Jahre 1907 habe ich am 1. Oktober den Wandergewerbeschein auf Musik in Anspruch genommen, und es ist im November desselben Jahre ein Orgelspieler Namens S. in Trier gestorben, wurde aber trotzdem abschlägig entschieden mit der Bemerkung die Zahl wäre vollzählig."[875]

Auch wenn der Musiker keinen Erfolg mit dieser Argumentation hatte, präsentierte er sich selbstbewusst und versuchte, den Bezirksausschuss mit seinen eigenen Argumenten und mit Logik zu schlagen.

Zwar erreichten solche Eingaben kaum Zulassungen, doch sah sich der Bezirksausschuss durch diese Fälle durchaus genötigt, dem Oberpräsidenten die eigenen Zahlen auf den Tisch zu legen.[876]

Auch politisch und wirtschaftlich bedingte strukturelle Schwierigkeiten formulierten einige der Antragsteller ohne Unterwürfigkeit gegenüber dem Oberpräsidenten. Der Komiker Herrmann F. schilderte seine erschwerte Situation während des Ruhrkampfes 1923:

> „Seit dem Jahr 1913 bin ich in dem Gewerbe als Komiker in den Varietees tätig. Bisher war ich meiner Truppe angeschlossen in welcher das Wandergewerbe

---

874 LHAK Best. 403, Nr. 8194, Bezirksausschuss Trier an den Oberpräs. Koblenz, Trier 20.12.1900, S. 563–566: „Der Bezirksausschuß hat durch Sitzungsbeschluß vom 29. November d. J., ihm zugestellt am 8. Dezember d. J., den beantragten Wandergewerbeschein aufgrund des §57 Ziffer 5 der Reichsgewerbeordnung versagt, weil bereits einer den Verhältnissen des Regierungsbezirks Trier entsprechenden Anzahl von Personen Wandergewerbescheine gleicher Art ertheilt worden sind."

875 LHAK Best. 403, Nr. 8196, Georg T. an den Oberpräs. der Rheinprovinz Koblenz, Saarlouis 13.03.1909, S. 577.

876 LHAK Best. 403, Nr. 8197, Bezirksausschuss Trier, Regierungsrat Dr. Beermann, an den Oberpräs. Koblenz, Trier 11.01.1911 bzw. 13.01.1911, S. 162–164 bzw. S. 167–169: Stellungnahme des Bezirksausschusses auf das Beschwerdeschreiben des Heinrich S. Zweimal verfasst, in unterschiedlicher Handschrift, erstes Exemplar vom 11. Januar ist durchgestrichen, jedoch gleicher Wortlaut: „Für das laufende Jahr sind 92 Wandergewerbescheine zum Musizieren, zu theatralischen und Cirkusvorstellungen, Gesangsvorträgen und zu Schaustellungen erteilt und zehn Scheine für gleichartige Betriebe auf den hiesigen Regierungsbezirk ausgedehnt. Die Zahl dieser Scheine wird sich bis zum Schluß des Jahres nach den bisherigen Erfahrungen noch um neunzig Stück vermehren, die Zahl der Scheine zur Ausübung des Seiltänzergewerbes und Vorführung dressierter Tiere wird sich auf etwa 35 Stück stellen."

> vorhanden war, und wir konnten uns freizügig bewegen. Jetzt durch den Eintritt der Ruhraktiven und den Sperrmaßnahmen bin ich nicht mehr in der Lage mit der Truppe reisen zu können.
>
> Der Wirkungskreis der Stadt Rheydt ist für meinen Beruf unzureichend und ich bin auf die Zuhilfenahme der Nachbarstädte angewiesen, welche mir auch eine sichere Existenz bieten würden."[877]

Insgesamt ließen sich die Verfasser dieser Schreiben nicht von der restriktiven Vergabepraxis der Bezirksausschüsse Trier und Koblenz beirren und blieben auch im Beschwerdeverfahren weiterhin auf den volkswirtschaftlichen Wert ihres Unternehmens fokussiert. Allerdings war diese Haltung nur sehr selten zu finden. Dass diese Argumentationslinien immer weniger Händler und Schausteller für sich genutzt haben, spricht dafür, dass die Kommunikation in den meisten Fällen nicht mehr auf Augenhöhe mit der Behörde stattfand. Das Antragsverfahren an sich bereits als Verkaufsspiel zu sehen, konnten sich die meisten der Antragsteller nicht leisten. Sie standen der restriktiven Vergabepraxis zunehmend machtlos gegenüber, da diese Einnahmequelle für sie von existenzieller Bedeutung war. Das äußerte sich darin, dass die Mehrzahl der Schreiben defensiv und mit wenig Selbstvertrauen verfasst wurden. Auffällig war zudem, dass gerade nach dem Krieg in Zeiten wirtschaftlicher Krisen und der zunehmenden Einengung des Wandergewerbes solche Schreiben, aus denen sich ein Selbstverständnis für die ausgeübte Tätigkeit herauslesen ließe, fast gänzlich verschwanden. Stattdessen setzte sich in den Schreiben an den Oberpräsidenten vor allem eine Rhetorik durch, wie sie aus den Armenbriefen bekannt war. Zur Durchsetzung einer Bewilligung war zwar die Darlegung des volkswirtschaftlichen Bedürfnisses nach Paragraph 57 Ziffer 5 der Reichsgewerbeordnung durchaus tauglich. Jedoch wurde der Ermessensspielraum der Behörden bewusst zum Nachteil der Antragsteller ausgereizt und wenig transparent gemacht, sodass die Argumentationen der Beschwerdeführer fast nie zum Erfolg führten.

4.2.3.2 Wandergewerbeschreiben als Armenbriefe

Wie in der klassischen Armenfürsorge war im Wandergewerbeverfahren seit der Jahrhundertwende die Prüfung der Bedürftigkeit der Antragsteller Grundlage für eine Aushändigung eines Scheines. Gleichzeitig musste jedoch auch das wirtschaftliche Bedürfnis des beantragten Gewerbes vorherrschen, wodurch ein Rechtsanspruch auf eine Bewilligung selbst bei Erfüllung der persönlichen Voraussetzungen nicht gegeben war.

---

877 LHAK Best. 403, Nr. 13109, Herrmann F. an den Oberpräs. Koblenz, Rheydt 20.09.1923, S. 57.

In der Praxis setzte sich die Ausgabe von Wandergewerbescheinen für den Vertrieb kleineren Umfangs nach dem Bedürftigkeitsprinzip durch. Dabei waren Kriterien wie Krankheit, Kriegsbeschädigung, hohes Alter oder der Nachweis ärmlicher Verhältnisse ausschlaggebend. Darunter zählten Tagelöhner oder Kleinbauern, die kein oder kaum Land besaßen, um ihre Familie zu ernähren. Vor dem Krieg waren es vor allem Frauen, die durch Wandergewerbe im Nebenerwerb zum Familieneinkommen beitrugen.[878] Auch waren stehendes und fahrendes Gewerbe auf dem Land oft vermischt. So hatten etwa Kolonialwarenhändler in der Regel zusätzlich zum Laden einen Wandergewerbeschein.[879]

Die Antragstellung eines Wandergewerbescheins war in der ‚Unterstützungshierarchie' aus Sicht der Behörde erst die vorletzte Option im sozialen Auffangnetz, die Armenfürsorge blieb noch als letzter Ausweg offen. In den meisten Fällen handelte es sich um die Kombination von Armenfürsorge und einem kleinen Wandergewerbe, wobei die Aufhebung der Wandergewerbesteuer vom zuständigen Bürgermeister mitbeantragt wurde.[880]

Im Vergleich zu den Armenbriefen im Unterstützungsverfahren der Armenhilfe[881] schmälerte das zentralisierte Bewilligungsverfahren die strategische und argumentative Durchsetzungskraft der Briefe. Zudem kam der fehlende Rechtsanspruch auf einen Wandergewerbeschein. Für den Gewerbetreibenden ging es vor allem darum, den Bürgermeister, der auch für die lokale Armenfürsorge zuständig war, von der eigenen Notlage zu überzeugen, damit

878 Vgl. Marx-Jaskulski, Armut und Fürsorge, S. 271. Nach dem Krieg kann nach den hier bearbeiteteten Wandergewerbsakten der gegenteilige Trend beobachtet werden, dass gerade Frauen, keinen Wandergewerbeschein besaßen, sondern zum größten Teil nur noch der Typus des arbeitslosen Familienvaters vorherrschte. Einzelne Genehmigungen für Witwen bildeten die Ausnahme, vgl. LHAK Best. 655,14, Nr. 4504, Bürgermeisterei Kastellaun (Lk. Simmern), 1925–1937, Ausstellung von Wandergewerbescheinen sowie Überwachung und Besteuerung des Wandergewerbes; LHAK Best. 655,191, Nr. 288–289, Bürgermeisterei Bitburg Land, Gewerbebetrieb im Umherziehen und Ausstellung von Wandergewerbescheinen 1920–1928 (spez.) und 1929–1938 (spez.); Best. 655,123, Nr. 1013, Bürgermeisterei Zeltingen-Rachtig (Lk. Bernkastel), Wandergewerbe (Steuerfestsetzungen, Anlagen zu Anträgen auf Wandergewerbescheinen, Kontraventionen), 1920–1928.

879 LHAK Best. 655,14, Nr. 4504 Ausstellung von Wandergewerbescheinen sowie Überwachung und Besteuerung des Wandergewerbes, Bürgermeisterei Kastellaun, 1925–1937.

880 LHAK Best. 655,14, Nr. 4504 Ausstellung von Wandergewerbescheinen sowie Überwachung und Besteuerung des Wandergewerbes, Bürgermeisterei Kastellaun, 1925–1937.

881 Vgl. Krieger, Arme und Ärzte, S. 238–246; Marx-Jaskulski, Armut und Fürsorge, S. 141–162; Sokoll, Selbstverständliche Armut.

dieser den Antrag mit seinem Bewilligungsvorschlag an den Bezirksausschuss weiterleitete. Die Argumentationsmuster des Antrags mussten also in erster Instanz den Bürgermeister überzeugen. Das war in der Regel nicht schwer, da es für den Bürgermeister ein finanzieller Vorteil war, wenn so viele Wandergewerbescheine wie möglich für seine Gemeinde genehmigt wurden. Das sparte Armenkosten, und dementsprechend fokussierte auch er die materiellen Nöte und weniger den wirtschaftlichen Bedarf des Gewerbes. Der Bezirksausschuss war sich natürlich darüber im Klaren, reagierte auch vereinzelt auf besondere Notlagen. Vor allem vor dem Ersten Weltkrieg, unter den Oberpräsidenten von Schorlemer-Lieser und von Rheinbaben, wurden die Anträge von chronisch Kranken oder behinderten Unterstützungsempfängern besonders berücksichtigt.

So befürwortete 1910 der Trierer Bezirksausschuss die Anträge zweier schwerkranker Drehorgelspieler aus dem Landkreis Trier, die sich mit dem Wandergewerbe ein zusätzliches Auskommen sicherten:

> „C. ist durch langjährige Krankheit – Lungenleiden – chronischem Siechtum verfallen, und M. durch Unfall zum Krüppel geworden. Beide befanden sich in Not – sie bezogen Armenunterstützung – und können sich nur durch den gestatten Gewerbebetrieb ihren Lebensunterhalt verschaffen",

argumentierte etwa der Regierungsrat in Trier gegenüber dem Oberpräsidenten in Koblenz.[882] Obwohl in den gesetzlichen Beschränkungen der 1890er Jahre die Ausübung des Wandergewerbes für Taube, Stumme, Blinde und ‚Geistesschwache' untersagt wurde,[883] forderte der Oberpräsident 1910 den Trierer Bezirksausschuss auf, Stellung zu nehmen, ob nicht etwa doch die persönlichen Verhältnisse eines Antragstellers, der als geistig beschränkter Epileptiker beschrieben wurde, „im Sinne des an die Herren Regierungspräsidenten gerichteten Runderlasses des Herrn Ministers des Innern vom 1. November 1908 für die Berücksichtigung des Gesuches" sprechen würden.[884]

Diese Politik wurde jedoch nach dem Ersten Weltkrieg wieder zurückgefahren. In Wien etwa wurde die Ausgabe einer Hausierlizenz direkt an den Nachweis von Invalidität oder einer Notlage seit 1922 gesetzlich gekoppelt. Hier musste der Antragsteller durch Gutachten der Polizei, des Amtsarztes, der Gewerbebehörde, der Arbeiterkammer usw. deutlich machen, dass er zu

882 LHAK Best. 403, Nr. 8197, Bezirksausschuss Trier, Regierungsrat Dr. Beermann, an Oberpräs. Koblenz, Trier 29.07.1910, S. 83.

883 Reger, Gewerbeordnung 1896, Paragraph 57 a, Nummer 2, 2. Aufl., S. 129.

884 LHAK Best. 403, Nr. 8197, Oberpräs. Koblenz an den Bezirksausschuss Trier, Koblenz 03.07.1910, S. 67. Regierungsdaten der Oberpräsidenten Frhr. v. Schorlemer-Lieser und Frhr. v. Rheinbaben waren 1905–1910 bzw. 1910–1918, vgl. Schütz/Hubatsch, Rheinland, S. 74.

keinem anderen Beruf in der Lage sei.[885] Diese sogenannte Berücksichtigungsklausel in Wien verstärkte die Entwicklung des Wandergewerbes als ärmliches Gewerbe in Österreich.[886] In Deutschland waren es vor allem Kriegsinvaliden, die nach dem Ersten Weltkrieg einen Wandergewerbeschein beantragten. Aber wie in den Fällen der Armenunterstützung war das Wandergewerbe kein verbindliches Auffangbecken für die Kriegsbeschädigtenfürsorge.[887]

Auch wenn die vorliegenden Schreiben bereits in zweiter Instanz an den Oberpräsidenten gerichtet waren, unterlag die Mehrzahl von ihnen dem Schema der Armenbriefe an den Ortsvorsteher,[888] wie der folgende Beschwerdebrief des Drehorgelspieler Johann B. aus Trier demonstrieren soll.

> „Ew. Hochwohlgeboren
> Erlaube ich mir höflichst die Bitte Zu unterzeichnen einen Wandergewerbeschein für eine Drehorgel ausstellen lassen zu wollen. In dem einliegenden Bescheid ist mir dasselbe mit der Begründung versagt worden, dass bereits die Anzahl auszustellende Gewerbescheine für eine Drehorgel entsprechend ausgedehnt worden seien. Ich möchte aber darauf hinweisen, dass ich bereits seit 3 Jahren mein Gewerbe im Regierungsbezirk Trier im Besitze eines Wandergewerbes ausgeübt habe, und dasselbe mir jetzt mit obiger Begründung entzogen wurde. Bemerken möchte ich, dass Ich selbst nur ein Bein habe und meine Frau vollständig erblindet ist. Ich beziehe auch keinerlei Unterstützung noch Rente, sodass ich, falls [ich nicht] mit meiner Familie verhungern will, auf [den Wan]dergewerbeschein angewiesen bin. Es würde auch ein Wandergewerbeschein für Schu[hriemen ge-]nügen, um meinen Lebensunterhalt [bestreiten zu] können.
>
> Ich appeliere deshalb Ew. Hochwohlgeboren schon aus rein menschlichen und moralischen Gründen meiner Bitte um Ausstellung eines Wandergewerbescheines, sei es eine Drehorgel oder für Schuhriemen nicht abschlägig bescheiden zu wollen. Für den kommenden Winter bin ich mit meiner Familie sonst der Verzweiflung preisgegeben.
>
> Ich erlaube mir im voraus Ihnen, sehr geehrter Herr Oberpräsident, für die Gewährung meiner Bitte, meinen besten Dank auszusprechen.
> Hochachtungsvoll Johann B."[889]

Johann B. stellte in seinem Schreiben zunächst sein Anliegen dar und beschwerte sich über die in seinen Augen nicht nachvollziehbare Ablehnung.

---

885 Wadauer, Betteln und Hausieren, S. 187.
886 Ebd., S. 187.
887 Verfasser unbekannt, Kriegsbeschädigte als Hausierer; Verfasser unbekannt, Privatwohltätigkeit und Kriegsbeschädigte.
888 King, Pauper Letters; Sokoll, Selbstverständliche Armut, S. 264.
889 LHAK Best. 403, Nr. 13110, Johann B. an den Oberpräs. Koblenz, Trier 01.12.1927, S. 1073–1075 (Schimmelflecken im Dokument, unlesbare Stellen sinngebend ergänzt).

Schließlich beschrieb er im zweiten Schritt seine durch die Invalidität hervorgerufene Notlage und die Unmöglichkeit, einer anderen Arbeit nachzugehen. Gleichzeitig betont er seine Verpflichtung, seine Familie versorgen zu müssen. Das Bemühen um einen Wandergewerbeschein selbst stellte er dabei als Beweis des eigenen Arbeitswillens trotz seines körperlichen Gebrechens heraus. Eine Besonderheit dieses Briefes ist die Auswahl, die Johann B. dem Oberpräsidenten anbot, also wahlweise einen Schein zum Drehorgelspielen oder zum Verkauf von Schuhriemen zu bewilligen.

Johann B. verzichtete auf die häufig am Schluss vorgebrachte Floskel, nicht der örtlichen Armenfürsorge anheim fallen zu wollen. Sein Satz, dass er weder Unterstützung noch Rente bezöge, implizierte, dass er diesbezüglich bereits abgelehnt worden war. In den meisten anderen Briefen wurde die Formel, der Gemeinde oder dem Staat nicht ‚zur Last zu fallen', entweder als Entgegenkommen oder als Drohung abschließend hervorgebracht. So erklärte die Witwe B. in ihrem Bemühen um einen Schein zum Drehorgelspielen: „Ich dachte immer, weil hier das Interesse der Gemeinde mitspielt, würde ich einen Schein bekommen."[890]

Drei Argumentationslinien dominierten die Armenbriefe im Wandergewerbeverfahren. Erstens stellten die meisten Beschwerdeführer die Notwendigkeit des Wandergewerbes aufgrund von Krankheiten und Invalidität dar, wie etwa der Kleinwarenhausierer Theodor L. aus Boslar bei Jülich:

> „[…] mein Kind Anton ist seit Mai in Arztliger behandlung gewesen bies er schließlig in Kaisersschwert im Kloster starb an 29. September […] Schließlig jetzt bin ich selbst schon seit August krank und letztere 8 Wochen im Krankenhause geflegt und bies heute ligt hier bei mier meine 9 Järiges Kind noch in Arztliger behandlung wo nun aber anters kein Verdienste sind alz durch gewerbe."[891]

Zweitens wurden Armut und drohende Not bei Ablehnung des Gesuchs geschildert, so bat etwa die Ehefrau des Matthias K. leidenschaftlich: „Ich glaube, daß verhungern kann man sich nicht lassen. Ich kann mich sonst nicht ernähren als durch Gewerbeschein."[892]

890 LHAK Best. 403, Nr. 11610, Witwe B. an den Oberpräs. Koblenz, Eppelborn (Lk. Ottweiler) 19.02.1896, S. 175.

891 LHAK Best. 403, Nr. 11606, Theodor L. an den Oberpräs. Koblenz, Boslar 14.01.1888, S. 229.

892 LHAK Best. 403, Nr. 13109, Ehefrau Mathias K. an den Oberpräs. Koblenz, Palzem 19.06.1925, S. 799–806. Auch der Wanderkinobetreiber Willy F. erklärte: „Durch diese Ablehnung bin ich jetzt, nebst mein Begleiter u. unserer Familie in eine schwierige Lage geraten, dass wir jetzt dem Hunger preisgegeben sind […]", vgl. LHAK Best. 403, Nr. 13109, Willy F. an den Oberpräs. Koblenz, Düsseldorf 03.07.1924, S. 255–256.

Drittens wurde stets der eigene Arbeitswille unterstrichen, aber gleichzeitig die Unfähigkeit herausgestellt, ein anderes Gewerbe betreiben zu können. So schrieb etwa Josef Z.:

> „Als armer Krüppel bitte ich nun, es mir doch möglich zu machen, mein Brod ehrlich verdienen zu können, [...] es bleibt mir thatsächlich, bei der Unmöglichkeit arbeiten zu können kein Weg mehr übrig, als im Fall der Ablehnung meiner offenen und ehrlichen Bitte, mein tägliches Brod zu erbetteln, da ich monatlich nur 9 Mark Pension beziehe."[893]

Der Beschwerdeführer drohte hier, wie auch einige andere, im Falle der Ablehnung in die Illegalität abzurutschen. So erklärte beispielsweise auch Georg T. in seinem Schreiben:

> „Ich sehe mich veranlaßt, für den 12. November auf dem Bürgermeisterei-Amte in Saarlouis eine Unterstützung zu beantragen, [andernfalls] finde ich mich genötigt mir die Erlaubnis selbst zu erteilen."[894]

Die Bezirksausschüsse untereinander und auch in Auseinandersetzung mit dem Oberpräsidenten verhandelten vor allem das Musikergewerbe als besonders problematisch. Vor allem das Drehorgelspielen wurde eng mit Bettelei verknüpft. Bereits 1888 schrieb dazu der Trierer Bezirksausschuss:

> „Der nach hier gemachten Erfahrungen von Jahr zu Jahr wachsende Zudrang von Personen, welche um Zulassung zur Ausübung des Wandergewerbes als Musiker nachsuchen, ist auch im laufenden Kalenderjahr wieder so erheblich gewesen, daß den hierher gerichteten Anträgen auf Ertheilung von Wandergewerbescheinen zum Musizieren mit Rücksicht auf die Vorschrift unter No. 5 im §57 der Reichsgewerbeordnung zum Theil nicht fest entsprochen werden können. [...] Da hiernach eine Verminderung der zum weitaus größten Theile eigentlich nur als Almosensammler von Ort zu Ort wandernden Personen im öffentlichen Interesse geboten erschien, so haben wir für dieses Jahr die Zahl der Wandergewerbescheine für Musiker auf 100 beschränkt."[895]

---

893 LHAK Best. 403, Nr. 8194, Josef Z., Mitglied im Rheinischen Verein reisender Schausteller und Berufsgenossen zu Köln, an den Minister des Innern Freiherr v. Rheinbaben in Berlin, auf behördlichem Weg weitergeleitet an den Oberpräs. Koblenz, Köln 30.03.1900, S. 363–364.

894 LHAK Best. 403, Nr. 8196, Georg T. an den Oberpräs. Koblenz, Saarlouis 12.11.1908, S. 335 (Schimmelflecken im Dokument, unlesbare Stellen sinngebend ergänzt).

895 LHAK Best. 403, Nr. 11606, Bezirksausschuss Trier an den Oberpräs. Koblenz, Trier 30.04.1888, S. 303–310.

Gleiches konstatierte der Trierer Ausschuss 1896[896] und auch vierzig Jahre später hatte sich an dieser Wahrnehmung nichts geändert.[897]

Wurde das Drehorgelspielen in den Weimarer Jahren ganz offen als Bettelei durch die Bezirksausschüsse markiert, wurde es um die Jahrhundertwende von den lokalen Beamtenstellen noch im Sinne einer armenrechtlichen Unterstützung verhandelt. Diesbezüglich argumentierte der Merziger Landrat im Fall eines erblindeten Drehorgelspielers für die Befürwortung des Antrags.[898] Der Bezirksausschuss lehnte auch diesen Antrag ab und gab den zuständigen Behörden anheim, die Unterstützung des L. im Wege der öffentlichen Armenpflege herbeizuführen.[899]

Tatsächlich zeugte das Betreiben der Drehorgel von tiefer materieller Armut, wie die Schreiben belegen. Selbst eine Reparatur seiner Drehorgel wurde etwa für Josef R. zu einem existenziellen Problem:

> „[...] so ist der damit erzielte Verdienst so gering, daß er weder zum Leben noch zum Sterben reicht. In richtiger Würdigung dieser Tatsache bewilligte die Armen-Verwaltung der Stadt Trier mir früher einen monatlichen Zuschuß zur Wohnungsmiete. Seit dieselbe jedoch mir vor einigen Jahren zu einer meiner Verhältnisse weit übersteigernden Reparatur meiner Orgel behilflich war, ist mir der Zuschuß weggefallen und obschon der mir damals vorgeschossene Betrag bereits mehrmals erreicht ist, bekomme ich denselben doch nicht mehr."[900]

Frauen wurden prinzipiell nicht zum Drehorgelspielen zugelassen. So wurde der Antrag einer Witwe auf die Weiterführung der Drehorgel ihres verstorbenen Mannes mit der Begründung abgelehnt, dass sie habe keinerlei Anrecht

---

896 LHAK Best. 403, Nr. 11610, Bezirksausschuss Trier an den Oberpräs. Koblenz, Trier 17.02.1896, S. 169–171.

897 „Das Wandergewerbe ist nicht dazu bestimmt, die Fürsorgeverbände zu entlasten. Das Drehorgelspielen in Begleitung der blinden Frau ist lediglich Bettelei, wobei die blinde Frau ein besonderes Mitleid erregen soll, und der Wandergewerbeschein ein Hilfsmittel, um ohne festen Wohnsitz im Lande umherzuziehen." Vgl. LHAK Best. 403, Nr. 13110, Bezirksausschuss Trier an den Oberpräs. Koblenz, Trier 06.12.1927, S. 1077.

898 LHAK Best. 403, Nr. 8193, Landrat Merzig an den Oberpräs. Koblenz, Merzig 18.02.1899, S. 583: „Der p. L. lebt in sehr ärmlichen Verhältnissen und ist wegen fast gänzlicher Erblindung arbeitsunfähig. Es wäre zu wünschen, daß dem p. L. der Schein ertheilt würde und erlaube ich mir, den Antrag zu befürworten."

899 LHAK Best. 403, Nr. 8194, Bezirksausschuss Trier an den Oberpräs. Koblenz, Trier 17.02.1900, S. 293–296.

900 LHAK Best. 403, Nr. 8197, Josef R. an den Oberpräs. Koblenz, Trier 09.02.1912, S. 519–521.

auf die Weiterführung des Betriebes ihres verstorbenen Mannes. Es sei zudem unüblich, dass Frauen mit einer Drehorgel umherzögen.[901]

Dennoch blieb das Musikergewerbe, das in den Regierungsbezirken Trier und Koblenz in der Mehrzahl Drehorgelspieler umfasste, bis Ende des Dokumentationszeitraums konstant durch die Bezirksausschüsse mit ca. einhundert Scheinen berücksichtigt.[902]

Entscheidend für die Einordnung der Wandergewerbeschreiben als Armenbriefe war die defensive Argumentationsstrategie der Beschwerdeführer. Die Erfolgschancen waren sehr gering, und die ausführliche Darlegung ihrer Notlage erschien den Beschwerdeführern die einzige Möglichkeit, die Behörde von der Ausstellung eines Scheines zu überzeugen. Dabei war Schilderungen von Krankheit dominierend. Der Tagelöhner Anton B. hatte „eine kranke Hand“ und konnte „deßhalb [s]eine Familie schlecht unterhalten“.[903] Konrad P. war „schwer Lungen krank“[904] und Johann L. war „fast ganz erblindet“ und bezog bereits eine kleine Unterstützung.[905] Der Walzer Jakob H. konnte aufgrund eines schweren Leistenbruchs seine Arbeit bei der Völklinger Hütte nicht mehr weiterführen,[906] Nikolaus A. aus Föhren hatte Lungenschäden aufgrund der staubigen Luft der Tonwarenfabrik in Trier, in der er jahrelang gearbeitet hatte.[907] Der für das Wandergewerbe aufgrund seines jungen Alters nicht zugelassene Peter F. bemühte sich besonders, seine Notlage zu beschreiben:

---

901 „Sie hat keinerlei Anrecht darauf, daß ihr gestattet werde, das von ihrem verstorbenen Ehemann betriebene Gewerbe fortzuführen. Sie muß sich, wie so viele Wittwen nach dem Tode des Mannes in anderer Weise und auf anderer Grundlage einrichten. Ihr einen Wandergewerbeschein ertheilen, würde nichts anderes bedeuten, als ihr einen Freibrief zum Betteln ausstellen. Zudem ist im ganzen Regierungsbezirk keine Frauensperson vorhanden, welche die Erlaubnis hat, im Umherziehen die Drehorgel zu spielen“, vgl. LHAK Best. 403, Nr. 8248, Bezirksausschuss Trier, Regierungs-Assessor Dr. Schmidt an den Oberpräs. Koblenz: Stellungnahme zum Fall Witwe Johann B., Trier 10.06.1895, S. 545.

902 Für das Jahr 1927 wurden 115 Wandergewerbescheine für den Trierer Bezirk genehmigt. LHAK Best. 403, Nr. 13110, Vorsitzender des Bezirksausschusses Koblenz an den Oberpräs. Koblenz, Koblenz 31.05.1927, S. 816.

903 LHAK Best. 403, Nr. 8196, Anton B. an den Oberpräs. Koblenz, Wetzlar 11.08.1908, S. 241.

904 LHAK Best. 403, Nr. 13110, Konrad P. (Unterzeichner, andere Handschrift im Rest des Dokuments) an den Oberpräs. Koblenz, Orenhofen 06.02.1927, S. 601.

905 LHAK Best. 403, Nr. 11610, Johann L. (Handzeichen, Verfasser unbekannt) an den Oberpräs. Koblenz, Röhl (Lk. Bitburg) 05.02.1896, S. 137–140.

906 LHAK Best. 403, Nr. 8197, Jakob H. (Unterzeichner, andere Handschrift im Rest des Dokuments) an den Oberpräs. Koblenz, Fürstenhausen 21.03.1911, S. 287.

907 LHAK Best. 403, Nr. 8196, Nikolaus A. an den Oberpräs. Koblenz, Föhren 05.10.1908, S. 287–288.

„Ich bin jetzt 21 Jahre alt und ferkrüppelt an der rechten Hand mein Leben lang und konnte früher und auch jetzt mit der größten Anstrengung arbeiten wo aber jetzt mit Anstrengung die genannte Hand anschwillt mit Bekleitung einiger Schmerzenserscheinungen. Ueberhaupt habe ich recht viel Leiden davon und in Folge dessen auch keine Kraft. An Vermögen besitze ich nichts. Meine Eltern sind arme Leute. Haben nur ein Haus und noch dazu ist mein Vater faßt immer krank, sowie ist meine Mutter auch nicht gesund und kan kaum unsere Hausarbeit ferichten.“[908]

Am häufigsten erschien jedoch die Kriegsinvalidität als Grund für ein Anrecht auf einen Schein unter den Antragstellern. Diese erklärte nicht nur die Behinderung und die damit entstandene Arbeitsunfähigkeit, sondern sollte auch vaterländische Verdienste und damit einhergehende Ehre und Tugend unter Beweis stellen, um direkt zwei behördliche Vorbehalte auf einmal zu entkräften. So schrieb Johann D., er sei „Kriegsbeschädicht ohne rente, und wollte ein gewerbe beanspug nehmen“,[909] wie viele andere, u.a. auch Josef Z., der sich eine „schwere Quetschung der rechten Hand“ zugezogen hatte.[910]

Einige wenige Beschwerdeführer stellten ihr Bedürfnis vor das der anderen und schwärzten andere Gewerbetreibende an, wie der Drehorgelspieler Josef R.:

„Ich kann nicht begreifen, daß andere Leute, die jünger und rüstiger sind als ich, einen Wandergewerbeschein erhielten: Nähmlich: Peter A. in Herrenhofe bei Dudweiler, welcher noch eine Pension bezieht; geschweige denn von Mathias M. aus Osburg, welcher 23 Jahre alt und nur ein Bein hat, das halte ich für recht und billig.“[911]

---

908 LHAK Best. 403, Nr. 8197, Peter F., Eingabe durch den Ortsvorsteher der Gemeinde Bettingen, Jacoby, an den Oberpräs Koblenz, Bettingen 09.03.1912, S. 225–227.

909 LHAK Best. 403, Nr. 13109, Johann D. an den Oberpräs. Koblenz, Düsseldorf 08.08.1923.

910 LHAK Best. 403, Nr. 8194, Josef Z. an den Preuß. Min. d. I., Freiherr v. Rheinbaben, in Berlin (weitergeleitet an den Oberpräs. Koblenz), Köln 30.03.1900, S. 363–364.

911 LHAK Best. 403, Nr. 8197, Sebastian L. für Josef R. (Unterzeichner) an den Herrn von Rheinbaben, Minister für Handel und Gewerbe, Berlin (weitergeleitet an den Oberpräs. Koblenz), Trier 11.05.1910, S. 27–28. Auch Tagelöhner und Ziehharmonikaspieler Mathias F. beschwerte sich über Gewerbetreibende, die in seinen Augen unberechtigt bevorzugt wurden: „Viele andere gehen herum, die gut arbeiten könnten, und mir würden meiner Armuth denselben verringern. Ich selbst würde das nicht thun, wenn ich nur Arbeit hätte, aber wegen meinem Augenlicht bekomme ich keine. Bitte daher doch dahin wirken zu wollen, daß mir diese Vergünstigung zu Theil wird.“ Vgl. LHAK Best. 403, Nr. 11610, Mathias F. (Unterzeichner, andere Handschrift im Rest des Dokuments) an den Oberpräs. Koblenz, Weiskirchen 05.11.1895, S. 35–36.

Andere hielten ihre Informationen über illegale Antragsteller gezielt zurück und boten diese den Behörden bewusst im Austausch mit dem gewünschten Schein an:

> „Ich kann bezeugen, dass verschiedene Gewerbetreibende ihr Schein auch mit 20, 21 und 22 Jahren schon bezogen haben und bekommen sogar ihre Ehegatten als Begleiter auf den Schein."[912]

Viel häufiger als derartig unkollegiale Strategien wurde jedoch standardmäßig die Verantwortung für den Unterhalt der Familie von den Beschwerdeführern stark betont, was zunächst in der Tat erfolgversprechend war. Georg L. wurde der Wandergewerbeschein aus diesem Grund noch 1888 in zweiter Instanz bewilligt:

> „Euer Exzellenz beehren wir uns den zur Seite bezeichneten hohen Erlaß nebst Anlagen mit dem Berichte gehorsamst zurückzureichen, daß der Georg L. nach den aus Anlaß des Rekurses angestellten Ermittlungen die einzige Stütze seiner vermögenslosen und in geringem Maße arbeitsfähigen Mutter und eines noch erwerbsunfähigen Bruders ist. […], so erscheint die ausnahmsweise Zulassung desselben zum Gewerbebetriebe im Umherziehen gerechtfertigt."[913]

Spätere Eingaben mit diesem Argument wurden genauso häufig abgelehnt wie alle anderen. Die Darstellung als Alleinversorger einer Familie[914] wurde schon nach der Jahrhundertwende nicht mehr höher bewertet als alle anderen Gründe.[915]

Auch in den Weimarer Jahren konnte dieses Argument den Bezirksausschuss nicht mehr überzeugen, wie im abgelehnten Fall des Kleinkinobetreibers Konrad P.:

> „Ich bin verheiratet und habe eine Familie zu ernähren, wozu ich noch schwer Lungen krank bin, und keine sonstige Beschäftigung aufnehmen kann. Der von

---

912 LHAK Best. 403, Nr. 13110, Ehefrau Peter S. an den Oberpräs. Koblenz, Rom (Lk. Prüm) 21.03.1927, S. 715–716.

913 LHAK Best. 403, Nr. 11606, Bezirksausschuss Trier an den Oberpräs. Koblenz, Trier 04.01.1888, S. 29–32.

914 Zum ‚Argumentationsmuster Familie' ausführlich GERSTENMAYER/TATARINOV, Unordentliche Verhältnisse.

915 Dies zeigte sich u.a. im abgelehnten Fall des Nikolaus A.: „Ich bin seid dem Jahr 1905 verheiratet und Vater von zwei Kinder denen ein drittes baldigst folgt und der Ernährer meines hochbetagten Schwiegervaters. Im Mannesalter von 33 jahren kann ich kein andere Provision mehr erlernen und es ist mir auch nicht möglich, mich in andererweise zu ernähren […]." Vgl. LHAK Best. 403, Nr. 8196, Nikolaus A. an den Oberpräs. Koblenz, Föhren 05.10.1908, S. 287–288.

mir bereits betriebene Kleinwarenhandel bringt mir nicht das nötige ein, um meine Familie damit ernähren zu können.“[916]

Auch der Hinweis auf unverschuldete Arbeitslosigkeit ließ keine Vorteile im Antragsverfahren erkennen. Bewerber, die eigentlich Maurer oder Holzarbeiter waren, und das Hausiergewerbe zur Abfederung ihrer Notlage in der Arbeitslosigkeit ausüben wollten, hatten keine besseren Chancen auf den Schein.[917]

Die meisten Antragsteller behalfen sich mit der Zusammenstellung verschiedenster Überlebensquellen, in einer Ökonomie des Notbehelfs. Um sein Bemühen um ein redliches Auskommen unter Beweis zu stellen, beschrieb der in den Eurener Baracken hausende Peter C. die verschiedenen Bausteine seines Auskommens, die jedoch immer noch nicht den nötigen Unterhalt einbrächten:

> „[…] mußte von da ab um Unterstützung einkommen, die mir auch gewährt worden in ungenügender Höhe. Diese Unterstützung beträgt pro Monat 35 Mk, wovon alle 2 Wochen 7,50 Mk an Barackenmiete in Abzug kommen, ebenso die letzten 2 Wochen außerdem 3 Mark […]gebühr, sodaß heute alle 14 Tage 11 Mark ausgezahlt werden durch einen Lebensmittelbon, womit wir absolut nicht auskommen können.
>
> Um meine Lage zu verbessern, [be]schaffte ich mir eine Harmonika zum [spie-]len, da ich aber das [Tasteninstrument nicht] zu spielen verstand, konnte ich mit diesem Instrument nichts anfangen, da beschaffte ich mir eine Drehorgel. [Da sie] 27 Mark kosten sollte und es mir erlaubt wurde, die Orgelschuld in wöchentlichen Raten von 5 Mark abzutragen.“[918]

Die Beschwerdeschreiben an den Oberpräsidenten, die sich den Armenbriefen zurechnen ließen, zeichneten sich durch ihre in der Armenfürsorge einschlägige Argumentationsstruktur aus. Dabei waren die Beschreibungen von Krankheiten, materieller Not, des ungenügenden Unterhalts für die Familie und

916 LHAK Best. 403, Nr. 13110, Konrad P. (Unterzeichner, andere Handschrift im Rest des Dokuments) an den Oberpräs. Koblenz, Orenhofen 06.02.1927, S. 601.

917 LHAK Best. 498, Nr. 226, Bgm. Kröv an den Landrat Wittlich, Kröv 08.11.1930. Peter K. beschwerte sich diesbezüglich beim Koblenzer Oberpräsidenten: „Es ist, den Herrn des Ausschusses auch bekandt, das die Arbeitslosigkeit, sehr groß ist, und ein jeder Mann froh ist, Wenn er Arbeiten kann. […] hier könnte Mann anehmen [dass Mann] von seiner Arbeit Absichtlig zurückgehalten wird.“ vgl. LHAK Best. 403, Nr. 13110, Peter K. an den Provinzialausschuss in Köln, Trier 01.07.1926, S. 331. Die Handschrift ist an einigen Stellen kaum lesbar, diese wurden sinngebend ergänzt.

918 LHAK Best. 403, Nr. 13110, Peter C. an den Provinzialrat beim Oberpräs. Koblenz, Trier 25.01.1927, S. 605–606 (Schimmelflecken im Dokument, unlesbare Stellen sinngebend ergänzt).

des Arbeitswillens bei gleichzeitiger Arbeitsunfähigkeit dominant. Hierbei ließ sich der Konflikt zwischen den Anforderungen der Ortsbehörden zur positiven Bearbeitung des Antrags und denen von staatlichen und regionalpolitischen Prämissen geleiteten Kriterien des Bezirksausschusses besonders gut erkennen. Die Stellungnahmen und Ablehnungsschreiben der Bezirksbehörde gingen kaum auf die in den Briefen aufgeführten Notlagen und individuellen Begebenheiten ein, stattdessen wurden diese mit Hilfe schematisierter Vordrucke und Standardformulierungen abgelehnt. Nur ganz vereinzelt kam es überhaupt zu Bewilligungen in zweiter Instanz. Anhand dieser Briefe wurde das Wandergewerbe als weiterer Notbehelf im Kampf ums tägliche Überleben und indirekt auch das System der Armenfürsorge kritisiert. Es handelte sich hierbei nicht um eine selbst bestimmte Berufswahl oder die Verwirklichung einer Geschäftsidee. Auch dass die Armenfürsorge in den Augen der Behörden den abgelehnten Antragstellern als Option bliebe, hatte in der Realität keinen Bestand. Eine Vielzahl der Antragsteller bezog bereits einen kleinen Betrag, der jedoch nicht zum Überleben reichte, oder war bereits abgewiesen worden.

Die als Armenbriefe verfassten Beschwerdeschreiben dominierten klar die Zahl der Schriftstücke. Ihre Zahl nahm in den Weimarer Jahren stetig zu. Nur in einzelnen Jahren zu Beginn der Dokumentation oder in den Vorkriegsjahren des Ersten Weltkriegs hatte diese Argumentationslinie überhaupt Durchsetzungskraft bei der Behörde. In den Weimarer Jahren wurden die Beschwerdeführer rigoros mit dem Hinweis abgelehnt, dass hierfür die örtliche Armenfürsorge zuständig sei. Hinzu kam, dass die Argumentation mit Krankheit und Not keinen Bezug auf die einschlägigen Artikel der Reichsgewerbeordnung nahm, sondern eher den Ablehnungsgründen entsprach.

4.2.3.3 Wandergewerbeschreiben als Abwehr von Zigeunerzuschreibung

Neben den Schwierigkeiten, armutsrelevante Argumente durchzusetzen, kam die stigmatisierende Antragstellung hinzu, bei der sich die Antragsteller bereits präventiv von Verdachtsmomenten freimachen mussten. Auf dem Amt musste zunächst ein Vordruck ausgefüllt werden, der neben persönlichen Angaben und der Nennung des gewünschten Gewerbes vor allem die Einschätzung des Bürgermeisters hinsichtlich moralischer Kriterien abfragte. So wurde direkt ermittelt, ob der Antragsteller oder die Antragstellerin einen festen Wohnsitz hatte, wegen Arbeitsscheu oder Bettelei bekannt war, ob Vorstrafen vorlagen, oder ob für den Unterhalt der Kinder gesorgt war. Seit 1904 sollte die Zigeunereigenschaft explizit widerlegt werden. In den Ausführungsanweisungen der Reichsgewerbeordnung hieß es dazu:

> „Desgleichen ist die Erteilung von Wandergewerbescheinen an inländische Zigeuner nach Möglichkeit zu beschränken. Wenn in einzelnen Fällen in Ermangelung

gesetzlicher Versagungsgründe dem Antrag eines inländischen Zigeuners stattgegeben werden muß, so ist seine Zigeunereigenschaft in dem Wandergewerbeschein ausdrücklich zu vermerken oder, falls diese Eigenschaft nicht mit Sicherheit festgestellt ist, der Zusatz aufzunehmen: ‚Zieht nach Zigeunerart im Land umher'."[919]

Nicht nur dem wirtschaftlichen Bedürfnis und dem armenrechtlicher Belange musste also in den Briefen entsprochen werden, sondern auch in polizeilicher Hinsicht sollte sich der Antragsteller als tauglich erweisen. So diente der Wandergewerbeschein in der Praxis als polizeilicher Erkennungsausweis für sogenannte nach Zigeunerart umherziehende Personen, auch wenn der Eintrag selbst selten vorgenommen wurde.

Ziel der Antragsteller musste also in erster Linie sein, von ihrer Rechtschaffenheit und guten Lebensführung zu überzeugen. Diese wurde jedoch bereits durch die Antragstellung des Wandergewerbes, als Inbegriff von Arbeitsscheu, in Zweifel gezogen (vgl. Kapitel 3.1.3). Dies wird deutlich in der 1921 erlassenen Verfügung des Trierer Bezirksausschusses:

„Die Flut der Wandergewerbetreibenden schwillt immer mehr an, die Sucht geregelter Arbeit aus dem Wege zu gehen und sich dem ungebundenen Leben im Wandergewerbe hinzugeben nimmt immer mehr zu."[920]

Das wichtigste Anliegen in den Antragsschreiben war daher, den Vorwurf der Arbeitsscheu zu widerlegen. Auch die Verbände des ambulanten Handels arbeiteten in den 1920er Jahren an dem Ziel, die Herstellung eines guten Rufes zu erreichen. Dies sollte jedoch durch Abgrenzung zu den durch die Behörden als bettelnd und arbeitsscheu stigmatisierten Gewerbetreibenden erreicht werden, was die Vorurteile eher bekräftigte statt sie zu widerlegen. So erklärte der Provinzialverband reisender Gewerbetreibender aus Koblenz, wie sehr die Mitglieder unter den ‚unliebsamen' Hausierern litten:

„Aus allen Bezirken des Rheinlandes laufen Klagen von uns angeschlossenen Mitgliedern darüber ein, daß gegenwärtig ungezählte hunderte Personen jeden Alters und Geschlechtes in den entlegensten Orten und Gehöften in Stadt und Land sich teils bettelnd und hausierend herumtreiben, ohne im Besitze eines Wandergewerbescheines zu sein. Der ehrliche und legitime Handel im Umherziehen leidet sehr unter dieser unliebsamen Erscheinen [sic] und verliert dadurch Ansehen bei Behörde und Bevölkerung."[921]

---

919 Hoffmann, Gewerbe-Ordnung 1904, Anhang B. Ausführungsanweisung Ziffer 67, S. 465.

920 LHAK Best. 442, Nr. 10992, Rundverfügung des Vorsitzenden des Bezirksausschusses, Draeger, Trier 24.10.1921.

921 LHAK Best. 498, Nr. 237, Provinzialverband reisender Gewerbetreibender Koblenz an den Oberpräs. Koblenz, Koblenz 24.11.1925.

Um die Ablehnung des Bezirksausschusses aufgrund angeblicher Arbeitsscheu zu entkräften, beriefen sich einige Beschwerdeführer darauf, nie mit dem Gesetz in Konflikt gekommen zu sein, so schrieb etwa Catharina H.:

> „Ich wäre wegen gewohnheitsmäßigem Betteln, Arbeitsscheu, Landstreicherei und Trunksucht übel berüchtigt, und könne ferner meine Kinder nicht genügend unterrichten.
>
> Dieses kann aber nur auf Verleumdung beruhen, ich bin 22 Jahre alt und bin noch nie bestraft worden habe noch niemals Protokoll gestanden, habe mich viel mehr stets ehrlich und braf durchgebracht."[922]

Der hier erwähnte Hinweis auf Straffreiheit erschien in diesem Zusammenhang in zahlreichen Schreiben, kaum ein anderes Argument wurde gegen die Anschuldigung der Arbeitsscheu, die oft in Kombination mit den Kategorien des Strafrechts ‚Bettelei' und ‚Landstreicherei' auftrat, hervorgebracht. So erklärte der Drehorgelspieler Josef B.:

> „Denn ich bin noch Niemals bestraft keiner von uns. Ich bin nächst 50 Jahr alt aber noch Niemals vor Gericht gewesen. Und deshalb thut es mir leid weil ich mich immer gut geführt habe und mir doch alles abgelehnt wird."[923]

Außer dem Hinweis auf die Straffreiheit wurde die Zuschreibung von Arbeitsscheu häufig unkommentiert gelassen. Die Formulierung im Gesetzestext, der Wandergewerbeschein sei zu versagen, wenn der Antragsteller „wegen gewohnheitsmäßiger Arbeitsscheu, Bettelei, Landstreicherei, Trunksucht übel berüchtigt" sei (Paragraph 57, Ziffer 4), ließ außer einer gegenteiligen Behauptung kaum einen anderen Beleg zu. Sie gab keine objektiven Kriterien an die Hand, die widerlegbar gewesen wären. Auch die Ehefrau von Mathias K. ging mit dem Hinweis der Verleumdung in die Defensive:

> „Mein Mann war stets arbeitsam und friedsam. Er erlernte das Klempner-Handwerk und verdient genug Unterhalt für Familie. So beantrage ich den Wandergewerbeschein. Aber er wird mir versagt. Die Gründe sind unwahr, die man mir zur Last legt."[924]

---

922 LHAK Best. 403, Nr. 11606, Catharina H. (Unterzeichnende, andere Handschrift im Rest des Dokuments) an den Oberpräs. Koblenz, Kämerscheid 08.03.1888, S. 163.

923 LHAK Best. 403, Nr. 8196, Joseph B. an den Oberpräs. Koblenz, Koblenz 19.11.1908, S. 363.

924 LHAK Best. 403, Nr. 13109, Mathias K. an den Oberpräs. Koblenz, Rohlingerhof, Palzem 19.06.1925, S. 799–806.

Der mit einer Spieldose umherziehende Saarlouiser Georg T. hingegen rechtfertigte sich nicht weiter, sondern drohte offensiv mit der Möglichkeit, illegal das Wandergewerbe auch ohne Erlaubnis auszuführen:

> „Im Jahre 1905 wurde mir die Zustellung übersendet, [...] daß mir der Gewerbeschein [...] versagt wäre, weil ich als arbeitsscheu übel berüchtigt wäre. Ich bin auf mein Fortkommen und auf mein ehrlichen Namen schwer geschädigt worden, infolgedessen finde ich mich veranlaßt, den Wandergewerbeschein an Sie in Anspruch zu nehmen, und bitte, daß mir derselbe ohne entgeldlich erteilt wird. [...] (andernfalls) finde ich mich genötigt mir die Erlaubnis selbst zu erteilen."[925]

Auch der Beschwerdeführer Josef R. ging nicht weiter auf die Vorwürfe des Bezirksausschusses ein. Diese lauteten, er habe sich durch seine Trunksucht selbst in seine wirtschaftliche Lage versetzt und sei in der Lage, seinen Schreib- und Kurzwarenhandel zu betreiben.[926] Josef R. argumentierte stattdessen mit der Schwere seiner Krankheit:

> „Ich bin durch Krankheit (periodische Epilepsie) unfähig zu jeder schwereren Arbeit und wäre ich auch noch arbeitsfähig, so beschäftigt doch niemand einen Menschen mit solcher Krankheit. Alles was ich verdienen kann, ist was ich durch Orgelspielen von der Mildtätigkeit der Menschen erlange."[927]

Ihm wurde der Einspruch zuvor abgelehnt mit der Begründung, dass eine „Befugnis zum Orgelspielen [...] ihm nur in erhöhtem Maße Mittel und Gelegenheit [verschaffen würde], seinem Hang nach Alkohol nachzugehen."[928]

Der Vorwurf der Arbeitsscheu konnte also nicht stichhaltig von den Beschwerdeführern widerlegt werden, die Behörde konnte diesbezüglich Willkür walten lassen, wie es in einem besonders krassem Fall etwa allein aufgrund der Anschrift von Bittstellern aus dem Barackenlager zwischen der Stadt Trier und dem Vorort Euren geschah.[929]

---

925 LHAK Best. 403, Nr. 8196, Georg T. an den Oberpräs. Koblenz, Saarlouis 12.11.1908, S. 335.

926 LHAK Best. 403, Nr. 8197, Bezirksausschuss Trier, Regierungsrat Dr. Beermann, an den Oberpräs. Koblenz, Trier 29.07.1910, S. 83.

927 LHAK Best. 403, Nr. 8197, Josef R. an den Oberpräs. Koblenz, Trier 09.02.1912, S. 519–521.

928 LHAK Best. 403, Nr. 8197, Regierungsrat Dr. Beermann, Berichterstatter des Bezirksausschusses Trier an den Oberpräs. Koblenz, Trier 29.07.1910, S. 83. Dem Drehorgelspieler Peter C. wurde ebenfalls nachgesagt, den Schein zum Betteln zu missbrauchen und zu Übertritten gegen das Publikum zu neigen. Dieser entgegnete diesbezüglich lediglich, dass er „bis zum Tage meiner Augenoperation im August 1925 [...] keiner Gemeinde zur Last gefallen" wäre, vgl. LHAK Best. 403, Nr. 13110, Peter C. an den Provinzialrat beim Oberpräs. Koblenz, Trier 25.01.1927, S. 605.

929 Stazic-Wendt, The 'New Morocco' Settlement, S. 92, vgl. dazu Kapitel 3.3.1.

Während die Beschwerdebriefe hinsichtlich der Zuschreibung von Arbeitsscheu eher resigniert anmuteten, wurde die explizite Benennung bestimmter Antragsteller als Zigeuner deutlich emotionaler beantwortet.

So verfasste Mathias K. aus Palzem, dessen Ehefrau nach Angaben der Behörden „nach Zigeunerart im Lande umher“ ziehe und „wegen Bettelei übel berüchtigt“ sei, einen aufgebrachten Brief an den Oberpräsidenten:

> „Ich […] wende mich […] an den Herrn Ober-Regierungspräsident mit einer Beschwerde gegend die Regierung Trier wegend Beleidigung die ich zur gerichtlichen Sache kommen lasse. […] Im April beantragte meine Frau ihr Wandergewerbeschein. Meine Frau war seit dieser Zeit noch überhaupt nicht von mir wek und ist stets nach meiner Abweßenheit zu Hauße. […] Alles falsche Aussagen der Behörden. Ich verdiene genug, wenn meine Frau ihr Gewerbeschein hat für meine Kinder, […]. Es hat mir noch keiner eine Stütze für meine Kinder geleistet und die Regierung meiner Frau noch kein Stück Brot gegeben. Meine Frau geht nicht betteln […]. Sie schämt sich in ein Haus so rein zugehen. Ich kann dies mit Zeugen beweißen. Ich verlange [Bericht wer] die Ermittlung gegeben hatt, sie täte in der Welt herumziehen, das ist falsch, und werde dießen zur weiteren Sache vor Gericht bringen wegend Beleidigung. […] Diese Sache ist falsch. […] Es versagt uns sämtliche Rechte.“[930]

Neben der Empörung über das angebliche Umherziehen seiner Frau, führte auch Mathias K. das Argument ins Feld, dass sie mit dem Wandergewerbeschein ihre Familie durch Arbeit ernährten und nicht dem Staat zur Last fielen. Zwar beteuerte er die Sittlichkeit seiner Frau damit, dass sie stets daheim sei und nicht bettele, gleichzeitig widersprach er sich und schrieb von der Scham, die sie empfände, von Haus zu Haus gehen zu müssen.

Um sich von der durch die Behörden erfolgte Zuschreibung der Zigeunereigenschaft zu befreien, distanzierte sich der Seiltänzer Heinrich S. aus Alsenborn in seinem Schreiben 1910 explizit von Zigeunern:

> „Das Gewerbe als Seiltänzer übe ich schon seit einer Reise vor Jahren aus und habe mich seit Ausführung jederzeit gut geführt und zu Klagen keinen Anlaß gegeben und bin auch bis jetzt meinen Verpflichtungen voll und ganz nachgekommen und bin ich wohl nicht […] mit den herumziehenden Zigeunern zu vergleichen, da ich meinen festen Wohnsitz habe und zwar hier. Ich besitze hier ein eigenes Anwesen und zahle auch demgemäß Steuer p., von November bis März jeden Jahres bin ich ohne Ausübung des Gewerbes hier. Meine schulpflichtigen Kinder gehen nie mit, dieselben bleiben vielmehr hier in Verpflegung und besuchen regelmäßig die Schule.“[931]

930 LHAK Best. 403, Nr. 13109, Mathias K. an den Oberpräs. Koblenz, Palzem 12.03.1925, S. 821–822.

931 LHAK Best. 403, Nr. 8197, Heinrich S. (Unterzeichner, andere Handschrift im Rest des Dokuments) an den Oberpräs. Koblenz, Alsenborn 27.12.1910, S. 159–160.

Nach der Standardbemerkung, rechtschaffen zu sein, versuchte der Seiltänzer mit erstaunlich genauer Kenntnis, Kriterien einer Zigeunerzuschreibung zu widerlegen. So wies er auf seinen festen Wohnsitz hin, beschrieb seine Besitztümer, beteuerte, Steuern zu zahlen, sowie seine Kinder regelmäßig zur Schule zu schicken und diese nicht auf Reisen mitzunehmen.

Die nachdrückliche Erwähnung des festen Wohnsitzes machten sich viele der Beschwerdeführer zunutze, um dem Vorwurf des Umherziehens zu begegnen. Andernfalls beschrieben sie die Umstände, wie es zum Verlust des Wohnsitzes kam, um dennoch ihren Anspruch auf einen Wandergewerbeschein zu legitimieren. So musste die Familie des Mathias K. nach ihrer Ausweisung 1921 aus Lothringen „wegend Wohnungsmangel in einem Wohnwagen wohnung nehmen [...].“[932] Auch der Kriegsversehrte Dominic H. schilderte im Bemühen um einen Wandergewerbeschein seinen Kampf um eine Wohnung in Trier für sich und seine schwangere Ehefrau.[933]

Die seit 1906 maßgebliche preußische „Anweisung zur Bekämpfung des Zigeunerunwesens“ betonte vor allem die Verwahrlosung, die das Umherziehen auf die Entwicklung der Kinder habe.[934] Als Gegenmaßnahme wurde die Veranlassung der Fürsorgeerziehung verordnet. Was unter Verwahrlosung zu verstehen war, wurde wiederum nicht näher definiert und lag im Ermessensspielraum des einzelnen Lokalbeamten mit dem Vermerk:

> „Die Gemeinde- und Ortspolizeibehörden haben nach dieser Richtung hin die minderjährigen Kinder der in ihrem Bezirke wohnenden oder aufhaltsamen Zigeuner besonders zu überwachen, [...]“.[935]

Lediglich Hinweise auf Schul- und Unterhaltspflicht sowie den Straftatbestand und den körperlichen Zustand der Kinder wurden ohne näher gehende Erläuterungen als Kriterien zur ‚Erkennung von Verwahrlosung‘ genannt.

Um dem Vorwurf der Verwahrlosung der Kinder zu begegnen, schrieb etwa die Ehefrau des Mathias K.: „Meine Kinder 5 Stück sind in Fürsorge gebracht worden. Im Alter von 15-9-5-4-3 Jahren. Ich habe meine Kinder nicht vernachlässigt.“[936] Der Seiltänzer Heinrich S. versicherte den Behörden, dass

---

932 LHAK 403, 13109, Ehefrau Mathias K. an den Oberpräs. Koblenz, Palzem 19.06.1925, S. 799–806.

933 „Habe bis dato Weberbachstr [...] schon sieben Jahre gewohnt. Die hiesige Stadt verlangte von mir eine andere Wohnung seit vorrigem Jahre; es war aber keine Wohnung aufzutreiben!“ Vgl. LHAK Best. 403, Nr. 13110, Dominic H. an den Oberpräs. Koblenz, Trier 04.01.1927, S. 587–588.

934 Preuß. Min. d. Innern, Anweisung 1906, Ziffer 11.

935 Ebd.

936 LHAK Best. 403, Nr. 13109, Ehefrau Mathias K. an den Oberpräs. Koblenz, Palzem 19.06.1925, S. 799–806.

er ein Familienvater sei, „der stets bestrebt [sei], sich mit den Seinen ehrlich und redlich durchzubringen."[937]

Hinsichtlich der Durchsetzung der Schulpflicht bot auch die Reichsgewerbeordnung genügend Handhabe gegen umherziehende Familien vorzugehen. So konnte der Wandergewerbeschein bei unzureichendem Unterricht der Kinder versagt oder wieder eingezogen werden.[938]

Die Schulpflicht war eines der Hauptdruckmittel der Behörden in der Wandergewerbescheinvergabe. Im Gegensatz zur Fürsorgeerziehung, deren Kosten in Streitfällen auch auf die Ortsarmenverbände zurückfallen konnten[939] und daher in der Praxis kaum umgesetzt wurde, stand hinter der Durchsetzung der Schulpflicht keine behördenintern strittige Kostenfrage. Bestanden wurde auf den Schulbesuch der Kinder am eingetragenen Wohnort der Eltern. So war es zunächst unter den ambulant lebenden Familien noch üblich, ein Schulbuch mitzuführen, in dem der Schulbesuch während des Umherreisens in den verschiedenen Schulen quittiert wurde.[940] Diese Praxis wurde zunehmend durch die Behörden unterbunden, so erklärte der Trierer Bezirksausschuss 1926:

> „Das Umherziehen im Wohnwagen hat auch […] zur Folge, daß die Leute ihre schulpflichtigen Kinder mit sich führen und, um den Einwand des ungenügenden Unterrichts zu begegnen, die Kinder täglich in anderen Orten zur Schule schicken und sich in einem sog. Schulbuch den Schulbesuch von dem betroffenen Lehrer bescheinigen lassen. Ein solches Verfahren ist […] durch Erlaß vom 23. Okt. 1889 als ‚Unfug' bezeichnet worden, den durch entsprechendes Verbot an die Lehrer zu steuern wäre. Das gleiche wird aber auch für alle anderen Wandergewerbetreibenden zu gelten haben. Jedenfalls kann der Schulbesuch in fast täglich wechselnden Orten nicht der Sicherstellung eines ausreichenden Unterrichtes angesehen werden."[941]

Immer wieder versicherten die Antragsteller, für den regulären Schulbesuch der Kinder an einem festen Wohnort zu sorgen, wie im zuvor genannten Falle des Seiltänzers Heinrich S. Um die Schulpflicht einzuhalten, lebte das Ehepaar H. aus der Nähe von Köln den Großteil des Jahres getrennt, damit wenigstens jeweils ein Elternteil das ganze Jahr über an einem festen Wohnsitz die

937 LHAK Best. 403, Nr. 8197, Heinrich S. an den Oberpräs. Koblenz, Alsenborn 27.12.1910, S. 159–160.

938 Hoffmann, Gewerbe-Ordnung 1904, Paragraph 57b, Ziffer 4, Anmerkung 3.

939 Vgl. Blum-Geenen, Fürsorgeerziehung, S. 122–124.

940 Vgl. u.a. LHAK Best. 655,192, Nr. 34, Bgm. Bickendorf (Thiel) an den Landrat Bitburg, Bickendorf, 23.04.1905: Der Bürgermeister erwähnt bei einem Bericht über Zigeuner „in einem Notizbuche zusammengestellte […] Bescheinigungen über Schulbesuch von 2 Kindern."

941 LHAK Best. 442, Nr. 10992, der Vorsitzende des Bezirksausschusses Trier an den Reg.-Präs. Trier, Trier 27.02.1926.

schulpflichtigen Kinder versorgen konnte. So erklärte die Ehefrau Catharina in ihrem Beschwerdeschreiben diese Vorgehensweise:

> „Was nun die Pflege der Kinder betrifft, […] [die] werden von mir und dem Vater welche ebenfalls dies Gewerbe führt, abwechselnd gepflegt, welcher gerade nicht auf der Wanderung ist."[942]

Der Lumpensammler und Kleinwarenhausierer Theodor L. aus Boslar bei Jülich versuchte die ihm angelastete Verletzung der Schulpflicht bei seinen Kindern[943] mit dem schlechten Gesundheitszustand der ganzen Familie zu erklären:

> „Die Ursage der Schulversäumnis entstet darin das wir foriges Jhahr 4 Monate die Kostgelder 48 Mark nicht bezahlen konden weil wir den 18 April erst unser gewerbe erhalten haten und wier nichts verdinen konden. Mein Kind Anton ist seit Mai in Arztliger behandlung gewesen bies er schließlig in Kaisersschwert im Kloster starb an 29. September […] Schließlig jetzt bin ich selbst schon seit August krank und letztere 8 Wochen im Krankenhause geflegt und bies heute ligt hier bei mier meine 9 Järiges Kind noch in Arztliger behandlung wo nun aber anters kein Verdienste sind alz durch gewerbe."[944]

Selbst der Tod eines der Kinder konnte den Bezirksausschuss nicht gnädig stimmen. Der Bezirksausschuss Aachen versagte Theodor L. schließlich den Wandergewerbeschein aufgrund der häufigen Schulversäumnisse der Kinder und unterstellte ihm zusätzlich Arbeitsscheu:

> „[…] der Rekurrent Theodor L. ist […] von seiner Krankheit beinahe wieder hergestellt. Derselbe ist 33 Jahre alt und könnte sich und seine Familie durch Tagelohnarbeiten an seinem Wohnorte ernähren, wenn er nur wollte."[945]

Die auf moralischen Kriterien beruhenden Ablehnungen konnten durch die Beschwerdeführer in keinem Fall angefochten werden. Ihre Argumentationen dagegen waren ähnlich den Armenbriefen eher auf Krankheit und Bedürftigkeit

---

942 LHAK Best. 403, Nr. 11606, Catharina H. an den Oberpräs Koblenz, Kämerscheid 08.03.1888, S. 163. Der Filmvorführer Johann N. versicherte ebenso: „Euer Hochwohlgeboren unterbreite ich gehorsamst, daß ich bereits 36 Jahre alt, und verheirat bin, habe 4 Kinder im Alter von 9–12 Jahren, wovon ein Kind schulpflichtig ist. Dieses schulpflichtige Kind besucht seit dem 6. Lebensjahr ununterbrochen die Elementarschule." Vgl. LHAK Best. 403, Nr. 8196, Johann N. an den Oberpräs. Koblenz, Trier 27.02.1909, S. 537.

943 LHAK Best. 403, Nr. 11606, Bezirksausschuss Aachen an den Oberpräs. Koblenz, Aachen 10.04.1888, S. 255.

944 LHAK Best. 403, Nr. 11606, Theodor L. an den Oberpräs. Koblenz, Boslar 14.01.1888, S. 229.

945 LHAK Best. 403, Nr. 11606, Bezirksausschuss Aachen, Geh. Regierungsrat, Vetter, an den Oberpräs. Koblenz, Aachen 20.03.1888, S. 225–228.

gerichtet, statt sich mit den Vorwürfen der Arbeitsscheu oder dem einer zigeunerischen Lebensweise grundlegend auseinanderzusetzen. Der rechtliche Rahmen war diesbezüglich auch nicht gegeben, die Einschätzungen waren durch die Beamten willkürlich begründbar und Fakten stets zulasten der Antragsteller auslegbar. Die Gesetze ließen dazu große Ermessensspielräume. Trotz der geringen Durchsetzungskraft nutzte kaum einer der Schreiber die Beschwerdeschreiben als Mittel zum Protest gegen die Behörde. Lediglich die wiederholte Beteuerung der Rechtschaffenheit und die Darstellung des Wandergewerbes als überlebensnotwendige Einnahmequelle, wenn alle anderen bereits ausgeschöpft waren, zog sich wie ein roter Faden durch die Darstellungen der Gewerbetreibenden. Eine Durchsetzung der eigenen Belange fand so nur in den seltensten Fällen statt, da das Verfahren auch für die Antragsteller nicht transparent gemacht wurde. Dementsprechend dominierte Resignation die Lesart der Schreiben, kaum eines war wirklich aufgebracht oder wütend.

4.2.4 Politisierung: Die Protestbewegung der Hausiererdörfer

Ernst gemeinten Protest gegen die Entscheidungen des Bezirksausschusses gab es selten. Die Ausnahme bildeten die Hausierer der Hausiererdörfer im Kreis Wittlich, die sich als Arbeitsgruppe Niederkail im Verband ambulanter Gewerbetreibender organisierten und Ende der 1920er Jahre einen erbitterten Kampf gegen den Trierer Bezirksausschuss führten. Geschäftsführer der Ortsgruppe war der Händler Nicolaus Metzen.

In der Auseinandersetzung ging es vor allem um die Mitführung der nicht mehr schulpflichtigen Kinder als Begleiter im Wandergewerbe. Der Bezirksausschuss nutzte diesbezüglich seinen Ermessensspielraum, den die Gewerbeordnung vorsah,[946] aufs äußerste und lehnte Personen unter 25 Jahren seit Mitte der 1920er Jahre auch als Begleiter rigoros ab. In einem Schreiben an den Wittlicher Landrat bekräftigte Verwaltungsgerichtsdirektor Neumeister die Auslegung der Gewerbeordnung zum Nachteil der Wandergewerbetreibenden:

> „Die Ablehne sind nie beschlossen worden, weil die dortigen Hausierer als heimatlose Stromer gälten – aber das ist schon wiederholt betont worden – sondern allein deswegen, weil die Gewerbeordnung die Versagung bei einem Alter unter 25 Jahren zulähst und das Kollegium des Bezirksausschusses das

946 Hoffmann, Gewerbe-Ordnung 1904, Paragraph 57a, Ziffer 1, S. 249. Dazu auch Paragraph 62, S. 262: „Die Erlaubnis zur Mitführung von Kindern unter vierzehn Jahren kann versagt und von der für die Erteilung derselben zuständigen Behörde zurückgenommen werden. Dasselbe gilt von der Erlaubnis zur Mitführung von Personen anderen Geschlechts mit Ausnahme der Ehegatten und der über vierzehn Jahren alten eigenen Kinder und Enkel."

> Mitführen jugendlicher Personen weder in deren eigenem Intresse [sic] noch im Staatsintresse [sic] erachtet, vielmehr bestrebt ist, diese Leute zu einer sesshaften Beschäftigung zuzuführen."[947]

Nicht wirtschaftliche, sondern moralische Gründe bemühte Neumeister mit dem Fokus auf die Erziehung und Beschäftigung der Jugendlichen, ohne jedoch realistische Alternativen zu nennen. Auch wenn Neumeister hier versuchte, sich sachlich auszudrücken, ist die Geringschätzung seinem Schreiben anzumerken. Diese spiegelte sich in der Überbetonung, dass er nicht von „heimatlosen Stromern" rede, und in distanzierenden Ausdrücken wie „diese Leute" und seinem Bestreben, diese sesshaft zu machen. Damit implizierte er, dass sie selbst nicht in der Lage seien, moralisch richtige Entscheidungen zu treffen. Immer wieder verursachte der von Neumeister in den mündlichen Verhandlungen mit den Händlern angeführte Standpunkt, „daß die mitgeführten jungen Leute nicht in Ställen und Scheunen schlafen sollen",[948] große Empörung unter den Händlern. Die vorurteilsbeladene Einstellung Neumeisters spiegelte sich in seiner harten Linie gegenüber den Hausierern. Nach seiner Einsetzung als Vorsitzender des Bezirksausschusses im Herbst 1927 führte er den schon von seinem Vorgänger Bergenthal begonnenen Kurs fort, die Mitführung der Kinder nach Möglichkeit zu versagen, ohne Rücksicht auf die strukturellen, wirtschaftlichen und emotionalen Probleme, die diese Maßnahme verursachte.

Dies setzte er sogar gegen die persönliche Auffassung des Trierer Regierungspräsidenten Saassen durch, der wiederholt empfahl, „zu Gunsten einer wohlwollenden Berücksichtigung der besonderen Verhältnisse des hiesigen Wandergewerbes" zu agieren. Diesbezüglich schrieb Saassen Neumeister im Januar 1928:

> „Ich habe angeordnet, daß in den Ihrem Schreiben beigefügten ablehnenden Bescheiden zu Grunde liegenden Einzelfällen den Antragstellern nochmals Gelegenheit zur Ergänzung ihrer Begründung gegeben wird [...]. Um jedoch keinen Irrtum aufkommen zu lassen, möchte ich ausdrücklich darauf hinweisen, daß es nicht in meiner Macht steht, den Bezirksausschuß zu veranlassen, von der ihm durch [...] [die] Gewerbeordnung erteilten Befugnis in allen Fällen Gebrauch zu machen [...]."[949]

---

947 LHAK Best. 498, Nr. 226, Verwaltungsgerichtsdirektor Trier, Dr. Neumeister, an den Landrat Wittlich (persönlich), Trier 21.01.1929.

948 LHAK Best. 498, Nr. 226, Bgm. Binsfeld an den Landrat Wittlich, Bericht über eine Besprechung der Arbeitsgemeinschaft ambulanter Gewerbetreibender mit Verwaltungsgerichtsdirektor Neumeister und dem Reg.-Präs. Saassen vom 22.12.1928, Binsfeld, 12.01.1929.

949 LHAK Best. 446, Nr. 124, Reg.-Präs. Trier, Saassen, an den Verwaltungsgerichtsdirektor Trier, Neumeister, Trier 25.01.1928, fol. 4–7, S. 3 und 4 (Seitenzählung des Dokuments).

Rein rechtlich konnten die Händler also nicht auf die Unterstützung Saassens bauen, sondern mussten ihre Belange mit Neumeister direkt verhandeln. Dabei setzten sie auf Öffentlichkeit und die Unterstützung durch Lokalpolitiker.

In einer Pressekampagne deklarierten die Hausierer die Vergabepraxis des Bezirksausschusses als inhuman. So hieß es in einem vollseitigen Artikel im „Trierischen Volksfreund“ vom 27. Dezember 1928 unter der Schlagzeile „Ein Kampf um die Menschenrechte“:

> „[…] Diese mittelalterliche, unhumane Verwaltungspraxis, mit der übrigens der Trierer Bezirksausschuss allein dasteht und die ihm früher nicht Gepflogenheit war, hat für manche Familien schon schlimme Folgen gezeitigt. […] Was bedeutet das? Nicht mehr oder weniger als die zwangsweise Trennung mancher Familien auf Monate hinaus und einen Eingriff in das Familienleben von ganz außerordentlicher Tragweite.“[950]

Der Artikel spricht weiterhin von einer „Minderung der Rechtsfähigkeit“ aller noch aus vormodernen Zeiten dem „fahrenden Volke“ zugeordneten Personen: „Die Poesie der Landstraße hatte ihre furchtbare Kehrseite in der Vorenthaltung der Bürgerrechte, in der Unterbewertung in sozialer Hinsicht.“[951] Neben dieser emotionalen Komponente, die den Protest dominierte, waren es vor allem auch praktische Argumente, die die Entscheidung des Bezirksausschusses als unlogisch darstellen sollten:

> „Mit Erstaunen wird der Leser sich fragen, ob nicht überhaupt ein Druckfehler vorliegt und es anstatt 25 Jahre 15 heißen müsse. Aber dem ist zum Leidwesen der davon Betroffenen nicht so. Die noch aus der Zeit des Norddeutschen Bundes stammende Gewerbe-Ordnung unterstellt eine volljährige, zivil- und strafrechtlich voll verantwortliche, auch wahljährige Menschengruppe unter ein Ausnahmerecht, das schnurstracks den Grundrechten des Einzelnen zuwiderläuft!! […]
>
> Des weiteren entsteht die nur am grünen Tisch leicht lösbare Schwierigkeit, was denn die zurückbleibenden ‚Kinder‘, sagen wir einmal von 16 bis 25 Jahren, zu Hause machen sollen? Etwa nur das Heer der Erwerbslosen noch vermehren – von den sittlichen Gefahren ganz zu schweigen, welche schier zwangsläufig sich ergeben mögen […].“[952]

Denn gleichzeitig, so klagten die Händler, wären sie gezwungen, teures Personal einzustellen, während die eigenen, geschäftstüchtigen Kinder arbeitslos zu Hause bleiben müssten. Prinzipiell forderten sie das „Verfügungsrecht“

---

950 LHAK Best. 498, Nr. 226, Artikel: Verfasser unbekannt, Ein Kampf um die Menschenrechte. In: Trierischer Volksfreund, Jg. 53, Nr. 12, H. 1, 27.12.1928. Zeitungsausschnitt in Akte eingeklebt.

951 Ebd.

952 Ebd.

über ihre eigenen Kinder in einer Protestveranstaltung am 24. Februar 1929 in Niederkail als „natürliches und göttliches Recht“.[953]

In der Versammlung kämpften die Händler um wirtschaftliche und rechtliche Anerkennung und formulierten ihre Interessen. Diese umfassten eine Neuordnung der Gewerbeordnung mit Forderungen nach moderateren Bedingungen zur Bewilligung der Anträge, die Herabsetzung des Alters auf 20 Jahre und der Möglichkeit, schulentlassene Kinder mitzuführen, die Abschaffung der Bedürfnisfrage zur Förderung eines freien Wettbewerbs und der Prüfung auf ‚Zuverlässigkeit‘ der Antragsteller zur Abwehr behördlicher Willkür.[954]

Die Anfertigung eines Gutachtens durch den Landscheider Pfarrer Klein über den „hohen Grad der Sittlichkeit“ und die „vorbildliche Erziehung“ der Kinder im Auftrag der Binsfelder Hausiererfamilien zeigte, unter welch enormem Druck die Menschen standen, ihre eigene Moral gegenüber den Behörden zu verteidigen:

> „Mit bestem Gewissen und aus innerer Überzeugung kann ich bestätigen, daß der sittliche Zustand und die religiöse praktische Betätigung der Hausiererfamilie dem der anderen Berufe, besonders der Landwirtschaft meiner Pfarrei in nichts nachgibt. […] Besonders muss ich betonen, daß diese Hausierer in jeder Hinsicht vorbildlich für die Erziehung ihrer Kinder sorgen. Dies geht am deutlichsten daraus hervor, daß die hiesigen Händler im Gegensatz zu anderen Berufsgruppen ihrer Kinder nicht mit auf die Reise nehmen, sondern während ihrer Abwesenheit selbige hier ortsansässigen Landwirten zur Betreuung in Pflege geben.
>
> Hierdurch sind zwei wichtige Punkte gewährleistet: 1. Die Einheitlichkeit und Lückenlosigkeit des Schulunterrichts in ein und derselben Schule, 2. Das Verwachsen und verbunden bleiben mit der Heimat und ihren Mitbürgern.“[955]

Ein solches Gutachten offenbarte die Machtlosigkeit der betroffenen Händler, die sich gegen die negative Bewertung ihrer Lebensweise durch den Bezirksausschuss in der Defensive sahen. Die Autorität des Pfarrers als oberste moralische Instanz und dessen schriftliche Bestätigung einer subjektiven Einschätzung, nämlich des Grades von ‚Sittlichkeit und Rechtschaffenheit‘, sollte die Verwaltungsbehörde von der Selbstverständlichkeit überzeugen, das eigene Leben zu gestalten und die eigenen Kinder erziehen zu dürfen.

953 LHAK Best. 498, Nr. 226, Artikel: Verfasser unbekannt, Große politische Versammlung in Niederkail. In: Wittlicher Tageblatt, Jg. 88, Nr. 49, 27.02.1929, Zeitungsausschnitt in Akte eingeklebt.

954 LHAK Best. 498, Nr. 226, Zur Abänderung der Reichgewerbeordnung. Denkschrift des Reichsverbandes ambulanter Wandergewerbetreibender Deutschlands, Sitz Berlin, Gau Besetztes Gebiet, Geschäftsstelle Niederkail (Bezirk Trier). Ohne Datum.

955 LHAK Best. 498, Nr. 226, Bescheinigung des Pfarrers Johann Conrad Klein aus Landscheid, Landscheid 15.01.1929.

Die lokalen Parteivertreter des Zentrums nutzten die Debatte für ihre politischen Belange und stellten das Zentrum als ‚Reichspartei des Mittelstandes' dar, die vor allem für die Notlage der Handwerker, Kleinbauern und Handelsleute in den besetzten Gebieten einstünde. Der Vorsitzende der Ortsgruppe ambulanter Händler, Nicolaus Metzen, plädierte in der Zentrumsversammlung in Landscheid im März 1929 für mehr Entscheidungsgewalt für Landräte und Bürgermeister und bezeichnete die Reichsgewerbeordnung als „Unrecht gegen die Familienautorität und das Elternrecht".[956] Dass jedoch genau die Paragraphen zur Mitführung von Kindern und die Heraufsetzung des Alters der Händler nach Antrag des Zentrums im Reichstag in den 1890er Jahren überhaupt verschärft und das Wandergewerbe zunehmend eingeschränkt und unter Aufsicht gestellt wurde (vgl. Kapitel 2.4), blieb unerwähnt.

Die Pressearbeit der Hausierer-Ortsgruppe zielte vor allem auf die Darstellung ihres volkswirtschaftlichen Wertes für den westlichen Wittlicher Landkreis, wie Geschäftsführer Metzen auf einer Protestveranstaltung am 27. Februar 1929 in Niederkail deutlich machte:

> „Unsere engere Heimat allein hat 300 selbständige Existenzen aufzuweisen. Die Bedeutung des Wandergewerbes für die Heimatgemeinden geht daraus hervor, daß die ganze Entwicklung unserer Dorfschaften auf ein Hand-in-Hand-Arbeiten zwischen Wandergewerbetreibenden und Kleinbauern beruht. […] Ein Abwandern der Landwirtssöhne ist dadurch vorgebeugt […] Bei der Wiederkehr der Gewerbetreibenden in die Heimat können die am Ort und der Umgebung ansässigen Landwirte auf regelmäßigen Absatz ihrer Erzeugnisse rechnen. […] Rechnet man, daß weit über eine Million Wandergewerbetreibende (einschließlich der Familienangehörigen) sich selbst redlich ernähren, ohne irgendwelche Staatshilfen in Anspruch zu nehmen, […]. In die vielen Millionen gehen die Beiträge, welche die Länder und Kommunen aus den Steuern, die das ambulante Gewerbe aufbringt, erhalten."[957]

Der Binsfelder Bürgermeister Arend legte in der gleichen Kundgebung die wirtschaftlichen Verhältnisse der Gemeinden dar und betonte, dass das gesamte Wirtschaftsgefüge dieser Gemeinden vom Ertrag der Hausierhändler abhängig sei. Die Gemeinden seien hochverschuldet und hätten keinerlei Subventionen aus den Grenzlandfonds erhalten, dazu käme, dass große Mengen

956 LHAK Best. 498, Nr. 226, Artikel: Verfasser unbekannt, Große Zentrumsversammlung in Landscheid. Die Forderungen des ambulanten Gewerbes und die Notlage der Eifelgemeinden im Landkreis Wittlich, ohne bibliographische Angabe (wahrscheinlich Wittlicher Tageblatt, März 1929 wie Fußnote 960), Zeitungsausschnitt in Akte eingeklebt.

957 LHAK Best. 498, Nr. 226, Artikel: Verfasser unbekannt, Große politische Versammlung in Niederkail. In: Wittlicher Tageblatt, Jg. 88, Nr. 49, 27.02.1929, Zeitungsausschnitt eingeklebt.

an Getreide und Vieh an die Besatzungsgarnisonen hätten abgegeben werden mussten. Allein der althergebrachte Geld- und Warenkreislauf zwischen Kleinbauern und Hausierhändlern hielte die Gemeinden noch am Leben.[958]

Um den Vorwurf der Nichtsesshaftigkeit zu entkräften, betonten die Händler in ihren Darlegungen, dass jeder von ihnen über ein eigenes Haus und eine eigene Scholle verfüge.[959] Die Untersagung des Bezirksausschusses, die nicht mehr schulpflichtigen Kinder auf die Händlerfahrten mitzunehmen, musste den Hausierern als besonders ungerecht erscheinen, da sie bereits die schulpflichtigen Kinder zurückließen, was sie immer wieder in den Schreiben an die Verwaltung erklärten und stark betonten:

> „Unsere Händler legen auch grossen Wert auf eine gute Kindererziehung, insbesondere auf die Einheitlichkeit und Lückenlosigkeit des Schulunterrichts. Aus diesem Grunde würden es unsere Händler schon verachten, ihre schulpflichtigen Kinder mit auf Reisen zu nehmen. Daher ist es hier alteingeführter Brauch, das die schulpflichtigen Kinder, wärend [sic] der Geschäftsreisezeit der Eltern, zur Betreuung den zurückgebliebenen Landwirten gegen Kostgeld übergeben werden."[960]

Schließlich versuchten sich die Wittlicher Hausierer von anderen mobilen Gruppen abzugrenzen, auf welche die Vorurteile der Verwaltung zutreffen mochten:

> „Es handelt sich hier nicht um ein heimatloses Wegelagerervolk, sondern um einen sittlich, religiös, sowie moralisch hochstehenden Volksteil des Kreises Wittlich. Unsere Händler wohnen nicht während der Reisezeit in menschenunwürdigen Räumen, sondern in ihren eigens gut eingerichteten Wohnwagen oder aber auch in altbekannten Gasthäusern und Hotels."[961]

Letztere Bemerkung richtete sich gegen die Behauptung Neumeisters, dass die Jugendlichen in Scheunen und Ställen schlafen würden, gefolgt von der Sorge der Händler, „was mit den Abgelehnten [sic] Kindern geschehen soll, wenn die Eltern demnächst auf Reisen ziehen."[962]

Um Druck auszuüben, erklärten die Händler den wirtschaftlichen Niedergang der Westecke des Kreises Wittlich als einzige Konsequenz dieser Politik:

> „Eine weitere Erdrosselung unserer hiesigen Händlerschaft durch willkürliche Entscheidungen, hätte hier unbedingt eine grosse Aus- und Abwanderung zur Folge."

---

958 Ebd.

959 LHAK Best. 498, Nr. 226, Kreisverband ambulanter Gewerbetreibender Deutschlands, Arbeitsgemeinschaft Niederkail an den Landrat Wittlich, Niederkail 14.01.1929.

960 Ebd.

961 Ebd.

962 Ebd.

Außerdem wiesen sie darauf hin:

> „Wenn der Gesetzgeber, den hier zuständigen Gesetzen die Kann-Bestimmung eingefügt hat, so wollte er dadurch unbedingt derartige Härten vermeiden."[963]

Als sich die Händler mit diesem Schreiben an den Wittlicher Landrat, Franz Bender, wandten, damit er als Vermittlungsorgan zwischen ihnen und dem Trierer Bezirksausschuss tätig werde, hatten sie bereits versucht, in zwei mündlichen Besprechungen mit dem Vorsitzenden des Bezirksausschusses, Neumeister, direkt über ihre Belange zu diskutieren. Die erste Besprechung fand im Januar 1928 statt, die zweite elf Monate später im Dezember 1928 unter Anwesenheit des Regierungspräsidenten Saassen.[964] Waren für das Jahr 1928 zunächst vierzig Fälle abgewiesen worden[965] (dreizehn davon betrafen die Bürgermeisterei Binsfeld), waren es 1929 bereits sechzig (21 aus Binsfeld).[966]

Nach Eintreffen der Ablehnungsbescheide für das Jahr 1928 hatte Nicolaus Metzen diese gebündelt am 23. Dezember 1927 an den Reichstagsabgeordneten Neyses nach Berlin geschickt, mit Beschwerde über den Trierer Bezirksausschuss.[967] Dadurch wurde jedoch die reguläre Einspruchsfrist versäumt. Acht Händler versuchten dennoch nachträglich Beschwerde einzulegen, wurden aber schließlich am 30. April 1928 durch den Trierer Bezirksausschuss wegen

---

963 Unterstreichung im Original ebd.

964 Erste Besprechung am 20.01.1928, vgl. LHAK Best. 446, Nr. 124, Besprechungsprotokoll der mündlichen Besprechung des Vorsitzenden des Reichsverbandes ambulanter Gewerbetreibender Ortsgruppe Niederkail, Metzen, sowie der Gemeindevorsteher der Gemeinden Binsfeld, Niederkail und Landscheid mit dem Verwaltungsgerichtsdirektor Trier, Neumeister, in dessen Arbeitszimmer, Schriftführer: Jungbluth, Trier 20.01.1928; Zweite Besprechung am 22.12.1928: Inhalte dieser Besprechung und Verweis darauf in LHAK Best. 498, Nr. 226, Bgm. Binsfeld an den Landrat Wittlich, Binsfeld 12.01.1929.

965 LHAK Best. 446, Nr. 124, Besprechungsprotokoll der mündlichen Besprechung des Vorsitzenden des Reichsverbandes ambulanter Gewerbetreibender Ortsgruppe Niederkail, Metzen, sowie der Gemeindevorsteher der Gemeinden Binsfeld, Niederkail und Landscheid mit dem Verwaltungsgerichtsdirektor, Neumeister, in dessen Arbeitszimmer, Schriftführer: Jungbluth, Trier 20.01.1928. LHAK Best. 446, Nr. 124, Vorsitzender des Bezirksausschusses Trier an den Bgm. Binsfeld, Trier 26.01.1928.

966 LHAK Best. 498, Nr. 226, Nachweisung über abgelehnte Anträge von eigenen Kindern als Begleiter im Wandergewerbe durch den Bgm. Binsfeld. Mündlicher Auftrag des Landrats Wittlich, aufgestellt Binsfeld 25.01.1929.

967 LHAK Best. 446, Nr. 124, Vorsitzender des Bezirksausschusses Trier verweist auf diesen Vorgang in seinem Schreiben an den Bgm. Binsfeld, Trier 26.01.1928.

Fristversäumnis abgelehnt.[968] Der Trierer Regierungspräsident Saassen hatte ihn zuvor darauf hingewiesen,

> „[s]oweit etwa Fristversäumnis vorliegt, bleibt es der Entscheidung des Kollegiums vorbehalten, ob das Rechtsmittel schon allein deswegen abzuweisen ist oder ob [...] Wiedereinsetzung in den vorigen Stand gewährt werden kann."[969]

Neumeister ignorierte diesen Hinweis. Als im Jahr darauf der Wittlicher Landrat nach Ablehnung der Bescheide zu vermitteln versuchte, reagierte Neumeister sichtlich ungehalten:

> „Im übrigen sind die Ablehnungen gerade in der Bürgermeisterei Binsfeld verschwindend gering [...] Die Agität gegen die Ablehnungen hat teilweise besondere Gründe, die ich Ihnen gern persönlich u. mündlich mitteilen will. ~~Aus~~ In keinem anderen Bezirk wird so gegen mich u. den Bezirksausschuss öffentlich oder durch schriftliche Eingaben allgemeinen Inhalts Stimmung gemacht, vielmehr bestreiten überall mit ihrem Antrag Abgewiesenen einzig u. allein den im Gesetz vorgesehenen Rechtsmittelweg."[970]

Neumeister entpuppte sich in dieser Stellungnahme als rigoroser Bürokrat, der die Hausierer als Querulanten abtat, was sich in seiner kompromisslosen Politik gegenüber dem Wandergewerbe widerspiegelte. Wiederum wies das Kollegium unter seinem Vorsitz alle Anträge unterschiedslos ab.

Hierauf berief der Geschäftsführer der Ortsgruppe ambulanter Händler, Nicolaus Metzen, am 24. Februar 1929 eine Protestversammlung in Niederkail ein.[971] Redner waren außer ihm Pfarrer Hoffmann aus Arenrath und der Binsfelder Bürgermeister Arend. Auch die Landscheider Zentrumsversammlung vom 4. März 1929 war geprägt vom Protest der Händler mit Unterstützung des Schriftleiters der „Trierischen Landeszeitung" Bogedes. Thematisiert wurden hierbei konkrete Änderungsvorschläge für die Reichsgewerbeordnung.

Die Beziehung zum Trierer Bezirksausschuss war endgültig zerstört. Metzen kündigte an, nur noch per Rechtsanwalt mit Neumeister zu kommunizieren.[972] Auch der Reichsverband der ambulanten Händler aus der Zentrale in

---

968 LHAK Best. 446, Nr. 124, Reg.-Präs. Trier an den Reichstagsabgeordneten Neyses aus Meckel (Lk. Bitburg), Trier 30.04.1928.

969 LHAK Best. 446, Nr. 124, Reg.-Präs. Trier an den Bezirksausschuss Trier, Trier 25.01.1928.

970 Durchstreichung im Original LHAK Best. 498, Nr. 226, Vorsitzender des Bezirksausschusses Trier, Dr. Neumeister, an den Landrat Wittlich (persönlich), Trier 21.01.1929.

971 LHAK Best. 498, Nr. 226, Artikel: Verfasser unbekannt, Große politische Versammlung in Niederkail. In: Wittlicher Tageblatt, Jg. 88, Nr. 49, 27.02.1929, Zeitungsausschnitt eingeklebt.

972 LHAK Best. 498, Nr. 237, Landrat Wittlich an den Verwaltungsgerichtsdirektor Trier, Neumeister, Wittlich 01.02.1929.

Berlin biss mit seinen Eingaben Ende 1929 auf Granit. Auf Bitten der Händler, vom Recht Gebrauch zu machen, die Erhebung von Markstandsgeldern in den Gemeinden des Bezirks zu prüfen, kritzelte Neumeister abweisend auf das Blatt:

> „Der Reichsverband ist nicht berechtigt eine Enquete bei den Bezirksausschüssen über allgemeine Rechtsfragen zu veranstalten, ebenso wenig [...] über die Beurteilung der Bedürfnisfrage."[973]

1933 wurde der „Reichsverband des ambulanten Handels" in den „Reichsstand des deutschen Handels" integriert, gleichgeschaltet und verlor somit seine Funktion als Interessens- und Protestorgan der ambulanten Händlerschaft.[974]

Unabhängig davon, welche Anstrengungen die Wittlicher Hausierer unternahmen, sich gegen die Bescheide des Trierer Bezirksausschusses aufzulehnen, hatten sie letztendlich keinen Erfolg. Das Einschalten lokaler Politiker, die Intensivierung von Pressearbeit und die Darlegung volkswirtschaftlicher wie humaner Argumente gegenüber allen Verwaltungsinstanzen, sogar mit dem Wohlwollen des Trierer Regierungspräsidenten Saassen, konnten nichts gegen die Gesetzeslage ausrichten. Diese gestattete es dem Bezirksausschuss nach eigenem Ermessen, die härteste Auslegung der Gewerbeordnung durchzusetzen entgegen aller Überzeugungs- und Protestarbeit von Seiten der Hausierer. Die harte Linie des Verwaltungsgerichtsdirektors Neumeisters entgegen politischer, kirchlicher und verwaltungsinterner Widerstände kann nur mit der Geringschätzung des Hausiererstands und dessen moralischer Abwertung erklärt werden. Das Vorgehen des Trierer Bezirksausschusses wurde von den Händlern selbst als besonders hart empfunden und war nach ihren Angaben in den anderen Bezirken so nicht üblich. Wie Personen, die unter die Zigeunerverordnungen fielen, wurden die Hausierer aufgrund willkürlich angelegter Zuschreibungskriterien in der Reichsgewerbeordnung ihres Rechts auf Selbstbestimmung und freien Handel beraubt. Der Zigeunerbegriff und der darin implizierte unstete Lebenswandel und eine fehlende Rechtschaffenheit wurden dabei immer wieder zur Beschreibung des Hausierhandels bemüht, ohne Differenzierungen der verschiedenen Lebensformen, die darunter gefasst wurden, vorzunehmen.

---

973 LHAK Best. 446, Nr. 124, Reichsverband ambulanter Gewerbetreibender Deutschlands Berlin an den Vorsitzenden des Bezirksausschusses Trier, Berlin 08.11.1929, an den linken Rand des Schreibens in der Handschrift von Dr. Neumeister geschrieben.

974 LHAK Best. 498, Nr. 237, Artikel: Verfasser unbekannt, Treuebekenntnis des ambulanten Gewerbes in Niederkail seinem Führer Adolf Hitler. In: Das deutsche Wandergewerbe, Jg. 11, Nr. 52, 1933, S. 1607. Zeitungsartikel in Akte eingeklebt.

In einem leidenschaftlichen Plädoyer versuchte sich die „Handelspost“, als Interessensorgan für Händler, Hausierer und Marktreisende, in ihrer zweiten Ausgabe des Jahres 1929 gegen dieses Bild des Wandergewerbetreibenden aufzulehnen:

> „Der Hausierer oder Marktfahrer oder sonstige nicht seßhafte Kaufmann ist danach gewöhnlich nichts weiter als ein Zigeuner, ein besserer Betrüger, der den Leuten minderwertige Waren für teures Geld andreht, [...]. Er kann sich das nach dieser unglaublichen Auffassung leisten, da er im Lande herumzigeunert, keinen festen Wohnsitz hat, den Käufer nur einmal im Leben zu Gesicht bekommt, für seine Betrügereien von der Polizei aber schwer zu fassen ist. Und dieses alberne Märchen wird von den gesetzgebenden Körperschaften ebenso selbstverständlich geglaubt wie von den Handelskammervertretungen und der der Dinge noch unkundigeren großen Leserschaft der Tages- und Fachzeitungen. [...]“[975]

Die Wandergewerbetreibenden im Landkreis Wittlich haben versucht, sich durch Organisation in einem Verband Gleichberechtigung und Anerkennung zu erstreiten. Dabei gingen sie mit ihren konkreten Forderungen leer aus, jedoch zeigten sie der Öffentlichkeit leidenschaftlich, dass sie sich für ihre eigene Lebenswelt einsetzten und wirtschaftliche wie kulturelle Werte schufen, von denen auch die anderen profitieren konnten.

975 Verfasser unbekannt, Hausierer sind keine Zigeuner.

Schlussbetrachtung

Die vorliegende Arbeit behandelte Zigeuner- und Wandergewerbepolitik aus regionalhistorischer Perspektive. Dabei bildete die Feststellung, dass die lokale Polizei zwischen Zigeunern und Wandergewerbetreibenden nicht zweifelsfrei unterscheiden konnte, den Ausgangspunkt der Untersuchung. Die Frage lautete: Wer wurde als Zigeuner während des späten Kaiserreichs und der Weimarer Republik verfolgt und welche Auswirkung hatte diese Zuschreibung auf die Betroffenen?

Die Untersuchung hat gezeigt, dass sich der Begriff des ‚Zigeuners' im Laufe des Untersuchungszeitraums mit dem des ‚Wandergewerbetreibenden' überlagerte und eine Vielzahl von mobilen Lebensformen umfasste. Die Grenzziehungen um den Begriff ‚Zigeuner' waren in den verschiedenen Aushandlungsprozessen nicht eindeutig und andere arme, mobile Lebensformen wurden diesbezüglich immer wieder verhandelt. Dies geschah nicht nur im normativen Diskurs der Polizei und der Parlamentarier, sondern auch ganz praktisch auf lokaler Ebene. Gewerbegesetze und Zigeunerverordnungen legitimierten, wechselseitig aufeinander Bezug nehmend, den Ausschluss mobiler Gewerbetreibender im Zuge der exkludierenden Wirkung dieser Begriffe in den verschiedenen Kommunikationsbereichen. Auf der Basis dieser Verordnungslage übernahmen die Landjäger im ländlichen Raum zur Zeit der Weimarer Republik zunehmend Aufgaben der Gewerbeaufsicht und der Zigeunerpolizei. Sie richteten in beiden Bereichen ihre Aufmerksamkeit auf den gleichen Personenkreis.

Die seit den 1890er Jahren einsetzende, von der Politik forcierte Einschränkung der Gewerbefreiheit für den Hausierhandel und die Ausdifferenzierung der Polizei mit einer spezifisch auf Zigeuner ausgerichteten Politik verstärkte seit der Jahrhundertwende den Handlungsdruck auf lokaler Ebene. Zigeuner und ‚nach Zigeunerart umherziehende Personen', die vor allem über das Ausüben des Wandergewerbes identifiziert wurden, sollten den Verordnungen nach ständig polizeilich kontrolliert werden, mit dem langfristigen Ziel, sie durch Einschränkung ihrer mobilen Lebensweise sesshaft zu machen. Dabei wurde weder eine genaue Bestimmung der Zielgruppe vorgenommen, noch wurden praktisch durchführbare Integrationskonzepte erarbeitet. Das typische und lang tradierte Handlungsmuster auf lokaler Ebene war die Abschiebung unerwünschter Personen aus dem eigenen Zuständigkeitsbereich, um soziale Verantwortlichkeit zu umgehen. Aufgrund der verschiedenen Eigeninteressen unterschiedlicher behördlicher Instanzen und Bezirke sowie des stetig ansteigenden finanziellen Drucks mündete dieses Vorgehen in einer sich stetig steigernden und systematischer werdenden Ausgrenzung in Form von

Abschiebungen, Überwachung und Registrierung von verdächtigen Personen. Mitte der 1920er Jahre bildeten sich schließlich, infolge der zunehmenden Einschränkung des Bewegungsraums der mobilen Bevölkerungsgruppen, Lagerplätze von Wohnwagenbewohnern, die als sozialräumliche Nischen betrachtet werden können. Diese lagen in der Regel außerhalb des Sichtfeldes der Kommune, oft am Rand behördlicher Verwaltungsbezirke, wobei Zuständigkeiten ständig debattiert oder abgestritten wurden. Zu keiner Zeit waren die Bewohner sicher vor behördlichen Abschiebemaßnahmen.

In den beiden untersuchten Regierungsbezirken Trier und Koblenz fand, wie 1906 in der preußischen „Anweisung zur Bekämpfung des Zigeunerunwesens" verordnet, eine „andauernde polizeiliche Kontrolle" statt.[976] Es ließen sich jedoch Unterschiede in der Intensität von Kontrollen und der Wahrnehmung der Zielgruppen in den verschiedenen Verwaltungsbezirken ausmachen. Zwar wurde die Überwachung in Koblenz im Vergleich zu Trier schon zu Beginn strukturierter organisiert, mit der umgehenden Einführung eines Berichtsformulars und regelmäßig eingeforderten Rückmeldungen. Doch erschienen die Koblenzer weniger restriktiv und unternahmen insgesamt weniger Kontrollen. Auch ließen sich in Koblenz keine großen Veränderungen in der Wahrnehmung des ‚Zigeunerproblems' ausmachen. Im Regierungsbezirk Trier verschärfte sich die Überwachungspolitik nach dem Ersten Weltkrieg zusehends, als das ‚Zigeunerproblem' von Seiten der Landräte stark mit dem ‚Wandergewerbescheinproblem' verknüpft wurde und die Besatzungsbehörden nach Beendigung des Ruhrkampfes 1923 eine verstärkte Kontrolle der linksrheinischen Polizei einläuteten. Hier kam es Mitte der 1920er Jahre zur systematischen Überwachung von Zigeunern sowie der Beaufsichtigung des kompletten Hausierhandels durch die lokale Polizei. Dabei ging es gleichzeitig um die Überwachung der eigenen Beamten, die ihre Loyalität durch eine möglichst hohe Erfolgsquote nachweisen sollten. Nach dem Abzug der französischen Besatzung 1930 wurde die Berichtspflicht der Landjäger innerhalb von wenigen Wochen durch den Regierungspräsidenten wieder aufgehoben.

Der Blick der Polizei im Trierer Bezirk verengte sich zunehmend auf illegal ein Wandergewerbe ausführende Personen. In Koblenz hingegen blieb, wie vor dem Krieg, der Fokus auf die Etikettierung von Zigeunern, die immer noch legal ein Gewerbe betreiben durften, maßgeblich.

Jedoch spielte nicht nur die Polizeiverwaltung eine entscheidende Rolle im Zuschreibungsprozess, auch die Strukturen der Armenverwaltung waren ausschlaggebend. Die oftmals den Antragstellern gegenüber moralisierend abwertende Vergabepraxis in der lokalen Armenfürsorge wurde mit der Zuschreibung der Zigeunereigenschaft durch den Verwalter nochmals verstärkt. Zwar wurde der Zigeunerbegriff zunächst tatsächlich, wie in der Forschung

976 Preuß. Min. d. Innern, Anweisung 1906, Ziffer B.II. d.

debattiert,[977] hauptsächlich von der Polizei verwendet, um im eigenen Interesse exkludierende Maßnahmen zu legitimieren oder rechtmäßige, inkludierende Maßnahmen auszusetzen. Bisher wurde jedoch die Überlappung der Zuständigkeitsbereiche im ländlichen Raum nicht beachtet. Hier übernahm etwa der Bürgermeister sowohl armenrechtliche als auch ortspolizeiliche Aufgaben in Personalunion. Auch die Landjäger, die dem Landrat zuarbeiteten, wurden für kommunale Zwecke eingebunden. Kommunales Handeln im untersuchten Raum war jedoch auf die Abwehr armenrechtlicher Zuständigkeit ausgerichtet, geleitet durch die wirtschaftlichen Nöte der Bezirke nach dem Ersten Weltkrieg. Das Wandergewerbe wurde dabei als inoffizielles Mittel der Armenfürsorge benutzt, namentlich vor allem durch die Ortsbürgermeister, um die Armenkassen zu entlasten.

Es wurde deutlich, dass es sich bei Zigeunern, die von der Landjägerei aufgegriffen wurden, nicht um Ausländer oder Fremde handelte, wie sie noch auf normativer Ebene im späten Kaiserreich problematisiert worden waren. Es handelte sich stattdessen um Personen, die das Wandergewerbe in der Region traditionell betrieben oder aufgrund wirtschaftlicher Zwangslagen dazu übergingen. Die hohe Arbeitslosigkeit und die nach dem Ersten Weltkrieg im Raum Koblenz und Trier herrschende Wohnungsnot, die durch die Beschlagnahmung von Wohnungen in den Städten durch die Besatzung noch verstärkt wurde, führte vor allem zur Verelendung bereits verarmter Familien. Die Ausübung des Wandergewerbes und die Unterkunft im Wohnwagen waren in vielen Fällen nicht frei gewählt, sondern aus wirtschaftlichen Zwangslagen heraus entstanden, was aus Sicht des Verwalters jedoch nicht differenziert wurde. Die Bezeichnung ‚Zigeuner' wurde dabei zur Durchsetzung polizeilicher Abschiebemaßnahmen benutzt, jedoch in Abwehr einer befürchteten armenrechtlichen Zuständigkeit der Ortsbehörde. Der stigmatisierende Blick der Verwalter, der bereits in der Armenfürsorge moralische Kriterien in der Vergabepraxis zugrunde legte, verschärfte sich mit der Zuschreibung der Zigeunereigenschaft nochmals unter Zuhilfenahme sicherheitspolizeilicher Bedenken. Eine Durchmischung armenrechtlicher und sicherheitspolizeilicher Aufgaben in der Tradition der ‚guten Policey' war zur Zeit der Weimarer Republik auf dem Land augenscheinlich noch die Praxis.

Was hieß das also für die im behördlichen Blick stehenden Menschen? Im Gegensatz zur Dynamik der öffentlichen Armenfürsorge, deren Ausbau trotz aller Schwierigkeiten vorangetrieben wurde, sollte das Wandergewerbe aus politischer Sicht sukzessive abgeschafft werden. Da es keinen Rechtsanspruch auf einen Wandergewerbeschein gab und für die Behörden die Armenfürsorge prinzipiell

---

977 Vor allem auf Grundlage der Studien von FREUND, Der polizeilich-administrative Zigeunerbegriff; LUCASSEN, Zigeuner, und ZIMMERMANN, Rassenutopie und Genozid.

noch als Option für veramte Antragsteller offen stand, war die strategische Durchsetzungskraft der Anträge und eingelegten Widersprüche mithilfe der Darstellung persönlicher Not sehr gering. Beschwerden abgewiesener Antragsteller wurden in der Regel abgelehnt. Zwei Ergebnisse lassen sich mittels dieser Beschwerdeschreiben offenlegen. Zum einen hatte das Wandergewerbe auch aus Sicht der Antragsteller einen Zwischenstatus zwischen Erwerbsarbeit und inoffiziellem Mittel der Armenfürsorge und zum anderen wurden die Devianzzuschreibungen der Behörden, die damit einhergingen, nicht prinzipiell in Frage gestellt, nur für den eigenen individuellen Fall abgestritten.

Ersteres ließ sich mit der Betrachtung des Genres in Anlehnung an die Forschung zu Armenbriefen darlegen. Die Schematik der Armenbriefe, die für den englischen, sächsischen und rheinländischen Raum fundiert ausgewertet vorliegt,[978] wurde hier gern übernommen. Doch stellen die Wandergewerbeschreiben eine eigenständige, bisher ignorierte Kategorie dar. Eine Besonderheit ist die Mischung der Genres, die etwa die Doppelfunktion des Ortsbürgermeisters in der Wandergewerbescheinvergabe und der Armenfürsorge widerspiegelte. Diesem wurden bestimmte Rhetoriken angetragen, die in der Armenfürsorge üblich waren und das übergeordnete Ziel verfolgten, den Antrag zur Entlastung der örtlichen Armenkassen an den Bezirksausschuss weiterleiten zu können. Eine derartige Argumentation musste jedoch beim Bezirksausschuss, der letztendlich über die Vergabe entschied, eher vermieden werden, denn hier waren vor allem wirtschaftliche Argumente ausschlaggebend. Die Beschwerdeschreiben ließen sich in drei Kategorien unterteilen, deren Inhalte sich bisweilen überschneiden. Sie waren erstens aus rein wirtschaftlicher Sicht geschriebene Anträge zur Legitimierung des Geschäfts, dessen Notwendigkeit selbstbewusst gegenüber den Behörden erörtert werden musste; sie waren zweitens Armenbriefe, die das Wandergewerbe als Verlängerung der Armenfürsorge auffassten; und sie waren drittens auch Schreiben zu Abwehr behördlicher Stigmata. Jedoch ließen sich kaum Protestbekundungen hinsichtlich behördlichen Vorgehens finden, da sie auch wenig zielführend waren. Die geringe Durchsetzungskraft und die für die Antragsteller nur schwer ansprechbare Beschwerdeinstanz in Form des Oberpräsidenten der Rheinprovinz hätte allerdings im Umkehrschluss für die Beschwerdeschreiber auch zu keinem großen strategischen Nachteil geführt, wenn sie der eigenen Ungehaltenheit Ausdruck verliehen hätten. Die Intransparenz der diffusen Zuschreibungsprozesse im Zusammenspiel verschiedener Behörden und Instanzen ließ kaum die Identifikation eines klaren Gegners zu. Eine Ausnahme bildete

978 Bräuer, Persönliche Bittschriften, King, Pauper Letters; Sokoll, Negotiating a Living; King/Tomkins The Poor in England; Marx-Jaskulski, Narratives of Ill-Health; Stazic-Wendt, From Unemployment.

Ende der 1920er Jahre die Politisierung der Hausiererdörfer rund um Binsfeld im Landkreis Wittlich gegen die Beschlüsse des Bezirksausschusses Trier.

Die Analyse der Verwaltungsvorgänge zeigte, dass die behördlich etikettierten Menschen kaum noch über Spielräume für Aushandlungsprozesse verfügten. Im Kontakt mit den Behörden fiel auf, dass die moralischen Kriterien, an denen die Menschen gemessen wurden und die zur behördlichen Etikettierung führten, durchaus bekannt und verinnerlicht waren. Stets wurde auf einen festen Wohnsitz, die Einhaltung der Schulpflicht für die Kinder und die eigene rechtschaffende Arbeit hingewiesen. Strukturelle oder gesundheitliche Nöte, die Zwangslagen verursacht hatten, wurden erklärt. Erfolgversprechend war jedoch meistens nur die Aufdeckung klarer Verfahrensfehler, was aufgrund der den verfassungsrechtlich verankerten Grundrechten widersprechenden Maßnahmen nicht abwegig gewesen wäre. Allerdings war dies in der Praxis nicht umsetzbar. Die Menschen waren weder für monatelange Rechtsstreits sozial abgefedert, noch verfügten sie über die Expertise, die Behörden auf Verfahrensfehler hinzuweisen.

Die vereinzelte rigorose Umsetzung von Maßnahmen gegen sogenannte Zigeuner zur Durchsetzung von Interessen verschiedener behördlicher Akteure wird sich, falls weitere Studien zu diesem Thema folgen, auch in anderen Regionen finden lassen. Was jedoch den Konflikt der Polizeibehörden untereinander in der Untersuchungsregion nochmals verstärkte, waren das starke Einwirken armutspolitischer Interessen der Gemeinden und die zwiespältige Haltung des Bezirksausschusses, der einerseits auf die Reduzierung der Wandergewerbescheine hinwirkte, jedoch auch der Funktion des Wandergewerbes zur Entlastung der Armenkassen Rechnung tragen musste. Diese starke Verknüpfung von Armutspolitik und Zigeunerverfolgung sticht in den Regionen Trier und Koblenz besonders hervor.

Das Rheinland zeichnete sich als preußisches Gebiet vordergründig nicht durch eine besonders restriktive Zigeunerpolitik aus. Die bisher vor allem auf Bayern fokussierten Studien zeigten, dass diesbezüglich die süddeutschen Staaten Bayern und Baden seit der Einrichtung der Zigeunerzentrale in München 1899 zur Überwachung von Zigeunern richtungweisend waren.[979] Auch das Herzogtum Hessen ließ bereits seit 1901 Verzeichnisse über Zigeuner anfertigen.[980]

Ziel war hier die flächendeckende Kontrolle und Registrierung von Zigeunern, die bereits seit 1911 mit Fingerabdruckaufnahmen vorangetrieben wurde. Bayern arbeitete bewusst auf eine Vormachtstellung in diesem Feld

979 ALBRECHT, Zigeuner in Altbayern; BONILLO, „Zigeunerpolitik" im Deutschen Kaiserreich; LUCASSEN, Zigeuner.

980 ALBRECHT, Zigeuner in Altbayern, S. 119.

hin, um sich Preußen gegenüber abzusetzen. Bereits 1926 wurde die Ausgrenzung der Zigeuner und Landfahrer gesetzlich verankert.

Die Zigeunerpolitik in Preußen war im Vergleich dazu moderat. Bis 1927 wurde beispielsweise kein Zigeunernachrichtendienst, der als Pendant zur Münchner Zigeunerzentrale fungierte, eingerichtet. Erst mit dem Fingerabdruckverfahren im November 1927 zog Preußen mit großer Verspätung nach. Lediglich zwei Bestimmungen wurden zentral vom preußischen Innenministerium erlassen.

Die preußische Zigeunerpolitik war stattdessen eher durch Dezentralität gekennzeichnet. In erster Linie wurden hier Verordnungen erlassen, die jeweils nur für einzelne Regierungsbezirke galten. Doch gerade die daraus entstandenen inneradministrativen Konflikte, führten zu mehr Ausgrenzung. Hinzu kam die geringe Transparenz in den Bestimmungen über richtige Verfahrenswege, und zwar nicht nur für die im Blick stehenden Personen, sondern auch für die Beamten selbst.

Die Verknüpfung von Zigeunerpolitik mit Armutspolitik und damit einhergehende Zuschreibungsprozesse werden mit Blick auf die europäische Forschung nochmals deutlich. Die Adaption sozialer Rechte an den Wohn- oder Aufenthaltsort konnte zwar Freizügigkeit, die für eine liberale Wirtschaftsordnung vonnöten waren, gewährleisten,[981] schuf jedoch wiederum neue Formen der Exklusion im sozialstaatlichen Gefüge und ging mit sozialer Kontrolle einher.[982] Dabei wurde das Zigeunerthema immer dann als sozialpolitisches Thema verhandelt, wenn möglicherweise Verpflichtungen zur Armenfürsorge oder staatsbürgerliche Rechte für vermeintlich Fremde entstehen konnten. Die Definitionsmacht über Begrifflichkeiten wurde dabei überaus flexibel gehandhabt und zumeist auf lokaler Ebene ausgeübt.[983] Inwiefern ‚Zigeunerpolitik' dabei in den verschiedenen Staaten problematisiert wurde, hing von der Wahrnehmung und Gewichtung der Regierenden ab und wurde dementsprechend auch unter unterschiedlichen Bezeichnungen erörtert. So regelte etwa in Frankreich seit 1912 ein Gesetz mit verschiedenen rechtlichen Abstufungen der mobilen Lebensformen die sogenannte Landfahrerfrage. ‚Ambulants' waren Personen mit einer ‚profession ambulante' und einem festen Wohnsitz in Frankreich, aber nicht notwendigerweise französische Staatsbürger. Bei den ‚forains' handelte es sich um reisende Markthändler und Schausteller mit französischer Staatsbürgerschaft, aber ohne festen Wohnsitz (domicile) oder ständigen Wohnort (résidence fixe) im Land. Die unterste Stufe bildeten

---

981 Fahrmeir, Citizenship.

982 Eder, Migration ein soziales Problem; Mohr, Soziale Exklusion; Lucassen, Eternal Vagrants.

983 Zimmermann, Zigeunerpolitik und Zigeunerdiskurse, S. 27; Baumgartner/Freund, Der Holocaust.

die ‚nomades'. Diese hatten weder die Staatsbürgerschaft noch einen festen Wohnsitz und mussten einen anthropometrischen Ausweis bei sich führen.[984] In der Praxis war jedoch auch hier die Frage nicht gelöst, wem ein solcher Pass ausgestellt werden sollte.[985]

In den Niederlanden und in Belgien wurden ausländische Nomaden in der Regel als ‚bohémiens' oder ‚tziganes' bezeichnet, einheimische Fahrende hingegen unter den Bezeichnungen ‚baraquins' (Wallonie), ‚kalésiens' (Ardennen) oder ‚woonwagenbewoners' (Flandern, Holland) verhandelt.

Der Fall der Niederlande ähnelte dem deutschen Modell, da hier ebenfalls eine Art des gewöhnlichen Aufenthalts in der Armenfürsorge verankert war. Dies führte wie in Preußen zur sofortigen Abschiebung aller armen, ortsfremden Personen, sodass die niederländische Regierung 1918 im Caravan Act einen Lagerplatz für Wohnwagenbewohner in jedem Ort vorschrieb. Dies hatte ähnliche Effekte wie im Trierer Fall: Jede Gemeinde versuchte den Stellplatz so weit wie möglich aus dem Stadtbild zu entfernen und fühlte sich weder für die wirtschaftliche noch soziale Integration der Wohnwagenbewohner zuständig, was zu deren Verelendung führte.[986]

Die Bezeichnung der Fahrenden in England und Irland stand im Zeichen der irischen Frage. So unterschied man Personen, die den ‚gypsy way of life' übernommen hatten, also ähnliche Berufe ausführten und umherzogen, von „authentic gypsies of Romany stock", die eine gewisse folkloristische und kulturelle Rolle spielten,[987] und die ‚Irish tinkers', die als „lawless, dirty, and quarrelsome" charakterisiert wurden.[988] Die Zuordnung lag bei den Lokalbehörden und den Gerichten. Das Arbeitshaussystem in der Armenfürsorge Englands und Irlands hatte den Vorteil für die dort diskutierten ‚traveller', dass systematische Kontrollen ausblieben und ihre Bewegungsfreiheit nicht großflächig eingeschränkt wurde.[989]

Die deutsche Bezeichnung für staatsangehörige ‚nach Zigeunerart umherziehende Personen' im Unterschied zu den von Beginn an als Ausländer betrachteten ‚echten' Zigeunern, die auf lokaler Ebene eine konkrete Zuordnung vermied, war somit keine Besonderheit im praktischen Verwaltungshandeln. Verdächtige und/oder lästige Personen wurden aus dem eigenen Zuständigkeitsbereich entfernt oder man wartete ab, bis sie von selbst weiterzogen.

---

984 Berliere, La République.

985 Asseo, La Gendarmerie.

986 Cottaar, Dutch Travellers.

987 Mayall, Britain's Most Demonised People, S. 258.

988 Ders., Gypsy-Travellers, S. 22; Adams/Okely u.a., Gypsies and Government, S. 32.

989 Mayall, English Gypsies; Bhreatnach, Becoming Conspicuous; Dies., The 'Itinerant Problem'.

Zwar umfassten die Handlungsmuster der Behörden auf lokaler Ebene in der Regel Abschiebungen, doch stach hier der deutsche Fall durch besondere Beharrlichkeit hervor. Erstens wurden die zahlreichen innerdeutschen Grenzen nach 1871 in alter Tradition weiterhin wie Außengrenzen verteidigt. Dies wurde durch Abschiebepraktiken der lokal organisierten und mit polizeilichen Befugnissen durchsetzten Armenfürsorge noch verstärkt. Zweitens waren die Länder nicht interessiert daran, ihre Polizeihoheit und Verfügungsgewalt zugunsten einer zentralisierten Vorgehensweise aufzugeben, was die Verordnungsflut gegen Zigeuner enorm vergrößerte, ohne dass einheitliche Richtlinien zugrundelagen, sodass auch aus diesem Blickwinkel die schnelle Abschiebung verdächtiger Gruppen das effektivste Mittel war, Streitigkeiten zu umgehen.

Dennoch war die deutsche Zigeunerpolitik mit Blick auf die Vorgänge in der Schweiz und in Schweden aus europäischer Sicht bis 1933 noch kein Vorreiter einer radikalen Zigeunerpolitik.[990] In beiden Ländern gingen eugenische Überlegungen schon deutlich früher ins praktische Handeln über, was sich in Deutschland erst mit einer rassisch motivierten Zigeunerpolitik Anfang der 1930er Jahre durchsetzte. In der systematischen Vernichtung von Menschen während des Zweiten Weltkriegs wurde der deutsche Fall schließlich zum Extrem.

Zur Zeit der Weimarer Republik wirkten sich die zentral gesammelten Registrierungen zunächst noch nicht gravierend nachteilig für die Lebenswelt der betroffenen Menschen aus, sie wurden im extremsten Fall für eine Anzeige oder zur Ablehnung eines Wandergewerbescheins herangezogen. Die Verknüpfung von willkürlich durch die lokalen Behörden vorgenommener Etikettierung mit dem Entzug lebensnotwendiger Rechte und Freiheiten, wie Freizügigkeit, Gewerbefreiheit, Unterstützungsleistungen oder einem festen Wohnsitz, beschnitt die Lebenswelt der Betroffenen dagegen deutlich. Dies wurde, wie in vielen Fällen dargestellt, an keinen festen Maßregeln und Zuschreibungskriterien vorgenommen. Einträge in Ausweisen und Registern

990 Zur Schweizer Zigeunerpolitik der systematischen Kindswegnahme und Zwangssterilisationen seit 1926 durch das „Hilfswerk der Kinder der Landstraße“ vgl. Galle/Meier, Von Menschen und Akten; Huonker, Fremd- und Selbstbilder; Meier, Zigeunerpolitik und Zigeunerdiskurs; Ritter, Psychiatrie und Eugenik. Im Kontext des schwedischen ‚Volksheim‘ (folkhem), wie der schwedische Wohlfahrtsstaat bezeichnet wurde, wurden ab 1935 Menschenversuche in Irrenanstalten durchgeführt und über 60.000 Personen sterilisiert. Auch die Sterilisation von ‚zigenare‘ und ‚tattare‘ wurde in diesem Zusammenhang diskutiert, dazu Montesino Parra, The ‘Gypsy Question’, und ders., Zigenarfrågan. In englischer Sprache außerdem die rassenanthropologisch angelegte Studie Heymowskis aus dem Jahr 1969. Heymowski untersucht hierin die genealogischen Ursprünge einiger ‚tattare‘-Familien und den Verwandtschaftsgrad zu ‚echten Zigeunern‘, wobei er zeitgenössische Kategorien ungefragt übernimmt und von der Grundannahme verschiedener Rassen ausgeht, vgl. Heymowski, Swedish “Travellers”.

spielten für die Lebenswelt der Betroffenen zunächst eine untergeordnete Rolle. Nach dem Ersten Weltkrieg intensivierten sich Etikettierungsprozesse. Mitte der 1920er Jahre kam es zur systematischen Erfassung aller Personen, die einem ambulanten Gewerbe nachgingen, dabei war der Besitz des Wandergewerbescheins nicht mehr ausschlaggebend. Die Zahl der ausgegebenen Wandergewerbescheine war um ein Vielfaches verringert worden, was zur Kriminalisierung der Menschen führte, die damit ihren Lebensunterhalt bestreiten mussten, ohne dafür noch legitimiert zu sein.

Für die Verfolgungspraxis in der Weimarer Republik war die Stigmatisierung des Lebensstils, die mithilfe der Kategorie ‚Zigeuner' vorgenommen wurde, ausschlaggebend. Die Stigmatisierung orientierte sich an Armut, Wandergewerbe, Mobilität, häufig Obdachlosigkeit und dem Umherziehen im Familienverband; zu keiner Zeit ging es auf lokaler Ebene um das Aussehen oder ethnische Zuschreibungen. Das Wandergewerbe wurde allmählich fast gänzlich abgeschafft, als wirtschaftliches Randphänomen eingedämmt und zudem nur noch als Zuverdienst armer Bevölkerungsschichten überhaupt als notwendig erachtet. Nachdem sich der Wandergewerbebegriff folglich ‚abgenutzt' hatte, überlagerte sich der Zigeunerbegriff mit dem sich in der Armenverwaltung etablierenden Begriff der ‚Asozialität'.[991] Dieser barg ähnlich stigmatisierende und diffuse Kriterien wie der Zigeuner- und Wandergewerbebegriff in sich und war ebenfalls auf Exklusion der etikettierten Menschen aus dem sozialrechtlichen Gefüge angelegt, ohne Kriterien an die Hand zu geben, wer darunter zu fassen sei.

Aus Perspektive der Armutsforschung muss die Rolle des Begriffs ‚Zigeuner' für die Fürsorgebehörden grundlegend überdacht werden, vor allem in Bezug auf die nationalsozialistische Zigeunerverfolgung. Eine Paralleluntersuchung zu der von Wolf Gruner über die Rolle der Wohlfahrtsbehörden bei der Judenverfolgung steht für die Zigeunerproblematik noch aus.[992] Michael Zimmermann verwies in seiner maßgebenden Studie zur NS-Zigeunerpolitik bereits auf die Verwicklung der Fürsorgebehörden.[993] Die Funktion des Zigeunerbegriffs als Instrumentarium lokaler Behörden untereinander, Konflikte zu verhandeln und eigene Interessenlagen durchzusetzen, konnte hier auf regionaler Ebene vor der Zeit des Nationalsozialismus dargestellt werden. Dabei wurde deutlich, wie durch die Überlagerung von Wandergewerbe- und Zigeunerpolitik auch die lokale Armutspolitik betroffen war. Arme, mobile Menschen wurden mithilfe des Zigeunerbegriffs stigmatisiert und ihnen wurden Leistungen verwehrt. Dieser Zusammenhang manifestierte sich 1926 mit dem bayerischen „Zigeuner- und Arbeitsscheuengesetz" auf normativer Ebene.

---

991 Ayass, „Asoziale" im Nationalsozialismus, S. 12.
992 Gruner, Öffentliche Wohlfahrt.
993 Zimmermann, Rassenutopie und Genozid, S. 82.

Der in der Forschung diskutierte Zigeunerbegriff muss demnach erweitert werden. Der von Lucassen etablierte polizeiliche Ordnungsbegriff ist für das Ende der Weimarer Republik nicht mehr weitreichend genug,[994] allerdings nicht im Sinne einer wie bisher in der Forschungsliteratur auch für den hier vorliegenden Untersuchungszeitraum immer wieder anklingenden ethnischen Zuschreibung: Die mehrfach als Beleg hierfür angeführte, in den zeitgenössischen Verordnungen vorgelegte Unterscheidung von ‚echten' oder ‚nur' ‚nach Zigeunerart umherziehenden Personen' wurde in der Praxis nicht umgesetzt, sie existierte nur auf dem Papier.

Der polizeiliche Ordnungsbegriff muss stattdessen im Sinne eines behördlichen Ordnungsbegriffs erweitert werden, der die Akteursebene mit einbezieht. Die Behörden lassen sich, wie gezeigt wurde, nicht als geschlossener Verfolgungsapparat verstehen, im Gegenteil: die diffusen Bestimmungen wurden auf lokaler Ebene zu eigenen Gunsten gebeugt, ignoriert, interpretiert und vor allem umkämpft. Auch die Handlungsspielräume, die bereits jedem einzelnen Beamten offen standen, wurden bisher zu wenig berücksichtigt. Die Ausweitung des Begriffs auf weitere Behördenbereiche als nur die Polizei und die Überlagerung von administrativen Aufgaben- und Interessensfeldern[995] erscheint mir grundlegend für die Weiterentwicklung eines behördlichen Zigeunerbegriffs, der auch für den nationalsozialistischen Kontext funktioniert. Dort wurde in der Tat die soziographische Definition unterer Behörden durch Rassezuschreibungen abgelöst oder, besser gesagt, parallel geführt. Doch dies musste auf lokaler Ebene erst erlernt und von höheren Instanzen per Gesetz angeleitet und durchgesetzt werden.[996] Nur durch die Ausweitung des Zigeunerbegriffs auf einen akteurszentrierten behördlichen Ordnungsbegriff, der die verwendeten Kategorien kritisch nach deren Instrumentalisierung durchleuchtet, können etwa die zunehmende Beteiligung der Fürsorge-, Gesundheits- oder Standesämter in der nationalsozialistischen Zigeunerverfolgung und auch Parallelentwicklungen, Überschneidungen und das Auseinanderlaufen von Prozessen angemessen historisch erforscht und beschrieben werden.

---

994 Lucassen beschäftigte sich in seiner Studie eingehend mit Steckbriefen und Polizeiblättern des 18. und 19. Jahrhunderts, vgl. LUCASSEN, Zigeuner. Für diesen Zeitraum halte ich seine Thesen für sehr plausibel. Den Einfluss der Armengesetzgebung seit 1870 spricht er zwar an, analysiert ihn jedoch nicht mehr. Der Alleinanspruch der Polizei auf die Begriffsbestimmung löst sich jedoch gerade in dieser Zeit auf, kann aber nach wie vor als die treibende Kraft im Zuschreibungsprozess verstanden werden.

995 Dies klingt auch schon bei Florian Freund an, er entwickelt diese Gedanken jedoch nicht zu Ende. Gerade in Österreich lässt sich die Überlagerung verschiedener behördlicher Wahrnehmungen und Interessen, vor allem der burgenländische Fall, beispielhaft verfolgen, vgl. FREUND, Der polizeilich-administrative Zigeunerbegriff.

996 Vgl. RITTER, Zigeuner und Landfahrer, S. 79.

Karten

Karte 1: Abschiebung einer lothringischen Familie im Regierungsbezirk Trier 1907

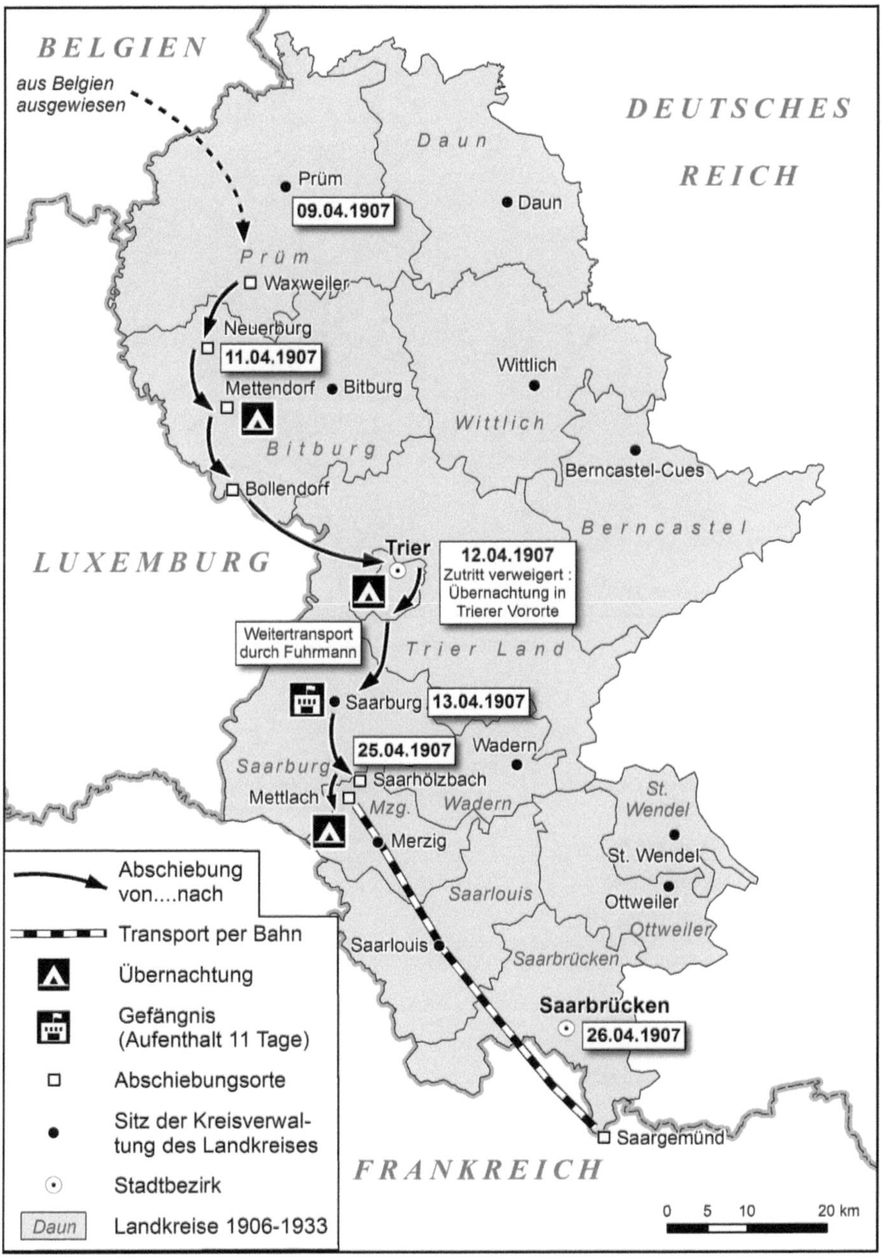

Karte 2: Landjägerkontrollen im Landkreis Wittlich 1924–1930

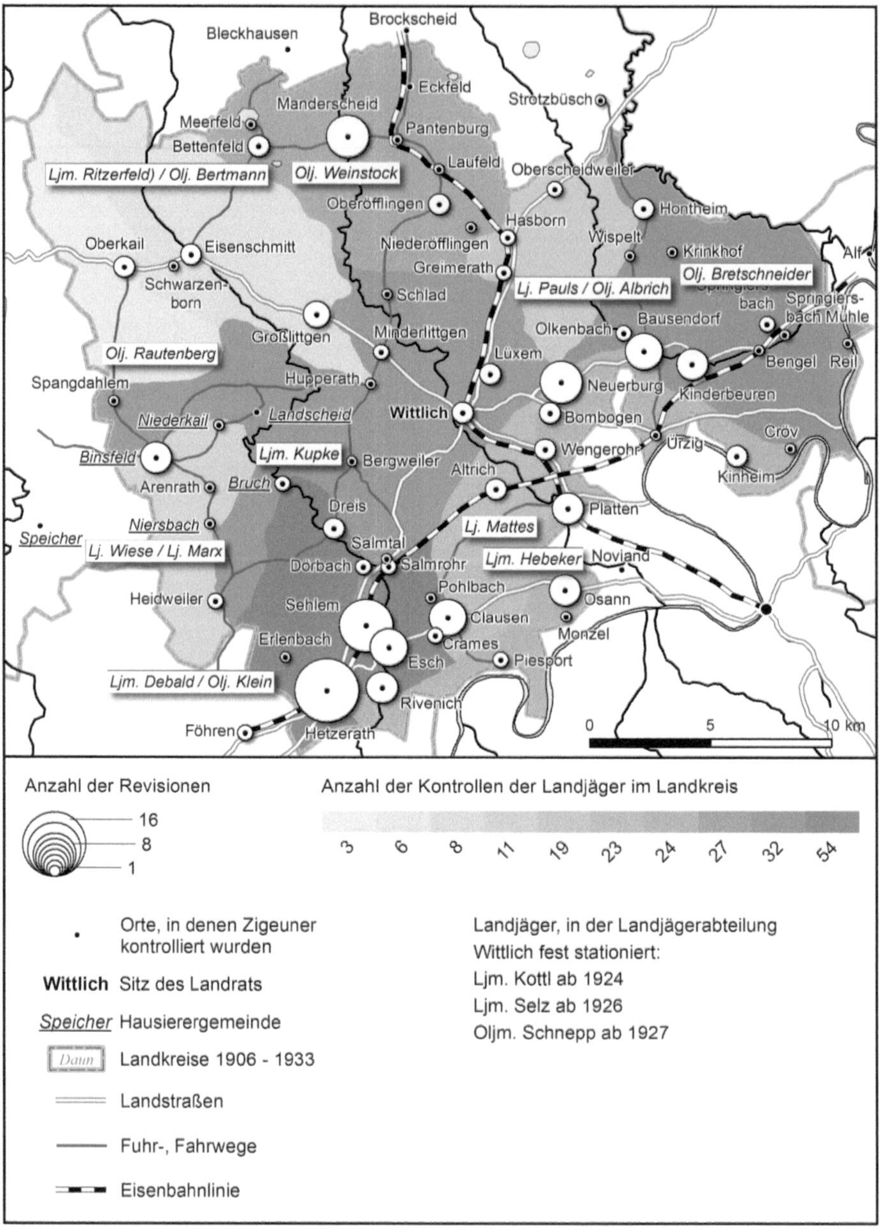

Karte 3: Überwachung einer Wittlicher Korbmacher- und Pferdehändlerfamilie 1925–1928

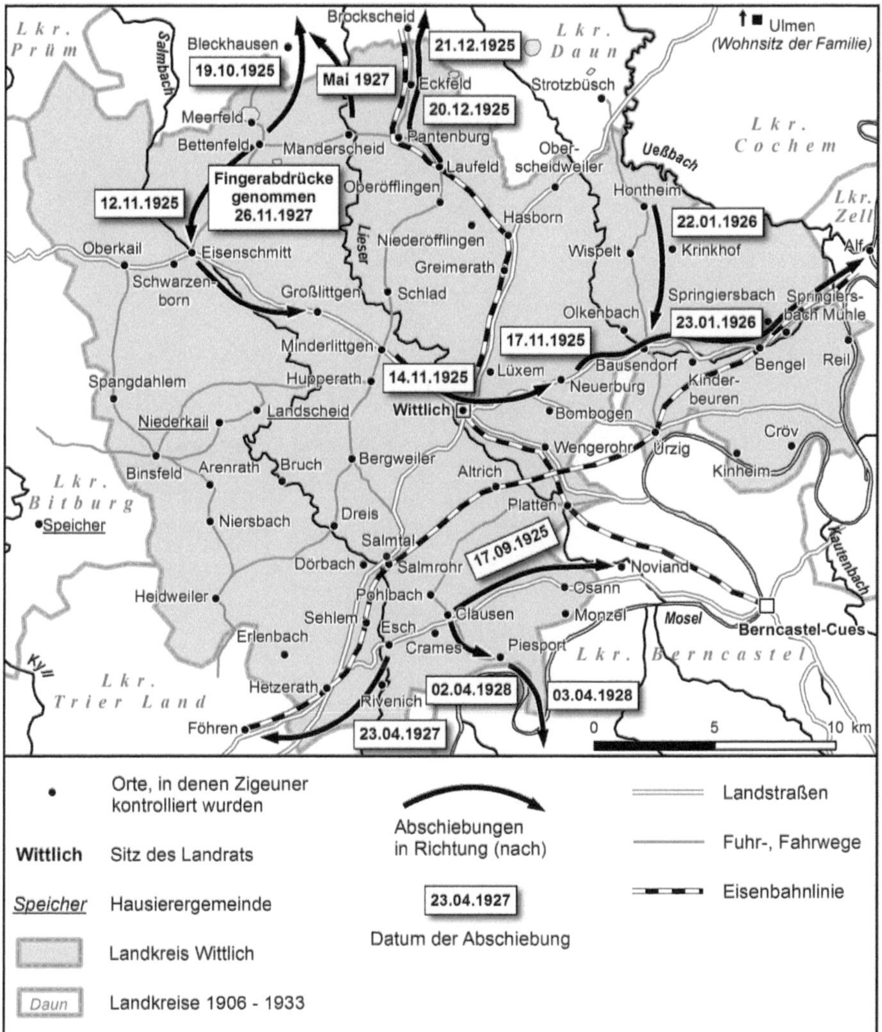

Karte 4: Das Fingerabdruckverfahren in den Regierungsbezirken Trier und Koblenz im November 1927

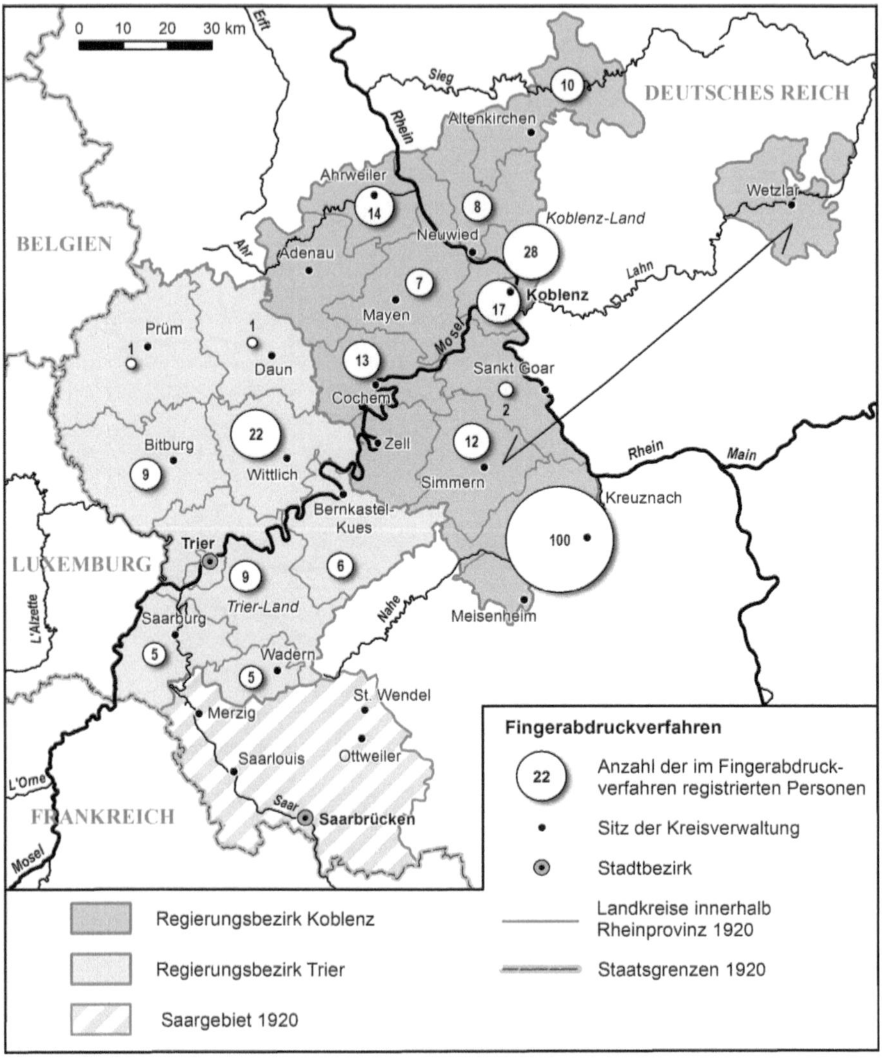

Karte 5: Konflikt um den Unterstützungswohnsitz einer Korbmacherfamilie 1926/1927

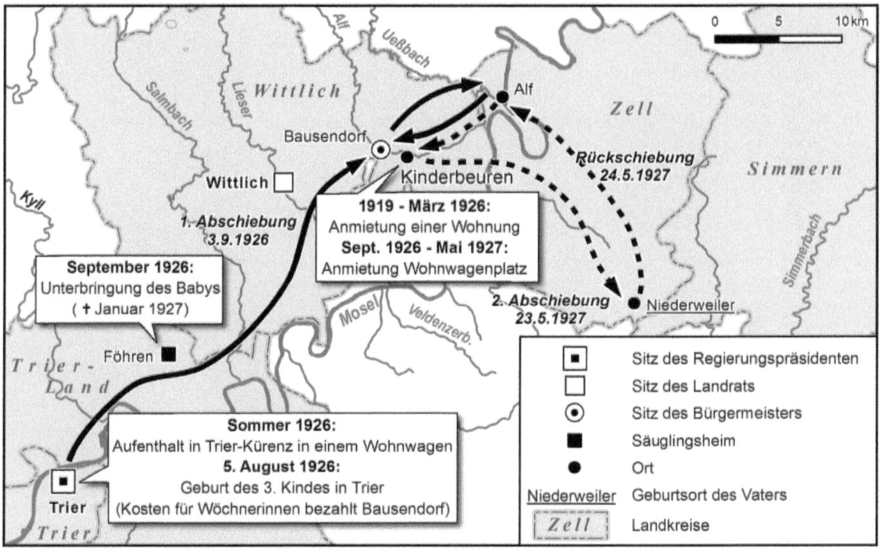

Abkürzungsverzeichnis

a.a.O.	am angeführten/ angegebenen Ort
Abb.	Abbildung
adh.	Begleitband einer Akte
Anm.	Anmerkung
Anw.	Anweisung
a. Pr.	auf Probe
Art.	Artikel
Aufl.	Auflage
BA	Bundesarchiv
bayer.	bayerisch
BB	Abteilungsnummer im Geheimen Staatsarchiv für Preußischen Kulturbesitz
Bd./Bde.	Band/ Bände
Best.	Bestand
betr.	betroffenen
Bez. Reg.	Bezirksregierung
BGB	Bürgerliches Gesetzbuch
Bgm. (Bgms.)	Bürgermeister/ Bürgermeisterei/ Bürgermeister(s)
Bl.	Blatt
ca.	circa
d. Js./ d. J.	d(ies)es Jahres
ders.	derselbe
dgl.	dergleichen
dies.	dieselbe(n)
Diss.	Dissertation
DFG	Deutsche Forschungsgemeinschaft
DR	Deutsches Reich
DVP	Deutsche Volkspartei
Ebd.	Ebenda
e.V.	eingetragener Verein
ev.	eventuell
Ew.	Ehrwürdig(e)
fol.	Folio/Folia
Frhr.	Freiherr
geb.	geborene
gen.	Generalia
gez.	gezeichnet
Großh.	Großherzogtum

GStA PK	Geheimes Staatsarchiv Preußischer Kulturbesitz
GWO	Gewerbeordnung
Hg./Hgg.	Herausgeber
hiers.	hierseits
HStA	Hauptstaatsarchiv
i.V.	in Vertretung
KA	Kreisarchiv
Kgl. Bez.-Reg.	Königliche Bezirksregierung
KZ	Konzentrationslager
Jg.	Jahrgang
Ldj./Lj.	Landjäger
LHAK	Landeshauptarchiv Koblenz
Ljm.	Landjägermeister
Lk.	Landkreis
m. E.	meines Erachtens
Mk./M.	Mark
Nazi	Nationalsozialist
Nr./No.	Nummer
NS	Nationalsozialismus
Oberpräs.	Oberpräsident der Rheinprovinz, Sitz in Koblenz
Olj./O. Lj.	Oberlandjäger
Oljm.	Oberlandjägermeister
Okt.	Oktober
O. Pol. Beh.	Obere Polizeibehörde
pp.	*lat.* perge perge (= usw.)
preuß.	preußisch
Preuß./ Preuss. Min.	Preußischer Minister
Reg. Bezirk/ Reg. Bez.	Regierungsbezirk
Reg.-Präs.	Regierungspräsident (en)
RGO	Reichsgewerbeordnung
RKPA	Reichskriminalpolizeiamt Berlin
RM/R. Mk.	Reichsmark
RK	Regierung Köln
RV	Reichsverfassung
SDR	Statistik des Deutschen Reiches
SFB 600	Sonderforschungsbereich 600, Universität Trier
Sp.	Spalte
Spez.	Spezialia
städt.	städtisch
StAK	Stadtarchiv Koblenz

StAT	Stadtarchiv Trier
St.G.B.	Strafgesetzbuch
Stellv.	Stellvertretende(r/s)
Tab.	Tabelle
tit.	Titel
u.	und
u.a.	unter anderem/und andere
unabh.	unabhängig
Univ.	Universität
v. J.	vorigen Jahres
v. M. /v. Mts.	vorigen Monats
u. U.	unter Umständen
vgl.	vergleiche
vorl.	vorläufig
wahrsch.	wahrscheinlich
WGS/W.G.Sch.	Wandergewerbeschein
z. B.	zum Beispiel
z. F.	zu Fuß
z. Pf.	zu Pferd
z. T.	zum Teil
zust.	zuständigen
z. Zt.	zur Zeit

Dank

Chris Meux, Musicalkomponist aus dem englischen Durham, sagte einmal bei einem Abendessen zu mir: „Arbeitet man über ‚Zigeuner', weiß jeder gleich, etwas dazu zu sagen und hat eine Vorstellung, worum es gehen soll. Fragt man aber genauer nach, wer sind denn eigentlich Zigeuner, steht man plötzlich vor einem sehr diffusem Berg von Vorstellungen, die alle nicht das Geheimnis fassen und erklären können." Chris sprach mir aus der Seele. So ging es mir bei diesem Thema all die Jahre. Weder die preußischen Beamten, noch die Kriminalisten und Anthropologen, die ich betrachtete, konnten erschließen, wer genau unter dem Begriff zu fassen ist. Viele historische Prozesse spielten in die Entstehung eines Begriffsverständnisses hinein, das ein Höchstmaß an Exklusion generierte. Das Konzept des Trierer Sonderforschungsbereichs „Fremdheit und Armut" half mir, den Blick weg vom bloßen Fremdheitsgedanken zu lenken und mich auch der Armutskomponente dieses Begriffes zuzuwenden, die bisher in der Forschung vernachlässigt wurde. Ich denke und hoffe das ergibt eine neue Diskussionsgrundlage für die sensible Begriffsdebatte.

Die Arbeit entstand in dem von der DFG geförderten Forschungsprojekt „Armut im ländlichen Raum im Spannungsfeld zwischen staatlicher Wohlfahrtspolitik, humanitär-religiöser Philanthropie und Selbsthilfe im industriellen Zeitalter (1860–1975)", das dem Sonderforschungsbereich 600 „Fremdheit und Armut" an der Universität Trier angegliedert war. Herzlich bedanken möchte ich mich bei meinem Doktorvater Prof. Dr. Lutz Raphael für die geduldige Beratung bei manch entstandener gedanklicher Sackgasse, aber auch für die wissenschaftlichen Freiheiten und den Blick fürs große Ganze, den er mir immer wieder zuteil werden ließ. Auch die offenherzigen und konstruktiven Anstöße meines Zweitgutachters Prof. Dr. Andreas Gestrich vom Deutschen Historischen Institut in London ließen die Arbeit wachsen. Bei meinen Recherchen im Landeshauptarchiv Koblenz, dem Berliner Bundesarchiv und dem Geheimen Staatsarchiv für preußischen Kulturbesitz stieß ich auf eine sehr gute Beratung und unkomplizierte Einsichtnahme in die spannenden Quellen. Mein besonderer Dank geht an die sehr hilfsbereiten Damen Claudia Schmitt und Brunhild Schmitz vom Kreisarchiv Wittlich.

Viel profitieren durfte ich von der Expertise meiner Kolleginnen und Kollegen Susanne Hahn, Elisabeth Grüner, Dr. Beate Althammer, Dr. Katrin Marx-Jaskulski, Katharina Brandes, Dr. Christina Gerstenmayer, PD Dr. Sebastian Schmidt, Tamara Stazic-Wendt, Inga Brandes, Marina Lemaire, Prof. Dr. Harriet Rudolph, Dr. Thomas Grotum, Katarina Larrá y Ramírez und Dr. Detlev Humann in Form von Gesprächen, zur Verfügung gestellten Dokumenten und konkreter Textkritik. Mein herzlicher Dank geht auch an Michael Grün für die sehr gute kartographische Arbeit und die vielen wertvollen Tipps beim Ausarbeiten der Fallkarten. Auch dem Team der SFB-Geschäftsstelle bin ich zu großem Dank verpflichtet für die Hilfe bei allen verwaltungstechnischen und organisatorischen Aufgaben, die während der Projektarbeit auftauchten. Natürlich entstand die Arbeit nicht ohne tatkräftige Unterstützung unserer studentischen Hilfskräfte. Vor allem Carolin Wingartz und Jan Templ verbrachten einige Zeit mit Zigeunerregistern, vielen Dank dafür!

Mein besonderer Dank gilt außerdem meinen fleißigen Korrekturleserinnen in der Schlussphase PD Dr. Iulia-Karin Patrut, Evelyn Lehmann, Nina Hermesdorf und vor allem Dorothea Hübner, die sich in Windeseile einiges an Text zu Gemüte führte, ohne die Geduld zu verlieren.

Die Entstehung einer solchen Arbeit ist natürlich immer mit stressigen Phasen, Zweifel und Schreibblockaden verbunden. Meine zwei wilden und süßen Kinder, Maria und Timofej, sorgten zuverlässig dafür, dass ich kaum übermäßig Zeit fand diese auszukosten. Sie geben mir Kraft und Freude und meinem wissenschaftlichen Arbeiten Struktur und Erdung, ohne die eine solche Arbeit nicht möglich ist.

Dass ich meinem Mann Dimitri für seine kontinuierliche Unterstützung gar nicht genug danken kann, das wissen wir beide.

Quellenverzeichnis

1. Zeitschriften

Deutsche Nationalbibliothek Leipzig

Der Deutsche Händler und Hausierer. Unabhängiges Zentralblatt zur Wahrung der gesammten Interessen deutscher Händler, Hausierer, Spezialisten, Markt- und Messreisenden (1906–1917, damit Erscheinen eingestellt).

Das Deutsche Wandergewerbe. Alleiniges offizielles Publikationsorgan des Reichsverbandes ambulanter Gewerbetreibender Deutschlands Berlin. (1923–1933).

Generalanzeiger für Händler, Schausteller, Marktreisende, gewerbliche Freilicht-Photographen. Nachrichtenblatt für das gesamte Wandergewerbe Berlin (1927–1928, damit Erscheinen eingestellt).

Die Handelspost. Anzeiger für Händler, Hausierer, Marktreisende und Versandgeschäfte (1929–1930).

Der Kleinhandel. Organ zur Interessenverteidigung der Hausierer, Privatreisenden und Zeitungsverkäufer Zürich (1955).

RAGD-Zeitung. Wochenzeitschrift für Marktfahrer, Hausierer, Neuheiten-Verkäufer, Schausteller, Markthändler, Markthallen-Standinhaber und Straßenhändler, hg. vom Reichsverband Ambulanter Gewerbetreibender Deutschlands (1934–1935).

Das Versandhaus. Zeitschrift für Händler, Hausierer, Markt- und Meßreisende (1913–1919, später unter dem Titel: Pößnecker Händlerblatt).

Universitätsbibliothek Leipzig

Die Gartenlaube. Illustrirtes Familienblatt (1856–1933).

Weitere

Statistisches Jahrbuch für den Freistaat Preußen (1903–1934).

Statistisches Jahrbuch für das Deutsche Reich (1882–1936).

Bundes-Gesetzblatt des Norddeutschen Bundes.

Ministerial-Blatt für die Preußische innere Verwaltung: Darin:

PREUSS. MIN. D. INNERN, Grzesinski: Runderlass betr. Fingerabdruckverfahren bei Zigeunern, vom 3.11.1927, S. 1045–1048.

PREUSS. MIN. D. INNERN, von Bethmann Hollweg: Anweisung zur Bekämpfung des Zigeunerunwesens, vom 17.2.1906, S. 67–72.

PREUSS. MIN. D. INNERN, von Dallwitz: Verfügung betr. Erteilung von Wandergewerbescheinen an Zigeuner, vom 4.2.1911, S. 98.

2. Archivalia

Bundesarchiv Berlin (BA Berlin)
Reichsministerium des Innern (Best. 1501)

Gewerbepolizei

Nr. 113690	Nr. 2	Bd. 1	1918–1922

Maßregeln gegen Zigeunerbanden (Presseäußerungen)

Nr. 113696	Nr. 4	Bd. 4	1922–1927
Nr. 113697	Nr. 4 Beiheft	Bd. 1	1916–1926

Zulassung von Zigeunern zum Gewerbe im Umherziehen

Nr. 113698	Nr. 4 adh. 1	Bd. 1	1885–1902
Nr. 113699		Bd. 2	1902–1906
Nr. 113700		Bd. 3	1906–1910
Nr. 113701		Bd. 4	1910–1922
Nr. 113702		Bd. 5	1923–1924

Bestimmungen fremder Staaten über das Zigeunerunwesen

Nr. 113703	Nr. 4 adh. 2	Bd. 1	1916

Geheimes Staatsarchiv Preußischer Kulturbesitz Berlin (GStA PK Berlin)
Ministerium des Inneren (Best. I. HA Rep. 77)

Gefährdung der öffentlichen Sicherheit durch sich im Lande aufhaltende oder umherziehende Zigeunerbanden

Tit. 423, Nr. 53, gen.	Bd. 1–10	1828–1912

Berichte der Regierungen über das Zigeunerunwesen

Tit. 423, Nr. 53, adh. 1, Beibände		1886–1900

Maßregeln zur Bekämpfung des Zigeunerunwesens

Tit. 423, Nr. 53, adh. 2	Bd. 1–5	1869–1911

Preußisches Ministerium für Handel und Gewerbe (I. HA Rep. 120)
Abteilung BB. III Gewerbebetrieb im Umherziehen

Generalia. Die Bestimmungen über den Gewerbebetrieb im Umherziehen

BB III.1, Nr. 1 (Neuere Bezeichnung A 10.1)	Bd. 12 (1870–1876) – Bd. 29 (1932–1933)

Zeitungsausschnitte über die Beschränkung des Hausierhandels

BB III.1, Nr. 1 adh.	1891–1899. Darin fol. 6–13:

Zentralvorstand kaufmännischer Verbände und Vereine Deutschlands: Die Verhandlungen des nordwestdeutschen Detaillistentages im Dezember 1891 in Bielefeld.

Gewerbebetrieb der Zigeuner
BB III.1, Nr. 2 adh. 1878–1912

Specialia, Gesuche und Beschwerden wegen Erteilung oder Versagung von Wandergewerbescheinen (Rekursgesuche)
BB III.2, Nr. 1 (Neuere Bezeichnung B 10.2) Bd. 15 (1910–1919) – Bd. 21 (1933–1934)

Hauptstaatsarchiv Düsseldorf (HStA Düsseldorf)
Mit freundlicher Genehmigung meiner Kollegin Dr. Beate Althammer (Transkript von Althammer)

Best. RK, Nr. 7691: Darin:

Landwirtschaftlicher Verein für Rheinpreußen an Oberpräsident der Rheinprovinz: Petition zur Herbeiführung gesetzlicher Maßregeln zur Bekämpfung des Zigeunerwesens und Einschränkung des Hausiergewerbes, Bonn, 7. Januar 1893.

Kreisarchiv Bernkastel-Wittlich (KA Wittlich)
Landratsamt Wittlich (Altkreis)

2.0.364	Verein zur industriellen Entwicklung der Südeifel	1913–1921
2.0.498	Gewerbesteuer	1924–1929
2.0.631	Sitzungen des Kreisausschusses	1888–1916
2.0.508	Kreistage und deren Beschlüsse	1924–1929
2.0.444	Zusammensetzung des Kreisausschusses	1888–1936
2.0.450	Gemeindekasse Binsfeld	1892–1915
2.0.040	Außeretatmäßige Ausgaben der Gemeinden	1913–1932
2.0.070	Beschwerden wegen den Gemeindeabgaben und Lasten	1914–1933
2.0.063	Sonderkontrolle Westhilfe	1930–1931
2.0.367	Verein zur Förderung des Arbeiterwohnungswesens	1907–1933
2.0.688	Verwaltungsberichte	1921–1933
2.0.281	Die rheinische Genossenschaft zur wirtschaftlichen Förderung von Handel und Gewerbe	1909–1931
2.0.205	Finanzstatistiken (allgemeine Statistik über den Landkreis Wittlich 1925)	1925–1938
2.0.204	Landwirtschaftsstatistiken	1907–1929
2.0.198	Verwaltungsberichte	1926–1931
2.0.297	Förderung von Handel und Gewerbe	1911–1930

Landratsamt Bernkastel (Altkreis)

1.0.057	Ausstellung von Gewerbelegitimationskarten, 2 Bde.	1881–1940

Landeshauptarchiv Koblenz (LHAK)
Oberpräsidium (Best. 403)
Gewerbeaufsicht – Wandergewerbe: Erteilung von Wandergewerbescheinen für das ambulante Gewerbe

Nr. 11606	Bd. 8	1887–1889
Nr. 11607	Bd. 9	1889–1890
Nr. 8192	Bd. 10	1890–1892
Nr. 11608	Bd. 11	1892–1893
Nr. 11609	Bd. 12	1893–1894
Nr. 8248	Bd. 13	1894–1895
Nr. 11610	Bd. 14	1895–1897
Nr. 8193	Bd. 15	1897–1899
Nr. 8194	Bd. 16	1899–1901
Nr. 11611	Bd. 17	1901–1902
Nr. 11612	Bd. 18	1902–1903
Nr. 11613	Bd. 19	1903–1904
Nr. 11614	Bd. 20	1904
Nr. 11615	Bd. 21	1904–1905
Nr. 8195	Bd. 22	1905–1906
Nr. 11616	Bd. 23	1906–1907
Nr. 11617	Bd. 24	1907–1908
Nr. 8196	Bd. 25	1908–1909
Nr. 11618	Bd. 26	1909–1910
Nr. 8197	Bd. 27	1910–1912
Nr. 8198	Bd. 28	1912
Nr. 13109	Bd. 4	1923–26
Nr. 13110	Bd. 5	1926–27

Bezirksregierung Koblenz (Best. 441)

Maßregeln gegen die umherziehenden Zigeuner

Nr. 24292	1905–1916
Nr. 23466	1905–1909
Nr. 24084	1909–1911
Nr. 24804	1911–1915
Nr. 23198	1915–1923
Nr. 27988	1924–1930
Nr. 27989	1924–1926
Nr. 27990	1926–1927
Nr. 27991	1927–1929
Nr. 27992	1924–1931

Landjägerei

Nr. 25557	1924–1927
Nr. 25558	1923–1924

Bezirksregierung Trier (Best. 442)

Acta betreffend Allgemeine Maßregeln zur öffentlichen Sicherheit, Zigeuner

Nr. 898	1867–1874

Nr. 9689	1874–1892
Nr. 899	1874–1882
Nr. 6791 und 6792	1888–1906
Nr. 6792	

Bekämpfung des Zigeunerunwesens

Nr. 10992	1907–1928

Bezirksausschuss Trier (Best. 446)

Ernennung und Wahl der Mitglieder des Bezirksausschusses Trier

Nr. 126	1888–1938

Landratsamt Bitburg (Best. 459)

Erteilung von Wandergewerbe- und Gewerbescheinen durch den Regierungspräsidenten

Nr. 269	1928–1931
Nr. 270	1931–1936

Gewerbepolizei. Aufsicht über die Gewerbetreibenden

Nr. 350	1924–1935

Landratsamt Wittlich (Best. 498)

Wandergewerbe gen.

Nr. 226	1928–1939
Nr. 237	1929–1934

Bekämpfung des Zigeunerwesens

Nr. 472	1917–1938
Nr. 169	1921–1938

Bürgermeistereien

Best. 655,192 Bickendorf	Nr. 34
Best. 655,170 Binsfeld	Nr. 62
Best. 655,191 Bitburg Land	Nr. 288, 289
Best. 655,178 Clüsserath	Nr. 759 Bd. 1
Best. 655,245 Flammersfeld	Nr. 223, 239, 475, 551
Best. 655,14 Kastellaun	Nr. 1111, 4504
Best. 655,194 Körperich	Nr. 271, 272
Best. 655,213 Lieser	Nr. 396
	Nr. 267, 174, 506 (mit freundlicher Genehmigung meiner Kollegin Dr. Katrin Marx-Jaskulski, Transkripte dieser Akten von Marx-Jaskulski)
Best. 655,212 Mülheim	Nr. 156, 64
Best. 655,252 Neuerburg	Nr. 1338
Best. 655,35 Rheinböllen	Nr. 417
Best. 655,39 Schweich	Nr. 135

Best. 655,200 Sohren/ Büchenbeuren	Nr. 1010
Best. 655,188 Speicher	Nr. 433, 434, 435
Best. 655,47 Winningen	Nr. 369, 1068
Best. 655,123 Zeltingen	Nr. 924, 1013

Stadtarchiv Koblenz (StAK)
Städtisches Wohlfahrtsamt (Best. 623)
Unterstützung von Zigeunern und Wohnwagenleuten
Nr. 6105 1936–1938

Stadtarchiv Trier (StAT)
Gewerbepolizei (Best. Tb15)
Akten betreffend Wandergewerbeschein
Nr. 089 1926

3. Gedruckte Quellen und zeitgenössische Literatur

Verfasser unbekannt: Wir sind selbst schuld daran! In: Der Deutsche Händler und Hausierer, Jg. 11, Nr. 8, 20.02.1916, S. 1–2.

Verfasser unbekannt: Privatwohltätigkeit und Kriegsbeschädigte. In: Der Deutsche Händler und Hausierer, Jg. 11, Nr. 14, 02.04.16, S. 1f.

Verfasser unbekannt: Kriegsbeschädigte als Hausierer. In: Das Versandhaus, Jg. 11, Nr. 361, 09.07.1918, ohne Seitenangabe.

Verfasser unbekannt: Schausteller und Berufskollegen und Reichsverband. Gründung des Reichsverbandes und Verlauf bis zum heutigen Tage. In: Das deutsche Wandergewerbe, Jg. 2, Bd. 2, Nr. 48, 30.11.1924, S. 1012–1013.

Verfasser unbekannt: Das Pösnecker „Versand-Haus" verurteilt. In: Das deutsche Wandergewerbe, Jg. 5, Nr. 3, 16.01.1927, S. 46–47.

Verfasser unbekannt: Zwei Handelsminister zum ambulanten Gewerbe. In: Das deutsche Wandergewerbe, Jg. 6, Nr. 47, 18.11.1928, S. 1037–1039.

Verfasser unbekannt: Fingerabdruckverfahren bei Zigeunern. In: Kriminalistische Monatshefte 2 (1928), S. 88–90.

Verfasser unbekannt: Hausierer sind keine Zigeuner, Zigeuner sind keine Hausierer. In: Handelspost Jg. 19, Nr. 2, 16.01.1929, S. 16–17.

Abegg, Wilhelm: Aufbau und Gliederung der „Großen Polizeiausstellung Berlin 1926". Berlin 1926.

Aichele, Hermann: Die Zigeunerfrage mit besonderer Berücksichtigung Württembergs. Stuttgart. Diss. 1911.

–: Die Zigeunerfrage. In: Die Gartenlaube 44 (1922), S. 875.

Beuthen, Rotering zu: Die negative Arbeit. In: Zeitschrift für die gesamte Strafrechtswissenschaft 16 (1896), S. 198–223.

Brendel, Hans: Die volkswirtschaftliche Bedeutung des ambulanten Gewerbes. Schluss. In: Das deutsche Wandergewerbe, Jg. 2, Nr. 34, 24.08.1924, S. 765–767.

Brendel, Karl/Becker, Philipp u.a.: Zur Geschichte der Organisation des ambulanten Gewerbes Berlin. In: Das deutsche Wandergewerbe, Jg. 6, Nr. 4, 22.01.1928, S. 82–86.

Brendel, Karl: Die Stellung des Reichsverbandes im Wirtschaftsleben und die Aufgaben desselben im Jahre 1930. In: Das deutsche Wandergewerbe, Jg. 8, Nr. 2, 10.01.1930, S. 33–34.

Dillmann, Alfred: Zigeuner-Buch. Herausgegeben zum amtlichen Gebrauche im Auftrage des Königlichen Bayerischen Staatsministeriums des Innern vom Sicherheitsbureau der Königlichen Polizeidirektion München. München 1905.

Dorsch: Die Bekämpfung der Zigeuner und Vaganten. Eine Sammlung von Vorschriften für den Handgebrauch des Polizeibeamten. Stuttgart 1931.

Geijerstam, Gustav von: Über den Hausierhandel im Kreise der Stadt Boras (Schweden). In: Verein für Socialpolitik (Hg.): Untersuchungen über die Lage des Hausiergewerbes in Schweden, Italien, Großbritannien und der Schweiz. Leipzig 1899, S. 1–12.

Grellmann, Heinrich Moritz Gottlieb: Die Zigeuner. Ein historischer Versuch über die Lebensart, Verfassung und Schicksale dieses Volkes in Europa, nebst dessen Ursprunge. Leipzig 1783 (2. Aufl. Dessau 1787).

Gross, Hans: Handbuch für Untersuchungsrichter als System der Kriminalistik, 2 Bde. 2. Aufl. München u.a. 1914.

Habermann, G.: Nordwestliches Böhmen. In: Verein für Socialpolitik (Hg.): Untersuchungen über die Lage des Hausiergewerbes in Österreich (Schriften des Vereins für Socialpolitik, Bd. 82). Leipzig 1899, S. 185–194.

Heister, Carl von: Ethnographische und geschichtliche Notizen über die Zigeuner. Königsberg 1842.

Hentig, Hans von: Rechtliche Bedenken gegen das bayer. „Zigeuner- und Arbeitsscheuengesetz“ vom 16. Juli 1926. In: Juristische Rundschau (1926) 5, Spalten 153–156.

Höhne, Werner K.: Die Vereinbarkeit der deutschen Zigeunergesetze und -verordnungen mit dem Reichsrecht, insbesondere der Reichsverfassung. Heidelberg 1929.

Hohn, Wilhelm: Hausindustrie und Heimarbeit in den Regierungsbezirken Koblenz und Trier. In: Verein für Socialpolitik (Hg.): Hausindustrie und Heimarbeit in Deutschland und Österreich. Dritter Band. Mittel- und Westdeutschland. Österreich (Schriften des Vereins für Socialpolitik, Bd. 86). Leipzig 1899, S. 1–97.

Karanikas, Dimitrios: Das bayerische Zigeuner- und Arbeitsscheuengesetz vom 16. Juli 1926. Leipzig 1931.

Königliche Polizeidirektion München: Denkschrift über die Bekämpfung der Zigeunerplage. Im Auftrage des Königlich Bayerischen Staatsministeriums des Innern. München 1912.

Kostka, Carl: Nordböhmen. In: Verein für Socialpolitik (Hg.): Untersuchungen über die Lage des Hausiergewerbes in Österreich (Schriften des Vereins für Socialpolitik, Bd. 82). Leipzig 1899, S. 211–260.

Lentjes, Hans: Bericht vom 4. Verbandstag in Köln a. Rh. am 24. Januar 1927. In: Das deutsche Wandergewerbe, Jg. 5, Nr. 74, 13.02.1927, S. 117–131.

Liebich, Richard: Die Zigeuner in ihrem Wesen und in ihrer Sprache. Nach eigenen Beobachtungen dargestellt. Leipzig 1863.

Lutz: Das Zigeunerproblem. In: Deutsches Polizei-Archiv (1926) 4, S. 66–68.

–: Das Zigeunerproblem. Fortsetzung. In: Deutsches Polizei-Archiv (1926) 5, S. 93–94.

–: Das Zigeunerproblem. Schluß. In: Deutsches Polizei-Archiv (1926) 11, S. 191–192.

Merz, Kl.: Zigeunerbekämpfung. In: Grundlach, Wilhelm (Hg.): Die Polizei der Gegenwart in Wort und Bild. Nach den Darbietungen der internationalen polizeitechnischen Ausstellung in Karlsruhe 1925. Lübeck 1925, S. 196–202.

–: Der kriminalpolizeiliche Charakter der Maßnahmen zur Bekämpfung der Zigeunerplage. In: Kriminalistische Monatshefte: Zeitschrift für die gesamte kriminalistische Wissenschaft und Praxis (1927) 1, S. 3–7.

Meyer, Heinrich: Neue Wege zur Bekämpfung des Zigeunertums. In: Polizeibeamten-Blatt 4 (1921) 29/30, S. 257–259 und 269–270.

Miskow, Johan: Jaija Sattler and the Gypsies of Berlin. In: Journal of the Gypsy Lore Society 10 (1931) 2, S. 86–92.

Muensterberg, Emil (Hg.): Bibliographie des Armenwesens. Bibliographie charitable. Berlin 1900.

Rabbeno, Ugo/Conigliani, C. A.: Über das Hausiergewerbe in Italien. In: Verein für Socialpolitik (Hg.): Untersuchungen über die Lage des Hausiergewerbes in Schweden, Italien, Großbritannien und der Schweiz. Leipzig 1899, S. 13–54.

Reich, Hermann: Das bayerische Zigeuner- und Arbeitsscheuengesetz vom 16. Juli 1926 mit der Ausführungsentschließung und den sonst einschlägigen Bestimmungen. München 1927.

Ritter, Robert: Zigeuner und Landfahrer. In: Bayerischer Landesverband für Wanderdienst, München (Hg.): Der nichtseßhafte Mensch. Ein Beitrag zur Neugestaltung der Raum- und Menschenordnung im Großdeutschen Reich. München 1938, S. 71–88.

ROTH, Wilhelm: Der Hausierhandel Urberachs (Großh. Hessen) mit besonderer Berücksichtigung des Handels mit Töpferwaren. In: Verein für Socialpolitik (Hg.): Untersuchungen über die Lage des Hausiergewerbes in Deutschland. Bd. 4 (Schriften des Vereins für Socialpolitik, Bd. 80). Leipzig 1898, S. 403–433.

SAASSEN, Konrad: Grenzlandnot im Regierungsbezirk Trier. Trier 1931.

SCHMOLLER, Gustav: Zur Geschichte der deutschen Kleingewerbe im 19. Jahrhundert. Statistische und nationalökonomische Untersuchungen. Halle 1870.

–: Die neuesten Publikationen über die Lage des preußischen und deutschen Bauernstandes. In: Jahrbuch für Gesetzgebung, Verwaltung und Volkswirtschaft im Deutschen Reich, N. F. 7 (1883), S. 613–636.

SCHWAN, Bruno: Die Wohnungsnot und das Wohnungselend in Deutschland (Deutscher Verein für Wohnungsreform. Schriften, Bd. 7). Berlin 1929.

SCHWIEDLAND, Eugen: Einleitung. In: Verein für Socialpolitik (Hg.): Untersuchungen über die Lage des Hausiergewerbes in Österreich (Schriften des Vereins für Socialpolitik, Bd. 82). Leipzig 1899, S. VII–LXXI.

SOMBART, Werner: Der moderne Kapitalismus. Historisch-systematische Darstellung des gesamteuropäischen Wirtschaftslebens von seinen Anfängen bis zur Gegenwart. Bde. 1–3. München u.a. 1863–1941.

–: Die Entwicklungstendenzen im modernen Kleinhandel. Referat am 26. September 1899 in Breslau. In: Verein für Socialpolitik (Hg.): Verhandlungen der am 25., 26. und 27. September 1899 in Breslau abgehaltenen Generalversammlung des Vereins für Socialpolitik. Über die Hausindustrie und ihre gesetzliche Regelung, die Lage des Hausiergewerbes und die Entwicklungstendenzen im modernen Kleinhandel (Schriften des Vereins für Socialpolitik, Bd. 88). Leipzig 1900, S. 137–157.

STIEDA, Wilhelm: Einleitung. In: Verein für Socialpolitik (Hg.): Untersuchungen über die Lage des Hausiergewerbes in Deutschland (Schriften des Vereins für Socialpolitik, Bd. 1). Leipzig 1898, S. V–XIV.

–: Die Lage des Hausiergewerbes in Deutschland. Referat am 26. September 1899 in Breslau. In: Verein für Socialpolitik (Hg.): Verhandlungen der am 25., 26. und 27. September 1899 in Breslau abgehaltenen Generalversammlung des Vereins für Socialpolitik. Über die Hausindustrie und ihre gesetzliche Regelung, die Lage des Hausiergewerbes und die Entwicklungstendenzen im modernen Kleinhandel (Schriften des Vereins für Socialpolitik, Bd. 88). Leipzig 1900, S. 102–136.

TAUSS, H.: Krain. In: Verein für Socialpolitik (Hg.): Untersuchungen über die Lage des Hausiergewerbes in Österreich (Schriften des Vereins für Socialpolitik, Bd. 82). Leipzig 1899, S. 87–118.

TETZNER, Theodor: Geschichte der Zigeuner, ihre Herkunft, Natur und Art. Weimar u.a. 1835.

VEREIN FÜR SOCIALPOLITIK (Hg.): Untersuchungen über die Lage des Hausiergewerbes in Deutschland (Schriften des Vereins für Socialpolitik, Bd. 1). Leipzig 1898.

–: Hausindustrie und Heimarbeit in Deutschland und Österreich. Dritter Band. Mittel- und Westdeutschland. Österreich (Schriften des Vereins für Socialpolitik, Bd. 86). Leipzig 1899.

VIEBIG, Clara: Das Weiberdorf. Roman aus der Eifel. 7. Aufl. Zell/Mosel 2010 (1. Aufl. 1900).

WEIL, Hugo: Prag und Umgegend. In: Verein für Socialpolitik (Hg.): Untersuchungen über die Lage des Hausiergewerbes in Österreich. (Schriften des Vereins für Socialpolitik, Bd. 82). Leipzig 1899, S. 119–184.

WEITERSHAGEN, Paul: Meine Zigeunerklasse in Köln. In: Die Hilfsschule (1932), S. 282–299.

Reichsgewerbeordnungen und ihre Ausführungsbestimmungen

1869: WILHELM I., König von Preußen: Gewerbeordnung für den Norddeutschen Bund vom 21.6.1869. In: Bundes-Gesetzblatt des Norddeutschen Bundes (1869) 2, S. 245–282.

1884: SCHICKER, K. (Hg.): Die Gewerbe-Ordnung für das Deutsche Reich in der auf Grund des Gesetzes vom 1. Juli 1883 veröffentlichten Fassung nebst den Ausführungsvorschriften des Reichs. Stuttgart 1884.

1896: REGER, Anton (Hg.): Die Gewerbeordnung für das Deutsche Reich in der Fassung seit Erlaß der Novelle v. 6. August 1896. Erläutert und mit Vollzugsvorschriften des Reichs sowie des Königreichs Bayern. Ansbach 1896.

1904: HOFFMANN, Franz (Hg.): Die Gewerbe-Ordnung mit den gesamten Ausführungsbestimmungen für das Deutsche Reich und Preußen. 4. Aufl. Berlin 1904.

1912: PANNIER, Karl (Hg.): Gewerbeordnung für das Deutsche Reich. In der seit 1. April 1912 geltenden Fassung. 28. Aufl. Leipzig 1912.

1915: FLESCH, Karl (Hg.): Gewerbeordnung für das Deutsche Reich. Berlin 1915.

1922: HOFFMANN, Franz (Hg.): Die Gewerbe-Ordnung für das Deutsche Reich und Preußen. 22. Aufl. Berlin 1922.

1927: –: Die Reichsgewerbeordnung. 28. Aufl. Berlin 1927.

1930: –: Die Reichsgewerbeordnung. 33. Aufl. Berlin 1930.

Literaturverzeichnis

ABELSHAUSER, Werner: Die Weimarer Republik – ein Wohlfahrtsstaat? In: Abelshauser, Werner (Hg.): Die Weimarer Republik als Wohlfahrtsstaat. Zum Verhältnis von Wirtschafts- und Sozialpolitik in der Industriegesellschaft (Vierteljahrschrift für Sozial- und Wirtschaftsgeschichte. Beihefte, Bd. 81). Stuttgart 1987, S. 9–31.

ACHIM, Viorel: The Roma in Romanian History. Budapest u.a. 2004.

ADAMS, Barbara/OKELY, Judith u.a.: Gypsies and Government Policy in England. A Study of the Travellers' Way of Life in Relation to the Policies and Practices of Central and Local Government (The Centre for Environmental Studies Series). London 1975.

ALBRECHT, Angelika: Zigeuner in Altbayern 1871–1914. Eine sozial-, wirtschafts- und verwaltungsgeschichtliche Untersuchung der bayerischen Zigeunerpolitik (Materialien zur bayerischen Landesgeschichte, Bd. 15). München 2002.

ALTHAMMER, Beate: Vagabunden. Eine Geschichte von Armut, Bettel und Mobilität im Zeitalter der Industrialisierung (1815–1933). Habil. Schrift. (in Bearbeitung).

–: Bettler in rheinischen Städten des 19. Jahrhunderts – Aachen und Düsseldorf. In: Althammer, Beate (Hg.): Bettler in der europäischen Stadt der Moderne. Zwischen Barmherzigkeit, Repression und Sozialreform (Inklusion/Exklusion. Studien zu Fremdheit und Armut von der Antike bis zur Gegenwart, Bd. 4). Frankfurt a.M. 2007, S. 151–191.

–: Einleitung. In: Althammer, Beate (Hg.): Bettler in der europäischen Stadt der Moderne. Zwischen Barmherzigkeit, Repression und Sozialreform (Inklusion/Exklusion. Studien zu Fremdheit und Armut von der Antike bis zur Gegenwart, Bd. 4). Frankfurt a.M. 2007, S. 3–22.

–: Der Vagabund. Zur diskursiven Konstruktion eines Gefahrenpotentials im späten 19. und frühen 20. Jahrhundert. In: Härter, Karl (Hg.): Repräsentationen von Kriminalität und öffentlicher Sicherheit. Bilder, Vorstellungen und Diskurse vom 16. bis zum 20. Jahrhundert (Studien zu Policey und Policeywissenschaft). Frankfurt a.M. 2010, S. 415–454.

–: Nr. 128: Verfügung zur Niederlassungsfreiheit, 1860. In: Althammer, Beate/Gerstenmayer, Christina (Hg.): Bettler und Vaganten in der Neuzeit (1500–1933). Eine kommentierte Quellenedition. Essen 2013, S. 341–345.

–: Nr. 172: Ausweisungsbefugnisse der Polizeibehörden, 1899. In: Althammer, Beate/Gerstenmayer, Christina (Hg.): Bettler und Vaganten in der Neuzeit (1500–1933). Eine kommentierte Quellenedition. Essen 2013, S. 446–447.

Ammerer, Gerhard: Heimat Straße. Vaganten im Österreich des Ancien Régime (Sozial- und wirtschaftshistorische Studien, Bd. 29). Wien 2003.

Aparno, Rao/Casimir, Michael J.: A Stereotyped Minority. "Zigeuner" in Two Centuries of German Reference Literature. In: Ethnologia Europaea 23 (1993), S. 111–124.

Arnold, Hermann: Soziale Isolate im Mosel-Saar-Nahe-Raum seit dem 18. Jahrhundert (Veröffentlichungen des Instituts für Landeskunde des Saarlandes, Bd. 10). Saarbrücken 1964.

–: Die Zigeuner. Herkunft und Leben im deutschen Sprachgebiet. Olten 1965.

–: Medizin und Ethik. Problemfeld Eugenik (Zeitgeschichtliche Bibliothek, Bd. 4). Asendorf 1988.

Asseo, Henriette: Les Tsiganes. Une Destinée Européenne. Paris 1994.

–: La Perception des Tsiganes en France et en Allemagne (1870–1930). In: Gueslin, André/Kalifa, Dominique (Hg.): Les Exclus en Europe, 1830–1930 (Patrimoines). Paris 1999, S. 223–233.

–: La Gendarmerie et l'Identification des »Nomades« (1870–1914). In: Luc, Jean-Noël (Hg.): Gendarmerie, État et Société au XIXe Siècle. Actes du Colloque (Histoire de la France aux XIXe et XXe Siècles, Bd. 59). Paris 2002, S. 301–311.

Ayass, Wolfgang: Das Arbeitshaus Breitenau. Bettler, Landstreicher, Prostituierte, Zuhälter und Fürsorgeempfänger in der Korrektions- und Landarmenanstalt Breitenau (1874–1949). Kassel 1992.

–: „Asoziale“ im Nationalsozialismus. Stuttgart 1995.

Bade, Klaus J.: Europa in Bewegung. Migration vom späten 18. Jahrhundert bis zur Gegenwart (Europa bauen). München 2000.

Barany, Zoltan: The East European Gypsies. Regime Change, Marginality, and Ethnopolitics. New York u.a. 2002.

Bartels, Alexandra: Antiziganismus benennen. Zur sprachlichen Diskriminierung durch das ‚Zigeuner‘-Wort. In: Bartels, Alexandra/von Borke, Tobias u.a. (Hg.): Antiziganistische Zustände 2. Kritische Positionen gegen gewaltvolle Verhältnisse. Münster 2013, S. 20–38.

Bartolomej, Daniel: Die Geschichte der Roma in Böhmen, Mähren und der Slowakei (Studien zur Tsiganologie und Folkloristik, Bd. 23). Frankfurt a.M. 1998.

Batori, Ingrid (Hg.): Geschichte der Stadt Koblenz. Von der französischen Stadt bis zur Gegenwart (Geschichte der Stadt Koblenz, Bd. 2). Stuttgart 1993.

Bauer, Alfred: Ländliche Gesellschaft und Agrarwirtschaft im Hunsrück zwischen Tradition und Innovation (1870–1914) (Trierer Historische Forschungen, Bd. 64). Trier 2009.

Bauer, Yehuda: Es galt nicht der Befehl für beide. Eine Entgegnung auf Romani Roses Thesen zum Genozid an den europäischen Juden, Sinti und Roma. In: Blätter für deutsche und internationale Politik 11 (1998), S. 1380–1387.

Baumgartner, Gerhard/Freund, Florian: Der Holocaust an den österreichischen Roma und Sinti. In: Zimmermann, Michael (Hg.): Zwischen Erziehung und Vernichtung. Zigeunerpolitik und Zigeunerforschung im Europa des 20. Jahrhunderts (Beiträge zur Geschichte der deutschen Forschungsgemeinschaft, Bd. 3). Stuttgart 2007, S. 203–225.

Becker, Peter: Vom „Haltlosen" zur „Bestie". Das polizeiliche Bild des „Verbrechers" im 19. Jahrhundert. In: Lüdtke, Alf (Hg.): „Sicherheit" und „Wohlfahrt". Polizei, Gesellschaft und Herrschaft im 19. und 20. Jahrhundert. Frankfurt a.M. 1992, S. 97–131.

Benz, Wolfgang: Sinti und Roma: Die unerwünschte Minderheit. Über das Vorurteil Antiziganismus. Berlin 2014.

Berliere, Jean-Marc: La Rèpublique et Les Nomades (1880–1914). In: Études Tsiganes 18/19 (2004), S. 52–64.

Berringer, Christian: Sozialpolitik in der Weltwirtschaftskrise. Die Arbeitslosenversicherungspolitik in Deutschland und Großbritannien im Vergleich 1928–1934 (Schriften zur Wirtschafts- und Sozialgeschichte, Bd. 54). Berlin 1999.

Bessel, Richard: Militarisierung und Modernisierung. Polizeiliches Handeln in der Weimarer Republik. In: Lüdtke, Alf (Hg.): „Sicherheit" und „Wohlfahrt". Polizei, Gesellschaft und Herrschaft im 19. und 20. Jahrhundert. Frankfurt a.M. 1992, S. 323–343.

Bessonov, Nikolaj: Zigeuner in Russland. Geschichte und gegenwärtige Probleme. In: Ost-West. Europäische Perspektiven 4 (2003) 2, S. 111–117.

Bhreatnach, Aoife: Becoming Conspicuous. Irish Travellers, Society and the State 1922–1970. Dublin 2006.

–: The 'Itinerant Problem'. The Attitude of Dublin and Stormont Governments to Irish Travellers, 1922–60. In: Irish Historical Studies 35 (2006) 137, S. 81–98.

Birken-Silverman, Gabriele: Ethnische Vorurteile unter semantischen und pragmatischen Aspekten. Die ‚Zigeuner' in Wörterbucheinträgen und im Pressediskurs. In: Zeitschrift für romanische Philologie 114 (1998), S. 177–198.

Blaich, Fritz: Der „Winzersturm von Bernkastel". Ursachen und Auswirkungen eines Steuerstreiks in der Weimarer Republik. In: Zeitschrift für Agrargeschichte und Agrarsoziologie 33 (1985) 1, S. 2–26.

Blauert, Andreas/Wiebel, Eva: Gauner- und Diebeslisten. Registrieren, Identifizieren und Fahnden im 18. Jahrhundert (Studien zu Policey und Policeywissenschaft). Frankfurt a.M. 2001.

BLUM-GEENEN, Sabine: Fürsorgeerziehung in der Rheinprovinz von 1871–1933 (Rheinprovinz, Bd. 11). Köln u.a. 1997.

BOGDAL, Klaus-Michael: „Menschen sind sie, aber nicht Menschen wie wir". Europa erfindet die Zigeuner. In: Gutjahr, Ortrud (Hg.): Fremde (Freiburger Literaturpsychologische Gespräche. Jahrbuch für Literatur und Psychoanalyse, Bd. 21). Würzburg 2002, S. 159–183.

BOHN, Cornelia: Inklusion, Exklusion und die Person. Konstanz 2006.

BOMMES, Michael/HALFMANN, Jost (Hg.): Migration in nationalen Wohlfahrtsstaaten. Theoretische und vergleichende Untersuchungen (Schriften des Instituts für Migrationsforschung und Interkulturelle Studien der Universität Osnabrück, Bd. 6). Osnabrück 1998.

BONILLO, Marion: „Zigeunerpolitik" im Deutschen Kaiserreich 1871–1918 (Publikationen zur Geschichte der Sinti und Roma und zum Antiziganismus, Bd. 28). Frankfurt a.M. 2001.

BRAKENSIEK, Stefan/FLÜGEL, Axel (Hg.): Regionalgeschichte in Europa. Methoden und Erträge der Forschung zum 16. bis 19. Jahrhundert (Forschungen zur Regionalgeschichte, Bd. 34). Paderborn 2000.

BRANDES, Inga/KRIEGER, Martin u.a.: „Armut im ländlichen Raum". Vorstellung eines Forschungsprojekts. In: Arbeitskreis für Agrargeschichte Newsletter (2008) 23, S. 3–12.

BRANDES, Inga/MARX-JASKULSKI, Katrin: Armut und ländliche Gesellschaften im europäischen Vergleich – eine Einführung. In: Brandes, Inga/Marx-Jaskulski, Katrin (Hg.): Armenfürsorge und Wohltätigkeit. Ländliche Gesellschaften in Europa, 1850–1930/Poor relief and charity (Inklusion/Exklusion. Studien zu Fremdheit und Armut von der Antike bis zur Gegenwart, Bd. 11). Frankfurt a.M. 2008, S. 9–45.

BRANDES, Katharina: Kinderarmut und Kinderfürsorge in einer deutschen Großstadt. Die Kinder- und Jugendfürsorge in Hamburg zwischen Armenfürsorge und Pädagogik (1884–1914). Dissertation (in Bearbeitung).

BRAND, Mechtild: Unsere Nachbarn. Zigeuner, Sinti, Roma. Lebensbedingungen einer Minderheit in Hamm. Essen 2007.

BRANDT, Helmut (Hg.): Lenau. Briefe und Werke. Historisch-kritische Gesamtausgabe. Wien 1995.

BRASS, Christoph: Zwangssterilisation und „Euthanasie" im Saarland 1933–1945 (Sammlung Schöningh zur Geschichte und Gegenwart). Paderborn 2004.

BRAUDEL, Fernand: Der Handel (Sozialgeschichte des 15.–18. Jahrhunderts/Fernand Braudel, Bd. 2). München 1986.

BRÄUER, Helmut: Persönliche Bittschriften als sozial- und mentalitätsgeschichtliche Quellen. Beobachtungen aus frühneuzeitlichen Städten Obersachsens.

In: Ammerer, Gerhard/Rohr, Christian u.a. (Hg.): Tradition und Wandel. Beiträge zur Kirchen-, Gesellschafts- und Kulturgeschichte. Wien 2001, S. 294–304.

Breger, Claudia: Heinrich Moritz Gottlieb Grellmann – Überlegungen zu Entstehung und Funktion rassistischer Deutungsmuster im Diskurs der Aufklärung. In: Danckwortt, Barbara/Querg, Thorsten/Schöningh, Claudia (Hg.): Historische Rassismusforschung. Ideologien–Täter–Opfer (Edition Philosophie und Sozialwissenschaften, Bd. 30). Hamburg u.a. 1995, S. 34–69.

Breuer, Stefan: Sozialdisziplinierung. Probleme und Problemverlagerungen eines Konzepts bei Max Weber, Gerhard Oestreich und Michel Foucault. In: Sachße, Christoph/ Tennstedt, Florian (Hg.): Soziale Sicherheit und soziale Disziplinierung. Beiträge zu einer historischen Theorie der Sozialpolitik. Frankfurt a.M. 1986, S. 45–69.

Brons, Franziska: Im Labyrinth der Linien. Zur Geschichte des Fingerabdrucks in der Kriminologie. In: Gegenworte: Hefte für den Disput über Wissen 20 (2008), S. 40–43.

Büchner, Robert: Tiroler Wanderhändler. Die Welt der Marktfahrer, Straßenhändler und Hausierer. Innsbruck 2011.

Buchner, Thomas: Arbeitsmärkte ordnen oder konstruieren? Öffentliche Arbeitsnachweise in Deutschland (circa 1890 bis 1914). In: Vierteljahrschrift für Sozial- und Wirtschaftsgeschichte 100 (2013) 3, S. 292–310.

Bumiller, Casimir: Auf der Reise. Skizzen zu einer Geschichte des Hausierhandels im Killertal. In: Beiträge zur Volkskunde in Baden-Württemberg 5 (1993), S. 7–61.

Charnon-Deutsch, Lou: The Spanish Gypsy. The History of a European Obsession. University Park Pennsylvania 2004.

Conrad, Hans-Joachim: Die Winzerunruhen an der Mosel 1925/26. Ihre wirtschaftlichen und sozialen Hintergründe und ihre Auswirkungen auf die staatliche Wirtschaftspolitik. Diplomarbeit. Regensburg 1976.

Cottaar, Annemarie/Lucassen, Leo/Willems, Wim: Justice or Injustice? A Survey of the Policy towards Gypsies and Caravan Dwellers in Western Europe in the 19th and 20th Centuries. In: Immigrants and Minorities 11 (1992) 1, S. 42–66.

–: Mensen van der reis. Woonwagenbewoners en Zigeuners in Nederland (1868–1995). Zwolle 1995.

Cottaar, Annemarie: Dutch Travellers. Dwellings, Origins and Occupations. In: Lucassen, Leo/Willems, Wim/Cottaar, Annemarie (Hg.): Gypsies and Other Itinerant Groups. A Socio-Historical Approach. Houndmills u.a. 1998, S. 174–189.

CREW, David: Gewalt „auf dem Amt“. Wohlfahrtsbehörden und ihre Klienten in der Weimarer Republik. In: Lindenberger, Thomas/Lüdtke, Alf (Hg.): Physische Gewalt. Studien zur Geschichte der Neuzeit (Suhrkamp-Taschenbuch Wissenschaft, Bd. 1190). Frankfurt a.M. 1995, S. 213–237.

CROWE, David M.: A History of the Gypsies of Eastern Europe and Russia. London u.a. 1995.

DANCKWORTT, Barbara: Franz Mettbach – Die Konsequenzen der preußischen „Zigeunerpolitik“ für die Sinti von Friedrichslohra. In: Danckwortt, Barbara/Querg, Thorsten/Schöningh, Claudia (Hg.): Historische Rassismusforschung. Ideologien – Täter – Opfer (Edition Philosophie und Sozialwissenschaften, Bd. 30). Hamburg u.a. 1995, S. 273–295.

DEMETZ, Marina: Hausierhandel, Hausindustrie und Kunstgewerbe im Grödental (Tiroler Wirtschaftsstudien, Bd. 38). Innsbruck 1987.

DINGES, Martin: Frühneuzeitliche Armenfürsorge als Sozialdisziplinierung? Probleme mit einem Konzept. In: Geschichte und Gesellschaft 17 (1991), S. 5–29.

–: Normsetzung als Praxis? Oder: Warum werden die Normen zur Sachkultur und zum Verhalten so häufig wiederholt und was bedeutet dies für den Prozess der Sozialdisziplinierung? In: Jaritz, Gerhard (Hg.): Norm und Praxis im Alltag des Mittelalters und der frühen Neuzeit. Internationales Round-Table-Gespräch, Krems an der Donau, 7. Oktober 1996 (Forschungen des Instituts für Realienkunde des Mittelalters und der Frühen Neuzeit, Bd. 2). Wien 1997, S. 39–53.

DOBENECK, Florian von: Sinti in Freiburg. Auseinandersetzung mit einer deutschen Minderheit. In: Zeitschrift für Volkskunde 102 (2006) 1, S. 43–66.

DOERING-MANTEUFFEL, Sabine: Die Eifel. Geschichte einer Landschaft. Frankfurt a.M. u.a. 1995.

DÖRNER, Ruth/FRANZ, Norbert/MAYR, Christine (Hg.): Lokale Gesellschaften im historischen Vergleich. Europäische Erfahrungen im 19. Jahrhundert (Trierer Historische Forschungen, Bd. 46). Trier 2001.

DREESEN, Josef: Industrialisierung in der Südeifel – Schwerpunkt 19. Jahrhundert. Ansätze und Entwicklung, dargestellt am Beispiel der Verbandsgemeinde Irrel. Irrel 1997.

EDER, Klaus: Warum ist Migration ein soziales Problem? Von einer politischen Ökonomie zu einer politischen Soziologie der Migration. In: Bommes, Michael/Halfmann, Jost (Hg.): Migration in nationalen Wohlfahrtsstaaten. Theoretische und vergleichende Untersuchungen (Schriften des Instituts für Migrationsforschung und Interkulturelle Studien der Universität Osnabrück, Bd. 6). Osnabrück 1998, S. 63–79.

EHMER, Josef: Bevölkerungsgeschichte und Historische Demographie 1800–2000 (Enzyklopädie deutscher Geschichte, Bd. 71). München 2004.

ENDRUCKS, Bernhard: Die Besteuerung des Wandergewerbes in den deutschen Bundesstaaten (Wirtschafts- und Verwaltungsstudien mit besonderer Berücksichtigung Bayerns, Bd. 27). Leipzig 1906.

ENGBRING-ROMANG, Udo: Die Verfolgung der Sinti und Roma in Hessen zwischen 1870 und 1950. Frankfurt a.M. 2001.

–: Fulda. Auschwitz. Die Verfolgung der Sinti in Fulda und Umgebung („Hornhaut auf der Seele", Bd. 3). 2. Aufl. Seeheim 2006.

FAHRMEIR, Andreas: Citizenship. The Rise and Fall of a Modern Concept. New Haven, Conn. 2007.

FINGS, Karola: „Rasse: Zigeuner". Sinti und Roma im Fadenkreuz von Kriminologie und Rassenhygiene 1933–1945. In: Uerlings, Herbert/ Patrut, Iulia-Karin (Hg.): ‚Zigeuner' und Nation. Repräsentation–Inklusion–Exklusion (Inklusion, Exklusion. Studien zu Fremdheit und Armut von der Antike bis zur Gegenwart, Bd. 8). Frankfurt a.M. 2008, S. 273–309.

FINGS, Karola/OPFERMANN, Ulrich Friedrich (Hg.): Zigeunerverfolgung im Rheinland und in Westfalen: 1933–1945. Geschichte, Aufarbeitung und Erinnerung. Paderborn u.a. 2012.

FINGS, Karola/SPARING, Frank: Das Zigeunerlager in Köln-Bickendorf 1935–1958. In: 1999. Zeitschrift für Sozialgeschichte des 20. und 21. Jahrhunderts 9 (1991) 3, S. 11–40.

–: Rassismus – Lager – Völkermord. Die nationalsozialistische Zigeunerverfolgung in Köln (Schriften des NS-Dokumentationszentrums der Stadt Köln, Bd. 13). Köln 2005.

FISCHER, Conan: The Ruhr Crisis, 1923–1924. Oxford 2003.

FISCHER, Wolfram: Industrialisierung und soziale Fragen in Preußen. In: Erdmann, Karl Dietrich u.a. (Hg.): Preußen. Seine Wirkung auf die deutsche Geschichte. Stuttgart 1985, S. 223–260.

FONTAINE, Laurence: History of Pedlars in Europe. Durham 1996.

FRANZ, Norbert/GREWE Bernd-Stefan/KNAUFF, Michael (Hg.): Landgemeinden im Übergang zum modernen Staat. Vergleichende Mikrostudien im linksrheinischen Raum (Trierer Historische Forschungen, Bd. 36). Mainz 1999.

FREUND, Florian: Der polizeilich-administrative Zigeunerbegriff. Ein Beitrag zur Klärung des Begriffes „Zigeuner". In: Zeitgeschichte 30 (2003) 2, S. 76–90.

–: Zigeunerpolitik in Österreich im 20. Jahrhundert. Unveröffentlichte Habilitationsschrift. Wien 2003.

FRICKE, Thomas: Zwischen Erziehung und Ausgrenzung. Zur württembergischen Geschichte der Sinti und Roma im 19. Jahrhundert (Europäische Hochschulschriften, Reihe 3, Geschichte und ihre Hilfswissenschaften, Bd. 495). Frankfurt a.M. 1991.

–: Zigeuner im Zeitalter des Absolutismus. Bilanz einer einseitigen Überlieferung. Pfaffenweiler 1996.

Frie, Ewald: Wohlfahrtsstaat und Provinz. Fürsorgepolitik des Provinzialverbandes Westfalen und des Landes Sachsen 1880–1930 (Forschungen zur Regionalgeschichte, Bd. 8). Paderborn 1993.

–: Fürsorgepolitik zwischen Kirche und Staat. Wanderarmenhilfe in Preußen. In: Kaiser, Jochen-Christoph/Frie, Ewald (Hg.): Soziale Reform im Kaiserreich. Protestantismus, Katholizismus und Sozialpolitik (Konfession und Gesellschaft, Bd. 11). Stuttgart 1997, S. 114–127.

Funk, Albrecht: Polizei und Rechtsstaat. Die Entwicklung des staatlichen Gewaltmonopols in Preußen 1848–1914. Frankfurt a.M. u.a. 1986.

Galle, Sara/Meier, Thomas: Von Menschen und Akten. Die Aktion „Kinder der Landstrasse“ der Stiftung Pro Juventute. Zürich 2009.

Gerstenmayer, Christina/Tatarinov, Juliane: Unordentliche Verhältnisse. Abwehr von Devianzzuschreibungen in Suppliken und Bittschriften. In: Arbeitskreis „Repräsentationen“ (Hg.): Die ‚andere‘ Familie. Repräsentationskritische Analysen von der Frühen Neuzeit bis zur Gegenwart (Inklusion/Exklusion. Studien zu Fremdheit und Armut von der Antike bis zur Gegenwart, Bd. 18). Frankfurt a.M. 2013, S. 117–149.

Gestrich, Andreas/Hurren, Elizabeth T./King, Stephen (Hg.): Poverty and Sickness in Modern Europe. Narratives of the Sick Poor, 1780–1938. London u.a. 2012.

Gestrich, Andreas/Krauss, Marita (Hg.): Zurückbleiben. Der vernachlässigte Teil der Migrationsgeschichte. Stuttgart 2006.

–: Zurückbleiben. Der vernachlässigte Teil der Migrationsgeschichte. In: Gestrich, Andreas/Krauss, Marita (Hg.): Zurückbleiben. Der vernachlässigte Teil der Migrationsgeschichte. Stuttgart 2006, S. 9–24.

Gilsenbach, Reimar: Die Verfolgung der Sinti – ein Weg der nach Auschwitz führte. In: Ayaß, Wolfgang/Gilsenbach, Reimar u.a. (Hg.): Feinderklärung und Prävention. Kriminalbiologie, Zigeunerforschung und Asozialenpolitik (Beiträge zur nationalsozialistischen Gesundheits- und Sozialpolitik, Bd. 6). Berlin 1988, S. 11–41.

Ginzler, Hildegard: Die „Musfallskrämer“ aus der Eifel. Entwicklung des Drahtwarengewerbes in Neroth als Beispiel für Selbsthilfe in einer Mittelgebirgsregion (Studien zur Volkskultur in Rheinland-Pfalz, Bd. 1). Mainz 1986.

Glass, Christian: Von Haus zu Haus. Wanderhändler in Württemberg. In: Beiträge zur Volkskunde in Baden-Württemberg 2 (1987), S. 133–162.

Golecki, Anton: Vom Ersten Weltkrieg bis zum Ende der Weimarer Republik. In: Batori, Ingrid (Hg.): Geschichte der Stadt Koblenz. Von der französischen Stadt bis zur Gegenwart (Geschichte der Stadt Koblenz, Bd. 2). Stuttgart 1993, S. 119–169.

Gorges, Irmela: Sozialforschung in der Weimarer Republik 1918–1933. Gesellschaftliche Einflüsse auf Themen- und Methodenwahl des Vereins für Socialpolitik, der Deutschen Gesellschaft für Soziologie und des Kölner Forschungsinstituts für Sozialwissenschaften (Hochschulschriften Sozialwissenschaften, Bd. 23). Frankfurt a.M. 1986.

Gosewinkel, Dieter: Die Nationalisierung der Staatsangehörigkeit im Deutschen Kaiserreich. In: Müller, Sven Oliver/Torp, Cornelius/Wehler, Hans-Ulrich (Hg.): Das Deutsche Kaiserreich in der Kontroverse. Göttingen 2009, S. 392–405.

Götz, Volkmar: Polizei und Polizeirecht. In: Jeserich, Kurt G. A./Pohl, Hans/ von Unruh, Georg-Christoph (Hg.): Deutsche Verwaltungsgeschichte. Bd. 4: Das Reich als Republik und in der Zeit des Nationalsozialismus. Stuttgart 1984, S. 397–420.

Graafen, Richard: Die Aus- und Abwanderung aus der Eifel in den Jahren 1815 bis 1955. Eine Untersuchung der Bevölkerungsentwicklung eines deutschen Mittelgebirges im Zeitalter der Industrialisierung. Bad Godesberg 1961.

Gransche, Elisabeth/Rothenbacher, Franz: Wohnbedingungen in der zweiten Hälfte des 19. Jahrhunderts 1861–1910. In: Geschichte und Gesellschaft 14 (1988), S. 64–95.

Grosskop, Daniela: Krämer und Hausierer im Odenwald. In: Dipper, Christof (Hg.): Strukturwandel einer Region. Der Odenwald im Zeitalter der Industrialisierung. Darmstadt 2000, S. 53–70.

Gruner, Wolf: Öffentliche Wohlfahrt und Judenverfolgung. Wechselwirkungen lokaler und zentraler Politik im NS-Staat (1933–1942) (Studien zur Zeitgeschichte, Bd. 62). München 2009.

Günther, Wolfgang: Die preußische Zigeunerpolitik seit 1871 im Widerspruch zwischen zentraler Planung und lokaler Durchführung. Eine Untersuchung am Beispiel des Landkreises Neustadt am Rübenberge und der Hauptstadt Hannover. In: Hannoversche Geschichtsblätter 38 (1984), S. 127–175.

Hahn, Alois: Exklusion und die Konstruktion personaler Identitäten. In: Raphael, Lutz/ Uerlings, Herbert (Hg.): Zwischen Ausschluss und Solidarität. Modi der Inklusion/Exklusion von Fremden und Armen in Europa seit der Spätantike (Inklusion, Exklusion. Studien zu Fremdheit und Armut von der Antike bis zur Gegenwart, Bd. 6). Frankfurt a.M. 2008, S. 65–96.

Hahn, Hans-Werner: Handel und Gewerbe in der Revolution von 1848/49. Das Herzogtum Nassau und die Debatten um die deutsche Wirtschaftsordnung. In: Nassauische Annalen 110 (1999), S. 297–313.

HAINZ, Josef/PAULY, Ferdinand u.a.: Geschichte von Bitburg. Trier 1965.

HANSCHKOW, Juliane: Die Kriminalisierung von Armen durch Verwaltungshandeln. Wandergewerbetreibende und Wohnungslose im Zugriff preußischer Zigeunerpolitik in Eifel und Hunsrück vor 1933. In: Brandes, Inga/Marx-Jaskulski, Katrin (Hg.): Armenfürsorge und Wohltätigkeit. Ländliche Gesellschaften in Europa, 1850–1930/Poor Relief and Charity (Inklusion, Exklusion. Studien zu Fremdheit und Armut von der Antike bis zur Gegenwart, Bd. 11). Frankfurt a.M. 2008, S. 259–281.

–: Etikettierung, Kriminalisierung und Verfolgung von ‚Zigeunern' in der südlichen Rheinprovinz zur Zeit des Kaiserreichs und der Weimarer Republik 1906 bis 1933. In: Uerlings, Herbert/ Patrut, Iulia-Karin (Hg.): ‚Zigeuner' und Nation. Repräsentation –Inklusion – Exklusion (Inklusion, Exklusion. Studien zu Fremdheit und Armut von der Antike bis zur Gegenwart, Bd. 8). Frankfurt a.M. 2008, S. 249–271.

HÄRTER, Karl: Kriminalisierung, Verfolgung und Überlebenspraxis der „Zigeuner" im frühneuzeitlichen Mitteleuropa. In: Matras, Yaron/ Winterberg, Hans/Zimmermann, Michael (Hg.): Sinti, Roma, Gypsies. Sprache – Geschichte – Gegenwart. Berlin 2003, S. 41–81.

HARTKE, Wolfgang: Die geographischen Funktionen der Sozialgruppe der Hausierer am Beispiel der Hausiergemeinden Süddeutschlands. In: Berichte zur deutschen Landeskunde 31 (1963) 2, S. 209–232.

HEHEMANN, Rainer: Die „Bekämpfung des Zigeunerunwesens" im Wilhelminischen Deutschland und in der Weimarer Republik, 1871–1933. Frankfurt a.M. 1987.

HEINRITZ, Günther: Die „Baiersdorfer" Krenhausierer. Eine sozialgeographische Untersuchung (Erlanger geographische Arbeiten, Bd. 29). Erlangen 1971.

HENKEL, Gerhard: Der ländliche Raum. Gegenwart und Wandlungsprozesse seit dem 19. Jahrhundert in Deutschland (Studienbücher der Geographie). 4. Aufl. Berlin 2004.

HENNIG, Joachim: Verfolgung und Widerstand in Koblenz 1933–1945. Eine Skizze. In: SACHOR – Beiträge zur Jüdischen Geschichte und zur Gedenkstättenarbeit in Rheinland-Pfalz (1999/2000) 17/18, S. 5–26 und 50–62.

HENNING, Hansjoachim: Aspekte preußischer Wirtschaftspolitik im Rheinland während des 19. und frühen 20. Jahrhunderts. In: Mölich, Georg/Pohl, Meinhard/Veltzke, Veit (Hg.): Preußens schwieriger Westen. Rheinisch-preußische Beziehungen, Konflikte und Wechselwirkungen. Duisburg 2003, S. 351–373.

HESSE, Günter/WISNIEWSKI, Andreas: Wittlich-Land. Geschichte einer Verbandsgemeinde zwischen Vulkaneifel und Mosel. Wittlich 1990.

HEYMOWSKI, Adam: Swedish "Travellers" and their Ancestry. A Social Isolate or an Ethnic Minority? Uppsala 1969.

HINRICHSEN, Ute/HIRSCHBIEGEL, Sabine: „Gewerbe, welche eine herumtreibende Lebensart mit sich führen". Hausierer und Schausteller in Schleswig-Holstein zwischen 1774 und 1846 (Studien zur Volkskunde und Kulturgeschichte Schleswig-Holsteins, Bd. 39). Neumünster 1999.

HÖHER, Peter: Heimat und Fremde. Wanderhändler des oberen Sauerlandes (Beiträge zur Volkskultur in Nordwestdeutschland, Bd. 41). Münster 1985.

HOHMANN, Joachim Stephan: Geschichte der Zigeunerverfolgung in Deutschland (Reihe Campus, Bd. 1020). Frankfurt a.M. u.a. 1988.

HOLZER, Anton: Faszination und Abscheu. Die fotografische Erfindung der „Zigeuner". In: Fotogeschichte 28 (2008) 110, S. 45–56.

HROCH, Miroslav: Minderheiten als Problem der vergleichenden Nationalismusforschung. In: Hahn, Hans Henning/Kunze, Peter (Hg.): Nationale Minderheiten und staatliche Minderheitenpolitik in Deutschland im 19. Jahrhundert. Berlin 1999, S. 9–18.

HUFTON, Olwen Hazel: The Poor of Eighteenth-Century France. 1750–1789. Oxford 1974.

HUND, Wulf D.: Das Zigeuner-Gen. Rassistische Ethik und der Geist des Kapitalismus. In: Ders. (Hg.): Zigeuner. Geschichte und Struktur einer rassistischen Konstruktion. Duisburg 1996, S. 11–35.

HUONKER, Thomas: Fremd- und Selbstbilder von „Zigeunern", Jenischen und Heimatlosen in der Schweiz des 19. und 20. Jahrhunderts aus literarischen und anderen Texten. In: Uerlings, Herbert/Patrut, Iulia-Karin (Hg.): ‚Zigeuner' und Nation. Repräsentation – Inklusion – Exklusion (Inklusion, Exklusion. Studien zu Fremdheit und Armut von der Antike bis zur Gegenwart, Bd. 8). Frankfurt a.M. 2008, S. 311–364.

IMHOF, Arthur E.: Einführung in die Historische Demographie. München 1977.

JÄCKEL, Eberhard: Sinti, Roma oder Zigeuner? In: Frankfurter Allgemeine Zeitung (07.02.2005).

JÄGER, Georg: Kleinhäusler und Schellenschmiede, Früchtehändler und Pfarrwirte. Zur Tradition ländlicher Gewerbe in Tirol (Tiroler Wirtschaftsstudien, Bd. 56). Innsbruck 2005.

JÄGER, Jens: Polizeibilder und Verbrecherbilder. Bemerkungen zur Visualisierung von Polizei und Verbrechen zwischen Kaiserreich und Weimarer Republik. In: Härter, Karl (Hg.): Repräsentationen von Kriminalität und öffentlicher Sicherheit. Bilder, Vorstellungen und Diskurse vom 16. bis zum 20. Jahrhundert (Studien zu Policey und Policeywissenschaft). Frankfurt a.M. 2010, S. 455–486.

JAKOBY, Rosa: Leben im Moseldorf. Eine Winzergroßmutter aus Köwerich erinnert sich. Trier 1993.

JAWORSKI, Rudolf: Nationalstaat, Staatsnation und nationale Minderheiten. Zur Wechselwirkung dreier Konstrukte. In: Hahn, Hans Henning/Kunze, Peter (Hg.): Nationale Minderheiten und staatliche Minderheitenpolitik in Deutschland im 19. Jahrhundert. Berlin 1999, S. 19–27.

JESSEN, Ralph: Polizei, Wohlfahrt und die Anfänge des modernen Sozialstaats in Preußen während des Kaiserreichs. In: Geschichte und Gesellschaft 20 (1994), S. 157–180.

–: Polizei im Kaiserreich. Tendenzen und Grenzen der Demilitarisierung und „Professionalisierung". In: Lange, Hans-Jürgen (Hg.): Die Polizei der Gesellschaft. Zur Soziologie der inneren Sicherheit. Opladen 2003, S. 19–36.

JÜTTE, Robert: „Disziplin zu predigen ist eine Sache, sich ihr zu unterwerfen eine andere" (Cervantes). Prolegomena zu einer Sozialgeschichte der Armenfürsorge diesseits und jenseits des Fortschritts. In: Geschichte und Gesellschaft 17 (1991), S. 92–101.

KALLENBERG, Vera: Von „liederlichen Land-Läuffern" zum „asiatischen Volk". Die Repräsentation der „Zigeuner" in deutschsprachigen Lexika und Enzyklopädien zwischen 1700 und 1850. Eine wissensgeschichtliche Untersuchung (Zivilisationen & Geschichte, Bd. 5). Frankfurt a.M. 2010.

KASCHUBA, Wolfgang/LIPP, Carola: Dörfliches Überleben. Zur Geschichte materieller und sozialer Reproduktion ländlicher Gesellschaft im 19. und frühen 20. Jahrhundert. Tübingen 1982.

KELLER, Fritz: Behördliche Einschränkungen des Hausierhandels von 1848 bis zum „Wirtschaftswunder". Eine rechtshistorische Skizze nach Unterlagen aus dem Archiv des Wiener Marktamtes. In: Wiener Geschichtsblätter 58 (2003) 1, S. 32–54.

KELLERMANN, Matthias: Die Feste Franz in Koblenz-Lützel – Eine Spurensuche. In: Sauer, Sabine (Hg.): Feste Kaiser Franz. Zur Geschichte des Festungswerks und des Systems Feste Kaiser Franz in Koblenz-Lützel. Koblenz 2008, S. 18–46.

KENRICK, Donald/PUXON, Grattan/ZÜLCH, Tilman (Hg.): Die Zigeuner. Verkannt – verachtet – verfolgt. Hannover 1980.

KERKHOFF-HADER, Bärbel: „Hoalegäns" Händler aus Landscheid und Niederkail. In: Jahrbuch Bernkastel-Wittlich 1983, S. 120–132.

–: Lebens- und Arbeitsformen der Töpfer in der Südwesteifel. Ein Beitrag zur Steinzeugforschung im Rheinland (Rheinisches Archiv, Bd. 10). Bonn 1980.

KING, Steven: Pauper Letters as a Source. In: Family & Community History 10 (2007) 2, S. 167–170.

King, Steven/Tomkins, Alannah (Hg.): The Poor in England 1700–1850. An Economy of Makeshifts. Manchester 2003.

Knatz, Christian: Polizei in der Weimarer Republik. Orientierungssuche zwischen Tradition und Modernisierung. In: Lange, Hans-Jürgen (Hg.): Die Polizei der Gesellschaft. Zur Soziologie der inneren Sicherheit. Opladen 2003, S. 37–55.

Knaut, Martin: Geschichte der Verwaltungsorganisation unter besonderer Berücksichtigung Preußens und der rheinisch-westfälisch-lippischen Lande. Stuttgart 1961.

Körber, Ursula: Die Wiedergutmachung und die „Zigeuner". In: Ayaß, Wolfgang/Gilsenbach, Reimar u.a. (Hg.): Feinderklärung und Prävention. Kriminalbiologie, Zigeunerforschung und Asozialenpolitik (Beiträge zur nationalsozialistischen Gesundheits- und Sozialpolitik, Bd. 6). Berlin 1988, S. 165–175.

Krieger, Martin: Arme und Ärzte, Kranke und Kassen. Ländliche Gesundheitsversorgung und kranke Arme in der südlichen Rheinprovinz (1869 bis 1930) (Medizin, Gesellschaft und Geschichte, Bd. 31). Stuttgart 2008.

Kugler, Stefani: Kunst-Zigeuner. Konstruktionen des ‚Zigeuners' in der deutschen Literatur der ersten Hälfte des 19. Jahrhunderts (LIR. Literatur – Imagination – Realität, Bd. 34). Trier 2004.

Küpker, Markus: Weber, Hausierer, Hollandgänger. Demografischer und wirtschaftlicher Wandel im ländlichen Raum: das Tecklenburger Land 1750–1870 (Studien zur Historischen Sozialwissenschaft, Bd. 32). Frankfurt a.M. 2008.

Lamnek, Siegfried: Theorien abweichenden Verhaltens I. „Klassische" Ansätze (UTB, 740: Soziologie). 8. Aufl. Paderborn 2007.

Langenmayr, Alfred Werner: Das Hausiergewerbe in Oberbayern. Dissertationschrift. Würzburg 1924.

Lange, Susanne/Conrath-Scholl, Gabriele/Sander, August (Hg.): August Sander – Menschen des 20. Jahrhunderts. Studienband [begleitend zur siebenbändigen Neuauflage von August Sanders Werk „Menschen des 20. Jahrhunderts"]. München 2001.

Langner, Ludwig: Gewerbe und Industrie im Wandel eines Jahrhunderts. In: Kreisverwaltung Bernkastel-Wittlich (Hg.): Zeitenwende. Das 20. Jahrhundert im Landkreis Bernkastel-Wittlich. Wittlich 2000, S. 279–300.

Leimgruber, Walter: Einleitung. Akten: Die gesellschaftliche Kraft eines Verwaltungsinstruments. In: Kaufmann, Claudia/Leimgruber, Walter (Hg.): Was Akten bewirken können. Integrations- und Ausschlussprozesse eines Verwaltungsvorgangs. Zürich 2008, S. 7–17.

Lerche, Eva-Maria: Alltag und Lebenswelt von heimatlosen Armen. Eine Mikrostudie über die Insassinnen und Insassen des westfälischen

Landarmenhauses Benninghausen (1844–1891) (Beiträge zur Volkskultur in Nordwestdeutschland, Bd. 113). Münster 2009.

Lewy, Guenter: „Rückkehr nicht erwünscht". Die Verfolgung der Zigeuner im Dritten Reich. Berlin 2001.

Lucassen, Leo: Under the Cloak of Begging? Gypsy-Occupations in Western-Europe in the 19th and 20th Century. In: Ethnologia Europaea 23 (1993), S. 75–94.

–: Zigeuner. Die Geschichte eines polizeilichen Ordnungsbegriffes in Deutschland, 1700–1945. Köln u.a. 1996.

–: Eternal Vagrants? State Formation, Migration, and Travelling Groups in Western-Europe, 1350–1914. In: Lucassen, Jan/Lucassen, Leo (Hg.): Migration, Migration History, History. Old Paradigms and New Perspectives. Bern 1997, S. 225–251.

Lucassen, Leo/Willems, Wim: The Church of Knowledge. Representation of Gypsies in Dutch Encyclopedias and their Sources (1724–1984). In: Salo, Matt T. (Hg.): 100 Years of Gypsy Studies. Cheverly 1990, S. 31–50.

Luchterhandt, Martin: Der Weg nach Birkenau. Entstehung und Verlauf der nationalsozialistischen Verfolgung der „Zigeuner" (Schriftenreihe der Deutschen Gesellschaft für Polizeigeschichte e.V., Bd. 4). Lübeck 2000.

–: Stereotyp und Sonderrecht. Zigeunerklischees und Zigeunerpolitik vor dem Nationalsozialismus. In: Matras, Yaron/Winterberg, Hans/Zimmermann, Michael (Hg.): Sinti, Roma, Gypsies. Sprache – Geschichte – Gegenwart. Berlin 2003, S. 83–114.

Lüdtke, Alf: Einleitung: „Sicherheit" und „Wohlfahrt". Aspekte der Polizeigeschichte. In: Ders. (Hg.): „Sicherheit" und „Wohlfahrt". Polizei, Gesellschaft und Herrschaft im 19. und 20. Jahrhundert. Frankfurt a.M. 1992, S. 7–33.

Lüpke-Schwarz, Marc von: Die Duisburger Kriminalpolizei und „Die Bekämpfung der Zigeunerplage" 1939–1944. In: Zeitschrift für Geschichtswissenschaft 54 (2006) 5, S. 468–490.

Luttenberger, Julia Alexandra: Verwaltung für den Sozialstaat – Sozialstaat durch Verwaltung? Die Arbeits- und Sozialverwaltung als politisches Problemlösungsinstrument in der Weimarer Republik (Studien zur Geschichte der Weimarer Republik, Bd. 5). Münster 2013.

Maciejewski, Franz: Elemente des Antiziganismus. In: Giere, Jacqueline (Hg.): Die gesellschaftliche Konstruktion des Zigeuners. Zur Genese eines Vorurteils (Wissenschaftliche Reihe des Fritz-Bauer Instituts). Frankfurt a.M. u.a. 1996, S. 9–28.

Margalit, Gilad: The Representation of the Nazi Persecution of the Gypsies in German Discourse after 1945. In: German History 17 (1999), S. 221–240.

–: Die Nachkriegsdeutschen und „ihre Zigeuner“. Die Behandlung der Sinti und Roma im Schatten von Auschwitz (Dokumente – Texte – Materialien, Bd. 36). Berlin 2001.

Marnau, Björn/Linck, Stephan: „Im Januar 1944 in Kielce/Polen verstorben.“ Die Flensburger „Zigeuner“ in den Jahren 1922 bis 1945. In: Schwensen, Broder (Hg.): Ausgebürgert – ausgegrenzt – ausgesondert. Flensburg 1998, S. 190–222.

Martins-Heuss, Kirsten: Zur mythischen Figur des Zigeuners in der deutschen Zigeunerforschung (Forum für Sinti und Roma, Bd. 1). Frankfurt a.M. 1983.

Marushiakova, Elena/Popov, Vesselin: Gypsies (Roma) in Bulgaria (Studien zur Tsiganologie und Folkloristik, Bd. 18). Frankfurt a.M. 1997.

–: Zigeunerpolitik und Zigeunerforschung in Bulgarien (1919–1989). In: Zimmermann, Michael (Hg.): Zwischen Erziehung und Vernichtung. Zigeunerpolitik und Zigeunerforschung im Europa des 20. Jahrhunderts (Beiträge zur Geschichte der deutschen Forschungsgemeinschaft, Bd. 3). Stuttgart 2007, S. 125–156.

Marx, Katrin: Armut und Armenfürsorge auf dem Land. Die Kreise Bernkastel und Wittlich von den 1880er Jahren bis 1933. Dissertationsschrift. Trier 2006.

Marx-Jaskulski, Katrin: Armut und Fürsorge auf dem Land. Vom Ende des 19. Jahrhunderts bis 1933 (Moderne Zeit, Bd. 16). Göttingen 2008.

–: Narratives of Ill-Health in Applicant Letters from Rural Germany, 1900–30. In: Gestrich, Andreas/Hurren, Elizabeth T./King, Steven (Hg.): Poverty and Sickness in Modern Europe. Narratives of the Sick Poor, 1780–1938. London u.a. 2012, S. 209–223.

Mayall, David: Gypsy-Travellers in Nineteenth-Century Society. Cambridge 1988.

–: English Gypsies and State Policies. Hatfield 1995.

–: “Britain’s most demonised people?”. Political responses to gypsies and travellers in Twentieth century England. In: Zimmermann, Michael (Hg.): Zwischen Erziehung und Vernichtung. Zigeunerpolitik und Zigeunerforschung im Europa des 20. Jahrhunderts (Beiträge zur Geschichte der deutschen Forschungsgemeinschaft, Bd. 3). Stuttgart 2007, S. 254–267.

Mayr, Christine: Zwischen Dorf und Staat. Amtspraxis und Amtsstil französischer, luxemburgischer und deutscher Landgemeindebürgermeister im 19. Jahrhundert; ein mikrohistorischer Vergleich (Promt. Trierer Studien zur Neueren und Neuesten Geschichte, Bd. 1). Frankfurt a.M. 2006.

Meier, Thomas: Zigeunerpolitik und Zigeunerdiskurs in der Schweiz 1850–1970. In: Zimmermann, Michael (Hg.): Zwischen Erziehung und Vernichtung. Zigeunerpolitik und Zigeunerforschung im Europa des

20. Jahrhunderts (Beiträge zur Geschichte der deutschen Forschungsgemeinschaft, Bd. 3). Stuttgart 2007, S. 226–239.

Meier, Thomas Dominik/Wolfensberger, Rolf: „Eine Heimat und doch keine." Heimatlose und Nicht-Sesshafte in der Schweiz (16.–19. Jahrhundert). Zürich 1998.

Mergel, Thomas: Das Kaiserreich als Migrationsgesellschaft. In: Müller, Sven Oliver/Torp, Cornelius/Wehler, Hans-Ulrich (Hg.): Das Deutsche Kaiserreich in der Kontroverse. Göttingen 2009, S. 374–391.

Mertes, Erich: Die lokalen Märkte im 19. Jahrhundert in den Regierungsbezirken Koblenz und Trier. In: Landeskundliche Vierteljahrsblätter 35 (1989), S. 23–32.

Mirga, Andrzej: The Effects of State Assimilation Policy on Polish Gypsies. In: Journal of the Gypsy Lore Society 5 (1993) 2, S. 69–76.

Mohr, Katrin: Soziale Exklusion im Wohlfahrtsstaat. Arbeitslosensicherung und Sozialhilfe in Großbritannien und Deutschland. Wiesbaden 2007.

Montesino Parra, Norma: The 'Gypsy Question' and the Gypsy Expert in Sweden. In: Romani Studies 5 (2001) 11, S. 1–23.

–: Zigenarfrågan. Intervention och romantik (Lund dissertations in social work, Bd. 6). Lund 2002.

Mooser, Josef: Ländliche Klassengesellschaft 1770–1848. Bauern und Unterschichten, Landwirtschaft und Gewerbe im östlichen Westfalen (Kritische Studien zur Geschichtswissenschaft, Bd. 64). Göttingen 1984.

Naggar, Betty: Jewish Pedlars and Hawkers, 1740–1940. Camberley 1992.

Niermann, Charlotte: Gewerbe im Umherziehen. Hausierer und Wanderlager in Bremen vor 1914. In: Beiträge zur Sozialgeschichte Bremens (1982) 1, S. 207–256.

Oberpenning, Hannelore: Migration und Fernhandel im ‚Tödden-System'. Wanderhändler aus dem nördlichen Münsterland im mittleren und nördlichen Europa des 18. und 19. Jahrhunderts (Studien zur historischen Migrationsforschung, Bd. 4). Osnabrück 1996.

Oberpenning, Hannelore/Steidl, Annemarie (Hg.): Kleinräumige Wanderungen in historischer Perspektive (IMIS-Beiträge, Bd. 18). Osnabrück 2001.

Oltmer, Jochen: Deutsche Migrationsverhältnisse. Neuere Forschungsergebnisse zur Wanderungsgeschichte im Kaiserreich und in der Weimarer Republik. In: Historisches Jahrbuch 122 (2002), S. 483–520.

–: Migration und Politik in der Weimarer Republik. Göttingen 2005.

Oster, Werner: Die Welt auf vier Rädern. Landscheid, ein Dorf im Wandel der Zeit. Landscheid 2006.

Pankoke, Eckart/Sachsse, Christoph: Armutsdiskurs und Wohlfahrtsforschung. Zum deutschen Weg in die industrielle Moderne. In: Leibfried,

Stephan/Voges, Wolfgang (Hg.): Armut im modernen Wohlfahrtsstaat (Kölner Zeitschrift für Soziologie und Sozialpsychologie, Sonderheft 32). Opladen 1992, S. 147–163.

Patrut, Iulia-Karin: „Zigeuner“ als Grenzfigur deutscher Selbstentwürfe. In: Geschichte und Gesellschaft 39 (2013) 3, S. 286–305.

–: Phantasma Nation. ‚Zigeuner‘ und Juden als Grenzfiguren des ‚Deutschen‘ (1770–1920). Würzburg 2014.

Peschanski, Denis: Zigeuner in Frankreich 1912–1969. Eine Periode durchgehender Stigmatisierung. In: Zimmermann, Michael (Hg.): Zwischen Erziehung und Vernichtung. Zigeunerpolitik und Zigeunerforschung im Europa des 20. Jahrhunderts (Beiträge zur Geschichte der deutschen Forschungsgemeinschaft, Bd. 3). Stuttgart 2007, S. 268–277.

Pescosta, Toni S.: Die Tiroler Karrner. Vom Verschwinden des fahrenden Volkes der Jenischen (Tiroler Wirtschaftsstudien, Bd. 55). Innsbruck 2003.

Petzina, Dietmar: Soziale und wirtschaftliche Entwicklung. In: Jeserich, Kurt G. A./Pohl, Hans/von Unruh, Georg-Christoph (Hg.): Deutsche Verwaltungsgeschichte. Bd. 4: Das Reich als Republik und in der Zeit des Nationalsozialismus. Stuttgart 1984, S. 39–66.

Piegsa, Oskar: Sprach-Debatte: Die Ehre der Zigeuner. In: Spiegel-Online 19.04.2013. www.spiegel.de/kultur/literatur/rolf-bauerdick-zigeuner-begegnungen-mit-einem-ungeliebten-volk-a-893638.html.

Pientka, Patricia: Das Zwangslager für Sinti und Roma in Berlin-Marzahn. Alltag, Verfolgung und Deportation (Zeitgeschichten, Bd. 11). Berlin 2013.

Pohl, Hans: Wirtschaft und Gesellschaft 1871–1918. In: Jeserich, Kurt G. A./Pohl, Hans/von Unruh, Georg-Christoph (Hg.): Deutsche Verwaltungsgeschichte. Bd. 3: Das Deutsche Reich bis zum Ende der Monarchie. Stuttgart 1984, S. 16–71.

Raphael, Lutz: Die Verwissenschaftlichung des Sozialen als methodische und konzeptionelle Herausforderung für eine Sozialgeschichte des 20. Jahrhunderts. In: Geschichte und Gesellschaft 22 (1996), S. 165–193.

–: „Die Sprache der Verwaltung“. Politische Kommunikation zwischen Verwaltern und Landgemeinden zwischen Maas und Rhein (1814–1880). In: Franz, Norbert/Grewe, Bernd-Stefan/Knauff, Michael (Hg.): Landgemeinden im Übergang zum modernen Staat. Vergleichende Mikrostudien im linksrheinischen Raum (Trierer Historische Forschungen, Bd. 36). Mainz 1999, S. 183–205.

–: Ländliche Gesellschaften zwischen lokaler Autonomie und nationalstaatlichem Zugriff – eine Einleitung. In: Dörner, Ruth/Franz, Norbert/Mayr, Christine (Hg.): Lokale Gesellschaften im historischen Vergleich. Europäische Erfahrungen im 19. Jahrhundert (Trierer Historische Forschungen, Bd. 46). Trier 2001, S. 9–23.

–: Grenzen von Inklusion und Exklusion. Sozialräumliche Regulierung von Armut und Fremdheit im Europa der Neuzeit. In: Journal of Modern European History 11 (2013) 2, S. 147–167.

–: Inklusion/Exklusion – Ein Konzept und seine Gebrauchsweisen in der Neueren und Neuesten Geschichte. In: Uerlings, Herbert/Patrut, Iulia-Karin (Hg.): Inklusion/Exklusion und Kultur. Theoretische Perspektiven und Fallstudien von der Antike bis zur Gegenwart. Köln 2013, S. 235–256.

Rech, Claus: Zurückbleiben im ‚Weiberdorf'. Frauen von Arbeitsmigranten und ihre Lebensverhältnisse in Eisenschmitt/Eifel, 1830–1900. In: Gestrich, Andreas/Krauss, Marita (Hg.): Zurückbleiben. Der vernachlässigte Teil der Migrationsgeschichte. Stuttgart 2006, S. 125–153.

Reidegeld, Eckart: Armenpflege und Migration von der Gründung des Deutschen Bundes bis zum Erlaß des Gesetzes über den Unterstützungswohnsitz. In: Bommes, Michael/ Halfmann, Jost (Hg.): Migration in nationalen Wohlfahrtsstaaten. Theoretische und vergleichende Untersuchungen (Schriften des Instituts für Migrationsforschung und Interkulturelle Studien der Universität Osnabrück, Bd. 6). Osnabrück 1998, S. 253–282.

–: Bürgerschaftsregelungen, Freizügigkeit, Gewerbeordnung und Armenpflege im Prozeß der „Modernisierung". In: Zeitschrift der Savigny-Stiftung für Rechtsgeschichte Germanistische Abteilung 116 (1999), S. 204–265.

Reinhardt, Daweli/Hennig, Joachim: Hundert Jahre Musik der Reinhardts. Daweli erzählt sein Leben. 2. Aufl. Koblenz 2007.

Reininghaus, Wilfried: Wanderhandel in Deutschland. Ein Überblick über Geschichte, Erscheinungsformen und Forschungsprobleme. In: Reininghaus, Wilfried (Hg.): Wanderhandel in Europa. Beiträge zur wissenschaftlichen Tagung in Ibbenbüren, Mettingen, Recke und Hopsten vom 9.-11. Oktober 1992 (Untersuchungen zur Wirtschafts-, Sozial- und Technikgeschichte, Bd. 11). Hagen 1993, S. 31–45.

Reyniers, Alain: Pauvreté et Exclusion d'une Minorité à Travers la Situation Juridique des Nomades en Belgique. In: Études Tsiganes 29 (1983) 2, S. 27–38.

Ritter, Hans Jakob: Psychiatrie und Eugenik. Zur Ausprägung eugenischer Denk- und Handlungsmuster in der schweizerischen Psychiatrie 1850–1950. Zürich 2009.

Romeyk, Horst: Die leitenden staatlichen und kommunalen Verwaltungsbeamten der Rheinprovinz 1816–1945. Düsseldorf 1994.

Romeyk, Horst/Bär, Max: Verwaltungs- und Behördengeschichte der Rheinprovinz 1914–1945 (Publikationen der Gesellschaft für Rheinische Geschichtskunde, Bd. 63). Düsseldorf 1985.

Rosental, Paul-André: Les Sentiers Invisibles. Espace, Familles et Migrations dans la France du 19e Siècle (Recherches d'Histoire et de Sciences Sociales, Bd. 83). Paris 1999.

Rose, Romani/Weiss, Walter: Sinti und Roma im „Dritten Reich“. Das Programm der Vernichtung durch Arbeit. 2. Aufl. Göttingen 1993.

Rüfner, Wolfgang: Die Entwicklung der Verwaltung in den Bundesstaaten. §1 Preußen. In: Jeserich, Kurt G. A./Pohl, Hans/von Unruh, Georg-Christoph (Hg.): Deutsche Verwaltungsgeschichte. Bd. 3: Das Deutsche Reich bis zum Ende der Monarchie. Stuttgart 1984, S. 678–714.

Sachsse, Christoph/Tennstedt, Florian: Geschichte der Armenfürsorge in Deutschland. 3 Bände. Stuttgart 1980–1992.

–: Fürsorge und Wohlfahrtspflege 1871–1929. Geschichte der Armenfürsorge in Deutschland, Bd. 2. Stuttgart 1988.

–: Sozialpolitik vor dem Sozialstaat. Freizügigkeit und Armenwesen in der Gründungsphase des Deutschen Reiches. In: Zeitschrift für Sozialreform 47 (2001) 3, S. 205–255.

Sack, Fritz/König, René (Hg.): Kriminalsoziologie. Frankfurt a.M. 1968.

Schaaf, Erwin: Die Zeit der Weimarer Republik. In: Kreisverwaltung Bernkastel-Wittlich (Hg.): Zeitenwende. Das 20. Jahrhundert im Landkreis Bernkastel-Wittlich. Wittlich 2000, S. 56–113.

Schartz, Günther/Schmelzer, Dajana: Die Landwirtschaft im Wandel des Jahrhunderts. In: Kreisverwaltung Bernkastel-Wittlich (Hg.): Zeitenwende. Das 20. Jahrhundert im Landkreis Bernkastel-Wittlich. Wittlich 2000, S. 257–265.

Schauz, Désirée/Freitag, Sabine: Verbrecher im Visier der Experten. Zur Einführung. In: Schauz, Désirée (Hg.): Verbrecher im Visier der Experten. Kriminalpolitik zwischen Wissenschaft und Praxis im 19. und frühen 20. Jahrhundert (Wissenschaft, Politik und Gesellschaft, Bd. 2). Stuttgart 2007, S. 9–32.

Schenk, Michael: Rassismus gegen Sinti und Roma. Zur Kontinuität der Zigeunerverfolgung innerhalb der deutschen Gesellschaft von der Weimarer Republik bis in die Gegenwart (Studien zur Tsiganologie und Folkloristik, Bd. 11). Frankfurt a.M. 1994.

Schindler, Norbert: Jenseits des Zwanges? Zur Ökonomie des Kulturellen inner- und außerhalb der bürgerlichen Gesellschaft. In: Zeitschrift für Volkskunde 81 (1985), S. 192–218.

Schmidt, Sebastian/Aspelmeier, Jens (Hg.): Norm und Praxis der Armenfürsorge in Spätmittelalter und früher Neuzeit (Vierteljahrschrift für Sozial- und Wirtschaftsgeschichte Beihefte, Bd. 189). Stuttgart 2006.

Schütz, Rüdiger/Hubatsch, Walther: Rheinland (Grundriß zur deutschen Verwaltungsgeschichte 1815–1945: Preußen, Bd. 7). Marburg 1978.

Schwerhoff, Gerd: Institutionelle Ordnungen und die Konstruktion von Devianz. Konzeptuelle Überlegungen und frühneuzeitliche Beispiele. In: Guilbaud, Juliette (Hg.): Normes Culturelles et Construction de la Déviance/Kulturelle Normen und Konstruktion von Devianz (Études et Rencontres du Collège Doctoral Européen, Bd. 2). Paris 2004, S. 7–26.

Seebach, Helmut: Wandergewerbe. Fahrende Handwerker, Wanderarbeiter und Hausierhändler in der Pfalz (Altes Handwerk und Gewerbe in der Pfalz, Bd. 1). Mainz 1990.

Sigona, Nando: Locating "the Gypsy Problem". The Roma in Italy: Stereotyping, Labelling and "Nomad camps". In: Journal of Ethnic and Migration Studies 31 (2005) 4, S. 741–756.

Sokoll, Thomas: Household and Family among the Poor. The Case of Two Essex Communities in the Late 18th and Early 19th Century (Veröffentlichungen Arbeitskreis Deutsche England-Forschung, Bd. 18). Bochum 1993.

–: Selbstverständliche Armut. Armenbriefe in England 1750–1834. In: Schulze, Winfried (Hg.): Ego-Dokumente. Annäherung an den Menschen in der Geschichte (Selbstzeugnisse der Neuzeit, Bd. 2). Berlin 1996, S. 227–271.

–: Negotiating a Living. Essex Pauper Letters from London, 1800–1834. In: Sokoll, Thomas/Fontain, Laurence/Schlumbohn, Jürgen (Hg.): Household Strategies for Survival 1600–2000. Fission, Faction and Cooperation. Cambridge u.a. 2000.

– (Hg.): Essex Pauper Letters 1731–1837 (Records of Social and Economic History, New Series, Bd. 30). Oxford 2001.

Sparing, Frank: Verwaltungspolizei und Verfolgung. Beispiele aus Düsseldorf. In: Dams, Carsten (Hg.): „Dienst am Volk"? Düsseldorfer Polizisten zwischen Demokratie und Diktatur (Forum Polizeigeschichte, Bd. 1). Frankfurt a.M. 2007, S. 175–202.

Staatliches Museum Auschwitz-Birkenau (Hg.): Gedenkbuch. Die Sinti und Roma im Konzentrationslager Auschwitz-Birkenau. München 1993.

Stazic, Tamara: Arbeitslosigkeit und Arbeitslosenunterstützung im Raum Trier 1919–1930. Unveröffentlichte Magisterarbeit. Trier 2003.

Stazic-Wendt, Tamara: Der „unechte Erwerbslose". Arbeitslosigkeit und Arbeitslosenunterstützung im ländlichen Raum (südliche Rheinprovinz, 1918–1933). Dissertation (in Bearbeitung).

–: From Unemployment to Sickness and Poverty. The Narratives and Experiences of the Unemployed in Trier and Surroundings, 1918–33. In: Gestrich, Andreas/Hurren, Elizabeth T./King, Steven (Hg.): Poverty and Sickness in Modern Europe. Narratives of the Sick Poor, 1780–1938. London u.a. 2012, S. 181–207.

–: Nr. 221: Trierer Fürsorgepraktiken, 1926. In: Althammer, Beate/Gerstenmayer, Christina (Hg.): Bettler und Vaganten in der Neuzeit (1500–1933). Eine kommentierte Quellenedition. Essen 2013, S. 564–569.

–: Nr. 242: Kostenabwälzung in der Wandererfürsorge, 1931. In: Althammer, Beate/Gerstenmayer, Christina (Hg.): Bettler und Vaganten in der Neuzeit (1500–1933). Eine kommentierte Quellenedition. Essen 2013, S. 615–617.

–: Nr. 243: Ländliche Wandererfürsorge, 1931. In: Althammer, Beate/Gerstenmayer, Christina (Hg.): Bettler und Vaganten in der Neuzeit (1500–1933). Eine kommentierte Quellenedition. Essen 2013, S. 618–619.

–: The 'New Morocco' Settlement between Trier and Euren, Germany. Drawing Boundaries and Constructing Deviance, 1925–1933. In: Althammer, Beate/Gestrich, Andreas/Gründler, Jens (Hg.): The Welfare State and the 'Deviant Poor' in Europe, 1870–1933. Basingstoke 2014, S. 78–102.

Steidl, Annemarie/Ehmer, Josef u.a. (Hg.): European Mobility. Internal, International, and Transatlantic Moves in 19th and Early 20th Centuries (Transkulturelle Perspektiven, Bd. 8). Göttingen 2009.

Stichweh, Rudolf: Inklusion/Exklusion, funktionale Differenzierung und die Theorie der Weltgesellschaft. In: Soziale Systeme. Zeitschrift für soziologische Theorie 3 (1997), S. 123–136.

Strauss, Anselm L./Hildenbrand, Astrid: Grundlagen qualitativer Sozialforschung. Datenanalyse und Theoriebildung in der empirischen soziologischen Forschung (Übergänge, Bd. 10). München 1991.

Strauss, Eva: Die Zigeunerverfolgung in Bayern 1885–1926. Unveröffentlichte Magisterarbeit. München 1986.

–: Die Diskriminierung von Sinti und Roma in Bayern vom Ende des 19. Jahrhunderts bis zu Beginn der 20er Jahre. In: Elber, Ludwig/Strauß, Eva/Kraußnick, Michael (Hg.): Ich wusste es wird schlimm. München 1993, S. 13–19.

Strübing, Jörg: Grounded Theory. Zur sozialtheoretischen und epistemologischen Fundierung des Verfahrens der empirisch begründeten Theoriebildung (Qualitative Sozialforschung, Bd. 15). 2. Aufl. Wiesbaden 2008.

Szabó, György: Die Roma in Ungarn. Ein Beitrag zur Sozialgeschichte einer Minderheit in Ost- und Mitteleuropa (Studien zur Tsiganologie und Folkloristik, Bd. 24). Frankfurt a.M. 1991.

Tapp, Alfons: Die Taufe von 33 Sinti und Roma in Saarburg im Jahre 1886. In: Kurtrierisches Jahrbuch 45 (2005), S. 235–246.

Tatarinov, Juliane: Der Fall Dehnhardt – Arme in den Mühlen der Verwaltung. In: Duhr, Michael/Clemens, Lukas/Uerlings, Herbert (Hg.): Armut! Lehrerbegleitheft. Lernziele und Antwortvorschläge. Trier 2010, S. 32–34.

–: Der Fall Dehnhardt – Arme in den Mühlen der Verwaltung. In: Duhr, Michael/Clemens, Lukas/Uerlings, Herbert (Hg.): Armut! Didaktische Materialien für die Fächer Geschichte, Sozialkunde, Deutsch, Religion, Ethik und Kunst. Trier 2010, S. 54–56.

–: Wohnungselend erkennen und bekämpfen. In: Duhr, Michael/Clemens, Lukas/Uerlings, Herbert (Hg.): Armut! Didaktische Materialien für die Fächer Geschichte, Sozialkunde, Deutsch, Religion, Ethik und Kunst. Trier 2010, S. 57–60.

–: Nr. 073: Grellmann zur Natur der Zigeuner, 1783/87. In: Althammer, Beate/Gerstenmayer, Christina (Hg.): Bettler und Vaganten in der Neuzeit (1500–1933). Eine kommentierte Quellenedition. Essen 2013, S. 237–239.

–: Nr. 113: Der kriminelle Zigeuner im Lexikon, 1841. In: Althammer, Beate/Gerstenmayer, Christina (Hg.): Bettler und Vaganten in der Neuzeit (1500–1933). Eine kommentierte Quellenedition. Essen 2013, S. 312–314.

–: Nr. 129: Zigeuner als geborene Verbrecher, 1863. In: Althammer, Beate/Gerstenmayer, Christina (Hg.): Bettler und Vaganten in der Neuzeit (1500–1933). Eine kommentierte Quellenedition. Essen 2013, S. 354–347.

–: Nr. 154: Ausländische und inländische Zigeuner, 1886. In: Althammer, Beate/Gerstenmayer, Christina (Hg.): Bettler und Vaganten in der Neuzeit (1500–1933). Eine kommentierte Quellenedition. Essen 2013, S. 408–411.

–: Nr. 162: Beschwerde des Landwirtschaftsvereins über Zigeuner, 1893. In: Althammer, Beate/Gerstenmayer, Christina (Hg.): Bettler und Vaganten in der Neuzeit (1500–1933). Eine kommentierte Quellenedition. Essen 2013, S. 426–429.

–: Nr. 167: Gewerbeordnung für umherziehende Ausländer, 1896. In: Althammer, Beate/Gerstenmayer, Christina (Hg.): Bettler und Vaganten in der Neuzeit (1500–1933). Eine kommentierte Quellenedition. Essen 2013, S. 439.

–: Nr. 177: Reichsgewerbeordnung, 1904. In: Althammer, Beate/Gerstenmayer, Christina (Hg.): Bettler und Vaganten in der Neuzeit (1500–1933). Eine kommentierte Quellenedition. Essen 2013, S. 459–462.

–: Nr. 179: Alfred Dillmanns Zigeuner-Buch, 1905. In: Althammer, Beate Gerstenmayer, Christina (Hg.): Bettler und Vaganten in der Neuzeit (1500–1933). Eine kommentierte Quellenedition. Essen 2013, S. 463–467.

–: Nr. 180: Anweisung zur Bekämpfung des Zigeunerunwesens, 1906. In: Althammer, Beate/Gerstenmayer, Christina (Hg.): Bettler und Vaganten in der Neuzeit (1500–1933). Eine kommentierte Quellenedition. Essen 2013, S. 467–474.

–: Nr. 187: Dallwitz über Wandergewerbescheine, 1911. In: Althammer, Beate/Gerstenmayer, Christina (Hg.): Bettler und Vaganten in der Neuzeit (1500–1933). Eine kommentierte Quellenedition. Essen 2013, S. 487–488.

–: Nr. 190: Reichstagsdebatte zum Zigeunerunwesen, 1912. In: Althammer, Beate/Gerstenmayer, Christina (Hg.): Bettler und Vaganten in der Neuzeit (1500–1933). Eine kommentierte Quellenedition. Essen 2013, S. 496–503.

–: Nr. 191: Polizeiverordnungen gegen das Reisen von Horden, 1912. In: Althammer, Beate/Gerstenmayer, Christina (Hg.): Bettler und Vaganten in der Neuzeit (1500–1933). Eine kommentierte Quellenedition. Essen 2013, S. 503–505.

–: Nr. 197: Zigeuner während des Ersten Weltkriegs, 1916/17. In: Althammer, Beate/Gerstenmayer, Christina (Hg.): Bettler und Vaganten in der Neuzeit (1500–1933). Eine kommentierte Quellenedition. Essen 2013, S. 520–521.

–: Nr. 203: Aichele über die Zigeunerfrage, 1922. In: Althammer, Beate/Gerstenmayer, Christina (Hg.): Bettler und Vaganten in der Neuzeit (1500–1933). Eine kommentierte Quellenedition. Essen 2013, S. 527–529.

–: Nr. 222: Zum bayerischen Zigeuner- und Arbeitsscheuengesetz, 1926. In: Althammer, Beate/Gerstenmayer, Christina (Hg.): Bettler und Vaganten in der Neuzeit (1500–1933). Eine kommentierte Quellenedition. Essen 2013, S. 569–572.

–: Nr. 227: Fingerabdruckverfahren bei Zigeunern, 1927. In: Althammer, Beate/Gerstenmayer, Christina (Hg.): Bettler und Vaganten in der Neuzeit (1500–1933). Eine kommentierte Quellenedition. Essen 2013, S. 584–587.

–: Nr. 233: Juristen über die Zigeunerverordnungen, 1929. In: Althammer, Beate/Gerstenmayer, Christina (Hg.): Bettler und Vaganten in der Neuzeit (1500–1933). Eine kommentierte Quellenedition. Essen 2013, S. 597–601.

–: Nr. 235: Hausierer sind keine Zigeuner. In: Althammer, Beate/Gerstenmayer, Christina (Hg.): Bettler und Vaganten in der Neuzeit (1500–1933). Eine kommentierte Quellenedition. Essen 2013, S. 602–605.

–: Nr. 245: Paul Weitershagens Zigeunerklasse, 1932. In: Althammer, Beate/Gerstenmayer, Christina (Hg.): Bettler und Vaganten in der Neuzeit (1500–1933). Eine kommentierte Quellenedition. Essen 2013, S. 625–626.

Trauth, Nina: Armutszeugnisse? Bildstrategien dokumentarischer Kunst. In: Uerlings, Herbert (Hg.): Armut – Perspektiven in Kunst und Gesellschaft. Wissenschaftlicher Begleitband zur Ausstellung. Darmstadt 2011, S. 151–160.

Trevisiol, Oliver: Die Einbürgerungspraxis im Deutschen Reich 1871–1945 (Studien zur historischen Migrationsforschung, Bd. 18). Göttingen 2006.

Wacker, Reinhold: Das Land an Mosel und Saar mit Eifel und Hunsrück. Strukturen und Entwicklungen 1815–1990. Trier 1991.

Wadauer, Sigrid: Betteln – Arbeit – Arbeitsscheu (Wien 1918–1938). In: Althammer, Beate (Hg.): Bettler in der europäischen Stadt der Moderne. Zwischen Barmherzigkeit, Repression und Sozialreform (Inklusion,

Exklusion. Studien zu Fremdheit und Armut von der Antike bis zur Gegenwart, Bd. 4). Frankfurt a.M. 2007, S. 257–299.

–: Betteln und Hausieren verboten? Ambulanter Handel im Wien der Zwischenkriegszeit. In: Jahrbuch für Wirtschaftsgeschichte/Economic History Yearbook (2007) 1, S. 181–203.

–: Ökonomie und Notbehelfe in den 1920er und 1930er Jahren. In: Melichar, Peter/Langenthaler, Ernst/Eminger, Stefan (Hg.): Niederösterreich im 20. Jahrhundert. Bd. 2 Wirtschaft. Wien u.a. 2008, S. 537–573.

–: Asking for the Privilege to Work. Applications for a Peddling Licence (Austria in the 1920s and 1930s). In: Gestrich, Andreas/Hurren, Elizabetzh T./King, Steven (Hg.): Poverty and Sickness in Modern Europe. Narratives of the Sick Poor, 1780–1938. London u.a. 2012, S. 225–246.

Wagner, Patrick: Volksgemeinschaft ohne Verbrecher. Konzeptionen und Praxis der Kriminalpolizei in der Zeit der Weimarer Republik und des Nationalsozialismus. Hamburg 1996.

Wagner, Willi: Simmern unter preußischer Herrschaft. In: Wagner, Willi/ Schellack, Gustav (Hg.): 650 Jahre Stadt Simmern im Hunsrück. Simmern 1980, S. 85–97.

Warneken, Bernd Jürgen: Die Ethnographie popularer Kulturen. Eine Einführung (UTB Kulturwissenschaft, Bd. 2853). Wien 2006.

Weichlein, Siegfried: Nation und Region. Integrationsprozesse im Bismarckreich (Beiträge zur Geschichte des Parlamentarismus und der politischen Parteien, Bd. 137). Düsseldorf 2004.

Welter, Adolf: Chronik Trier-Euren 1939–1948. Ein Beitrag zur Geschichte des Trierer Landes (Kleine heimatkundliche Reihe der Trierer Münzfreunde e.V., Bd. 4). Trier 1987.

Wippermann, Wolfgang: Geschichte der Sinti und Roma in Deutschland. Darstellung und Dokumente. Berlin 1993.

–: „Wie die Zigeuner". Antisemitismus und Antiziganismus im Vergleich. Berlin 1997.

–: Das „ius sanguinis" und die Minderheiten im Deutschen Kaiserreich. In: Hahn, Hans Henning/Kunze, Peter (Hg.): Nationale Minderheiten und staatliche Minderheitenpolitik in Deutschland im 19. Jahrhundert. Berlin 1999, S. 133–143.

–: „Wie die Juden"? Die Kontroverse über den Völkermord an Sinti und Roma. In: UTOPIE kreativ 175 (2005), S. 445–451.

Woeldike, Andrea: Die „Gesundung des Volkskörpers durch Arbeit". Eine kulturhistorische Auseinandersetzung mit der Entwicklung des Begriffs der „deutschen Arbeit". In: Sedlaczek, Dietmar/Lutz, Thomas u.a. (Hg.): „minderwertig" und „asozial". Stationen der Verfolgung gesellschaftlicher Außenseiter. Zürich 2005, S. 11–32.

WOLLASCH, Andreas (Hg.): Wohlfahrt und Region. Beiträge zur historischen Rekonstruktion des Wohlfahrtsstaates in westfälischer und vergleichender Perspektive (Forum Regionalgeschichte, Bd. 5). Münster 1995.

WÜNSCHE, Viviane (Hg.): Die nationalsozialistische Verfolgung Hamburger Roma und Sinti. Fünf Beiträge. Hamburg 2006.

WÜRGLER, Andreas: Diffamierung und Kriminalisierung von „Devianz“ in frühneuzeitlichen Konflikten. Für einen Dialog zwischen Protestforschung und Kriminalitätsgeschichte. In: Häberlein, Mark (Hg.): Devianz, Widerstand und Herrschaftspraxis in der Vormoderne. Studien zu Konflikten im südwestdeutschen Raum (15.–18. Jahrhundert) (Konflikte und Kultur, Bd. 2). Konstanz 1999, S. 317–347.

ZIMMERMANN, Bénédicte: Arbeitslosigkeit in Deutschland. Zur Entstehung einer sozialen Kategorie (Theorie und Gesellschaft, Bd. 56). Frankfurt a.M. 2006.

ZIMMERMANN, Clemens (Hg.): Dorf und Stadt. Ihre Beziehungen vom Mittelalter bis zur Gegenwart. Frankfurt a.M. 2001.

ZIMMERMANN, Michael: Ausgrenzung, Ermordung, Ausgrenzung. Normalität und Exzeß in der polizeilichen Zigeunerverfolgung in Deutschland (1870–1980). In: Lüdtke, Alf (Hg.): „Sicherheit“ und „Wohlfahrt“. Polizei, Gesellschaft und Herrschaft im 19. und 20. Jahrhundert. Frankfurt a.M. 1992, S. 344–370.

–: Rassenutopie und Genozid. Die nationalsozialistische „Lösung der Zigeunerfrage“ (Hamburger Beiträge zur Sozial- und Zeitgeschichte, Bd. 33). Hamburg 1996.

–: Zigeunerpolitik und Zigeunerdiskurse im Europa des 20. Jahrhunderts. Eine Einführung. In: Ders. (Hg.): Zwischen Erziehung und Vernichtung. Zigeunerpolitik und Zigeunerforschung im Europa des 20. Jahrhunderts (Beiträge zur Geschichte der deutschen Forschungsgemeinschaft, Bd. 3). Stuttgart 2007, S. 13–70.

ZÜLCH, Tilman (Hg.): In Auschwitz vergast, bis heute verfolgt. Zur Situation der Sinti und Roma in Europa. Reinbek 1979.

Abbildungsverzeichnis

Ortsregister

Personenregister

Inklusion / Exklusion

Studien zu Fremdheit und Armut von der Antike bis zur Gegenwart

Herausgegeben von Andreas Gestrich, Lutz Raphael und Herbert Uerlings
für den Sonderforschungsbereich 600 »Fremdheit und Armut«, Trier

Band 1 Helga Schnabel-Schüle / Andreas Gestrich (Hrsg.): Fremde Herrscher – fremdes Volk. Inklusions- und Exklusionsfiguren bei Herrschaftswechseln in Europa. 2006.

Band 2 Philine Helas / Gerhard Wolf (Hrsg.): Armut und Armenfürsorge in der italienischen Stadtkultur zwischen dem 13. und 16. Jahrhundert. Bilder, Texte und soziale Praktiken. 2006.

Band 3 Iulia-Karin Patrut / George Guțu / Herbert Uerlings (Hrsg.): Fremde Arme – arme Fremde. ›Zigeuner‹ in Literaturen Mittel- und Osteuropas. 2007.

Band 4 Beate Althammer (Hrsg.): Bettler in der europäischen Stadt der Moderne. Zwischen Barmherzigkeit, Repression und Sozialreform. 2007.

Band 5 Andreas Gestrich / Lutz Raphael (Hrsg.): Inklusion / Exklusion. Studien zu Fremdheit und Armut von der Antike bis zur Gegenwart. 2., durchgesehene Auflage. 2008.

Band 6 Lutz Raphael / Herbert Uerlings (Hrsg.): Zwischen Ausschluss und Solidarität. Modi der Inklusion / Exklusion von Fremden und Armen in Europa seit der Spätantike. 2008.

Band 7 Clelia Caruso / Jenny Pleinen / Lutz Raphael (eds. / éds.): Postwar Mediterranean Migration to Western Europe. La migration méditerranéenne en Europe occidentale après 1945. Legal and Political Frameworks, Sociability and Memory Cultures. Droit et politique, sociabilité et mémoires. 2008.

Band 8 Herbert Uerlings / Iulia-Karin Patrut (Hrsg.): ›Zigeuner‹ und Nation. Repräsentation – Inklusion – Exklusion. 2008.

Band 9 Altay Coşkun (Hrsg.): Freundschaft und Gefolgschaft in den auswärtigen Beziehungen der Römer (2. Jahrhundert v.Chr.–1. Jahrhundert n.Chr.). 2008.

Band 10 Sebastian Schmidt (Hrsg.): Arme und ihre Lebensperspektiven in der Frühen Neuzeit. 2008.

Band 11 Inga Brandes / Katrin Marx-Jaskulski (Hrsg. / eds.): Armenfürsorge und Wohltätigkeit. Ländliche Gesellschaften in Europa, 1850–1930. Poor Relief and Charity. Rural Societies in Europe, 1850–1930. 2008.

Band 12 Monika Escher-Apsner (Hrsg. / ed.): Mittelalterliche Bruderschaften in europäischen Städten. Medieval Confraternities in European Towns. Funktionen, Formen, Akteure. Functions, Forms, Protagonists. 2009.

Band 13 Andreas Gestrich/Lutz Raphael/Herbert Uerlings (eds.): Strangers and Poor People. Changing Patterns of Inclusion and Exclusion in Europe and the Mediterranean World from Classical Antiquity to the Present Day. 2009.

Band 14 Altay Coşkun / Heinz Heinen / Stefan Pfeiffer (Hrsg.): Identität und Zugehörigkeit im Osten der griechisch-römischen Welt. Aspekte ihrer Repräsentation in Städten, Provinzen und Reichen. 2009.

Band 15 Bernhard Schneider (Hrsg.): Konfessionelle Armutsdiskurse und Armenfürsorgepraktiken im langen 19. Jahrhundert. 2009.

Band 16 Peter Bell / Dirk Suckow / Gerhard Wolf (Hrsg.): Fremde in der Stadt. Ordnungen, Repräsentationen und soziale Praktiken (13.–15. Jahrhundert). 2010.

Band 17 Paula Giersch / Florian Krobb / Franziska Schößler (Hrsg.): Galizien im Diskurs. Inklusion, Exklusion, Repräsentation. 2012.

Band 18 Arbeitskreis »Repräsentationen« (Hrsg.): Die ›andere‹ Familie. Repräsentationskritische Analysen von der Frühen Neuzeit bis zur Gegenwart. 2013.

Band 19 Juliane Tatarinov: Kriminalisierung des ambulanten Gewerbes. Zigeuner- und Wandergewerbepolitik im späten Kaiserreich und in der Weimarer Republik. 2015.

www.peterlang.com

www.ingramcontent.com/pod-product-compliance
Ingram Content Group UK Ltd.
Pitfield, Milton Keynes, MK11 3LW, UK
UKHW041450071026
15587UKWH00010B/722

9 783631 663042